Am Kapitelanfang kannst du prüfen,
ob du **Startklar?** bist für das
neue Thema.

Wenn du bei einigen Aufgaben
noch unsicher bist, kannst du
am Ende des Buches auf den Seiten
Erinnern und Wiederholen
nachschlagen und üben.

Am Ende des Kapitels werden
Auf einen Blick! alle
wichtigen Inhalte zusammengefasst.
Zu jedem Merkkasten gibt es
typische Aufgaben.

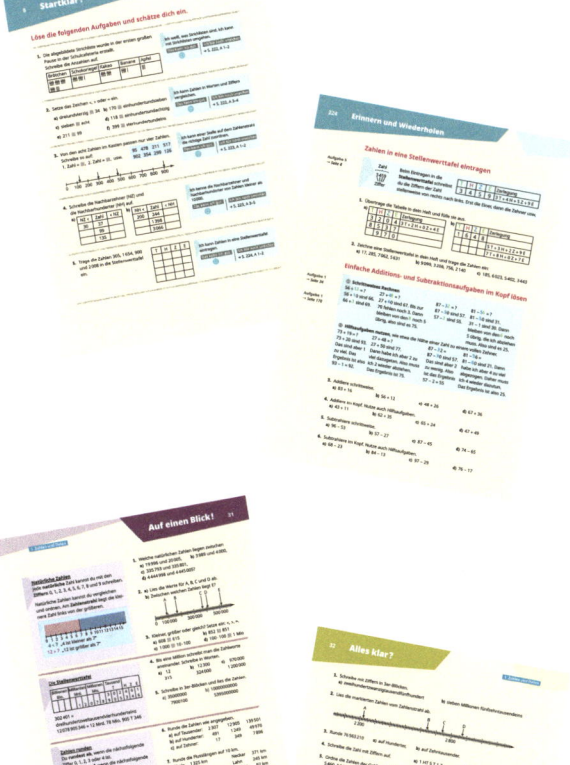

Auf der letzten Kapitelseite
Alles klar? kannst du testen,
ob du alles gut verstanden hast,
und dich auf die Klassenarbeit
vorbereiten.

Zu allen diesen Seiten stehen die
Lösungen hinten im Buch, so dass
du deine Ergebnisse überprüfen kannst.

Mittendrin im Kapitel kannst du auf
der Seite **Bleib fit!** Fähigkeiten üben und
trainieren, unabhängig vom aktuellen
Kapitelinhalt.

Wo wird Mathematik im Alltag
angewendet? Gibt es Themen, die sich
für ein Projekt oder zum Basteln eignen?
Auf den Seiten **Mathe mal anders**
findest du Beispiele und Anregungen dafür.

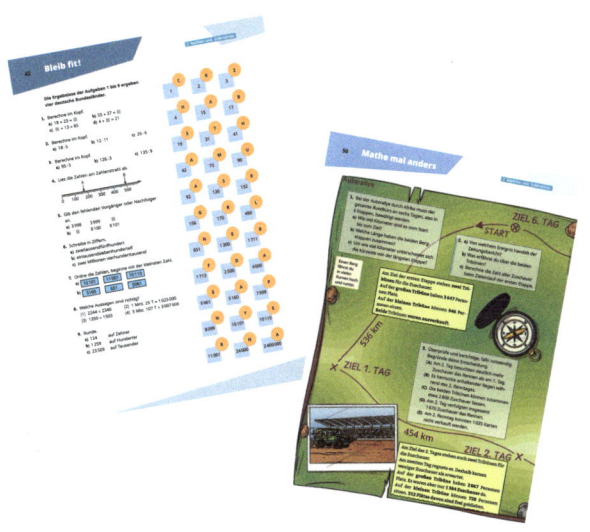

SEKUNDO
Mathematik

Differenzierende Ausgabe

5

Herausgegeben von

Tim Baumert
Martina Lenze
Peter Welzel
Bernd Wurl

SEKUNDO 5

Mathematik

Differenzierende Ausgabe

Herausgegeben und bearbeitet von

Maik Abshagen, Tim Baumert, Kerstin Cohrs-Streloke, Dr. Martina Lenze, Anette Lessmann, Ludwig Mayer, Jürgen Ruschitz, Dr. Max Schröder, Peter Welzel, Prof. Bernd Wurl

Zusatzmaterialien zu Sekundo 5

Für Lehrerinnen und Lehrer:
Lösungen zum Schulbuch	978-3-14-124192-1
BiBox für Lehrerinnen und Lehrer (Einzellizenz)	WEB-14-124195
BiBox für Lehrerinnen und Lehrer (Kollegiumslizenz)	WEB-14-124196
Online-Diagnose zu Sekundo 5	www.onlinediagnose.de

Für Schülerinnen und Schüler:
Arbeitsheft	978-3-14-124193-8
Arbeitsheft mit interaktiven Übungen	978-3-14-145176-4
Förderheft	978-3-14-124194-5
Interaktive Übungen	WEB-14-124780
BiBox (Einzellizenz für 1 Schuljahr)	WEB-14-124198

Druck B[6] / Jahr 2025
Alle Drucke der Serie B sind im Unterricht parallel verwendbar.

Redaktion: Dr. Martina Helmstädter-Rösner, Tanja Dieckmann, Anton Berg, Frances Beier
Umschlag: Gingco Net, Braunschweig
Layout: Janssen Kahlert, Hannover
Illustration: Heinrich Drescher, Münster
Zeichnungen: Michael Wojczak, Braunschweig; LIO Design GmbH Braunschweig
Druck und Bindung: Westermann Druck GmbH, Georg-Westermann-Allee 66, 38104 Braunschweig

ISBN 978-3-14-**124191**-4

4

5

6

7

Umfang und Flächeninhalt   169

8

Brüche und Dezimalzahlen   193

Seid ihr bereit?

Los geht's!

Zahlen und Daten

1

5/9/14/12/1/4/21/14/7 26/21/18

7/5/2/21/18/20/19/20/1/7/19/16/1/18/20/25

7/5/6/5/9/5/18/20 23/9/18/4 1/13 19/1/13/19/20/1/7

22/15/14 15:00 2/9/19 20:00 21/8/18

4/21 2/9/19/20 8/5/18/26/12/9/3/8

5/9/14/7/5/12/1/4/5/14

    12/1/18/1 21/14/4 12/21/11/1/19

    2/9/20/20/5 7/9/2 2/5/19/3/8/5/9/4, 15/2

    4/21 11/15/13/13/5/14 11/1/14/14/19/20.

Lösungstipp:
Ich bin ein
6/9/19/3/8

Lösungstipp:
Ich bin ein
1/21/20/15

In diesem Kapitel lernst du, ...

... wie du Strichlisten, Tabellen und Diagramme liest und zeichnest,

... wie du Zahlen vergleichst, ordnest und rundest,

... wie du Zahlen am Zahlenstrahl darstellst und abliest,

... wie du sehr große Zahlen im Zehnersystem liest und in die Stellenwerttafel einträgst,

... wie du römische Zahlzeichen liest, verstehst und anwendest.

Löse die folgenden Aufgaben und schätze dich ein.

1. Die abgebildete Strichliste wurde in der ersten großen Pause in der Schulcafeteria erstellt.
Schreibe die Anzahlen auf.

Brötchen	Schokoriegel	Kakao	Banane	Apfel
ℍℍ ℍℍ ℍℍ ℍℍ ℍℍ	ℍℍ ℍℍ ℐ	ℍℍ ℍℍ	ℍℍ ℐ	ℍℍℐ

Ich weiß, was Strichlisten sind. Ich kann mit Strichlisten umgehen.

Das kann ich gut.	Ich bin noch unsicher.
☺	→ S. 222, A 1–2

2. Setze das Zeichen <, > oder = ein.

a) dreiundvierzig ▨ 34   b) 170 ▨ einhundertundsieben

c) sieben ▨ acht   d) 118 ▨ einhundertundachtzig

e) 211 ▨ 99   f) 399 ▨ vierhundertundeins

Ich kann Zahlen in Worten und Ziffern vergleichen.

Das kann ich gut.	Ich bin noch unsicher.
☺	→ S. 222, A 3–4

3. Von den acht Zahlen im Kasten passen nur vier Zahlen.
Schreibe so auf:
1. Zahl = ▨, 2. Zahl = ▨, usw.

95 478 211 517
902 354 299 126

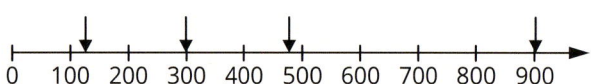

Ich kann einer Stelle auf dem Zahlenstrahl die richtige Zahl zuordnen.

Das kann ich gut.	Ich bin noch unsicher.
☺	→ S. 223, A 1–2

4. Schreibe die Nachbarzehner (NZ) und die Nachbarhunderter (NH) auf.

a)

NZ <	Zahl	< NZ
30	37	
	99	
	135	

b)

NH <	Zahl	< NH
200	244	
	1398	
	3066	

Ich kenne die Nachbarzehner und Nachbarhunderter von Zahlen kleiner als 10 000.

Das kann ich gut.	Ich bin noch unsicher.
☺	→ S. 223, A 3–5

5. Trage die Zahlen 305, 1 654, 900 und 2 008 in die Stellenwerttafel ein.

T	H	Z	E

Ich kann Zahlen in eine Stellenwerttafel eintragen.

Das kann ich gut.	Ich bin noch unsicher.
	→ S. 224, A 1–2

Informationen sammeln und darstellen

1. Alle Schülerinnen und Schüler der Klasse 5a der Astrid-Lindgren-Schule haben den abgebildeten Fragebogen ausgefüllt.

> **Fragebogen zu deiner Person**
>
> Wie lautet dein Vorname?   _____
>
> Wie viele Jahre bist du am heutigen Tag alt?   _____
>
> In welchem Land ist deine Mutter geboren?   _____
>
> Welches ist dein Lieblingsfach in der Schule?   _____
>
> Wie kommst du täglich zur Schule? Kreuze an.
>
> ☐ zu Fuß   ☐ mit Bus / U-Bahn / Straßenbahn
>
> ☐ mit dem Fahrrad   ☐ im Auto

So haben die Schülerinnen und Schüler der Klasse 5a geantwortet:

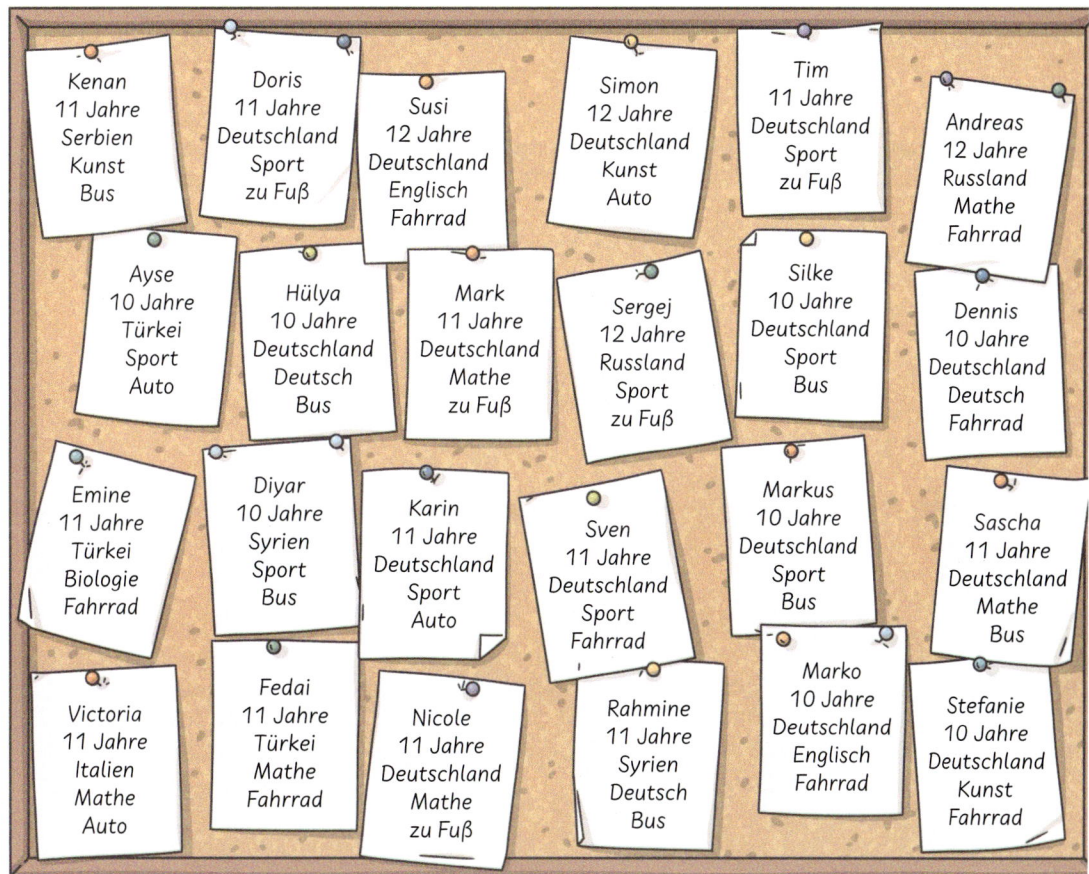

Kenan
11 Jahre
Serbien
Kunst
Bus

Doris
11 Jahre
Deutschland
Sport
zu Fuß

Susi
12 Jahre
Deutschland
Englisch
Fahrrad

Simon
12 Jahre
Deutschland
Kunst
Auto

Tim
11 Jahre
Deutschland
Sport
zu Fuß

Andreas
12 Jahre
Russland
Mathe
Fahrrad

Ayse
10 Jahre
Türkei
Sport
Auto

Hülya
10 Jahre
Deutschland
Deutsch
Bus

Mark
11 Jahre
Deutschland
Mathe
zu Fuß

Sergej
12 Jahre
Russland
Sport
zu Fuß

Silke
10 Jahre
Deutschland
Sport
Bus

Dennis
10 Jahre
Deutschland
Deutsch
Fahrrad

Emine
11 Jahre
Türkei
Biologie
Fahrrad

Diyar
10 Jahre
Syrien
Sport
Bus

Karin
11 Jahre
Deutschland
Sport
Auto

Sven
11 Jahre
Deutschland
Sport
Fahrrad

Markus
10 Jahre
Deutschland
Sport
Bus

Sascha
11 Jahre
Deutschland
Mathe
Bus

Victoria
11 Jahre
Italien
Mathe
Auto

Fedai
11 Jahre
Türkei
Mathe
Fahrrad

Nicole
11 Jahre
Deutschland
Mathe
zu Fuß

Rahmine
11 Jahre
Syrien
Deutsch
Bus

Marko
10 Jahre
Deutschland
Englisch
Fahrrad

Stefanie
10 Jahre
Deutschland
Kunst
Fahrrad

a) Überlegt zu zweit: Wie könnt ihr die Antworten übersichtlich darstellen? Ordnet dann die Antworten und stellt sie dar.

b) Stellt eure Ergebnisse in der Klasse vor.

2. Tim untersucht die Antworten auf die Frage „Wo ist deine Mutter geboren?". Er hat dazu mit einer Strichliste begonnen.

Übertrage die Strichliste in dein Heft und vervollständige sie.

Russland	||
Italien	
Deutschland	
Türkei	
Serbien	
Syrien	

3. Beschreibe mit eigenen Worten, was Andreas in der Tabelle dargestellt hat.

zu Fuß	mit Bus / U-Bahn / Straßenbahn	mit dem Fahrrad	im Auto
̶H̶H̶ ||	̶H̶H̶ |||	̶H̶H̶	||||
7	8	5	4

4. Rahmine hat in dem abgebildeten Diagramm die Antworten auf die Frage nach dem Lieblingsfach dargestellt. Sie hat dazu ein Diagramm erstellt.
   a) Für wie viele Schülerinnen und Schüler steht ein ausgefülltes Kästchen?
   b) Lege eine Tabelle mit zwei Spalten an: In der ersten Spalte stehen die Lieblingsfächer. Lies aus dem Diagramm die Anzahl für jedes Fach ab. Trage die Zahlen in die Tabelle ein.

Lieblingsfach	Anzahl
Englisch	3

   c) Überlegt in der Gruppe: Könnt ihr aus dem Diagramm ablesen, wie viele Kinder die Frage beantwortet haben?

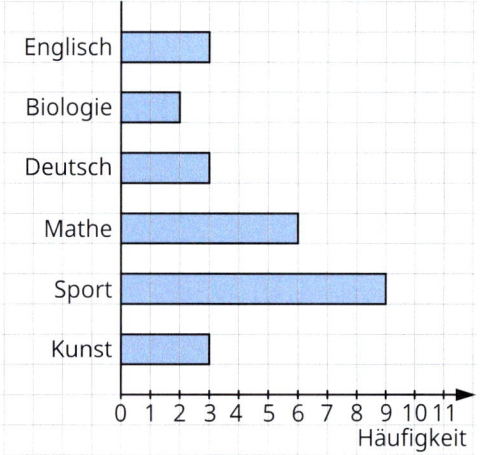

5. Das rechts abgebildete Diagramm zeigt, wie viele Schülerinnen und Schüler der Klasse 5a 10, 11 oder 12 Jahre alt sind.

In dem Diagramm sieht man auf einen Blick: Es gibt dreimal so viele 10-Jährige in unserer Klasse wie 12-Jährige!

Was hältst du von Markos Äußerung? Begründe.

6. Silke kennt nur wenige der neuen Mitschüler. Sie führt eine Umfrage durch. Bei der Länge des Schulwegs gibt es fünf Gruppen:
unter 1 km: 7 Schüler
1 km bis unter 2 km: 6 Schüler
2 km bis unter 3 km: 5 Schüler
3 km bis unter 4 km: 3 Schüler
mehr als 4 km: 6 Schüler
Stelle die Angaben in einem Säulendiagramm dar.

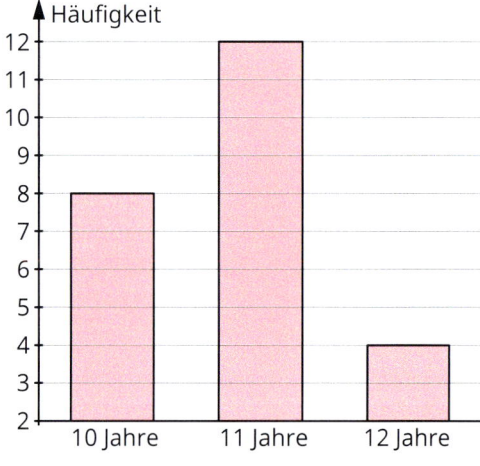

Strichliste, Tabelle, Diagramm

Löst alle Aufgaben in Partnerarbeit.

1. Oskar übt Elfmeter-Schießen. Seine Sitz-
nachbarin Marie stand immer im Tor.
Elias hat die Ergebnisse in einer Tabelle
festgehalten.

Tor	gehalten	daneben
卌 卌 ‖	卌 ‖‖	卌 |

Nach jedem Schuss hat Oskar zusätzlich
diese Abbildung ergänzt:

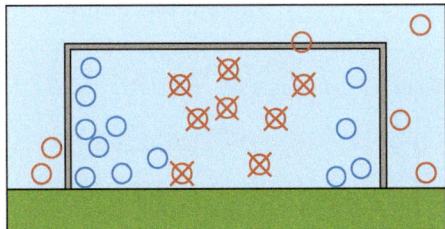

Erklärt euch gegenseitig den Zusam-
menhang zwischen der Tabelle und der
Abbildung von Oskar. Stellt eure Über-
legungen den anderen vor.

2. Marie hat das Elfmeter-Schießen in dem rechts abgebildeten **Säulendiagramm** darge-
stellt.
   a) Besprecht, wie Marie vorgegangen ist.
   Welche Vorteile hat ihre Darstellung
   gegenüber der Tabelle und der Abbil-
   dung von Oskar?
   b) Marie hat begonnen, eine Anweisung
   zum Zeichnen des Säulendiagramms
   aufzuschreiben.

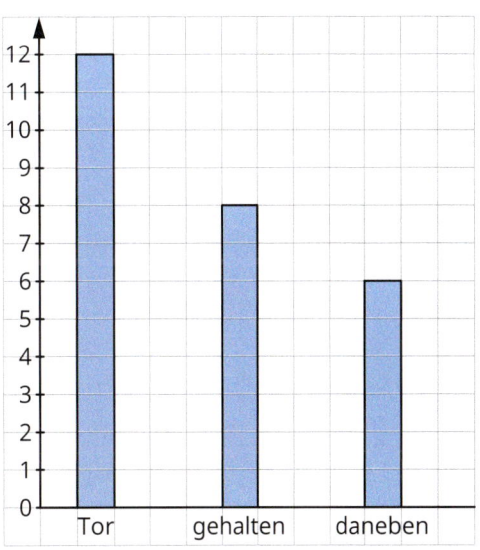

*Als erstes zeichne ich eine waagerechte Linie
entlang der Kästchen. Unter diese Linie schrei-
be ich die Ergebnisse „Tor", „gehalten" und
„daneben". Dann zeichne ich eine senkrechte
Linie entlang der Kästchen, auf der ich abtra-
ge, wie oft die Ergebnisse vorkommen. Wo sich
die beiden Linien schneiden, beginnt die Skala
auf der senkrechten Linie mit der Null. ...*

   Formuliert zuerst mündlich die nächsten Schritte. Schreibt dann eine vollständige
   Anweisung in euer Heft.
   c) Zeichnet ein Säulendiagramm zum Elfmeter-Schießen mit den beiden Säulen „Tor"
   und „kein Tor".

Bei Befragungen erhält man als Antworten **Daten**. Daten kannst du in **Strichlisten**, **Häufigkeitstabellen** und **Diagrammen** darstellen.

Linus hat seine Freunde nach ihrem Lieblingsgetränk gefragt.
Seine Daten sind in den verschiedenen Diagrammen dargestellt.

Strichliste

Apfelsaft ⎜⎜⎜⎜
Cola ⎜⎜⎜
Kakao ⎜⎜⎜⎜ ⎜⎜

Häufigkeitstabelle

Apfelsaft	5
Cola	3
Kakao	7

Säulendiagramm

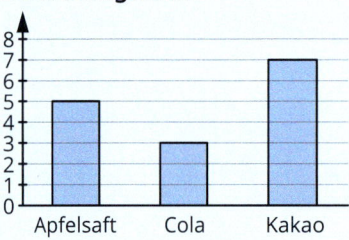

Balkendiagramm

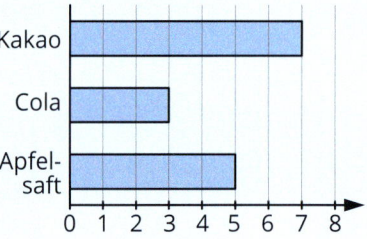

3. Esra hat in ihrer Klasse nach dem Lieblingstier gefragt und die Antworten in einem Säulendiagramm dargestellt. Stelle die Antworten in einer Häufigkeitstabelle dar.

4. Emil hat in einem Mietshaus in jeder Wohnung nach der Anzahl der Personen gefragt. Erstelle ein Diagramm mit den Säulen „Männer", „Frauen" und „Kinder".

	Erdgeschoss		1. Stock		2. Stock		3. Stock	
	links	rechts	links	rechts	links	rechts	links	rechts
Mann	⎜	⎜		⎜	⎜		⎜⎜	
Frau	⎜⎜	⎜	⎜⎜	⎜⎜	⎜	⎜		⎜
Kind		⎜⎜⎜	⎜⎜	⎜	⎜⎜⎜⎜	⎜⎜⎜	⎜⎜	⎜

+5. a) Gruppenarbeit: Führt eine eigene Befragung in eurer Klasse durch. Nutzt unterschiedliche Darstellungen für die vier Fragen:

① Wie alt bist du? (Häufigkeitstabelle)

② In welchem Land ist deine Mutter geboren? (Säulendiagramm)

③ Wie kommst du täglich zur Schule? (Balkendiagramm)

④ Was ist dein Lieblingsfach?(eigene Wahl)

b) Erstellt einen eigenen Fragebogen. Überlegt, woran ihr denken müsst. Teilt euch dann die Arbeit ähnlich wie in a) auf. Präsentiert eure Ergebnisse auf einem Plakat.

Natürliche Zahlen

Löst alle Aufgaben in Partnerarbeit.

1. Die Zahlen, mit denen wir Gegenstände, Personen, Merkmale usw. zählen, heißen **natürliche Zahlen**. Wir schreiben sie mit den Ziffern 0, 1, 2, 3, …
Diese Schreibweise stammt ursprünglich aus Indien. Sie sind dann durch arabische Gelehrte in Spanien zu uns gelangt.

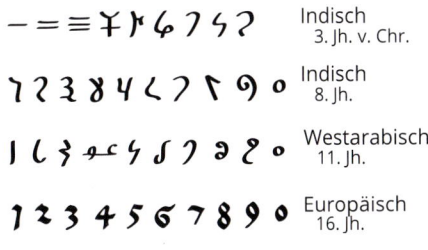

a) Schreibt die Zahl 285 mit westarabischen Zahlzeichen aus dem 11. Jahrhundert.

b) Warum kann man die Zahl 430 nicht mit indischen Zahlzeichen aus dem 3. Jahrhundert vor Christi Geburt schreiben?

2. a) Die drei kleinen Kinder haben die Zahlen aufgesagt. Dabei haben sie Fehler gemacht.
Überlegt gemeinsam: Welche Zahlworte waren gemeint?

b) Rechts seht ihr Tom. Er macht beim Zahlendiktat viele Fehler. Was hat er falsch gemacht? Erklärt es ihm.

c) Wie werden die Zahlwörter in anderen Sprachen gebildet? Geht es im Englischen, Türkischen, Polnischen oder Russischen logischer zu? Sammelt Informationen im Internet.

3. Bekannt wurde die Stellenwertschreibweise durch Adam Riese. Bei der Stellenwertschreibweise bestimmt die Position (Stelle) der Ziffer ihren Wert. Rechts ist eine Stellenwerttafel abgebildet.

a) An welcher Position hat die Ziffer 9 ihren größten Wert, an welcher Position ihren kleinsten Wert?

b) Bildet aus den Ziffern 5, 0, 9 die größtmögliche dreistellige Zahl.

c) Die kleinste zweistellige Zahl ist 10. Schreibt sie in die Stellenwerttafel.
  • Schreibt die kleinste dreistellige Zahl in die Stellenwerttafel.
  • Wie heißt die kleinste vierstellige Zahl? Schreibt sie auf.
  • Ordnet die Zahlen der Größe nach. Was fällt euch auf?
  • Wie heißt die kleinste fünfstellige Zahl?

Adam Riese (1492–1559)

ZT	T	H	Z	E

0, 1, 2, 3, … heißen **natürliche Zahlen**.
Jede natürliche Zahl kannst du mit den **Ziffern** 0, 1, 2, 3, 4, 5, 6, 7, 8 und 9 schreiben.
Die natürlichen Zahlen kannst du am Zahlenstrahl darstellen.

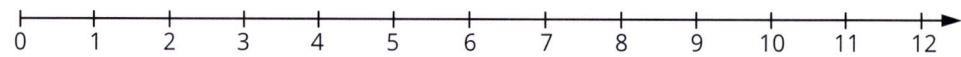

Jede Ziffer hat einen Stellenwert im Zehnersystem, z. B. 43 ist eine zweistellige natürliche Zahl mit der Ziffer 4 an der Zehnerstelle und der Ziffer 3 an der Einerstelle.

Ein Zehner (Z) = 10 Einer (E).   Ein Hunderter (H) = 10 Z.
Ein Tausender (T) = 10 H.   Ein Zehntausender (ZT) = 10 T.

ZT	T	H	Z	E
7	1	4	2	3

Stellenwerte

in Kurzschreibweise: 71 423

$7 \cdot 10\,000 = 70\,000$
$1 \cdot\ \ 1\,000 =\ \ 1\,000$
$4 \cdot\ \ \ \ 100 =\ \ \ \ 400$
$2 \cdot\ \ \ \ \ 10 =\ \ \ \ \ 20$
$3 \cdot\ \ \ \ \ \ 1 =\ \ \ \ \ \ 3$ *Kurzschreibweise*

Summe $= 71\,423$

4. Schreibe die Zahlen aus der Stellenwerttafel zerlegt in Stellenwerte und in Kurzschreibweise.

Stellenwerttafel				
ZT	T	H	Z	E
	4	7	0	3
	5	4	9	1
3	2	0	7	2
5	4	2	1	1

5. Schreibe die Zahlen zerlegt in Stellenwerte.
  a) 8029   **b)** 10371   ⁺**c)** 90305   ⁺**d)** 53872
     9572   23059   73001   40002

6. Lege eine Stellenwerttafel an, trage die Zahlen ein und schreibe sie in Kurzschreibweise.
  a) 3 T + 3 H + 7 E   **b)** 2 ZT + 4 T + 8 E   **c)** 5 ZT + 6 T + 8 H + 9 E   **d)** 9 ZT + 6 T + 8 H + 9 E
  ⁺**e)** 4 T + 7 Z + 9 E   ⁺**f)** 7 T + 5 H   ⁺**g)** 8 ZT + 3 H + 7 E   ⁺**h)** 8 T + 7 E

7. Lies die Zahlen und zerlege sie in Einer, Zehner, Hunderter, Tausender und Zehntausender.
  a) 86   **b)** 902   **c)** 7031   ⁺**d)** 4908   ⁺**e)** 12754
     75   484   1875   8020   31 000   2505 = 2 T + 5 H + 0 Z + 5 E

8. Schreibe die Zahlen mit Ziffern.

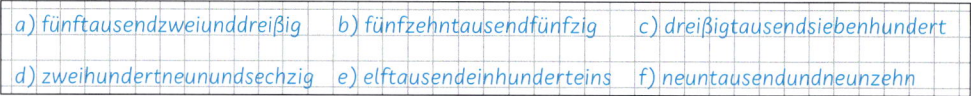

9. Zeichne den Zahlenstrahl in dein Heft. Trage die fehlenden Zahlen ein.
  a)
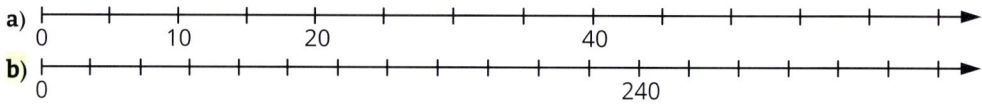

b)

⁺**10.** Welche Zahlen gehören zu den Buchstaben auf dem Zahlenstrahl?
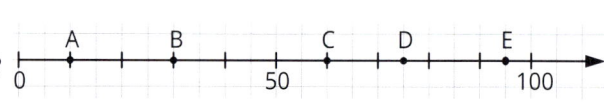

11. Zeichne einen Zahlenstrahl, an dem du die Zahlen 12, 15, 24, 30 und 45 eintragen kannst.

Zahlen vergleichen und ordnen

1. Die Lottozahlen wurden gezogen. In welcher Reihenfolge werden sie vorgelesen?

1	2	3	4	5	6	7	8	9	10
11	12	13	14	15	16	17	18	19	20
21	22	23	24	25	26	27	28	29	30
31	32	33	34	35	36	37	38	39	40
41	42	43	44	45	46	47	48	49	50
51	52	53	54	55	56	57	58	59	60
61	62	63	64	65	66	67	68	69	70
71	72	73	74	75	76	77	78	79	80
81	82	83	84	85	86	87	88	89	90
91	92	93	94	95	96	97	98	99	100

Zeile 1

2. Auf den ersten Blick sieht man nicht, ob 47 oder 61 größer ist.
Rechts siehst du das Hunderterfeld, das hier helfen kann. Ergänze die Aussagen. Welches Kärtchen passt?

links   rechts   oben   unten

   a) Von zwei Zahlen in derselben Zeile ist die größer, die weiter ▦ steht.
   b) Von zwei Zahlen in verschiedenen Zeilen ist die größer, die weiter ▦ steht.

3. Partnerarbeit:
   a) Übertragt den Zahlenstrahl ins Heft.

   b) Markiert die ungefähren Positionen der folgenden Zahlen: 234, 68, 197, 133, 98, 209
   c) Ordnet die Zahlen von b) der Größe nach. Beginnt mit der kleinsten Zahl.

4. Ergänze den Satz:
   Auf dem Zahlenstrahl liegt die kleinere Zahl ▦ von der größeren Zahl.

5. Einige Schüler der 5a kommen mit dem Fahrrad zur Schule. Sie radeln folgende Strecken:
   Jörg: 1 447 m   Yasmin: 1 109 m
   Lara: 943 m   Sebastian: 824 m
   Mahmud: 1 095 m   Mirco: 1 820 m

   a) Wer hat den kürzesten, wer den längsten Schulweg?
   b) Ordne die Schulwege nach der Länge.
   c) Zeichne einen Zahlenstrahl und markiere die ungefähre Position der Weglängen.

So kannst du Zahlen vergleichen:

①   Am Zahlenstrahl liegt die kleinere Zahl links von der größeren.

②   Bei verschieden vielen Stellen ist diejenige größer, die mehr Stellen hat.

③   Bei Zahlen mit gleich vielen Stellen beginnst du bei dem höchsten Stellenwert und vergleichst die Ziffern stellenweise.

Beim Vergleichen und Ordnen von Zahlen nutzt man die Zeichen <, = oder >.

2 < 5   Man spricht: „2 ist kleiner als 5."

7 > 5   Man spricht: „7 ist größer als 5."

345 < 1 000   Die Zahl 345 hat drei Stellen, die Zahl 1 000 hat vier Stellen. Also ist 345 kleiner als 1 000.

1 234 > 1 229   Beide Zahlen sind vierstellig. Bei beiden Zahlen ist die Tausender- und die Hunderterstelle gleich. Aber die Zehnerstelle bei 1 2**3**4 ist größer als bei 1 2**2**9. Also ist 1 234 größer als 1 229.

6. a) Ordne die Lottozahlen:

b) Sortiere die Hausnummern: 120, 304, 32, 164, 409, 22, 12, 54, 210, 355

7. Sortiere die Zahlen. Beginne mit der kleinsten Zahl. Wie heißt der Lösungssatz?

a)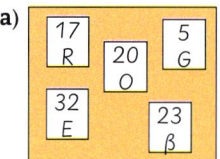
b)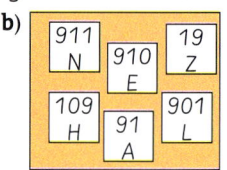
c)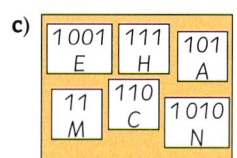
d)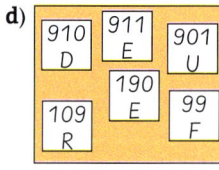

Das Krokodil frisst immer die größere Zahl.

3   5

5   3

8. Setze eines der Zeichen < oder > ein.

a)	b)	c)	d)
15 ▦ 51	48 ▦ 84	99 ▦ 100	298 ▦ 289
38 ▦ 25	73 ▦ 69	215 ▦ 78	550 ▦ 505
67 ▦ 76	93 ▦ 99	411 ▦ 408	707 ▦ 770

9. Setze Zahlen ein. Gibt es genau eine, keine oder mehrere Möglichkeiten?

a) 412 < ▦ < 414   **b)** 209 < ▦ < 211   **c)** 359 < ▦ < 362 < ▦ < 364

d) 699 < ▦ < 701   **e)** 837 < ▦ < 838   **f)** 902 < ▦ < 912 < ▦ < 914

10. Kleiner, größer oder gleich? Schreibe ins Heft und setze ein: <, > oder =.

a)	b)	c)	d)
16 − 8 ▦ 9	73 − 51 ▦ 23	24 · 3 ▦ 72	39 ▦ 12 · 3
25 + 7 ▦ 32	459 − 60 ▦ 389	144 : 12 ▦ 10	50 ▦ 150 : 3
85 − 9 ▦ 75	990 − 91 ▦ 899	256 : 4 ▦ 65	99 ▦ 19 · 5

11. Schreibe alle vierstelligen Zahlen auf, die du mit diesen Ziffernkärtchen legen kannst. Es sind 18 Zahlen möglich. Ordne sie der Größe nach.

12. Ordne die Ergebnisse, beginne mit der kleinsten Zahl:

a) 63 · 11   **b)** 1 400 : 2   **c)** 563 + 148   **d)** 1 101 − 402

Vermischte Aufgaben

1. Ordne die Kärtchen des Kartenjongleurs rechts. Dann siehst du, welche Zahl es ist.

2. Ordne ebenso und schreibe die Zahl im Zehnersystem.

a) 2 E 1 Z 3 H 4 T 4 ZT

b) 2 ZT 7 E 3 H 5 Z

c) 6 T 3 ZT 8 H 7 Z

3. Welche Zahl ist um 10 größer, welche um 10 kleiner?

a) 99	**b)** 1 909	**⁺c)** 23 897	**⁺d)** 12 073
199	1 999	76 998	15 805

$$299 + 10 = 309$$
$$299 - 10 = 289$$

4. Welche Zahl ist um 100 größer, welche um 100 kleiner?

a) 799	**b)** 1 909	**⁺c)** 12 990	**⁺d)** 15 683
899	2 999	34 558	10 108

$$1 990 + 100 = 2 090$$
$$1 990 - 100 = 1 890$$

5. Partnerarbeit: Kai behauptet 198 > 213, weil die Ziffern 1, 9 und 8 zusammen größer sind als die Ziffern 2, 1 und 3. Was meint ihr dazu?

6. Spiel: Würfele abwechselnd mit deinem Nachbarn, jeder viermal. Du kannst die von dir gewürfelte Zahl an eine beliebige Stelle in deiner Stellenwerttafel eintragen. Wer hat am Ende die größte Zahl?

	T	H	Z	E
A				
B				

7. Schreibe die Zahlen mit Ziffern im Zehnersystem.

a) vierhundertfünfzig
eintausendsiebenhundert

b) fünfundzwanzigtausendsiebzig
dreißigtausendeinhundert

c) achttausendsiebenhundertdreißig
sechzigtausendundfünf

d) fünfhundertvierzigtausend
elftausendeinhundertelf

⁺8. Bei der Schafzählung erhalten die Schafe Nummern auf dem Rücken.

a) Welche Nummer hat das vorherige Schaf?

b) Welche Zahl erhält das nachfolgende Schaf?

c) Der Schäfer zählt 12 Schafe weiter. Wie lautet die Nummer?

d) Sein Lieblingsschaf hat eine um 100 kleinere Nummer.

⁺9. Zähle in gleichen Schritten weiter. Ergänze die fehlenden Zahlen.

a)	50	100	150					500
b)	80	120						440
c)	1 000	950						550

⁺10. Ordne die Zahlen. Beginne mit der kleinsten Zahl.

11.

Jugendlexikon
10 Bände
49 €

129 €

179 €

1298 €

In Worten
geschrieben.

⁺**12.** Zahlenmix: Ordne die Zahlen, beginne mit der kleinsten Zahl.

123 < 132 < 213 < …

a)

312	132
213	231
321	123

b)

680	608	
806	86	68
	860	

c)

2 234	4 223
2 243	3 422
4 232	3 224
4 322	3 242

13. Vertausche die Ziffern für Tausender und Zehner und vergleiche dann die Zahlen.
   a) 1 254   **b)** 3 074   **c)** 3 005   **d)** 12 345   **e)** 603 408   **f)** 1 345 063

14. Gib die Nachbarzehner an. Unterstreiche den nächstgelegenen.
   a) 186   **b)** 238   **c)** 681   **d)** 199   **e)** 103   **f)** 792   **g)** 998

480 < 486 < <u>490</u>

15. Gib die Nachbarhunderter an. Unterstreiche den nächstgelegenen Hunderter.
   a) 2 345   **b)** 6 309   **c)** 1 099   **d)** 7 061   **e)** 9 901   **f)** 13 706   **g)** 19 095

16. Zeichne einen 10 cm langen Zahlenstrahl, wähle die Einheit und trage die Zahlen ein.
   a) 150, 300, 450, 600, 750, 900   **b)** 500, 2 000, 4 500, 7 000, 9 500

17. Zeichne einen Zahlenstrahl. Trage die Zahlen so genau wie möglich ein.
   a) 68, 104, 151, 199   **b)** 125, 330, 417, 905   **c)** 1 208, 3 570, 6 099, 9 059

18. Hier werden Zahlen gesucht:
   a) die größte zwei-, vier- und sechsstellige Zahl,
   b) die kleinste vierstellige Zahl ohne 1,
   c) die größte sechsstellige Zahl ohne 9,
   d) die kleinste sechsstellige Zahl ohne 0,
   e) die größte fünfstellige Zahl ohne 8 und 9.

19. Wie viele vierstellige Zahlen gibt es,
   a) die eine 5 als Tausender haben,   **b)** die keine 5 als Hunderter haben,
   c) die eine durch 3 teilbare Zahl als Tausender haben?

20. a) Uwe schreibt die Zahlen von 100 bis 200 auf. Wie viele Nullen braucht Uwe?
   b) Nina schreibt die Zahlen von 1 bis 1 000 auf. Wie viele Nullen benötigt sie?

21. Wähle Zahlenkärtchen aus und lege
   a) eine möglichst große fünfstellige (sechsstellige) Zahl,
   b) eine möglichst kleine fünfstellige (sechsstellige) Zahl,
   c) eine möglichst kleine Zahl mit vier Kärtchen,
   d) eine Zahl, die möglichst nahe an 1 Million liegt (beliebig viele Kärtchen),
   e) eine möglichst große Zahl mit der Quersumme 23.

41   106

9   0   4

18

Zahlen runden

1. Partnerarbeit:

Zuschauerzahl:
41 745

Lest die Artikel. Was stellt ihr fest?

Volksblatt:
Zum Spitzenspiel der zweiten Bundesliga kamen rund 41 000 Zuschauer.

Rundschau:
Das Duell der Aufstiegskandidaten sahen rund 42 000 Zuschauer.

Lokalanzeiger:
Mit 41 700 Zuschauern war das Spiel schon Wochen vorher ausverkauft.

2. Partnerarbeit:

Ich möchte auf glatte 100 runden. Auf die Hunderterstelle folgt eine 5, also die Mitte zwischen 0 und 10. Soll ich nun auf 73 100 oder 73 200 runden?

Zuschauerzahl:
73 156

Könnt ihr dem Sportreporter helfen?

Abrunden (Lass die Ziffer unverändert):   Die Ziffer rechts ist eine 0, 1, 2, 3 oder 4.
Aufrunden (Nimm die nächstgrößere Ziffer):   Die Ziffer rechts ist eine 5, 6, 7, 8 oder 9.

gerundet auf Zehner	gerundet auf Hunderter	gerundet auf Tausender
41 7**4**5 ≈ 41 750	41 **7**45 ≈ 41 700	4**1** 745 ≈ 42 000
↑	↑	↑
entscheidet	entscheidet	entscheidet

Aufpassen: gerundet auf Zehner 1 39**8** ≈ 1 400 oder auf Hunderter 1 3**9**8 ≈ 1 400?

3. a) Runde auf Hunderter: 235   3 027   1 532   5 650   9 555   7 961
  b) Runde auf Tausender: 1 267   8 900   17 627   29 475   49 500   99 787

4. Runde auf Zehner (Hunderter, Tausender).
  a) 1 654   **b)** 575   **c)** 7 992   **⁺d)** 5 095   **⁺e)** 7 949   **⁺f)** 1 998

5. Partnerarbeit: Welche Angaben werden häufig gerundet, welche nicht?
  Einwohnerzahlen   Telefonnummern   Hauspreise   Lebensalter
  Meerestiefen   Autokennzeichen   Schuhgrößen   Länge des Schulwegs

⁺6. Schreibe alle natürlichen Zahlen auf, die beim Runden auf Zehner 420 ergeben.

7. Beim Runden auf Hunderter ergibt sich die Zahl 4 600. Welche der folgenden Angaben könnten es gewesen sein?   4 549, 46 003, 4 617, 4 598, 462, 45 870, 4 648, 7 599, 4 062

Vermischte Aufgaben

1. Runde auf volle €-Beträge. Reichen 20 € für die drei Preise zusammen aus?
   a)

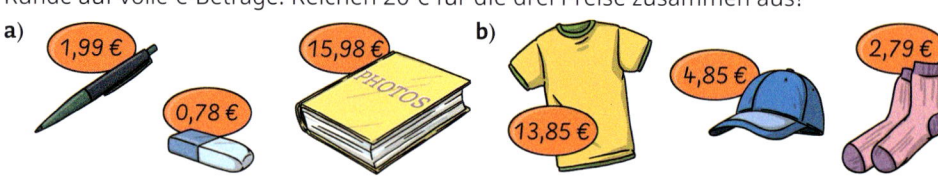

   b)

2. a) Gib fünf Zahlen an, die beim Runden auf Hunderter die Zahl 2500 ergeben.
   b) Wie heißt die kleinste und wie die größte Zahl, die beim Runden auf Hunderter die Zahl 2500 ergibt?

3. Maike hätte gerne das neue Fahrrad. Sie nennt ihrer Mutter als Preis rund 300 €.
   a) Wie hat Maike gerundet?
   b) Je nach Ausstattung kostet das Fahrrad 25 € mehr oder weniger als der angegebene Preis. Stelle eine Frage und berechne die Antwort.

289 €

4. In der Montagszeitung werden folgende Zuschauerzahlen der Bundesligaspiele genannt:

Eintracht Frankfurt – Bor. Dortmund 2 : 2 *Zuschauer: 40 000*	*1. FC Köln – Werder Bremen 1 : 0* *Zuschauer: 39 800*	*Hertha BSC – SC Freiburg 1 : 2* *Zuschauer: 39 900*

   Tatsächlich waren in den Stadien 39 784, 39 965 und 39 883 Zuschauer. Ordne zu.

⁺5. Runde auf Hunderter-Beträge. Reichen 10 000 € für die Summe?
   a) 498 €   2 958 €   5 045 €   b) 988 €   4 098 €   5 670 €

⁺6. Runde auf Tausender und auf Zehntausender.
   a) 12 654   b) 56 475   c) 27 992   d) 75 095   e) 14 949

⁺7. a) Gib fünf Zahlen an, die beim Runden auf Tausender die Zahl 7 000 ergeben.
   b) Wie heißt die kleinste und wie die größte Zahl, die beim Runden auf Tausender die Zahl 7 000 ergibt?

⁺8. Tim ist am Wochenende gewandert. Der Schrittzähler zeigt danach 26 568 m an. Was erzählt Tim zur Wanderung und seinem Schrittzähler am Montag in der Schule?

9. Zeichne einen Zahlenstrahl bis 100 000 und trage auf Tausender gerundet ein:
   D = 94 510   E = 99 630   N = 80 980   R = 67 800   U = 75 671

10. Wie hoch ist das Gehalt des Basketballspielers?

   Mein Gehalt ist fünfstellig und beginnt mit 9. Tausender- und Hunderterziffer sind gleich und zusammengezählt 8. Der Rest sind Nullen.

Zahlenstrahl

1. **a)** Haben Kim, Laura und Melina die Zahl 18 jeweils richtig eingetragen? Begründe es.
   b) Es sollen noch die Zahlen 9, 36 und 140 im Zahlenstrahl eingetragen werden. Können die Zahlen in jedem Zahlenstrahl eingetragen werden?

2. Partnerarbeit: Auch hier seht ihr verschiedene Zahlenstrahle.
   a) Übertragt sie in euer Heft

A
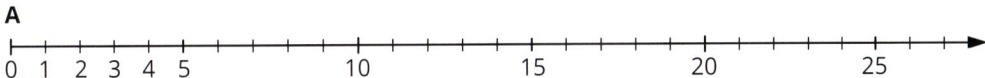

B
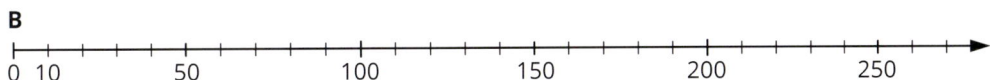

C
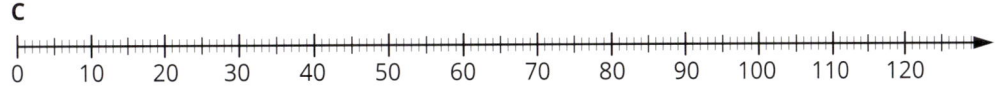

b) Wählt für jede „Zahlenwolke" einen der drei Zahlenstrahle aus und tragt die Zahlen aus der Wolke so genau wie möglich ein.

3. Welche Zahlen kannst du auf diesen Zahlenstrahlen ablesen?

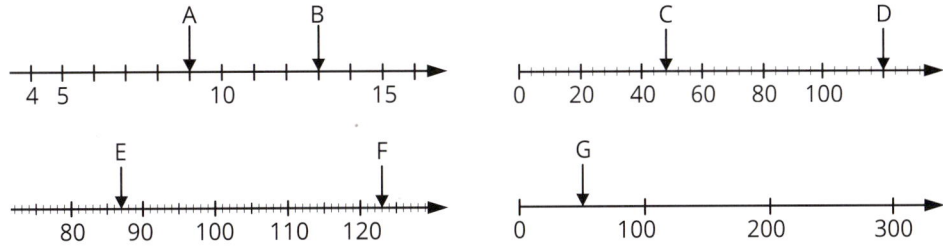

Am **Zahlenstrahl** ist der Abstand zwischen zwei benachbarten Zahlen immer gleich groß.
Der **Vorgänger** einer natürlichen Zahl ist die nächste natürliche Zahl links. Der **Nachfolger** ist die nächste natürliche Zahl rechts.

• Welche Zahl ist auf dem Zahlenstrahl mit dem Pfeil markiert?

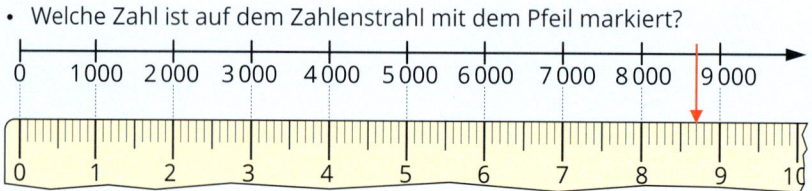

Die markierte Zahl ist 8 700.

• Bestimme den Vorgänger und den Nachfolger von 1 361. Gib auch die benachbarten Tausender an.

1356	1357	1358	1359	1360	1361	1362	1363	1364

1 360 < 1 361 < 1 362   Der Vorgänger von 1 361 ist 1 360, der Nachfolger ist 1 362.
1 000 < 1 361 < 2 000   Die benachbarten Tausender von 1 361 sind 1 000 und 2 000.

4. Gib den Vorgänger und den Nachfolger der Zahl an.
Gib auch die benachbarten Tausender an.
a) 245 996   **b)** 123 245 996   **c)** 123 900 001   **d)** 700 000 999   **e)** 799 999 999

5. Auf welchen Zahlen sitzen die Tiere?

6. Notiere im Heft zu jedem Buchstaben die zugehörige Zahl.

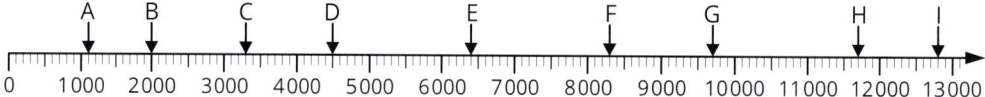

+7. Der Unterschied zwischen zwei langen Teilstrichen des Zahlenstrahls ist 100 000.
a) Wie groß ist der Unterschied zwischen den kleinen Teilstrichen?
b) Wie groß ist der Unterschied zwischen A und B (C und D bzw. E und F)?

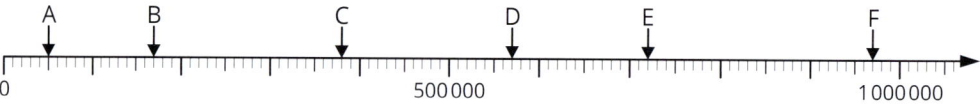

8. Zeichne einen Zahlenstrahl bis 1 000 000 (1 cm für 100 000).
Runde auf Zehntausender   N = 512 600   G = 620 800   H = 900 760   F = 825 490
und trage ein: U = 509 070   Ä = 888 800   E = 793 500   R = 940 820

Schaubilder und Piktogramme lesen und zeichnen

1. Rechts siehst du, wie viel Liter Fruchtsaft jeder Einwohner des Landes in einem Jahr durchschnittlich trinkt.

a) Ergänze die Tabelle im Heft.

	So viel Saft trinkt jeder Einwohner im Durchschnitt
Dänemark	
Deutschland	

b) Passt du selbst zum Durchschnitt?

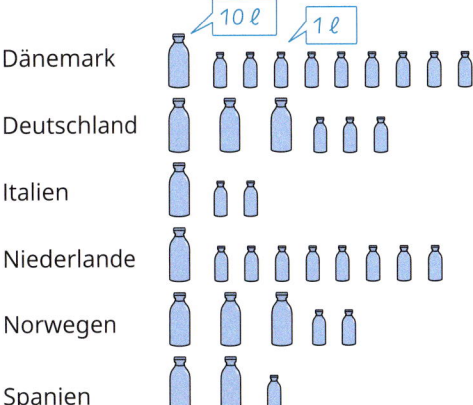

2. Eine Figur (🧍) steht für 100 000 Einwohner. Um welche Hauptstädte handelt es sich bei dem Bild und wie viele Einwohner haben sie ungefähr?

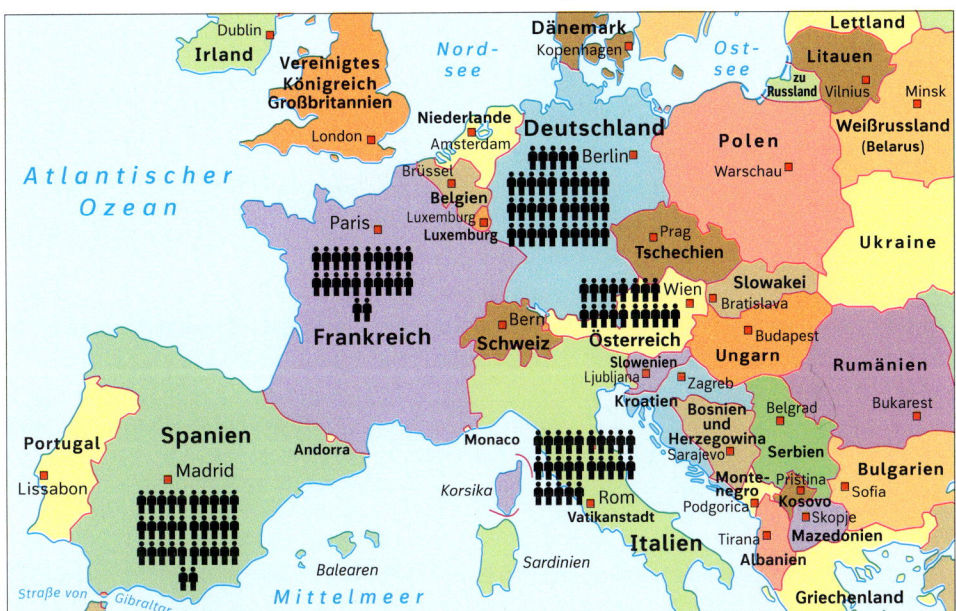

3. Großstädte und ihre Einwohnerzahl in Nordrhein-Westfalen und Niedersachsen:

Aachen: 246 272   Braunschweig: 248 023   Göttingen: 119 529   Neuss: 153 810

Partnerarbeit: Zeichnet für jeweils 10 000 Einwohner eine Figur (🧍), für 5 000 Einwohner eine halbe Figur (🧍).

4. Partnerarbeit: Leine (281 km lang), Mosel (545 km lang), Ruhr (219 km lang) und Spree (382 km lang) sind Flüsse in Deutschland.

a) Sucht die Flüsse im Internet und nennt jeweils eine Stadt, durch die sie fließen.

b) Zeichnet ein Balkendiagramm mit 1 cm für 50 km.

5. Der Brocken im Harz ist 1 142 m hoch, der Feldberg im Schwarzwald ist 1 493 m hoch. Die Zugspitze ist Deutschlands höchster Berg mit 2 962 m. Der höchste Berg Europas heißt Mont Blanc und ist 4 810 m hoch. Partnerarbeit: Zeichnet ein Säulendiagramm mit 1 cm für 500 m

Für die Darstellung von Daten kannst du auch **Schaubilder** nutzen. Neben Säulen oder Balken kannst du auch passende **Piktogramme** (Symbole) verwenden.
Ein Symbol steht dann für eine bestimmte Anzahl. Piktogramme geben oft gerundete Werte an.

Wasserverbrauch pro Tag und pro Person im Durchschnitt

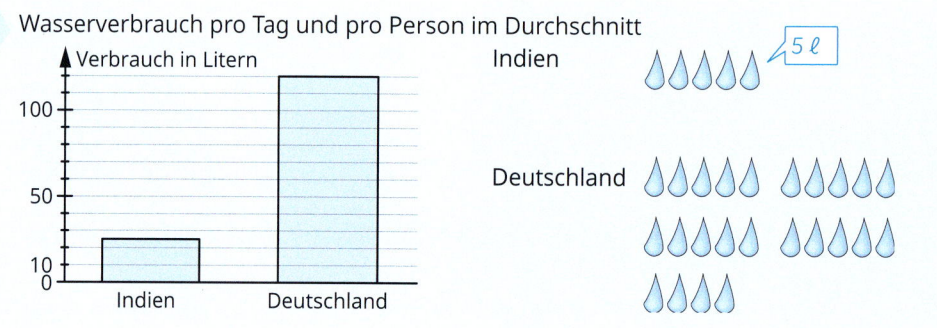

6. Das Schaubild zeigt die Zuschauerzahlen von Fernsehsendungen.
   a) Lies aus dem Schaubild ab, wie viele Zuschauer es jeweils ungefähr waren.
   b) Für das Schaubild wurden die Zuschauerzahlen auf 100 000 gerundet.
   Wie viele Zuschauer waren es mindestens, wie viele höchstens? Übertrage die Tabelle ins Heft und fülle sie aus.

	Sportblick	Geheimnis Weltall	Klinik Hochberg	Topfilm
mindestens	550 000			
höchstens	649 999			

⁺7. Imene und Paul haben in der Cafeteria fünf Tage lang gezählt, wie häufig die verschiedenen Getränke bestellt wurden.
Erstelle ein Schaubild zu der abgebildeten Häufigkeitstabelle. Zeichne für jeweils 10 Bestellungen ein Glas (🥛).

Mineralwasser	69
Kakao	56
Apfelsaft	123
Limonade	116
Tee	36

8. In der Kopernikusschule sind 79 Lehrkräfte tätig. Außerdem besuchen 362 Mädchen und 418 Jungen die Schule. Zeichne dazu ein Piktogramm: 👤 für 20 Personen.

9. In Deutschland verbrauchte im Jahr 2015 jeder Einwohner im Durchschnitt pro Tag 122 ℓ Trinkwasser. Das Balkendiagramm zeigt die grobe Verteilung des täglichen Wasserverbrauchs. Stelle die Daten in einem Piktogramm dar. Nutze eine geeignete Darstellung

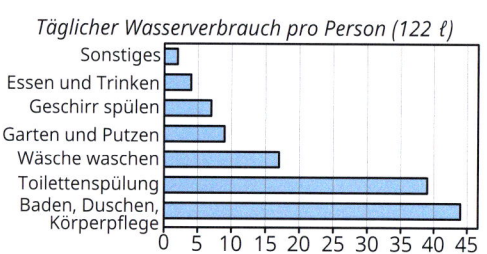

Täglicher Wasserverbrauch pro Person (122 ℓ)

Million, Milliarde, Billion

1.

Gibt es Zahlen die größer als 1 Million sind?

Klar! Das 10-Fache von einer Million sind 10 Millionen, das 10-Fache von 10 Millionen sind 100 Millionen. Und 1 000 Millionen nennt man Milliarde.

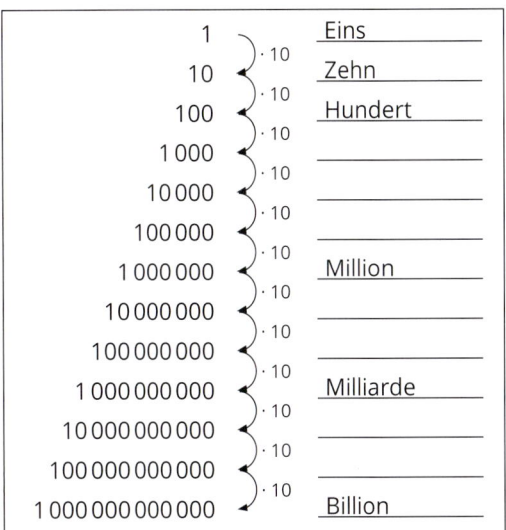

1	· 10	Eins
10	· 10	Zehn
100	· 10	Hundert
1 000	· 10	_____
10 000	· 10	_____
100 000	· 10	_____
1 000 000	· 10	Million
10 000 000	· 10	_____
100 000 000	· 10	_____
1 000 000 000	· 10	Milliarde
10 000 000 000	· 10	_____
100 000 000 000	· 10	_____
1 000 000 000 000		Billion

Übertrage die Tabelle ins Heft und fülle sie vollständig aus.

2. Abgebildet sind 1 mm, 10 mm und 100 mm.

⊢ 1 mm

⊢——⊣ 10 mm

⊢————————————————————————⊣ 100 mm

a) Wie lang ist eine Strecke von 1 000 mm, wie lang eine Strecke von 1 Million mm?

b) Partnerarbeit: Frau Krause aus Berlin wandert 1 Milliarde mm. Kommt sie in Leipzig, in München oder in Italien an? Recherchiert im Internet, wie weit diese Orte von Berlin entfernt sind. Wie lange ist sie unterwegs, wenn sie an einem Tag 20 km schafft?

Wie viel mm sind 40 000 km?

3. Gruppenarbeit: Einmal um die ganze Erde herum am Äquator sind 40 000 km. Vergleicht die Entfernung mit 1 Billion mm.

4. Gruppenarbeit: Im Jahr 2008 hatten die Banken eine Krise. Die Regierung stellte den Banken 400 Milliarden Euro bereit.
Stellt euch vor: Jeder der rund achtzig Millionen Einwohner in Deutschland spendet denselben Geldbetrag, um 400 Milliarden Euro aufzubringen.

Rechnung:
400 Milliarden : 80 Millionen =
Spende pro Person

Auf dem Bild seht ihr eine Familie .
Wie viel Euro müsste diese Familie insgesamt spenden?

▨ 35 € ▨ 350 € ▨ 3 500 € ▨ 35 000 € ▨ 350 000 €

In der Stellenwerttafel kannst du große Zahlen übersichtlich darstellen:
Für Tausender, **Millionen**, **Milliarden** und **Billionen** gibt es je drei Stellen.

$$1\,000\,000\,000\,000 \xleftarrow{\;\cdot\,1\,000\;} 1\,000\,000\,000 \xleftarrow{\;\cdot\,1\,000\;} 1\,000\,000 \xleftarrow{\;\cdot\,1\,000\;} 1\,000 \xleftarrow{\;\cdot\,1\,000\;} 1$$

1 Billion (1 Bio.)   1 Milliarde (1 Mrd.)   1 Million (1 Mio.)   1 Tausend

Billionen (Bio.)			Milliarden (Mrd.)			Millionen (Mio.)			Tausender (T)					
HBio.	ZBio.	Bio.	HMrd.	ZMrd.	Mrd.	HMio.	ZMio.	Mio.	HT	ZT	T	H	Z	E
		3	0	8	6	7	9	0	1	0	0	0	0	0

Schreibe die Zahl aus der Stellenwerttafel
– mit Ziffern in 3er-Blöcken: 3 086 790 100 000
– mit Abkürzungen: 3 Bio. 86 Mrd. 790 Mio. 100 T.
– in Worten: drei Billionen sechsundachtzig Milliarden siebenhundertneunzig
        Millionen einhunderttausend.

5. a) Zeichne im Heft eine Stellenwerttafel bis 1 Billion. Trage die Zahl
     6 Bio 568 Mrd 213 Mio 400 T 140 E ein.
b) Schreibe die Zahlen mit Ziffern in 3er-Blöcken und mit Abkürzungen.

Bio.	HMrd.	ZMrd.	Mrd.	HMio.	ZMio.	Mio.	HT	ZT	T	H	Z	E
						5	6	8	0	4	0	0
			3	4	9	4	3	4	5	5	0	0
1	0	4	9	5	4	7	5	5	5	0	0	0

Follower verfolgen die Aktivitäten anderer Personen auf sozialen Plattformen.

6. Auf den Bildern siehst du Menschen, die verschiedene soziale Plattformen benutzen und ihre Anzahl an <u>Followern</u>. Schreibe die Anzahl ① mit Ziffern und ② in Worten auf.

690 Tausend   10 Millionen   106 Millionen   12 Tausend   157 Millionen

7. Lies die Zahlen. Schreibe sie in 3er-Blöcken und als Zahl mit Abkürzungen.
   a) 6122000   **b)** 34590000   **c)**   10203040506   **d)**   987654321
       1234567   89012345   4206200300040   7910987654321

8. Das sind die Entfernungen der Planeten von unserer Sonne (in km).

Erde   150 Mio.   Venus   108 Mio.
Jupiter   778 Mio.   Saturn   1 Mrd. 428 Mio.
Mars   228 Mio.   Neptun   4 Mrd. 502 Mio.
Merkur   58 Mio.   Uranus   2 Mrd. 873 Mio.

a) Ordne die Planeten nach ihrer Entfernung von der Sonne, beginne mit der kürzesten.
b) Schreibe die Kilometerzahlen für die Entfernungen mit Ziffern.
c) Prüfe: Die Bahn der Venus ist fast doppelt so weit von der Sonne entfernt wie die Bahn des Merkur. Schreibe mindestens drei weitere solche Vergleiche auf.

Schätzen durch Rastern

Anna und Jonas sollen feststellen, wie viele Baumstämme ungefähr in dem Stapel sind.
Beim Zählen geraten sie durcheinander. Deshalb unterteilen sie das Bild in gleich große Felder. Man sagt: Sie unterlegen das Bild mit **Rastern**.
Beide zählen nur ein Rasterfeld aus und multiplizieren das Ergebnis mit der Anzahl der Rasterfelder.

 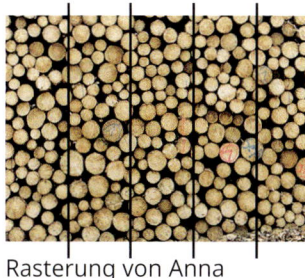 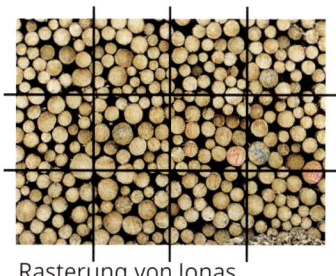

Rasterung von Anna   Rasterung von Jonas

1. **a)** Worauf musst du grundsätzlich bei der Rasterung achten?
   b) Partnerarbeit: Beurteilt Vor- und Nachteile der beiden Rasterungen von Anna und Jonas.
   c) Gruppenarbeit: Zählt unterschiedliche Rasterfelder und nennt danach eure Schätzungen für die Gesamtzahl.

Wenn zu viele Objekte nebeneinander liegen, sind sie schwer zu zählen. Hier kannst du eine **Rasterung** durchführen.

① Unterteile das Feld in gleichgroße Rasterfelder.

② Wähle ein Rasterfeld aus und zähle die Objekte im Rasterfeld.

③ Multipliziere dein Zählergebnis mit der Anzahl der Rasterfelder.

2. Schätze die Blutkörperchen zuerst mit dem Feld links oben, dann mit dem rechts unten.
   a) 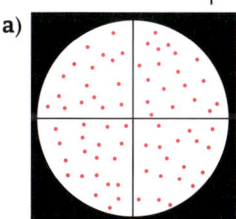 **b)** 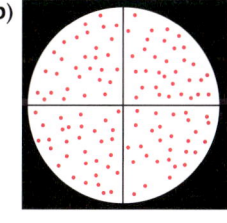 **c)**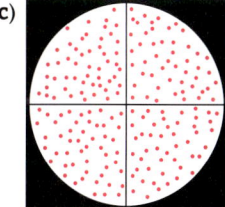

3. Wie viele Menschen sind es?

Vermischte Aufgaben

1. Vor so vielen Jahren lebten die Dinosaurier. Schreibe zu den Namen die Zahlen in Worten.

Icarosaurus
210 000 000

Dimorphodon
175 000 000

2. Schreibe ab und notiere dabei die Altersangaben mit Ziffern in 3er-Blöcken.

Alter der Welt:	fünfzehn Mrd.
Erdalter:	vier Mrd.
	fünfhundert Mio.
erste Fischarten:	fünfhundert Mio.
erste Säugetiere:	zweihundert Mio.
älteste Werkzeuge:	zwei Mio.
Mensch:	dreißigtausend

Diplodocus
127 000 000

Dimetrodon
270 000 000

3.

a) Maike zählt im roten Feld, Nina im blauen Feld. Was sind ihre Schätzwerte?
b) Wähle ein anderes Feld und schätze selbst.

+4. a) Schreibe die Zahl in 3er-Blöcken und lies sie.

① 4435699   ② 3876000000   ③ 123900001   ④ 799999999

b) Gib den Vorgänger und den Nachfolger jeder Zahl an.
c) Gib für jede Zahl die benachbarten Tausender an.

5.
a)	b)	c)	
10·10 Tausend	10·3 Mio.	10·100 Mrd.	= 300·10 Mio.
100·10 Tausend	200·4 Mio.	200· 10 Mrd.	= 3000 Mio. = 3 Mrd.
200·10 Tausend	500·2 Mio.	200·100 Mrd.	

6. Kleiner, größer oder gleich? Übertrage ins Heft und setze ein: <, > oder =.
a) 34563654 ▧ 345636654   b) 300000 ▧ 3 Mio.   c) 1100100 ▧ 10100100
99990990 ▧ 99999999   15000000 ▧ 15 Mrd.   25000000 ▧ 25 Mio.

7.

100 m

a) Ferienanfang: Im Radio wurden 100 km Stau gemeldet. Schätze mit Hilfe des abgebildeten Ausschnitts, wie viele Autos insgesamt im Stau stehen.
b) Wie viele Personen sind wohl durchschnittlich in einem Auto? Wie viele sind es dann im Stau?

Römische Zahlen

1. Früher wurde mit Strichen gezählt. Solche Strichlisten sind schnell unübersichtlich. Deswegen werden Striche oft gebündelt. Stelle folgende Zahlen übersichtlich mit Strichen dar: 13, 30, 46, 79 und 100.

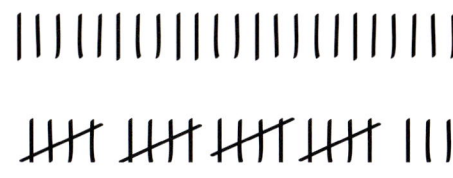

2. Die Ägypter bemerkten, dass Strichlisten bei größeren Zahlen ungünstig sind. Deshalb benutzten sie Bilder für verschiedene Zahlzeichen.

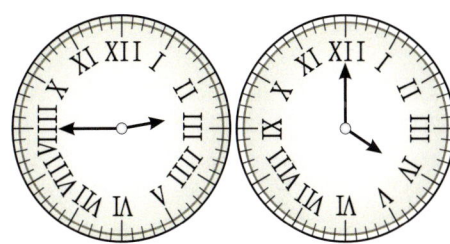

Schreibe wie die Ägypter.

    a) 311   **b)** 2 419   **c)** 30 070   **d)** 54 321   **e)** 955   **f)** 3 127

3. Die Römer verwendeten Buchstaben zur Darstellung von Zahlen.
Schreibe die folgenden römischen Zahlen in unserem heutigen Dezimalsystem mit Ziffern.

I	V	X	L	C	D	M
1	5	10	50	100	500	1 000

M CCC XX III =
1 000 + 300 + 20 + 3 = 1 323

    a) VII = ▨   **b)** XIII = ▨   **c)** CL = ▨   **d)** MD = ▨   **e)** CXXXVI = ▨

4. Vergleiche die beiden Uhren miteinander. Welchen Unterschied stellst du fest? Erkläre.

5. a) Schreibe die Zahlen von 1 bis 20 als römische Zahlen.
    b) Vergleiche mit deinem Nachbarn und diskutiert, wenn es Unterschiede gibt.

6. Vier gleiche Zeichen hintereinander war den Römern zu unübersichtlich. Also wurden die Zeichen I, X und C nur noch dreimal hintereinander verwendet. Die Römer ersetzten vier gleiche Zeichen und schrieben so:

IV	IX	XL	XC	CD	CM
4	9	40	90	400	900

CC XL = 240
‿‿
200 40

Schreibe mit Ziffern im Dezimalsystem.

    a) XIV = ▨   **b)** XXIX = ▨   **c)** CXL = ▨   **d)** CCCXC = ▨
    e) XXIV = ▨   **f)** CIX = ▨   **g)** MMCD = ▨   **f)** MCMXXIV = ▨

7.

In welchem Jahr ist das entstanden?

    a) Tempel in Athen   **b)** Triumphbogen   **c)** Eiffelturm   **d)** Tower Bridge
        CDXLVII M   MDCCCXXXVI   MDCCCLXXXIX   MDCCCXCIV

Die Römer verwendeten Buchstaben (Zahlzeichen) zur Darstellung von Zahlen:

I = 1   V = 5   X = 10   L = 50   C = 100   D = 500   M = 1 000

Regeln:
① Nebeneinanderstehende Zahlzeichen werden addiert. Es wird von groß nach klein sortiert.
② Gleiche Zahlzeichen dürfen höchstens dreimal hintereinander auftreten.
③ Steht eines der Zahlzeichen I, X oder C vor einem größeren, so wird es subtrahiert.

$$CCLXVIII = 2 \cdot 100 + 50 + 10 + 5 + 3 \cdot 1 \qquad = \ 268$$
$$MMIV \quad = 2 \cdot 1\,000 + (5 - 1) \qquad\qquad = 2\,004$$
$$MCMXC \ = 1\,000 + (1\,000 - 100) + (100 - 10) = 1\,990$$

Ein Legionär war ein römischer Soldat.

8. Welche Zahlzeichen hätten die nächsten 10 Legionäre hinter Legionär IV?

HALT! Durchzählen bis vier!   I   II   III   IV

9. Eine Einheit besteht aus insgesamt 480 Mann. Schreibe die Zahl 480 mit römischen Zahlzeichen.

10. Übersetze in unser Zehnersystem.
   a) XXVIII   **b)** CCLXXV   **c)** XIV   **⁺d)** LXXVI   **⁺e)** MDCCLX   **⁺f)** CXC

11. Maria hat auf dem Bild rechts bei jeder Zahl Unrecht.
   a) Erkläre Marias Überlegungen.
   b) Partnerarbeit: Ordnet Marias Zahlen die richtigen römischen Zahlen zu:

MCMXCIX	XLIX	CDXCVIII
LXXXIX	CML	MMCMLXXX

   Erklärt eure Zuordnung in der Klasse.

$$950 = LM$$
$$498 = IID$$
$$2\,980 = XXMMM$$
$$1\,999 = MIM$$
$$49 = IL$$
$$89 = XIC$$

12. Schreibe mit römischen Zahlzeichen.
   a) 17; 31   **b)** 53; 112   **c)** 713; 832
   d) 1 832; 2 053   **e)** dein Geburtsjahr

13. a) Am Schloss in Darmstadt findet man nebenstehende Tafel[1]. Addiere die Werte der großen Buchstaben, dann erhältst du die Jahreszahl der Wiedererbauung.
   b) Schreibe die Jahreszahl der Wiedererbauung mit römischen Zahlzeichen auf.

AB ERNESTO LVDoVICo
LanDgraVio hassIae
praesens arX
LoCo aLterIVs
VVLCanI fVrore abreptae
eXstrVCta est

[1] *Eine solche Tafel heißt Chronogramm. Der Text bedeutet auf deutsch: Von Ernst Ludwig / Landgraf Hessens / wurde diese Burg / an Stelle der anderen / durch Feuer zerstörten / errichtet.*

Natürliche Zahlen

Jede **natürliche** Zahl kannst du mit den **Ziffern** 0, 1, 2, 3, 4, 5, 6, 7, 8 und 9 schreiben.

Natürliche Zahlen kannst du vergleichen und ordnen. Am **Zahlenstrahl** liegt die kleinere Zahl links von der größeren.

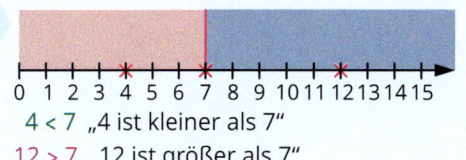

4 < 7 „4 ist kleiner als 7"
12 > 7 „12 ist größer als 7"

Die **Stellenwerttafel**

Billionen Bio.	Milliarden Mrd.	Millionen Mio.	Tausend T	H	Z	E
			3 0 2	4	0	1
	1 2 0 7 8	9 0 5	3	4	6	

302 401 =
dreihundertzweitausendvierhunderteins
12 078 905 346 = 12 Mrd. 78 Mio. 905 T 346

Zahlen runden

Du **rundest ab**, wenn die nächstfolgende Ziffer 0, 1, 2, 3 oder 4 ist.
Du **rundest auf**, wenn die nächstfolgende Ziffer 5, 6, 7, 8 oder 9 ist.

genaue Zahl	gerundet auf Tausender	gerundet auf Hunderter	gerundet auf Zehner
8 457	8 000	8 500	8 460

Diagramme

Zahlen kannst du in **Diagrammen** (Schaubildern) darstellen, z. B. in Balkendiagrammen:

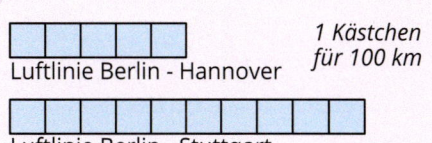

1 Kästchen für 100 km

Luftlinie Berlin - Hannover

Luftlinie Berlin - Stuttgart

---

1. Welche natürlichen Zahlen liegen zwischen
  a) 19 996 und 20 005,　　**b)** 3 989 und 4 000,
  c) 335 793 und 335 801,
  d) 4 444 998 und 4 445 005?

2. a) Lies die Werte für A, B, C und D ab.
  b) Zwischen welchen Zahlen liegt E?

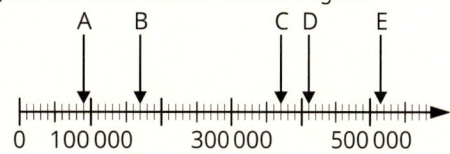

3. Kleiner, größer oder gleich? Setze ein: <, >, =.
  a) 608 ▨ 615　　　　**b)** 852 ▨ 851
  c) 1 000 ▨ 10·100　　**d)** 100·100 ▨ 1 Mio

4. Bis eine Million schreibt man die Zahlworte aneinander. Schreibe in Worten.
  a)　12　　　**b)**　12 300　　　**c)**　970 000
  　　315　　　　　324 000　　　　　1 200 000

5. Schreibe in 3er-Blöcken und lies die Zahlen.
  a) 35000000　　　b) 10000000000
  　7900100　　　　　5395000000

6. Runde die Zahlen wie angegeben.
  a) auf Tausender:　　2 307　　12 905　　139 501
  b) auf Hunderter:　　　491　　　1 249　　　49 970
  c) auf Zehner:　　　　　17　　　　349　　　7 896

7. Runde die Flusslängen auf 10 km.
  Rhein　1 325 km　　　　　Neckar　371 km
  Mosel　545 km　　　　　　Lahn　245 km
  Main　524 km　　　　　　　Nagold　92 km

8. Zeichne ein Balkendiagramm (1 cm für 100 km) zu den gerundeten Flusslängen aus Aufgabe 7.

9. Wie weit ist es ungefähr? (1 mm für 10 km)

  a) 　Berlin – Kassel
  b) 　Köln – Erfurt
  c) 　Hamburg – Lübeck

1. Schreibe mit Ziffern in 3er-Blöcken.
   a) zweihundertzwanzigtausendfünfhundert   **b)** sieben Millionen fünfzehntausendeins

2. Lies die markierten Zahlen vom Zahlenstrahl ab.

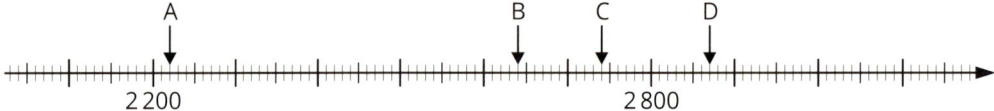

3. Runde 76 563 210   **a)** auf Hunderter,   **b)** auf Zehntausender.

4. Schreibe die Zahl mit Ziffern auf.   **a)** 1 HT 5 T 1 Z   **b)** 52 Mio. 42 T 6 E

5. Ordne die Zahlen der Größe nach. Beginne mit der kleinsten Zahl.
   5 460, 5 046, 5 406, 4 560, 6 540, 5 604

6. Bei der Klassensprecherwahl der Klasse 5a
   hat Ulrike 3 Stimmen bekommen. Notiere, wie
   viele Stimmen Dieter, Uta und Kerstin
   jeweils erhalten haben.

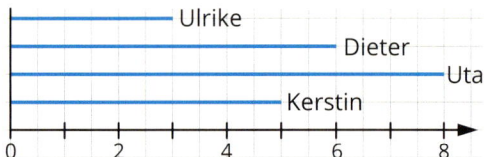

7. In der Klasse 5b gewinnt Tobias mit 7 Stimmen die Klassensprecherwahl. Emily erhält 5 Stimmen,
   Tim und Marita erhalten je 4 Stimmen. Zeichne ein Balkendiagramm (1 cm für eine Stimme).

8. Schreibe die nächsten zwei Zahlen auf.   **a)** 11, 16, 15, 20, 19, ...   **b)** 45, 30, 60, 45, 75, ...

9. Schreibe als Zahlwort: **a)** 15 324 001   **b)** 250 010 060

10. Schreibe mit Ziffern in 3er-Blöcken:
    achthundertdreiundvierzig Millionen siebenhundertneuntausendzweihundertsechzig

11. Schreibe die jeweils kleinste und größte Zahl auf, die auf Hunderter gerundet folgende Zahl ergibt:
    a) 31 000   **b)** 270 500

12. Schreibe mit Ziffern auf: **a)** die kleinste 4-stellige Zahl ohne 0.
                                   b) die größte 6-stellige Zahl ohne 9.

13. **a)** Schreibe mit Ziffern im Zehnersystem: XIV   MDCCCXLVIII
    b) Schreibe mit römischen Zahlzeichen: 1 959   2 009

14. Ordne die Zahlen und Ergebnisse. Beginne mit dem kleinsten Wert.

    | 1T 1H 1E | 99·11 | eintausendelf | MXCI | 1191 – 99 | 10 100 : 10 |

15. Wertstoffsammlung: Runde alle Angaben auf hundert Tonnen und ordne sie nach der Größe.
    1 836 800 kg Kunststoffe   1 277 900 kg Metalle
    21 298 100 kg Papier und Pappe   7 326 400 kg Glas

Addition und Subtraktion

In diesem Kapitel lernst du, ...

... wie du geschickt im Kopf addierst und subtrahierst,

... wie du Rechnungen mit Operatoren darstellst und ausführst,

... Rechenregeln und Rechengesetze der Addition und Subtraktion kennen,

... wie du Überschlagsrechnungen ausführst,

... wie du schriftlich sicher addierst und subtrahierst.

Löse die folgenden Aufgaben und schätze dich ein.

1. Rechne im Kopf.

   a) 9 + 6 = ▨   **b)** 38 + 5 = ▨

   c) 27 + 31 = ▨   **d)** 46 + 37 = ▨

   e) 13 – 8 = ▨   **f)** 54 – 7 = ▨

   g) 73 – 69 = ▨   **h)** 68 – 23 = ▨

Ich kann einfache Additions- und Subtraktionsaufgaben im Kopf lösen.

Das kann ich gut.	Ich bin noch unsicher.
☺	→ S. 224, A 3–6

2. Rechne möglichst geschickt im Kopf.

   a) 54 + 19 + 11 = ▨

   b) 68 + 44 – 67 = ▨

Ich erkenne Rechenvorteile und nutze sie.

Das kann ich gut.	Ich bin noch unsicher.
☺	→ S. 225, A 1–4

3. Ein Laptop kostet 487 €, der Drucker dazu kostet 117 €.
Sina, Daniel und Kira überschlagen den Kaufpreis.

Sina: 400 € + 100 € = 500 €
Daniel: 500 € + 200 € = 700 €
Kira: 500 € + 100 € = 600 €

Wer überschlägt den Kaufpreis am besten und warum?

Ich weiß, wie man Ergebnisse von Rechenaufgaben überschlägt.

Das kann ich gut.	Ich bin noch unsicher.
☺	→ S. 225, A 5–7

4. Übertrage ins Heft und addiere schriftlich.
   a) 416 + 172   **b)** 345 + 32   **c)** 2604 + 275

Ich kann zwei Zahlen schriftlich addieren.

Das kann ich gut.	Ich bin noch unsicher.
☺	→ S. 226, A 1–2

5. Übertrage ins Heft und subtrahiere schriftlich.
   a) 576 – 235   **b)** 386 – 124   **c)** 1896 – 685

Ich kann zwei Zahlen schriftlich subtrahieren.

Das kann ich gut.	Ich bin noch unsicher.
☺	→ S. 226, A 3–4
	→ S. 247, A 1–4

Addieren und Subtrahieren im Kopf

Löst alle Aufgaben in Partnerarbeit.

Damit du schnell und ohne Zählen rechnen kannst, solltest du die Einspluseins-Tabelle auswendig wissen.

Alle Aufgaben in der Tabelle, die ich auswendig kenne, habe ich blau gefärbt.

Laura

Elias

Einspluseins-Tabelle

+	1	2	3	4	5	6	7	8	9
1	2	3	4	5	6	7	8	9	10
2	3	4	5	6	7	8	9	10	11
3	4	5	6	7	8	9	10	11	12
4	5	6	7	8	9	10	11	12	13
5	6	7	8	9	10	11	12	13	14
6	7	8	9	10	11	12	13	14	15
7	8	9	10	11	12	13	14	15	16
8	9	10	11	12	13	14	15	16	17
9	10	11	12	13	14	15	16	17	18

1. a) Übertragt die Tabelle in euer Heft.
   Färbt sie entsprechend.
   b) Warum kann sich Elias die blau gefärbten
   Felder besonders gut merken?
   c) Entdeckt ihr die Regel, mit der David ganz
   schnell die Ergebnisse findet? Dann färbt
   in der Tabelle alle Plus-Aufgaben mit 9
   zusätzlich blau.
   d) Überlegt gemeinsam und schreibt auf, wie
   ihr Davids Regel anderen erklären könnt.
   e) Fallen euch noch andere Regeln ein?

David

Ich kenne eine Regel für Plus-Aufgaben mit der 9.
$9 + 6 = 15$
$9 + 7 = 16$
$8 + 9 = 17$
$3 + 9 = 12$

2. Es gibt viele verschiedene Wörter für
   „addieren" und „subtrahieren".
   a) Erstellt ein Mathematik-Wörterbuch.
   Übertragt dazu die Tabelle rechts
   in euer Heft.
   b) Löst die Aufgaben von der Tafel und
   tragt die unterstrichenen Wörter in die
   Tabelle ein.

Mathematik-Wörterbuch	
Das bedeutet plus (+) rechnen:	Das bedeutet minus (−) rechnen:
addieren	subtrahieren
hinzufügen	vermindern
summieren	Differenz bilden

zu 28 die Zahl 5 <u>hinzufügen</u>   zu 21 die Zahl 15 <u>hinzuzählen</u>

die Zahl 71 um 12 <u>vermindern</u>   von 33 die Zahl 32 <u>subtrahieren</u>

die Zahlen 43 und 14 <u>summieren</u>   die Zahlen 17 und 19 <u>addieren</u>

die Zahl 27 um 11 <u>vermehren</u>   die Zahl 15 mit der Zahl 12 <u>zusammenzählen</u>

aus 47 und 22 die <u>Differenz bilden</u>   von 56 insgesamt 5 <u>wegnehmen</u>

aus 19 und 32 die <u>Summe bilden</u>   zwischen 19 und 11 <u>den Unterschied berechnen</u>

von 67 die Zahl 13 <u>abziehen</u>   die Zahl 20 zu 45 <u>dazurechnen</u>

c) Beschreibt die Aufgaben mit Worten. Nutzt das Mathematik-Wörterbuch.

$18 + 15$ $39 + 6$ $12 - 2$ $43 - 37$

Die **Addition (Plus**rechnen)

245	+	130	=	375
Summand	+	Summand	=	Summe

375 ist die Summe von 245 und 130

Die **Subtraktion (Minus**rechnen)

375	–	245	=	130
Minuend	–	Subtrahend	=	Differenz

130 ist die Differenz von 375 und 245

Berechne die Summe von 13 und 82.
13 + 82 = 95

Bestimme die Differenz von 239 und 34.
239 – 34 = 205

3. Mia hat sich für das Lernen der neuen Begriffe folgende Eselsbrücken ausgedacht: „**Summ**en bildet man aus **Summ**anden." „Der **Minu**end steht vor dem **Minu**szeichen." Erprobt die Merkhilfen: Erfindet eigene Beispielaufgaben und fragt euch gegenseitig dazu die neuen Begriffe ab.

4. Berechne die Summe. Schreibe die Aufgabe und das Ergebnis ins Heft.

a) 30 + 80	**b)** 50 + 28	**c)** 64 + 15	⁺**d)** 28 + 17	⁺**e)** 420 + 340
70 + 20	70 + 18	22 + 37	36 + 24	230 + 160

5. Berechne die Differenz. Schreibe die Aufgabe und das Ergebnis ins Heft.

a) 90 – 30	**b)** 86 – 32	**c)** 80 – 26	⁺**d)** 45 – 26	⁺**e)** 460 – 120
60 – 40	67 – 56	70 – 38	83 – 15	350 – 210

6. Welche Zahl fehlt hier?

a) 40 + ▦ = 66	**b)** 13 + ▦ = 28	**c)** ▦ + 17 = 34	**d)** ▦ – 105 = 25
70 – ▦ = 57	29 + ▦ = 50	▦ – 22 = 33	135 + ▦ = 200

7. Kleiner, größer oder gleich? Schreibe ins Heft und setze <, > oder = ein.

a) 15 + 20 ▦ 45	**b)** 15 ▦ 37 – 22	⁺**c)** 100 – 32 ▦ 132 – 62
27 – 13 ▦ 4	63 ▦ 21 + 52	15 + 16 ▦ 20 + 11

8. **a)** Vermindere die Zahl 71 um 22.
b) Ziehe von 78 die Zahl 48 ab.
c) Addiere zu 150 die Zahl 103.
d) Rechne zu 36 die Zahl 55 dazu.
e) Vermehre die Zahl 16 um 68.
f) Bilde die Differenz aus 98 und 54.
g) Bilde die Summe aus 103 und 197.

Das bedeutet „plus":	Das bedeutet „minus":
addieren	subtrahieren
vermehren	Differenz bilden
summieren	abziehen
hinzufügen	Unterschied bilden
dazu zählen	wegnehmen
Summe bilden	vermindern
Mathematik-Wörterbuch	Mathematik-Wörterbuch

9. Schreibe als Rechenaufgabe mit Lösung in dein Heft.

a) Berechne die Differenz von 75 und 15.

b) Addiere die Zahlen 64 und 33.

c) Addiere 64 und 51.

d) Subtrahiere von 87 die Zahl 42.

e) Welchen Wert hat die Summe aus der Zahl 16 und der Zahl 65?

f) Wie heißt die Differenz aus den Zahlen 89 und 53?

10. a) Der Subtrahend ist 78, der Minuend 111. Wie heißt die Differenz?
b) Die Summe ist 1 471, ein Summand ist 894. Wie heißt der andere Summand?
c) Welcher Minuend gehört zur Differenz 639 und zum Subtrahend 586?

Operatoren und Umkehroperatoren

Löst alle Aufgaben in Partnerarbeit!

1. **a)** Schreibt zu jedem Sprung des Froschs eine Rechenaufgabe und formuliert einen Antwortsatz.
   b) Stellt drei verschiedene Vorwärts- und Rückwärtssprünge am Zahlenstrahl dar. Schreibt die passenden Rechenaufgaben dazu. Präsentiert die Zeichnungen der Klasse.

2. Welche Aufgabe ist hier gezeichnet? Schreibt die Rechenaufgabe mit Operator ins Heft:

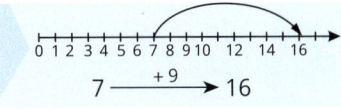

$$7 \xrightarrow{+9} 16$$

a)
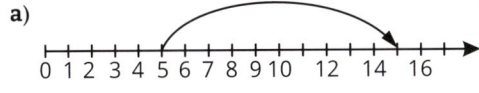

b)
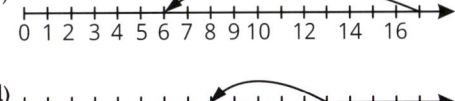

c)
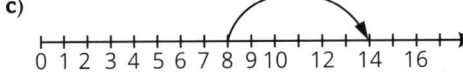

d)
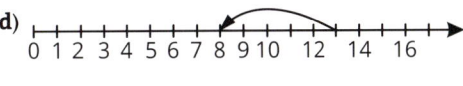

3. Ahmad wohnt im 13. Stock und fährt gerne Aufzug.
   a) Von seiner Etage fährt er erst 7 Etagen aufwärts, dann 4 Etagen abwärts und noch 3 Etagen aufwärts. Wen besucht Ahmad? Stelle die Fahrstuhlfahrt mit Pfeilbildern dar.

   12. Etage Esra
   13. Etage Perinur
   14. Etage Lisa
   15. Etage Cem
   19. Etage Steffi

   b) Erfindet selbst zwei Fahrstuhlfahrten von Ahmad. Lasst dann Mitschülerinnen und Mitschüler herausfinden, in welchem Stock Ahmad ankommt.

4. Wo landet der Junge nach dem ersten Spielzug? Stellt auch den zweiten Spielzug mit Operatoren dar. Vergleicht eure Darstellungen.

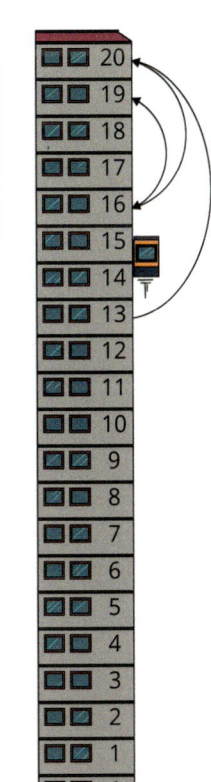

Die Addition $7 + 9 = 16$

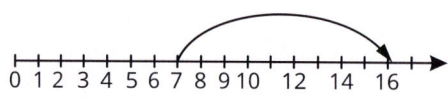

Die Addition bedeutet eine Vorwärts-
bewegung. Das ist ein **Plusoperator**.

Die Subtraktion $16 - 9 = 7$

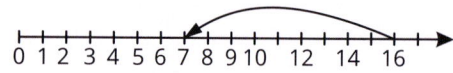

Die Subtraktion bedeutet eine Rückwärts-
bewegung. Das ist ein **Minusoperator**.

Der **Plusoperator** ist der **Umkehroperator** des **Minusoperators**.
Der **Minusoperator** ist der **Umkehroperator** des **Plusoperators**.

$$46 \xrightleftharpoons[-20]{+20} 66$$

$46 + 20 = 66$
$66 - 20 = 46$

$$73 \xrightleftharpoons[+15]{-15} 58$$

$73 - 15 = 58$
$58 + 15 = 73$

$$\blacksquare \xrightleftharpoons[\blacksquare]{+40} 867$$

$867 - 40 = 827$
$827 + 40 = 867$

$$\blacksquare \xrightleftharpoons[\blacksquare]{-70} 125$$

$125 + 70 = 195$
$195 - 70 = 125$

5. Bestimme die fehlenden Zahlen.

a) $127 \xrightarrow{+3} \blacksquare \xrightarrow{+40} \blacksquare$ b) $84 \xrightarrow{+16} \blacksquare \xrightarrow{-80} \blacksquare$ c) $58 \xrightarrow{+12} \blacksquare \xrightarrow{+23} \blacksquare$

d) $158 \xrightarrow{-58} \blacksquare \xrightarrow{-23} \blacksquare$ e) $65 \xrightarrow{-25} \blacksquare \xrightarrow{+22} \blacksquare$ f) $49 \xrightarrow{+31} \blacksquare \xrightarrow{+28} \blacksquare$

6. Bestimme den Umkehroperator, dann die fehlende Zahl.

a) $\blacksquare \xrightleftharpoons[\blacksquare]{+16} 69$ b) $\blacksquare \xrightleftharpoons[\blacksquare]{+34} 139$ c) $\blacksquare \xrightleftharpoons[\blacksquare]{-48} 80$ d) $\blacksquare \xrightleftharpoons[\blacksquare]{-54} 144$

7. Stelle die Aufgabe am Zahlenstrahl dar. Wähle für eine Einheit eine Kästchenbreite.

a) $11 + 5 - 3$ b) $4 + 12 - 9$ ⁺c) $14 - 10 + 6$ ⁺d) $7 + 8 - 2$

8. Stelle die Aufgabe am Zahlenstrahl dar. Wähle eine geeignete Einteilung.

a) $30 + 90 - 10$ b) $70 + 50 - 30$ c) $350 + 850 - 400$ d) $2\,500 - 1\,800 + 700$

9. Je zwei Darstellungen beschreiben die gleiche Aufgabe. Ordne zu.

(1) Zur Differenz von 50 und 20 wird 30 addiert.	**(2)** Die Differenz von 30 und 20 wird um 50 erhöht.	**(A)** $20 \xrightarrow{+50} \blacksquare \xrightarrow{+30} \blacksquare$	**(B)** $50 \xrightarrow{+30} \blacksquare \xrightarrow{-20} \blacksquare$
(3) Zur Summe aus 20 und 50 wird 30 hinzu-gefügt.	**(4)** Von der Summe aus 50 und 30 wird 20 subtrahiert.	**(C)** $30 \xrightarrow{-20} \blacksquare \xrightarrow{+50} \blacksquare$	**(D)** $50 \xrightarrow{-20} \blacksquare \xrightarrow{+30} \blacksquare$

10. Wie viel war es vorher? Bestimme die unbekannte Zahl mit Hilfe des Umkehroperators.

a)

b)

c)

Rechenregeln, Rechengesetze, Rechenvorteile

Löst alle Aufgaben in Partnerarbeit.

1. Wer hat Recht? Oder hat sich der Junge unklar ausgedrückt? Notiert für beide Lösungen die Rechenwege im Heft.

2. Damit du Unklarheiten wie bei Aufgabe 1 vermeidest, gibt es eine Regel:
   Was in Klammern steht, wird zuerst ausgerechnet.
   Vergleicht die Ergebnisse mit und ohne Klammern.

   a)
   $16 - (9 + 3) =$ ___
   $16 - 9 + 3 \;=$ ___

   b)
   $18 + (14 - 10) =$ ___
   $18 + 14 - 10 \;=$ ___

   c)
   $(13 - 4) - 2 =$ ___
   $13 - 4 \; - 2 =$ ___

   d)
   $17 - (9 - 3) =$ ___
   $17 - 9 - 3 \;=$ ___

3.

Erklärt die verschiedenen Rechenwege. Entscheidet, welcher Weg jeweils einfacher ist.

4. a) Wer von beiden ist schneller fertig, Jana oder Tom?
    b) Tom hat eine andere Aufgabe gerechnet. Warum ist die Rechnung von Tom trotzdem richtig?
    c) Rechnet die folgenden Aufgaben so wie Tom und schreibt sie auf.
       ① $572 + 198$ ② $207 + 383$
       ③ $685 + 233$ ④ $970 + 448$

Die **Klammerregel**

Was in der Klammer steht, wird zuerst ausgerechnet.

Sonst wird schrittweise von links nach rechts addiert und subtrahiert.

Klammerregel: ① $12 - (3 + 2)$ ② $12 - 3 + 2$ ③ $20 - (10 + 2) - 6$

   $= 12 - \quad 5$ $= \quad 9 + 2$ $= 20 - \quad 12 \ - 6$

   $= 7$ $= 11$ $= 2$

Das **Kommutativgesetz**

Beim Addieren darfst du die Zahlen beliebig vertauschen.

Kommutativgesetz:

$12 + 97 = 97 + 12 = 109$

Das **Assoziativgesetz**

Beim Addieren darfst du Klammern beliebig setzen oder auch weglassen.

Assoziativgesetz:

$58 + 97 + 3 = 58 + (97 + 3) = 58 + 100 = 158$

5. a) $36 + (17 - 7)$ **b)** $(25 + 32) - 17$ **c)** $(149 + 51) - 61$ **d)** $14 + (62 - 42)$

   e) $65 - (24 + 16)$ **f)** $46 + (32 + 28)$ **g)** $238 + (48 + 57)$ **h)** $78 - (23 + 47)$

6. Rechne aus und vergleiche.

   a) $24 - (13 - 6)$ **b)** $63 - 14 + 9$ **c)** $23 + (18 + 27)$ **d)** $78 - 36 - 16$

   $24 - 13 - 6$ $63 - (14 + 9)$ $23 + 18 + 27$ $78 - (36 - 16)$

7. Ira kauft ein Buch für 12 €, Stifte für 7 € und Hefte für 9 €.

   Sie bezahlt mit einem 10-€-Schein und einem 20-€-Schein.

   Wie viel Euro bekommt sie zurück?

   Schreibe einen Rechenweg mit Klammern und einen

   Rechenweg ohne Klammern.

8. Vertausche die Summanden so, dass du geschickt rechnen kannst.

   a) $49 + 27 + 11$ **b)** $248 + 13 + 27 + 12$ **c)** $154 + 58 + 22 + 36$

   ⁺d) $35 + 15 + 64$ **⁺e)** $156 + 17 + 44 + 33$ **⁺f)** $581 + 73 + 19 + 27$

9. Setze die Klammern so, dass du geschickt rechnen kannst.

   a) $83 + 25 + 75$ **b)** $128 + (12 + 35)$ **c)** $(45 + 23) + 37$

   ⁺d) $67 + 44 + 16$ **⁺e)** $256 + (44 + 89)$ **⁺f)** $78 + (22 + 93)$

10. a) Ordne der sprachlichen Schreibweise die richtige mathematische Schreibweise zu.

① Addiere zur Zahl 57 die Summe von 28 und 13.

② Addiere zur Differenz von 57 und 28 die Zahl 13.

$(57 - 28) - 13$ H

$(57 + 28) + 13$ L

③ Subtrahiere von der Differenz von 57 und 28 die Zahl 13.

④ Addiere zur Summe von 57 und 28 die Zahl 13.

$57 - (28 + 13)$ U

$57 - (28 - 13)$ A

⑤ Subtrahiere von 57 die Differenz von 28 und 13.

⑥ Subtrahiere von 57 die Summe von 28 und 13.

$57 + (28 + 13)$ S

$(57 - 28) + 13$ C

b) Berechne die Ergebnisse der Aufgaben in **a**).

Vermischte Aufgaben

1. Ordne jeder Aufgabe ihren Lösungsbuchstaben zu. Wie heißt das Lösungswort?

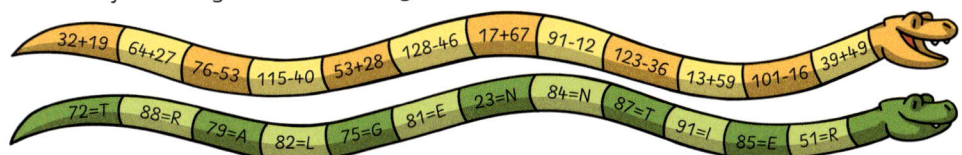

2. Berechne im Kopf. Schreibe die Aufgabe und das Ergebnis in dein Heft.

    a) 90 + 30   **b)** 40 + 68   **c)** 38 + 51   **d)** 55 + 75   **e)** 220 + 140

       45 + 60   29 + 70   19 + 71   49 + 74   650 + 235

3. Welche Aufgabe ist hier gezeichnet?

    a) 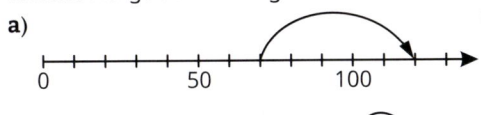   **b)**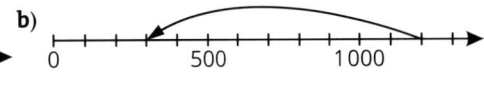

    c) 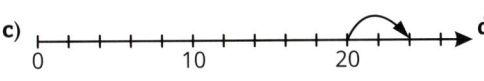   **d)**

4. Berechne und vergleiche die Ergebnisse.

    a) 57 + (35 + 15)   **b)** 38 + (35 − 23)   **c)** 100 − 46 − 23   **d)** (138 − 52) + 14

       (57 + 35) + 15   (38 + 35) − 23   100 − (46 − 23)   138 − (52 + 14)

⁺5. Vertausche die Summanden und rechne geschickt.

    a) 25 + 26 + 74 + 25   **b)** 46 + 31 + 64 + 39   **c)** 122 + 34 + 36 + 18

       57 + 15 + 35 + 13   68 + 18 + 22 + 42   277 + 28 + 23 + 62

6. Was verbirgt sich unter dem Klecks? Notiere die vollständige Aufgabe im Heft.

a)								
2	3	+	▓	=	5	7		
		+	8	6	=	1	0	0
▓		−	1	2	=	6	2	

b)								
1	2	4	+	3	5	=	▓	
	2	5	0	−	▓	=	3	0
	2	4	1	▓	2	8	=	2 1 3

c)								
7	6	+	▓	=	9	9		
	9	1	+	▓	0	=	1	5 1
	8	7	−	5	3	=	▓	

7. Vertausche und setze Klammern so, dass du geschickt rechnen kannst.

    a) 592 + 35 + 65 + 408   **b)** 771 + 69 + 29 + 131   **c)** 86 + 814 + 79 + 121

    d) 77 + 95 + 23 + 18 + 32   **e)** 95 + 33 + 51 + 5 + 67   **f)** 58 + 23 + 77 + 97 + 42

8. Hier hat das „Klammer-Monster" jeweils zwei oder vier Klammerzeichen entfernt. Setze diese Zeichen wieder so, dass das Gleichheitszeichen stimmt.

    a) 84 − 35 + 6 − 19 + 4 = 20   **b)** 73 − 27 − 8 + 6 + 9 = 23

    c) 31 − 15 − 6 + 2 − 18 = 2   **d)** 69 − 16 + 17 + 8 − 29 − 4 = 19

9. **a)** Addiere die Summe aus 67 und 94 und die Differenz der Zahlen 216 und 145.

    b) Der Minuend ist die Summe der Zahlen 86 und 245. Der Subtrahend ist die Summe der Zahlen 131 und 78. Wie heißt die Differenz?

10. Zu jeder zweistelligen Zahl aus verschiedenen Ziffern gibt es eine Partnerzahl mit vertauschten Ziffern. Wähle zehn solche Paare und berechne die Differenz zwischen Zahl und Partnerzahl (größere Zahl minus kleinere Zahl). Wie heißen die Ergebnisse und welche gemeinsame Eigenschaft haben diese?

Tipp:
Die
Partnerzahl
zu 12 ist 21.

Die Ergebnisse der Aufgaben 1 bis 9 ergeben vier deutsche Bundesländer.

1. Berechne im Kopf.
   a) $18 + 23 = $ ▨
   b) $55 + 37 = $ ▨
   c) ▨ $+ 13 = 85$
   d) $4 + $ ▨ $= 21$

2. Berechne im Kopf.
   a) $18 \cdot 5$
   b) $12 \cdot 11$
   c) $26 \cdot 6$

3. Berechne im Kopf.
   a) $95 : 5$
   b) $126 : 3$
   c) $135 : 9$

4. Lies die Zahlen am Zahlenstrahl ab.

5. Gib den fehlenden Vorgänger oder Nachfolger an.
   a) 3998   3999   ▨
   b) ▨   8100   8101

6. Schreibe in Ziffern.
   a) zweitausendfünfhundert
   b) eintausendsiebenhundertelf
   c) zwei Millionen vierhunderttausend

7. Ordne die Zahlen, beginne mit der kleinsten Zahl.
   a) 10101   11001   10110
   b) 5160   651   5061

8. Welche Aussagen sind richtig?
   (1) $2244 < 2340$
   (2) 1 Mrd. 25 T = 1025000
   (3) $1350 > 1503$
   (4) 3 Mio. 107 T > 3007000

9. Runde.
   a) 124   auf Zehner
   b) 1259   auf Hunderter
   c) 23509   auf Tausender

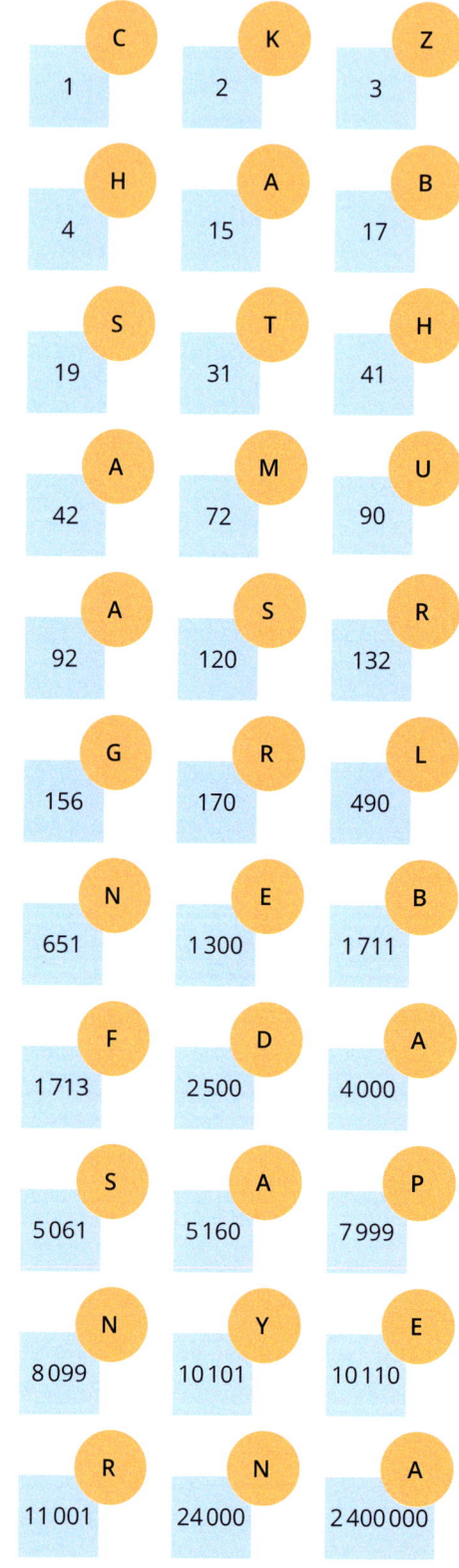

Schriftliche Addition und Überschlagsrechnung

Löst alle Aufgaben in Partnerarbeit.

Der Kassenwart ist im Verein für das Geld zuständig.

Am Wochenende hatte unser Handballverein ein Heimspiel. — Keith, Lars

Mein Vater ist Kassenwart. Er hat mir aufgeschrieben, wie viele Zuschauer wir hatten. Es waren 1 578. Letztes Wochenende waren es nur 1 386 Zuschauer.

Toll! Dann waren ungefähr 3 000 Zuschauer da! — Niklas

1. a) Niklas hat überschlagen, wie viele Zuschauer insgesamt die Spiele besucht haben. Dazu hat er die Zahlen gerundet. Schreibt seine Überschlagsrechnung in eure Hefte und vervollständigt sie.

$$1\,578 + 1\,386$$

gerundet: _____ + _____ = 3 000

b) Der Kassenwart hat ausgerechnet, wie viele Zuschauer es insgesamt waren. Seht euch die Rechnung an und erklärt sie euch gegenseitig.

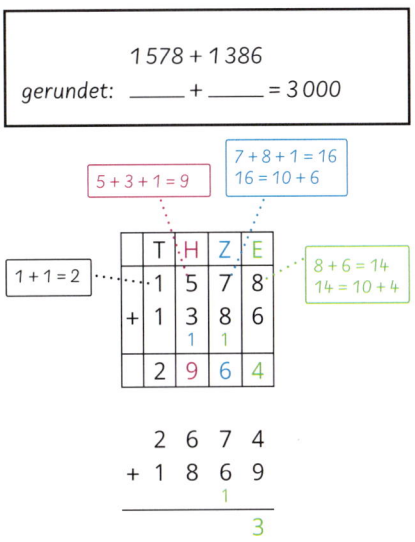

$7 + 8 + 1 = 16$
$16 = 10 + 6$

$5 + 3 + 1 = 9$

$1 + 1 = 2$

	T	H	Z	E
	1	5	7	8
+	1	3	8	6
			1	1
	2	9	6	4

$8 + 6 = 14$
$14 = 10 + 4$

2. Ein anderer Handballverein hatte an zwei Spieltagen sogar 2 674 und 1 869 Zuschauer. Schreibt eine Überschlagsrechnung. Dann übertragt die Rechnung rechts in eure Hefte und vervollständigt sie.

```
    2 6 7 4
  + 1 8 6 9
        1
        3
```

3. Vor der Sporthalle gibt es für die Zuschauer auch einen Getränkestand und einen Imbissstand. Berechnet die Gesamteinnahmen während der letzten drei Spiele.

	1. Spiel	2. Spiel	3. Spiel
Getränke	3 7 5 4 €	1 6 9 5 €	2 7 2 8 €
Imbiss	+ 4 4 6 7 €	+ 3 4 2 6 €	+ 4 6 8 7 €

4. Würdet ihr das Angebot vom Verkäufer annehmen? Macht dazu eine Überschlagsrechnung.

Alles zusammen für 825 €?

Flachbild-Monitor 159 €
Computer 329 €
Drucker 178 €

Ich runde auf glatte Hunderter und überschlage dann im Kopf!

So **addierst** du natürliche Zahlen **schriftlich**:

① Schreibe: Einer unter Einer, Zehner unter Zehner, Hunderter unter Hunderter, … .

② Addiere die Zahlen von rechts nach links. Beginne bei der Einerstelle (E).

③ Wenn die Summe bei Zwischenergebnissen größer als 9 ist, notierst du die Zehner-zahl klein als **Übertrag** bei dem nächsthöheren Stellenwert.

Manchmal musst du das Ergebnis nur ungefähr abschätzen. Dazu machst du eine **Überschlagsrechnung**: Runde dafür alle Zahlen so, dass du im Kopf rechnen kannst.

•   2357 + 806
Überschlag: 2000 + 1000 = 3000
Genau:

T	H	Z	E
2	3	5	7
+	8	0	6
	1		1
3	1	6	3

•   9838 + 266 + 4586
Überschlag: 10000 + 0 + 5000 = 15000
Genau:

ZT	T	H	Z	E
	9	8	3	8
		2	6	6
+	4	5	8	6
	1	1	1	2
1	4	6	9	0

5. Führe erst eine Überschlagsrechnung durch. Rechne auch genau.

a)   358
   + 116

b)   564
   + 217

c)   4268
   + 1267

d)   5982
   + 2326

⁺e)   236
   + 345

⁺f)   628
   + 216

6. Wie viele km sind es

a) von Aachen über Berlin nach Dresden,

b) von Berlin über Dresden nach München,

c) von Aachen über Hannover nach Berlin,

⁺d) von Bremen über Aachen nach Hannover,

⁺e) von Dresden über München nach Aachen,

⁺f) von Hannover über Berlin nach Dresden,

g) von München über Berlin nach Aachen?

7. Überschlage erst den Rechnungsbetrag. Rechne dann genau.

a)
Schuh-Land
126 €
+ 63 €
+ 78 €

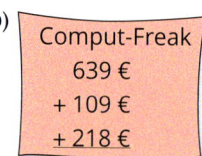

b)
Comput-Freak
639 €
+ 109 €
+ 218 €

8. Bilde zwei dreistellige Zahlen mit diesen sechs Ziffernkärtchen.

a) Die Summe der beiden Zahlen ist so groß wie möglich.

b) Die Summe der beiden Zahlen ist so klein wie möglich.

c) Es kommt kein Übertrag beim Addieren vor.

d) Die Summe der beiden Zahlen ist möglichst nah an 1000.

e) Die Summe der beiden Zahlen enthält zwei Nullen.

9. Addiere schriftlich. Achte auf den Übertrag.

a) 3 064   b) 6 347   c) 49 382   ⁺d) 534   ⁺e) 326   ⁺f) 234
    + 5 826   + 2 072   +   939   + 243   + 463   + 432

10. Berechne die Summen, ordne dann der Größe nach. Du erhältst ein Lösungswort.

| U 425 + 234 | M 529 + 298 | S 132 + 255 | E 357 + 471 | M 149 + 678 |

11. a) 326 + 58   b) 5 264 + 348   c) 78 + 5 067
    d) 453 + 775   e) 369 + 2 670   f) 432 + 3 624

H	Z	E
	3	2	6
+		5	8

⁺**12.** a) 3 594 + 5 489   b) 608 + 2 953   c) 6 389 + 546
    d) 625 + 7 699   e) 3 507 + 438   f) 78 + 4 835

13. Du siehst rechts zwei berühmte
Bauwerke aus den beiden größten
deutschen Städten.

Suche z.B.
unter dem
Stichwort
„größte
deutsche
Städte".

a) Wie heißen diese beiden Städte?
   Welche Bauwerke sind gezeigt?
   Du kannst dazu im Internet
   suchen.
b) Die eine Stadt hat 3 614 000 Einwohner, die andere 1 831 000. Wie viele Einwohner haben beide Städte zusammen?
c) Warum gibt man bei Städten die Einwohnerzahl gerundet und nicht ganz genau an?

14. a) + 357   b) + 242   c) + 768   d) + 2 307   e) + 5 926   f) + 53 287
       + 436   + 397   + 156   +   885   + 2 264   + 37 813
       + 108   + 432   + 684   +   964   +   581   + 13 488

15. a) 12 + 4 120 + 41 200   b) 123 + 1 230 + 12 300   c) 456 + 4 560 + 45 600
        34 + 4 340 + 43 400   423 + 4 230 + 42 300   567 + 5 670 + 56 700

16. a)   3 5 ■   b)   5 8 ■ ■   c)   1 3 4 5   d)   4 ■ 8 7   e)   5 2
       + ■ 4 3   + 2 6 3 5   + 5 2 6 4   +   3 ■ 9   +   6 8 3
       1 0 ■ 5   ■ ■ 7 6   ■ ■ ■ ■   4 6 4 6   ■ ■ ■

17. Reicht das Geld? Wo genügt der Überschlag, wo musst du genau rechnen?

a)   b)   c)

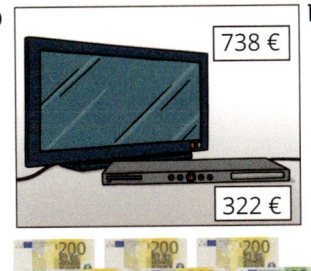   738 €    248 €    29 €

                       322 €   189 €   328 €   65 €
                                    89 €

18. Addiere die Zahlen 41 873, 9 655, 17 396 und 28 217 mit *einer* Rechnung.

Wegnehmen – Ergänzen – geschickt Subtrahieren

Setzt euch in Gruppen aus jeweils drei Kindern zusammen. Besprecht die einzelnen Arbeitsbögen nacheinander und löst die Aufgaben. Präsentiert eure Überlegungen und Ergebnisse in der Klasse.

Arbeitsbogen 1

Rechne aus:
72 – 5

67

Carlos Leni

Rechne jetzt:
83 – 79

4

Carlos Leni

1. Leni ist bei den beiden Subtraktionsaufgaben unbewusst ganz unterschiedlich vorgegangen: Einmal hat sie weggenommen und einmal ergänzt. Erklärt das!

2. Denkt euch drei Subtraktionsaufgaben aus, bei denen man besser ergänzt, und drei andere Subtraktionsaufgaben, bei denen man besser wegnimmt.

Arbeitsbogen 2

1. Erklärt, was Havva zwischen ihren beiden Antworten überlegt hat.

2. a) Denkt euch Subtraktionsaufgaben aus, bei denen man Havvas Trick anwenden kann.
   b) Beschreibt eine Regel, die Havva bei ihrem Trick angewendet hat.

Wer kriegt die Aufgabe
317 – 198
im Kopf raus?

Ich!
119

319 – 200

Max Havva Lara

Arbeitsbogen 3

So gehen Jonas und Josey an die Subtraktionsaufgabe 852 – 276 heran.

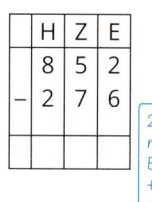 

H	Z	E
8	5	2
– 2	7	6

2-6 geht ja gar nicht.
Beide Zahlen
+10, oben **10E**, unten **1Z**.

Aha! Wenn ich mir 10 Einer leihe und hinzurechne, muss ich in der nächsten Spalte einen zusätzlichen Zehner abziehen.

H	Z	E
8	5	2+**10**
– 2	7	6
	1	

H	Z	E
8	5+**10**	2+**10**
– 2	7	6
	1	**1**

Beide Zahlen
+100, oben **10Z**,
unten **1H**.

a) Warum gehen Jonas und Josey so vor?
b) Nun lösen Jonas und Josey die Subtraktionsaufgabe.
   Aber ist ihr Ergebnis auch die Lösung der ursprünglichen Aufgabe?
   Nehmt Stellung.

H	Z	E
8	5+10	2+10
– 2	7	6
1	1	

H	Z	E
8	15	12
– 3	8	6
5	**7**	**6**

Schriftliche Subtraktion und Überschlagsrechnung

1. Partnerarbeit: Ramona subtrahiert auch schriftlich. Sie überlegt im Kopf und schreibt dann nur das wichtigste auf.

a) Erzählt euch gegenseitig, was Ramona macht.

b) Rechnet die Aufgabe 4365 – 1789 wie Ramona aus.

  Ramona

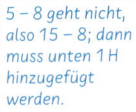 

> 4 – 9 geht nicht, also 14 – 9; dann muss unten 1 T hinzugefügt werden.

> 5 – 8 geht nicht, also 15 – 8; dann muss unten 1 H hinzugefügt werden.

> 2 – 6 geht nicht, also 12 – 6; dann muss unten 1 Z hinzugefügt werden.

$3 - 1 = 2$

```
  3 4 5 2
-   8 7 6
  1 1 1
─────────
  2 5 7 6
```

> Wer bei **b)** ungefähr 2600 als Ergebnis hat, wird vermutlich richtig gerechnet haben.

Don

c) Don rechnet für Aufgabe b) einen Überschlag: 4400 – 1800 = 2600.
Prüft an eurem Ergebnis, ob Dons Überschlag geeignet ist.
Überlegt euch eine Überschlagsrechnung für Ramonas Aufgabe.

So **subtrahierst** du natürliche Zahlen **schriftlich**:

① Schreibe die Zahlen stellenweise untereinander.

② Subtrahiere die Zahlen von rechts nach links. Beginne bei der Einerstelle (E).

③ Ist bei einem Stellenwert die Zahl oben kleiner als die Zahl darunter, fügst du oben 10 dazu. Gleichzeitig musst du dann beim nächstgrößeren Stellenwert unten die Zahl 1 hinzufügen.
Durch diesen Übertrag bleibt die Differenz der beiden Zahlen gleich.

Auch bei der Subtraktion kannst du eine **Überschlagsrechnung** durchführen.

Beispiel: Überschlag: genau:

3527 – 1863   3500 – 1900 = 1600

```
  3 5 2 7      7 - 3 = 4
- 1 8 6 3      12 - 6 = 6 (Übertrag 1)
  1 1          8 + 1 = 9
─────────      15 - 9 = 6 (Übertrag 1)
  1 6 6 4      1 + 1 = 2
               3 - 2 = 1
```

2. Subtrahiere. Kontrolliere durch einen Überschlag oder eine Probe.

a)   458
   – 23

b)   564
   – 261

c)   847
   – 392

d)   756
   – 278

e)   8307
   – 885

f)   5901
   – 2294

3. Schreibe richtig untereinander. Kontrolliere durch einen Überschlag oder eine Probe.

a) 354 – 49   b) 634 – 351   c) 5364 – 538   d) 537 – 58

4. Die Zugspitze ist der höchste Berg Deutschlands mit 2963 m. Der Montblanc ist der höchste Berg der Alpen und 1844 m höher als die Zugspitze. Der Mount Everest ist der höchste Berg der Erde mit 8848 m.

a) Wie groß ist der Höhenunterschied zwischen Mount Everest und Zugspitze?

b) Wie groß ist der Höhenunterschied zwischen Mount Everest und Montblanc?

5. a) $4325 - 627$　　**b)** $5371 - 788$　　**c)** $4584 - 2873$　　**d)** $2408 - 863$
　⁺e) $4247 - 1360$　　**⁺f)** $7638 - 357$　　**⁺g)** $3523 - 948$　　**⁺h)** $2306 - 1223$

6. Felix, Ida und Cem haben dieselbe Aufgabe gerechnet, jeder anders.
Beschreibe die verschiedenen Rechenwege. Welche Vorteile hat jeder Rechenweg,
welche Nachteile gibt es? Welcher Rechenweg gefällt dir am besten?

7. Überschlage das Ergebnis. Rechne dann genau.
　a) $789 - 38 - 87$　　**b)** $848 - 246 - 163$　　**c)** $648 - 217 - 328$　　**d)** $629 - 396 - 182$
　⁺e) $629 - 349 - 78$　　**⁺f)** $946 - 485 - 94$　　**⁺g)** $809 - 65 - 587$　　**⁺h)** $367 - 52 - 216$

⁺8. Familie Pfaff fährt von Konstanz nach Berlin.
In Nürnberg machen sie eine längere Pause.
Wie viele Kilometer müssen sie noch von
Nürnberg nach Berlin fahren?

9. Von Stuttgart nach Neuseeland sind es 18 687
Flugkilometer. Bis zur ersten Zwischenlandung
am Persischen Golf fliegt man 5 068 km. Von
dort bis zur zweiten Zwischenlandung in Bang-
kok sind es 4 982 km. Wie weit fliegt man von
Bangkok nach Neuseeland?

10. Frau Herzog kauft ein neues Auto für 21 360 €.
Für ihr altes Auto bekommt sie noch 3 550 €.
Sie hat 19 278 € gespart.

11. a) Berechne die Differenz aus der Zahl 2 532 und der Summe aus 734 und 254.
　b) Addiere die Zahlen 347 und 486. Subtrahiere anschließend die Summe von 1 055.
　c) Subtrahiere von der Zahl 4 156 die Differenz von 3 156 und 2 423.
　d) Berechne die Differenz von der Summe von 476 und 532 und der Summe von 351
　　und 238.

12. Herr Löhr hat leider den Kontoauszug
beim Öffnen der Post beschädigt.
Finde heraus, welcher Betrag durch
Überweisung abgebucht wurde.
Wie hoch ist der neue Kontostand?

Kontonummer: 234567

| Abbuchung | Miete | 656,– |
| Abbuchung | Überweisung | 174 |

| alter Kontostand: | 4 898,– |
| neuer Kontostand: | 0,– |

13. Bestimme „▨":
$34\,568 - (▨ + 5\,182) - 7\,631 = 12\,492$

Vermischte Aufgaben

Auf Seite 35 und 36 im Buch habt ihr ein „Mathematik-Wörterbuch" erstellt, dort könnt ihr nachschlagen.

1.

a) Addiere die Zahlen 8 983 und 6 581.

b) Bilde die Summe aus 15 762 und 49 629.

c) Subtrahiere die Zahl 4 867 von der Zahl 5 361.

d) Zähle die Zahlen 847, 731 und 254 zusammen.

e) Wie heißt die Differenz aus den Zahlen 4 718 und 2 999?

f) Vermindere die Zahl 6 372 um 957 und füge zum Ergebnis 1 999 hinzu.

Auf den Nummernschildern steht die Summe der beiden Ergebnisse!

⁺2.

a)

522 - 408
601 - 215
500

b)
867 - 793
762 - 336
500

c)
960 - 795
863 - 328
700

d)
1000 - 443
921 - 478
1000

e)
2500 - 197
5346 - 2649
5000

⁺3. Das Ergebnis der einen Aufgabe ist immer die erste Zahl in der folgenden Aufgabe.

a) (1) $3\,864 + 5\,937 = \blacksquare$ (2) $\blacksquare - 3\,655 = \blacksquare$ (3) $\blacksquare - 5\,146 = 1\,000$

b) (1) $4\,321 - 856 = \blacksquare$ (2) $\blacksquare + 8\,536 = \blacksquare$ (3) $\blacksquare + 99 = 12\,100$

c) (1) $684 + 376 + 296 = \blacksquare$ (2) $\blacksquare - 385 - 68 = \blacksquare$ (3) $\blacksquare + 1\,967 + 3\,130 = 6\,000$

4. Frau Söhrens hat auf ihrem Konto 12 628 €. Davon soll sie die drei Rechnungen bezahlen. Stelle eine Frage und berechne die Antwort.

Möbelhof
RECHNUNG

Sofa in Leder

Betrag: 6 296,– €

Malereibetrieb WEISS
—— RECHNUNG ——

Für Maler- und Tapezierarbeiten

Betrag: 2 573,– €

Küchenstudio Meyer
RECHNUNG

Einbauküche

Betrag: 1 299,– €

5. Rechenrätsel. Wie heißt die gedachte Zahl?

a) *Wenn man zu meiner Zahl 9 999 addiert, erhält man 55 555.*

b) *Wenn man von meiner Zahl 7 667 subtrahiert, erhält man 6 776.*

c) *Wenn ich zu meiner Zahl 87 659 hinzuzähle, dann hat sie sich verdoppelt.*

6. Herr Postel ist Fernfahrer. Von Montag bis Samstag notiert er die täglich gefahrenen Kilometer in seinem Fahrtenbuch: 685 km, 538 km, 620 km, 496 km, 703 km, 554 km. Am Ende der Woche zeigt der Kilometerzähler seines Lkws 93 221 km. Welchen Kilometerstand zeigte der Kilometerzähler am Wochenanfang an?

7. Gib eine Summe und eine Differenz an, die sich um 222 unterscheiden.

Autorallye

1. Bei der Autorallye durch Afrika muss der gesamte Rundkurs an sechs Tagen, also in 6 Etappen, bewältigt werden.
   a) Wie viel Kilometer sind es vom Start bis zum Ziel?
   b) Welche Länge haben die beiden Berg-etappen zusammen?
   c) Um wie viel Kilometer unterscheidet sich die kürzeste von der längsten Etappe?

ZIEL 6. TAG

START ⊗

2. a) Von welchem Ereignis handelt der Zeitungsbericht?
   b) Was erfährst du über die beiden Tribünen?
   c) Berechne die Zahl aller Zuschauer beim Zieleinlauf der ersten Etappe.

Einen Berg fährst du in vielen Kurven hoch und runter.

Am Ziel der ersten Etappe stehen **zwei Tri-bünen** für die Zuschauer.
Auf der **großen Tribüne** haben **2 647** Perso-nen Platz.
Auf der **kleinen Tribüne** können **946** Per-sonen sitzen.
Beide Tribünen **waren ausverkauft**.

536 km

× ZIEL 1. TAG

3. Überprüfe und berichtige, falls notwendig. Begründe deine Entscheidung.
   (A) Am 2. Tag besuchten deutlich mehr Zuschauer das Rennen als am 1. Tag.
   (B) Es herrschte anhaltender Regen wäh-rend des 2. Renntages.
   (C) Die beiden Tribünen können zusammen etwa 2 800 Zuschauer fassen.
   (D) Am 2. Tag verfolgten insgesamt 1 670 Zuschauer das Rennen.
   (E) Am 2. Renntag konnten 1 035 Karten nicht verkauft werden.

454 km

ZIEL 2. TAG ×

Am Ziel des 2. Tages stehen auch zwei Tribünen für die Zuschauer.
Am zweiten Tag regnete es. Deshalb kamen weniger Zuschauer als erwartet.
Auf der **großen Tribüne** haben **2067** Personen Platz. Es waren aber nur **1384 Zuschauer** da.
Auf der **kleinen Tribüne** können **728** Personen sitzen. **352 Plätze davon sind frei** geblieben.

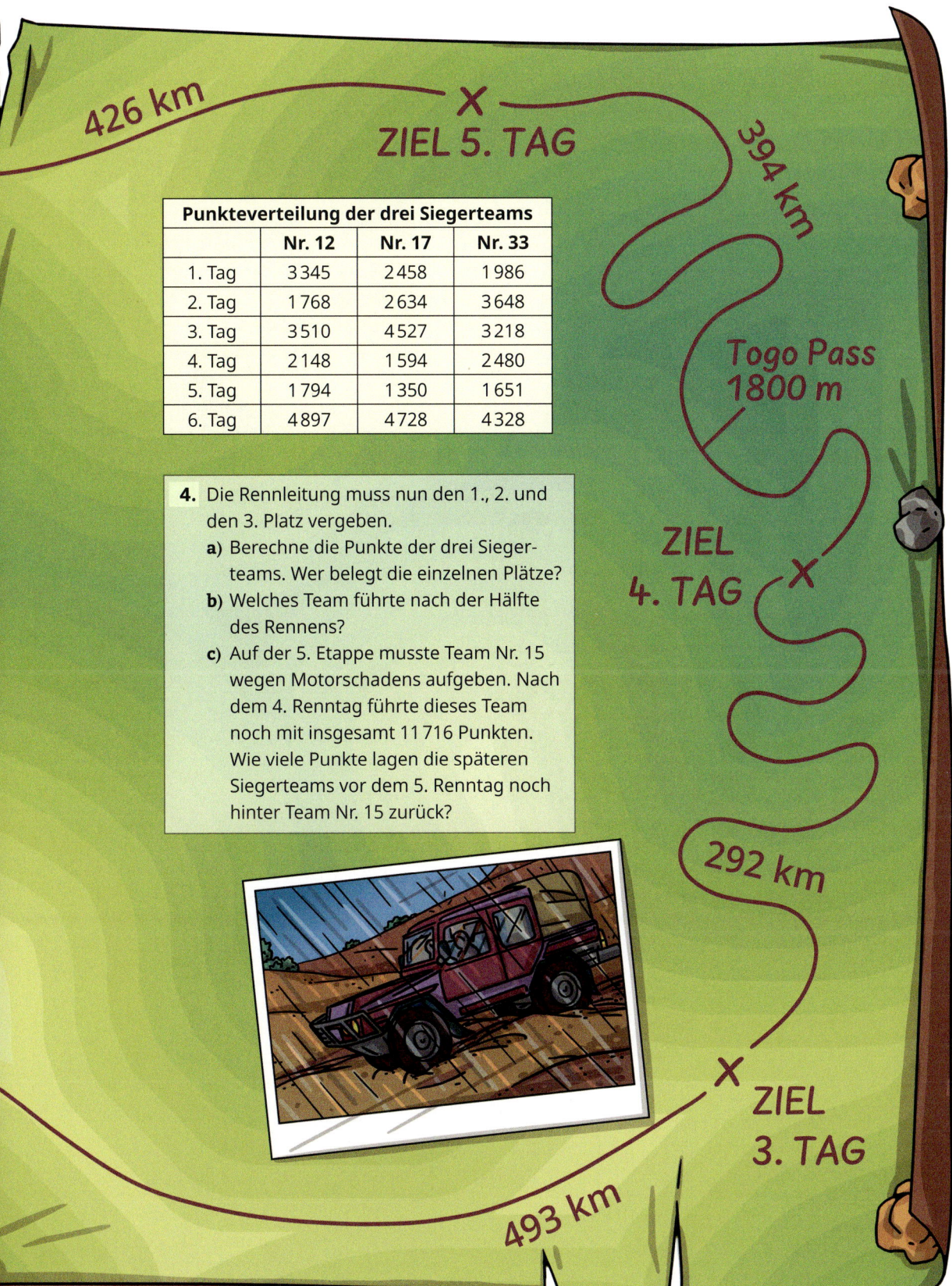

426 km

ZIEL 5. TAG

394 km

Togo Pass
1800 m

Punkteverteilung der drei Siegerteams

	Nr. 12	Nr. 17	Nr. 33
1. Tag	3 345	2 458	1 986
2. Tag	1 768	2 634	3 648
3. Tag	3 510	4 527	3 218
4. Tag	2 148	1 594	2 480
5. Tag	1 794	1 350	1 651
6. Tag	4 897	4 728	4 328

4. Die Rennleitung muss nun den 1., 2. und den 3. Platz vergeben.
   a) Berechne die Punkte der drei Sieger-teams. Wer belegt die einzelnen Plätze?
   b) Welches Team führte nach der Hälfte des Rennens?
   c) Auf der 5. Etappe musste Team Nr. 15 wegen Motorschadens aufgeben. Nach dem 4. Renntag führte dieses Team noch mit insgesamt 11 716 Punkten. Wie viele Punkte lagen die späteren Siegerteams vor dem 5. Renntag noch hinter Team Nr. 15 zurück?

ZIEL 4. TAG

292 km

ZIEL 3. TAG

493 km

Sachrechnen mit Geldbeträgen

1. Leni hat 190 € gespart. Sie möchte sich
   davon eine neue Kamera für 168,45 € kaufen.
   Leni überlegt: „ Eine passende Speicherkarte kostet
   21,40 €. Reicht das Geld auch noch dafür?"
   Lenis Freundinnen Alma und Merve helfen ihr.
   a) Wie rechnet Merve? Wie rechnet Alma?
      Vergleiche die beiden Rechenwege. Warum schreibt
      Alma 190,00 € statt 190 €? Erkläre.
   b) Führe beide Rechenwege fort.
      Überlege, wo du das Komma im Ergebnis
      setzen musst.

Leni   Merve   Alma

2. Wie viel Euro sind es jeweils zusammen?

a)
TINA
56,92 €
234,80 €

b)
MAX
9,57 €
361,84 €

c)
INGA
132,50 €
12,77 €
1258,62 €

d)
UWE
58,87 €
7,28 €
253,58 €

3. Überschlage den Rechnungsbetrag. Rechne
   dann genau.

a) **Fahrradfritze**

127,50 €
34,85 €

b) *Getränke-Shop*

12,37 €
9,54 €

c) *Eisbar*

8,75 €
4,30 €
3,45 €

d) HEIMWERKER

58,59 €
36,99 €
7,85 €

4. Reicht das Geld? Wie viel Euro sind es zu viel oder zu wenig?

a)
Kaufzentrum
Abteilung Lebensmittel

Wurstwaren	12,78 €
Backwaren	9,85 €
SUMME	

b)
Kaufzentrum
Abteilung Elektrobedarf

Stehlampe	149,90 €
LED-Leuchten	6,87 €
SUMME	

c)
Kaufzentrum
Abteilung Tierbedarf

Hundeknochen	5,78 €
Halsband	24,90 €
Korb	59,80 €

d)
Kaufzentrum
Abteilung Haushalt

Topf groß	54,25 €
Pfanne	38,70 €
Kuchenform	15,95 €

Addition und Subtraktion

Die **Addition:** $\quad 25 \;+\; 40 \;=\; 65$

65 ist die **Summe** von 25 und 40.

Die **Subtraktion:** $\quad 65 \;-\; 25 \;=\; 40$

40 ist die **Differenz** von 65 und 25.

Operatoren und Umkehroperatoren

Jede Addition oder Subtraktion kannst du
mit **Operatoren** schreiben.

$$20 \xrightarrow{\;+7\;} 27 \qquad\qquad 13 \xrightarrow{\;-6\;} 7$$

$\quad 20 + 7 = 27 \qquad\qquad\quad 13 - 6 = 7$

Zu jedem **Plus- oder Minusoperator** gibt
es einen **Umkehroperator**.

$$46 \underset{-20}{\overset{+20}{\leftrightarrows}} 66 \qquad\qquad 37 \underset{+11}{\overset{-11}{\leftrightarrows}} 26$$

Rechenregeln und Rechengesetze

Was in den Klammern steht, berechnest du
zuerst. Sonst addierst oder subtrahierst du
schrittweise von links nach rechts.

$43 - (13 + 10) = 43 - 23 = 20$

$43 - 13 + 10 = 30 + 10 = 40$

Das **Kommutativgesetz:**

Beim Addieren darfst du Zahlen
vertauschen. $\qquad\qquad 4 + 17 = 17 + 4$

Das **Assoziativgesetz:**

Beim Addieren darfst du Summanden
beliebig zusammenfassen.

$(18 + 17) + 3 = 18 + (17 + 3)$

Die schriftliche Addition

$264 + 109$

$$\begin{array}{r} 264 \\ +\,109 \\ \hline {\scriptstyle 1} \\ \hline 373 \end{array}$$

Überschlag:

$300 + 100 = 400$

Die schriftliche Subtraktion

$3047 - 1583$

$$\begin{array}{r} 3047 \\ -\,1583 \\ \hline {\scriptstyle 1\ 1} \\ \hline 1464 \end{array}$$

Überschlag:

$3000 - 1600 = 1400$

---

1. Bilde die Summe von

    a) 30 und 70, **b)** 26 und 32, **c)** 48 und 26.

2. Bilde die Differenz von

    a) 90 und 50, **b)** 75 und 24, **c)** 52 und 37.

3. Rechne aus.

    a) $23 \xrightarrow{\;+8\;} \blacksquare$ **b)** $46 \xrightarrow{\;+18\;} \blacksquare$

    c) $57 \xrightarrow{\;-5\;} \blacksquare$ **d)** $63 \xrightarrow{\;-15\;} \blacksquare$

4. Bestimme die Zahl mit dem Umkehroperator.

    a) $\blacksquare \xrightarrow{\;+35\;} 80$ **b)** $\blacksquare \xrightarrow{\;-9\;} 32$

    c) $\blacksquare \xrightarrow{\;-22\;} 50$ **d)** $\blacksquare \xrightarrow{\;+24\;} 78$

5. Ich denke mir eine Zahl und addiere 24. Das
Ergebnis lautet 56.

---

6. Berechne im Kopf.

    a) $8 - (2 + 5)$ **b)** $20 - (16 - 8) + 10$

        $14 - (13 - 9)$ $67 + 33 - (12 + 18)$

7. Vertausche die Summanden und rechne
geschickt.

    a) $13 + 18 + 17$ **b)** $23 + 16 + 17 + 4$

        $59 + 27 + 41$ $97 + 49 + 31 + 53$

8. Setze die Klammern so, dass du geschickt
rechnen kannst.

    a) $23 + 38 + 12$ **b)** $96 + (24 + 88)$

        $69 + 19 + 31$ $187 + (113 + 189)$

9. Addiere zur Zahl 77 die Summe von 36 und 33.

---

10. Überschlage zunächst und rechne dann genau.

    a) $372 + 451$ **b)** $457 - 183$

    c) $41\,187 + 1\,228$ **d)** $28\,584 - 1\,547$

    e) $12\,041 + 99\,887$ **f)** $34\,806 - 17\,954$

11. a) $369 + 243 + 618$ **b)** $543 - 227 - 168$

    c) $987 + 79 + 798$ **d)** $1\,111 - 434 - 45$

12. a) Subtrahiere von 40 € den Betrag 16,38 €.

    b) Addiere zu 105,40 € den Betrag 228 €.

1. Bestimme die unbekannte Zahl.
   a) ▒ + 38 = 109   **b)** ▒ + 78 = 235   **c)** ▒ − 112 = 464

2. a) 78 − 26 + 22   **b)** 68 − (18 + 23)   **c)** 53 − 16 + 14

3. Überschlage zunächst und subtrahiere schriftlich.
   a) 468 − 127   **b)** 1 657 − 408   **c)** 20 348 − 18 971

4. Überschlage und rechne dann genau.
   a) 18 437 + 9 565   **b)** 25 194 + 4 387   **c)** 804 + 774

5. Ein Tankwagen ist mit 9 780 ℓ Diesel beladen und muss zwei Kunden beliefern.
   Bei der ersten Tankstelle werden 3 720 ℓ geliefert, bei der zweiten 5 812 ℓ.
   Mit wie viel Litern fährt der Tankwagen zurück?

6. Am Eis-Stadion gibt es zwei Parkplätze. Auf Platz 1 stehen 124 Autos. Auf Platz 2 passen 200 Autos, aber 65 Parkplätze sind leer. Wie viele Autos parken insgesamt?

7. Frau Berg kauft ein Auto für 18 270 €. Für den Einbau eines Navigationsgeräts muss sie noch 350 € extra bezahlen. Der Händler nimmt ihr altes Auto, er gibt ihr 5 880 € dafür. Rechne aus, welchen Betrag Frau Berg noch zahlen muss.

8. Kontrolliere, ob das Ergebnis stimmt.
   a) 9 632 − 754 − 6 109 = 2 769   **b)** 20 025 − 102 − 9 756 = 11 167

9. Reicht das Geld? Wie viel Euro sind es zu viel oder zu wenig?

   a)

Käse	17,98 €
Wurst	8,79 €
Obst	3,98 €

   b)

Fahrrad	389,00 €
Helm	29,90 €
Schloss	19,50 €

10. a) Bilde die Differenz aus 827 und 384 und addiere zum Ergebnis die Zahl 1 206.
   b) Subtrahiere von 4 321 die Summe der Zahlen 1 042 und 583.

11. Frau Rissler erhält monatlich 2 697 € Gehalt ausgezahlt. Davon muss sie 820 € Miete zahlen. 640 € braucht sie für ihren Haushalt, 175 € braucht sie für Strom, Wasser, Heizung und Telefon und außerdem noch 140 € für Benzin. In diesem Monat möchte sich Frau Rissler ein neues Fernsehgerät kaufen. Wie teuer darf es höchstens sein, damit ihr Monatsgehalt reicht? Begründe.

12. Setze Klammern, so dass das Gleichheitszeichen stimmt.
   a) 4 197 − 368 + 597 − 2 100 − 685 − 618 = 1 065
   b) 21 630 − 8 490 − 4 712 − 3 150 + 9 160 = 20 738

13. Emily macht eine Fahrradtour. Jeden Abend schreibt sie den Stand ihres Kilometerzählers auf.
   a) Wie viel Kilometer ist sie am 2. Tag geradelt?
   b) Wie lang ist ihre Radtour insgesamt gewesen?

Start:	1 357
1. Tag	1 422
2. Tag	1 479
3. Tag	1 565

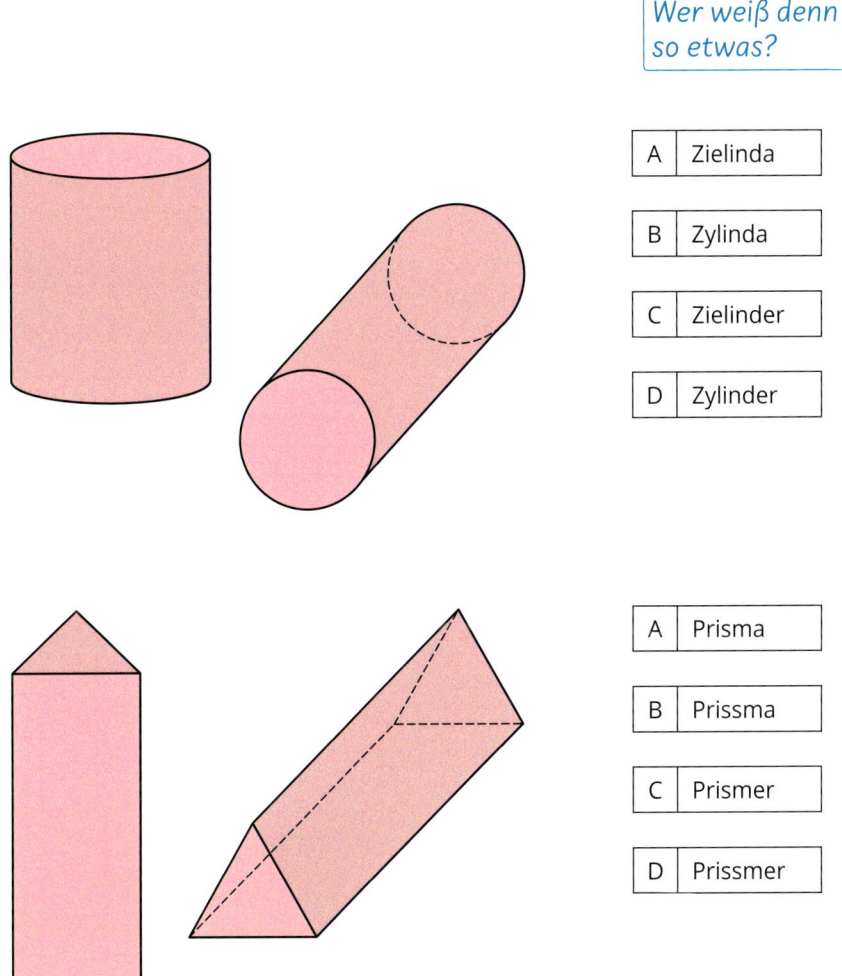

Wer weiß denn so etwas?

A	Zielinda

B	Zylinda

C	Zielinder

D	Zylinder

A	Prisma

B	Prissma

C	Prismer

D	Prissmer

In diesem Kapitel lernst du, ...

... geometrische Körper und ihre Eigenschaften kennen,

... wie du Netze von Würfeln und Quadern zeichnest,

... wie du senkrecht, parallel, waagerecht und lotrecht unterscheidest,

... wie du Kantenmodelle bastelst,

... Eigenschaften von Rechteck und Quadrat kennen.

Startklar?

Löse die folgenden Aufgaben und schätze dich ein.

1. Wie viele Quader siehst du auf dem Bild?

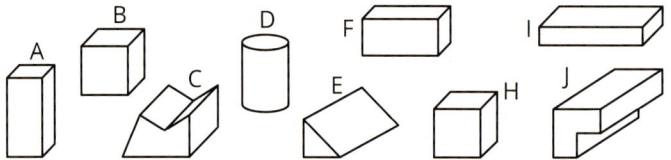

Ich kann Quader erkennen.

Das kann ich gut.	Ich bin noch unsicher.
☺	→ S. 227, A 1–2

2. Wie viele Rechtecke siehst du auf dem Bild?

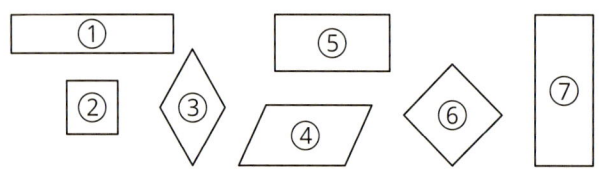

Ich kann Rechtecke erkennen.

Das kann ich gut.	Ich bin noch unsicher.
☺	→ S. 227, A 3–5

3. Welche Netze kannst du jeweils zu einem Würfel falten?

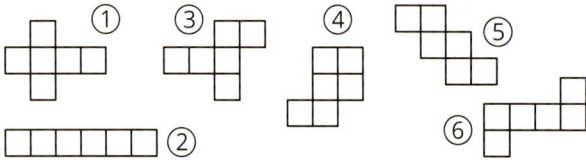

Ich kann im Kopf Netze zusammenfalten.

Das kann ich gut.	Ich bin noch unsicher.
☺	→ S. 228, A 1

4. Welche Stangen stehen senkrecht auf dem Boden?

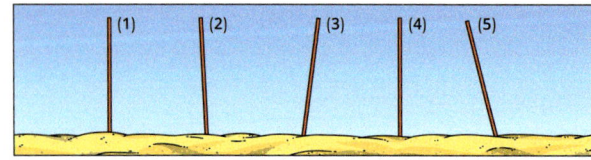

Ich kann zueinander senkrechte Linien erkennen.

Das kann ich gut.	Ich bin noch unsicher.
☺	→ S. 229, A 1–2

5. Das Spielzeug-Auto ist in einem Würfel. Von wo blickt man in den Würfel – von vorne, hinten, rechts, links, oben oder unten?

Ich habe räumliches Vorstellungs-vermögen. Ich kann mir räumliche Lagebeziehungen vorstellen.

Das kann ich gut.	Ich bin noch unsicher.
☺	→ S. 228, A 2–3

a) 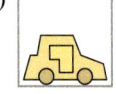 **b)**  **c)** 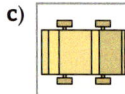 **d)**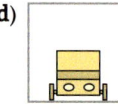

Körper mit Flächen, Kanten und Ecken

Löst alle Aufgaben in Partnerarbeit.

1. Skizziert die Körper in euer Heft. Übertragt die Zettel dazu. Ergänzt jeweils den Namen des Körpers und notiert die Anzahl seiner Flächen, seiner Kanten und seiner Ecken.

Name:
Flächen:
Kanten:
Ecken:

Name:
Flächen:
Kanten:
Ecken:

Name:
Flächen:
Kanten:
Ecken:

Name:
Flächen:
Kanten:
Ecken:

Name:
Flächen:
Kanten:
Ecken:

Name:
Flächen:
Kanten:
Ecken:

Name:
Flächen:
Kanten:
Ecken:

Name:
Flächen:
Kanten:
Ecken:

2. Sucht in alten Prospekten, Zeitungen und Katalogen nach Abbildungen von den Körpern aus Aufgabe 1. Schneidet sie aus und legt sie auf dem Tisch aus.
Dann wird geknobelt: Partner A wählt (geheim) einen abgebildeten Körper und beschreibt ihn nur durch die Anzahl der Flächen, Kanten und Ecken und durch die Art der Flächen und Kanten (z. B. gerade oder gekrümmt).
Wenn Partner B den richtigen Körper genannt hat, werden die Rollen getauscht.

Ein Satzbaukasten kann helfen:

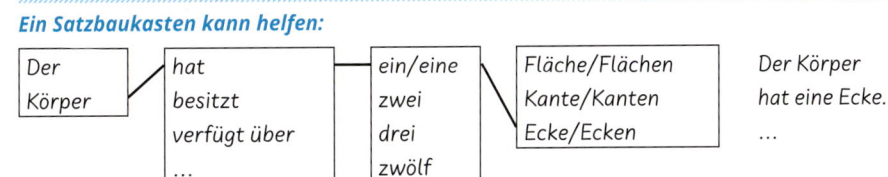

| Der Körper | hat besitzt verfügt über ... | ein/eine zwei drei zwölf | Fläche/Flächen Kante/Kanten Ecke/Ecken | Der Körper hat eine Ecke. ... |

Körper werden durch **Flächen** begrenzt. Zusätzlich können sie **Kanten** und **Ecken** haben.

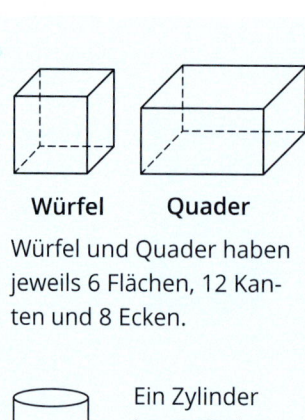 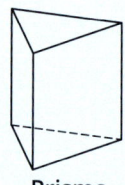 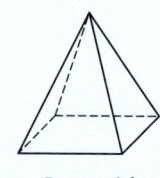

Würfel Quader Prisma Pyramide

Würfel und Quader haben jeweils 6 Flächen, 12 Kanten und 8 Ecken.

Ein Prisma mit dreieckiger Grundfläche hat 5 Flächen, 9 Kanten und 6 Ecken.

Eine Pyramide mit quadratischer Grundfläche hat 5 Flächen, 8 Kanten und 5 Ecken.

 Ein Zylinder hat 3 Flächen, 2 Kanten und keine Ecke.

Zylinder

 Ein Kegel hat 2 Flächen, eine Kante und eine Ecke.

Kegel

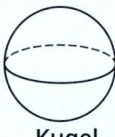 Eine Kugel hat eine Fläche, keine Kante oder Ecke.

Kugel

3. Welche Körper besitzen die genannte Eigenschaft?
   a) Er besitzt nur gerade Kanten.   **b)** Er besitzt nur gebogene Kanten.
   c) Er kann gerollt werden.   **d)** Alle Flächen sind gleich.
   e) Er hat nur Rechtecke als Flächen.   **f)** In jeder Ecke treffen sich 3 Kanten.
   g) Er hat 1 Kante und 2 Flächen.   **h)** In einer Ecke treffen sich 4 Kanten.
   i) Er hat 4 Dreiecksflächen.   **j)** Er hat 2 Dreiecksflächen.
   k) Er hat genau 3 Flächen.   **l)** Er hat keine einzige Kante.
   m) Er hat 9 Kanten.   **n)** Er hat keine Ecke und drei Flächen.

Kegel   Kugel   Pyramide   Prisma   Quader   Würfel   Zylinder

4. Verpackte Ware wird im Supermarkt in ein Regal einsortiert und gestapelt.
   Welche Verpackungsform ist dafür besonders vorteilhaft, welche ist weniger praktisch?
   Überlege und nenne Vor- und Nachteile.
   ① Quader   ② Zylinder   ③ Pyramide   ④ Würfel   ⑤ Kegel   ⑥ Kugel

⁺5. Zu welchen Körpern kann die abgebildete Fläche gehören?
   a) 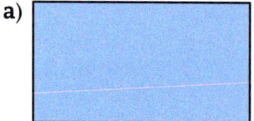 **b)** 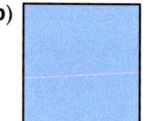 **c)**  **d)**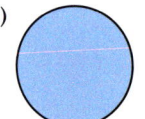

6. a) Welche Körper haben nur ebene Flächen?
   b) Welche Körper haben sowohl ebene als auch gewölbte Flächen?
   c) Welche Körper haben keine einzige ebene Fläche?

7. Auf welche Körper trifft die Kennkarte zu?
   a) Es gibt genau fünf Ecken.   **b)** Es gibt genau eine (gekrümmte) Kante.   **c)** Nur gerade Kanten und in jeder Ecke treffen sich drei.   **d)** In einer Ecke treffen sich vier gerade Kanten.

Würfel, Quader und ihre Netze

Würfel

① Zeichne das Netz
mit Klebelaschen auf Karopapier.
Beachte die Maße.

— Schneiden
- - - Falten
▓ Kleben

② Falte und
klebe das Netz zu
einem Würfel.

③ Bevor du den
Deckel schließt,
kannst du eine
Überraschung
in den Würfel
packen.

Quader

① Zeichne das Netz
mit Klebelaschen
auf Karopapier.
Beachte die Maße.

② Falte und klebe
das Netz
zum Quader.

Tipp:

Klebe das
Karopapier
auf Karton.

Achtung:

Beide Netze
sind hier
verkleinert!

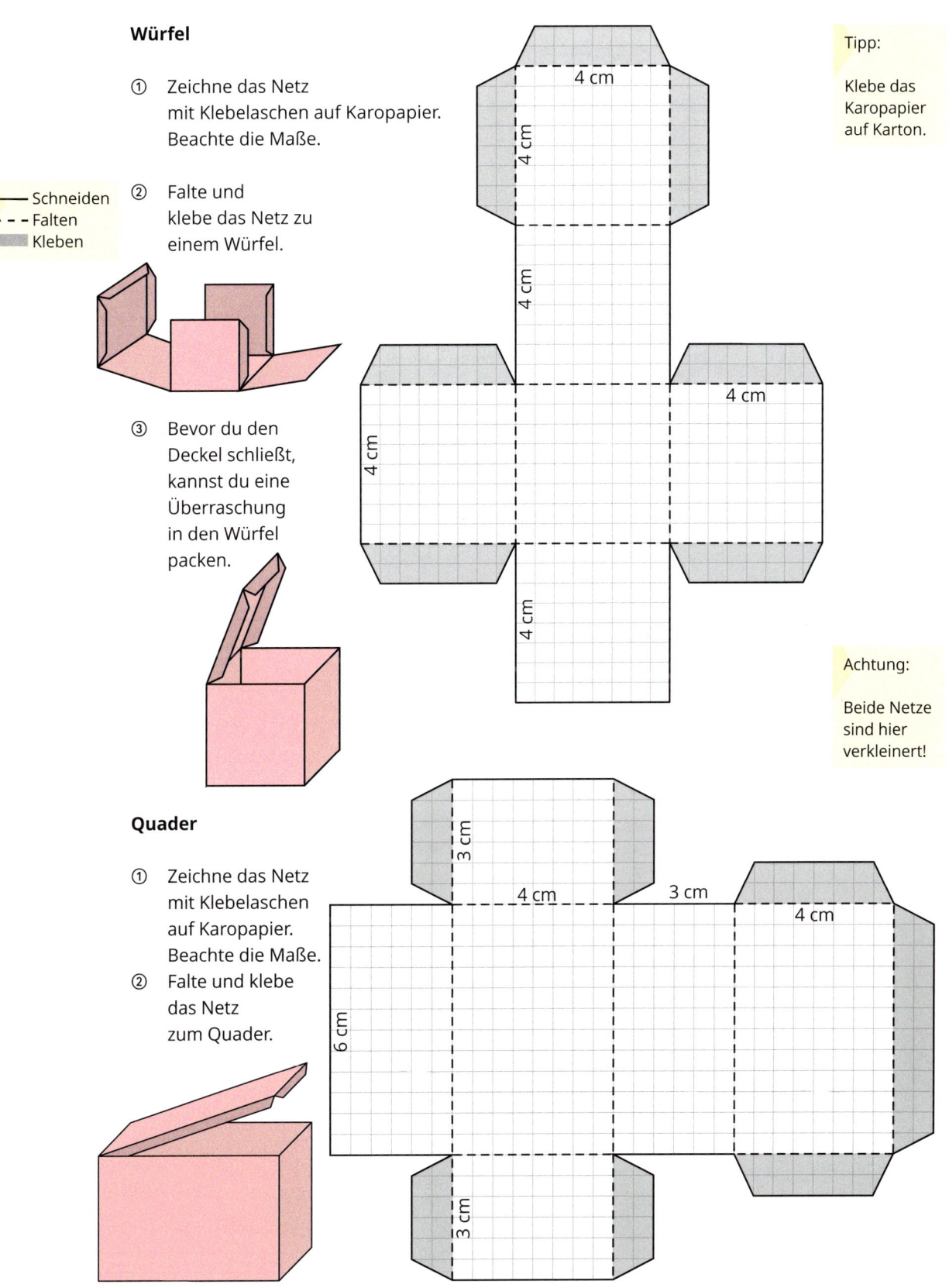

4 cm

4 cm

4 cm

4 cm

4 cm

4 cm

3 cm

4 cm

3 cm

4 cm

6 cm

3 cm

Das **Netz eines Körpers** erhältst du, wenn du den Körper an den Kanten so aufschneidest und auseinanderklappst, dass eine zusammenhängende Fläche entsteht.
Quadernetze bestehen aus 6 Flächen,   Würfelnetze bestehen aus 6 Flächen,
von denen jeweils 2 gleich groß sind.   die alle gleich groß sind.

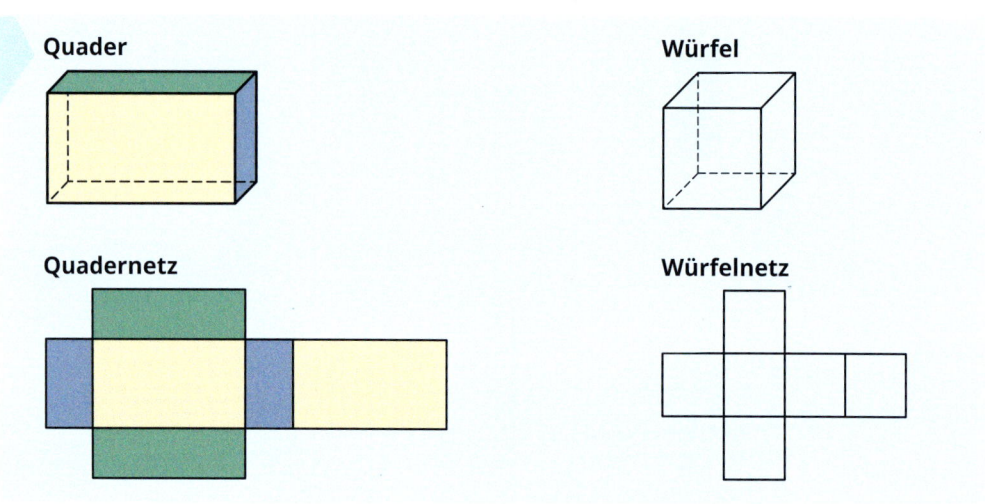

Quader   Würfel

Quadernetz   Würfelnetz

1. Zeichne das Netz, schneide es aus und falte es zu einem Körper.

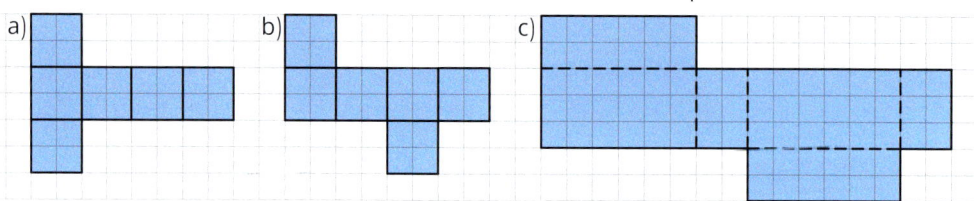

a)   b)   c)

2. Stell dir vor, das Würfelnetz klebt mit der
Fläche G fest. Die anderen Flächen faltest
du hoch zu einem Würfel. Welche Fläche
des Würfels ist vorne, hinten, links, rechts
und oben? Schreibe wie im Beispiel.

1 links
2 hinten
3 rechts
4 oben
5 vorne

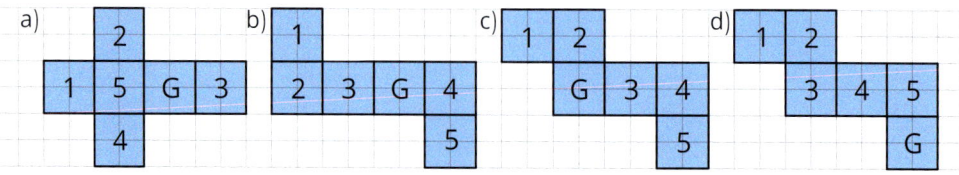

a)   b)   c)   d)

⁺3. Prüfe, ob sich aus dem Netz wirklich ein Würfel falten lässt. Falte nur in Gedanken. Nur
wenn du unsicher bist, kontrolliere durch Zeichnen, Ausschneiden und wirkliches Falten.

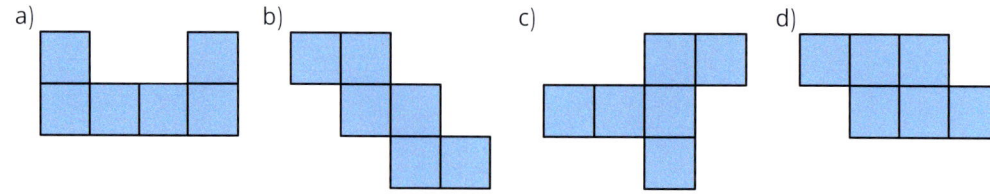

a)   b)   c)   d)

4. Welcher Quader passt zu welchem Netz? Ordne zu.

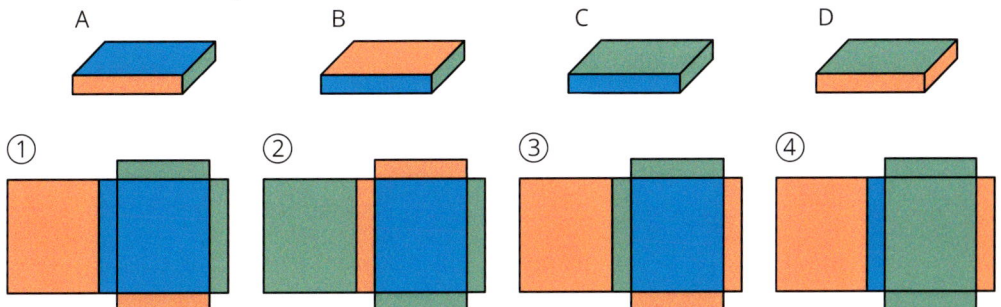

⁺**5.** Prüfe, ob sich aus dem Netz ein Quader oder Würfel falten lässt. Falte nur in Gedanken.
Nur wenn du unsicher bist, kontrolliere durch Zeichnen, Ausschneiden und wirkliches
Falten.

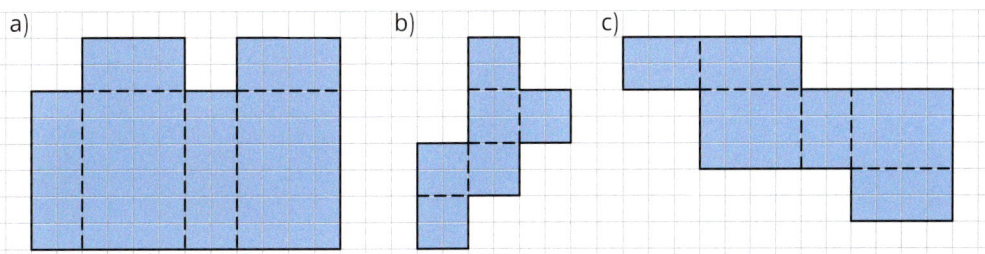

6. Welche Netze passen zu den Würfeln? Ordne jedem Würfel mögliche Netze zu.

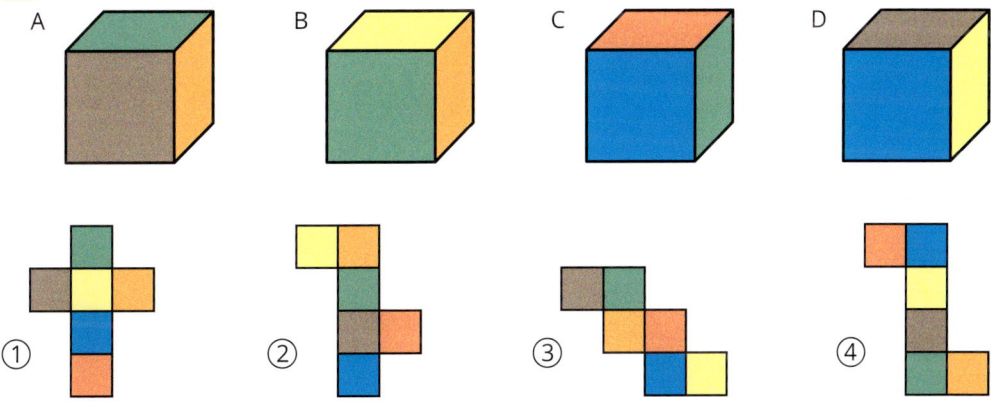

7. Zeichne das Würfelnetz ins Heft und färbe es (markierte Fläche D oben).

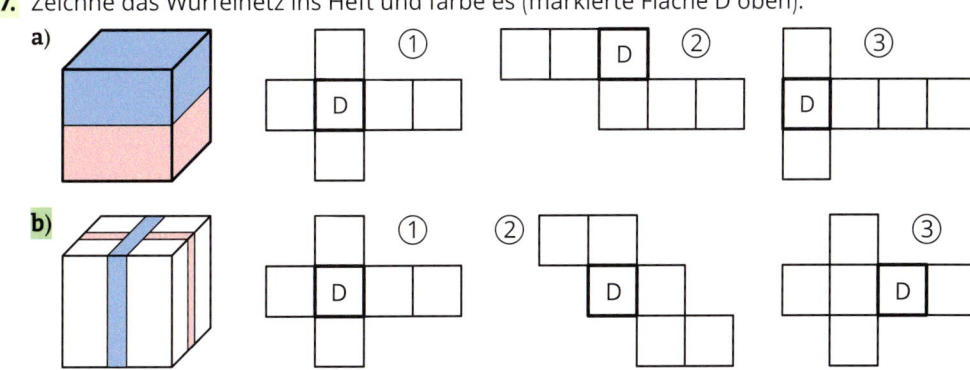

Die Ergebnisse der Aufgaben 1 bis 8 ergeben vier deutsche Städte.

1. Runde.
   a) 235   auf Zehner
   b) 551   auf Hunderter
   c) 4948   auf Hunderter
   d) 450   auf Hunderter

2. Berechne.
   a) 135 + 97
   b) 269 + 26
   c) 47 + 135

3. Berechne.
   a) 339 − 95
   b) 567 − 332
   c) 894 − 99

4. a) Vermindere die Zahl 77 um 58.
   b) Addiere zu 158 die Zahl 79.
   c) Bilde die Differenz aus 87 und 55.
   d) Vermehre die Zahl 29 um 64.

5. Lies die Höhe des Berliner Fernsehturms und des Kölner Doms ab, runde auf 50 Meter.

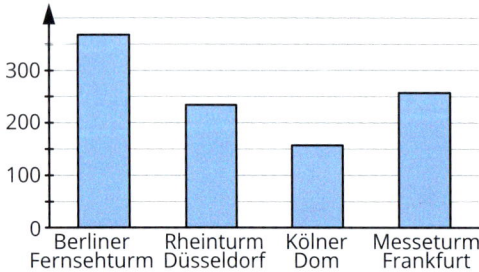

6. Berechne die fehlende Zahl.
   a) 345 + ▩ = 429
   b) ▩ − 87 = 235
   c) 23 + 129 = ▩

7. Julia kauft zwei Hefte für je 0,49 € und einen Stift für 3,98 €. Sie bezahlt mit einem 10-€-Schein. Wie viel Euro bekommt sie zurück?

8. Lies die Zahlen am Zahlenstrahl ab.

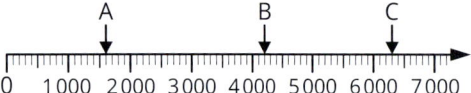

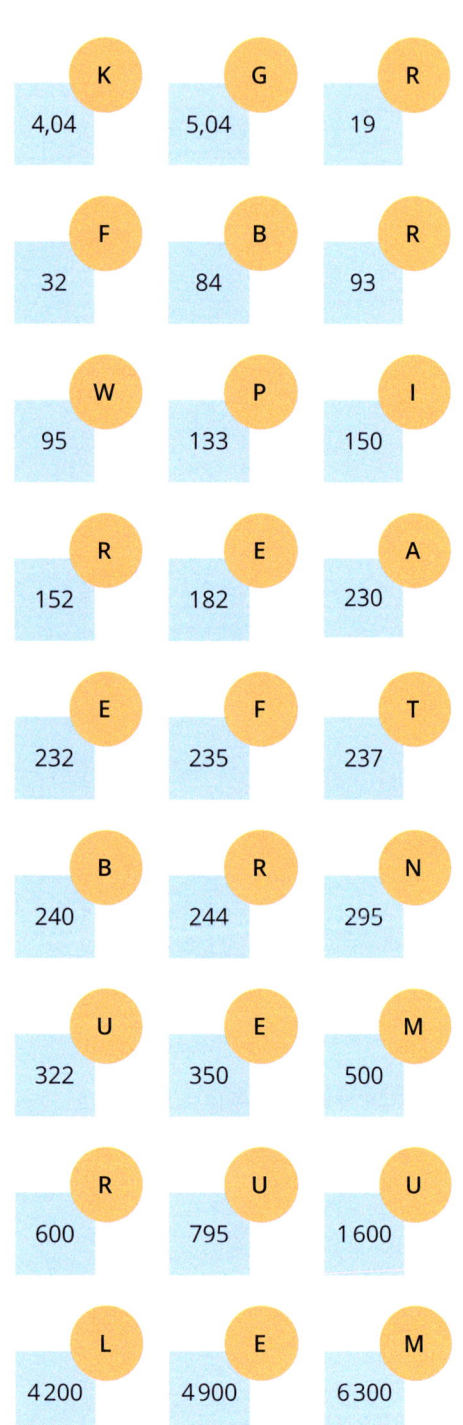

K	G	R
4,04	5,04	19

F	B	R
32	84	93

W	P	I
95	133	150

R	E	A
152	182	230

E	F	T
232	235	237

B	R	N
240	244	295

U	E	M
322	350	500

R	U	U
600	795	1 600

L	E	M
4 200	4 900	6 300

Senkrecht und parallel

Im Schrägbild oder Kantenmodell eines Quaders bekommen einzelne Flächen andere Formen als in Wirklichkeit. Vordere und hintere Flächen werden nicht verändert.

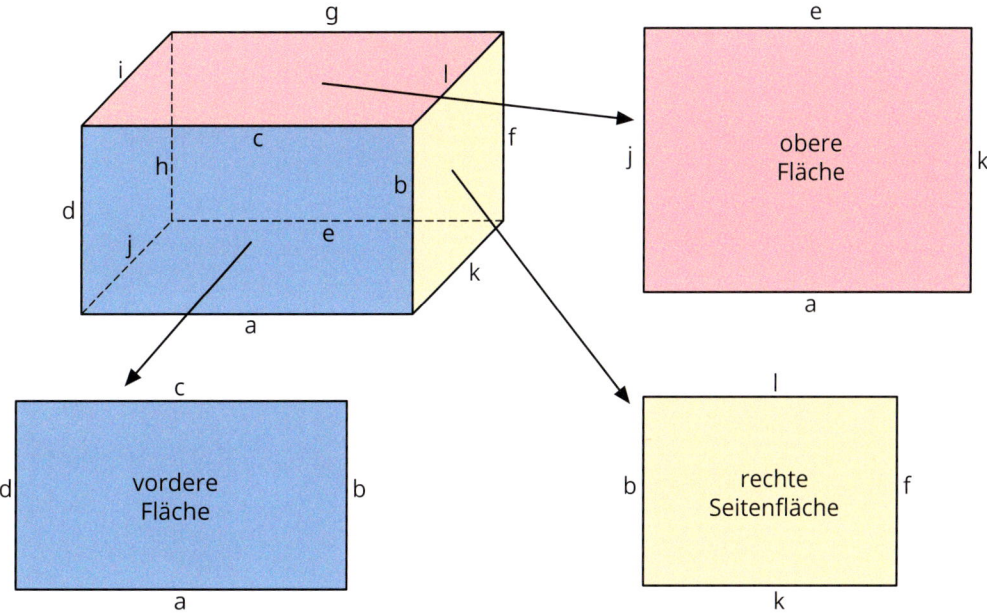

Zwei aneinander stoßende Kanten eines Quaders sind **senkrecht** zueinander (als Zeichen: ⊥). So gilt im gezeichneten Quader z. B. a ⊥ b (Kante a ist senkrecht zur Kante b).

Zwei gegenüberliegende Kanten eines Quaders sind **parallel** zueinander (als Zeichen: ∥). So gilt im gezeichneten Quader z. B. a ∥ c (Kante a ist parallel zur Kante c).

1. Schreibe zehn weitere Beispiele für Kanten des gezeichneten Quaders auf, die senkrecht zueinander verlaufen.

2. Schreibe zehn weitere Beispiele für Kanten des gezeichneten Quaders auf, die parallel zueinander verlaufen.

3. Skizziere einen Quader, wobei folgende Beziehungen gelten sollen:
   m, n, o und p sind die Kanten der vorderen Fläche mit m ⊥ n, n ⊥ o und n ∥ p.
   Die weiteren Kanten sind q, r, s, t, u, v, w sowie x und es gilt: m ⊥ u, m ∥ q, o ⊥ w, o ∥ s, x ∥ r, v ⊥ n und r ∥ p.
   Vergleiche deinen Quader mit den Zeichnungen deiner Mitschüler.
   Habt ihr gleich beschriftet?

Zwei aneinanderstoßende Kanten eines Quaders sind **senkrecht** zueinander.

Zwei gegenüberliegende Kanten eines Quaders sind **parallel** zueinander.

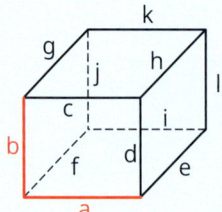

Man schreibt:
a ⊥ b (a ist senkrecht zu b)
Es gilt z. B. auch
c ⊥ d und b ⊥ c

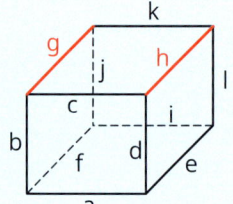

Man schreibt:
g ∥ h (g ist parallel zu h)
Es gilt z. B. auch
a ∥ c und b ∥ j.

4. Welche der beschrifteten Kanten sind senkrecht zur Kante a, welche Kanten sind parallel zu a?

a) 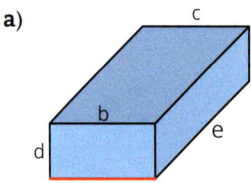 **b)** 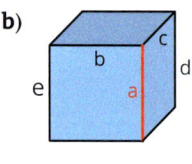 **c)** 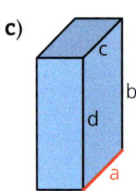 **d)**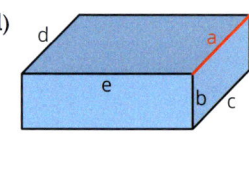

5. Schreibe ins Heft: senkrecht zueinander (⊥) oder nicht senkrecht zueinander (⊥̸).

a) 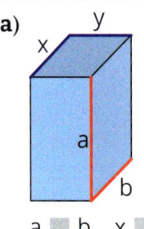 **b)** 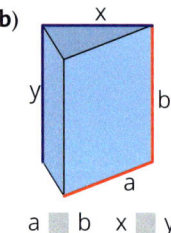 **c)** 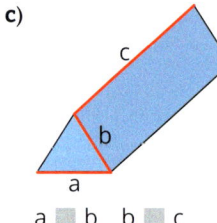 **d)**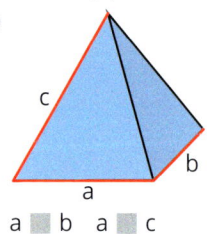

a ▦ b 　 x ▦ y 　　 a ▦ b 　 x ▦ y 　　 a ▦ b 　 b ▦ c 　　 a ▦ b 　 a ▦ c

6. Schreibe ins Heft: parallel zueinander (∥) oder nicht parallel zueinander (∦).

a) 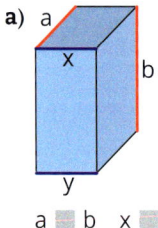 **b)** 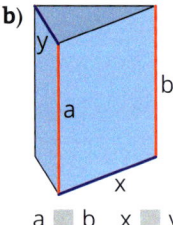 **c)** 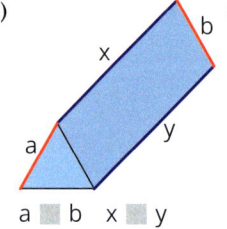 **d)**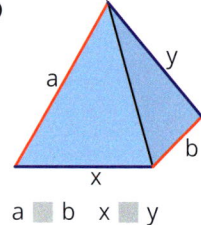

a ▦ b 　 x ▦ y 　　 a ▦ b 　 x ▦ y 　　 a ▦ b 　 x ▦ y 　　 a ▦ b 　 x ▦ y

7. Parallele Kanten sollen gleich gefärbt werden, andere nicht. Wie viele Farben braucht man für
a) einen Würfel, 　 **b)** einen Quader, 　 **c)** ein Prisma, 　 **d)** eine Pyramide?

8. Gibt es Kanten, die weder parallel noch senkrecht zueinander sind bei
a) einem Würfel, 　 **b)** einem Quader, 　 **c)** einem Prisma, 　 **d)** einer Pyramide?

9. Gibt es einen Körper mit fünf parallelen Kanten? Wenn du einen solchen Körper findest, skizziere ihn auf einer Folie und stelle deine Skizze in der Klasse vor.

Lotrecht und waagerecht

Du siehst hier das britische Flugzeug
Harrier GR 7. Es ist ein sogenannter
Senkrechtstarter.

1. Überlegt gemeinsam: Wie würde das
   Flugzeug vom Fußballplatz und wie würde
   es von der Bergwiese abheben? Was hat
   das Abheben von der Bergwiese mit dem
   Wort „senkrecht" zu tun?

Lotrecht: senkrecht zur Erdoberfläche, wie das Lot
(Senkblei).
Waagerecht: parallel zur Erdoberfläche wie die
Wasserwaage.
Lotrecht und waagerecht sind zueinander senkrechte
Richtungen.

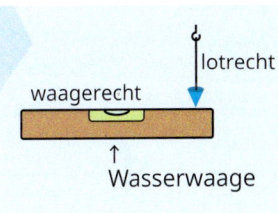

Mit einer Was-
serwaage kann
man prüfen, ob
eine Linie waa-
gerecht ist.
Ein Senkblei (Lot)
ist ein (schwerer)
Gegenstand, der
an einer Schnur
befestigt ist.

2. In welchen Berufen braucht man regelmäßig eine Wasserwaage oder ein Senkblei?
   Elektriker   Maurer   Friseur   Zimmermann   Fliesenleger   Schornsteinfeger   Tischler

3. Welche der Dinge sollten waagerecht sein, welche Dinge besser nicht? Überlege und
   nenne die Gründe.
   Abflussleitung Terrasse Tischtennisplatte Zimmerboden Herdplatte Zeichentischplatte

4. a)

   b)

   c)

   Welche Linien sind lotrecht, welche sind waagerecht, welche sind zueinander senkrecht
   oder parallel?

Basteln von Kantenmodellen

Du brauchst
- Trinkhalme mit gleicher Länge (8 cm)
- Papier für die Ecken
- Lineal, Bleistift
- Schere, Klebstoff

Du brauchst
- Trinkhalme mit unterschiedlichen Längen (8 cm, 6 cm, 4 cm)
- Papier für die Ecken
- Lineal, Bleistift
- Schere, Klebstoff

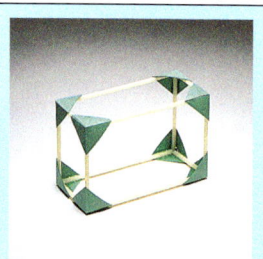

① Schneide die Trinkhalme für Würfel und Quader zu.
Überlege zuerst, wie viele Trinkhalme du brauchst.

Wie viele Trinkhalme? Wie viele Papierecken?

② Fertige die benötigten Papierecken für Würfel und Quader (siehe Abbildung unten). Überlege zuerst, wie viele Papierecken du brauchst.

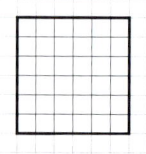
zeichnen

ausschneiden

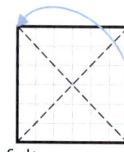
falten, Ecke auf Ecke

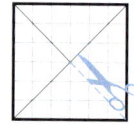
einschneiden

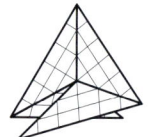
einschieben

kleben

③ Baue Boden und Decke.   Klebstoff in die beiden unteren Kanten   Trinkhalme **gleich** weit hinein „auf Stoß"   freie hintere Ecke mit Klebstoff füllen

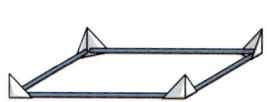   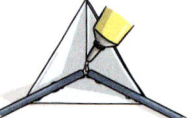

④ Klebe die Trinkhalme an den Boden.

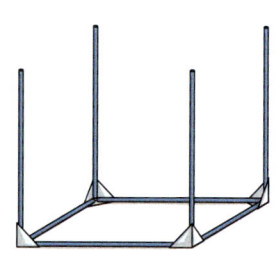

⑤ Zum Schluss: Setze die Decke auf.

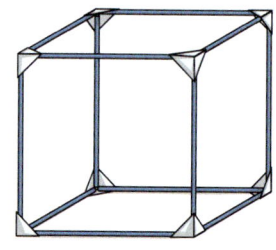

Bastle auf dieselbe Art das Kantenmodell einer Pyramide.

Rechteck und Quadrat

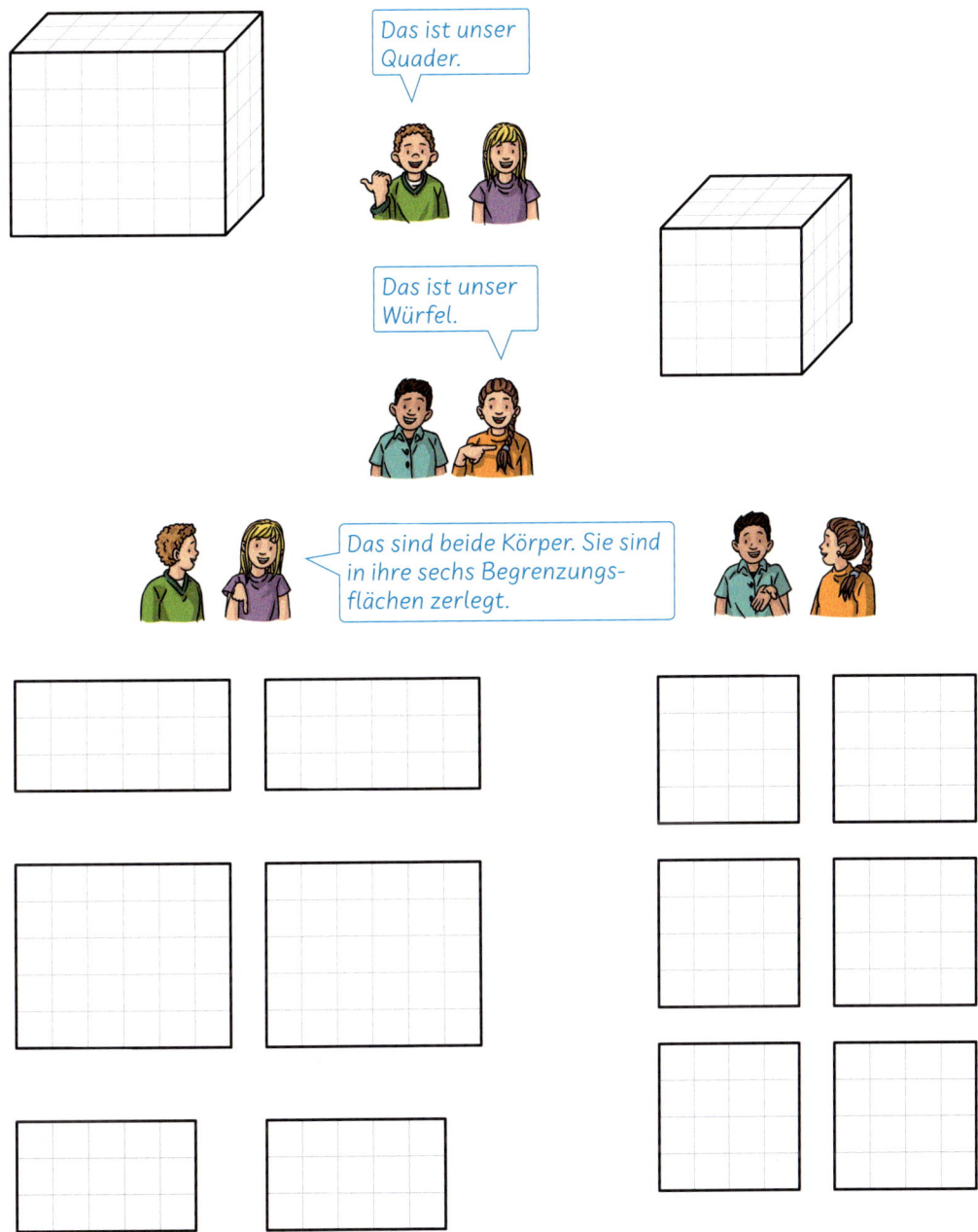

1. Was haben alle 12 Begrenzungsflächen gemeinsam?

2. Welche besondere zusätzliche Eigenschaft haben die sechs Flächen des Würfels?

3. Ein Würfel hat eine Kantenlänge von 4 cm. Zeichne die sechs Begrenzungsflächen in dein Heft. Welcher Name passt für alle sechs Flächen?

4. Ein Quader ist 7 cm lang, 5 cm breit und 3 cm hoch. Zeichne die sechs Begrenzungsflächen in dein Heft. Welcher Name passt für alle sechs Flächen?

Die Flächen eines Quaders heißen **Rechtecke**. Benachbarte Seiten sind senkrecht zueinander; sie bilden einen **rechten Winkel** (∟). Gegenüberliegende Seiten des Rechtecks sind gleich lang und parallel zueinander.

Die Flächen eines Würfels heißen **Quadrate**. Ein Quadrat hat vier **rechte Winkel**, alle Seiten sind gleich lang.

Rechteck

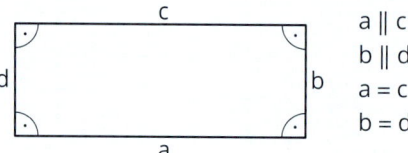

$a \parallel c$
$b \parallel d$
$a = c$
$b = d$

Quadrat

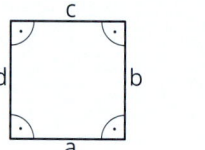

$a \parallel c$
$b \parallel d$
$a = b = c = d$

5. Zwei Karolängen sind 1 cm. Wie lang sind die Seiten
   a) des gezeichneten Rechtecks;
   b) des gezeichneten Quadrates?

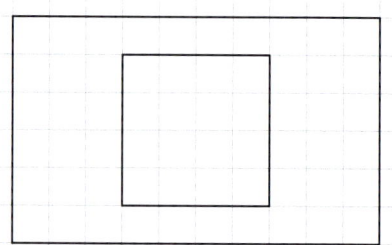

6. Zeichne mit dem Lineal auf Karopapier:
   a) ein Quadrat mit 5 cm Seitenlänge;
   b) ein Rechteck mit Seitenlängen von 4 cm und 6 cm.

7. Nenne Beispiele für rechteckige oder quadratische Flächen in deiner Umgebung.

⁺8. Ein Quader hat die Kantenlängen 3 cm, 4 cm und 5 cm. Wie viele verschiedene Seitenflächen gibt es? Zeichne von jeder Sorte eine auf Karopapier.

9. Zeichne mit einem Lineal (kein Geodreieck) auf Karopapier ein Quadrat, sodass keine seiner Seiten parallel zu Karolinien verläuft.

10.

Erkläre den Comic.

11. Welche Aussagen stimmen?

A: Rechtecke haben verschieden lange Seiten, Quadrate haben vier gleich lange Seiten.

B: Quadrate sind Rechtecke mit vier gleich langen Seiten.

C: Rechtecke mit mindestens drei gleich langen Seiten sind Quadrate.

Vermischte Aufgaben

1. Auf welche Körper trifft die Kennkarte zu?

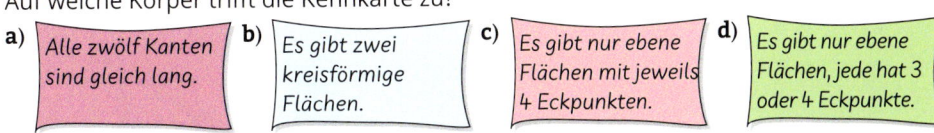

a) Alle zwölf Kanten sind gleich lang.

b) Es gibt zwei kreisförmige Flächen.

c) Es gibt nur ebene Flächen mit jeweils 4 Eckpunkten.

d) Es gibt nur ebene Flächen, jede hat 3 oder 4 Eckpunkte.

2. Aus dem Netz wird ein Würfel gefaltet. Notiere die Zahlenpaare der gegenüberliegen-den Flächen.

a)

	5		
1	2	4	6
	3		

b)

1	2		
	3	4	
		5	6

c)

1			
2	3	4	5
		6	

d)

		5	6
1	2	3	
		4	

3. Zeichne auf Karopapier (1 cm für 1 m) ein rechteckiges Rasenstück mit Seitenlängen von 8 m und 6 m und in der Mitte ein quadratisches Blumenbeet mit 3 m Seitenlänge. Die Seiten des Beetes sind parallel zu den Rasenkanten.

+4. Man sagt „Würfel" oder „Kegel", aber stimmt das überhaupt? Notiere Gründe für deine Meinung.

(1) Würfelzucker   (2) Spielwürfel   (3) Lichtkegel   (4) Kegelfigur

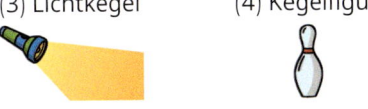

+5. Ist ein Blatt Briefpapier eine Fläche oder ein Körper? Überlege, sprich mit anderen und begründe.

6. Stell dir vor, du sollst aus einer Kartoffel mit einem Messer einen Körper mit ebenen Flächen schneiden. Wie oft musst du (mindestens) schneiden für

a) einen Würfel,   **b)** einen Quader,   **c)** ein Prisma,   **d)** eine Pyramide?

7. Bei einem Spielwürfel haben gegenüberliegende Augenzahlen die Summe 7. Lassen sich weitere Augenzahlen im Würfelnetz eintragen, sodass beim Falten ein Spielwürfel entsteht? Wenn ja, zeichne das Netz in dein Heft und trage die fehlenden Punkte ein. Wenn nein, begründe.

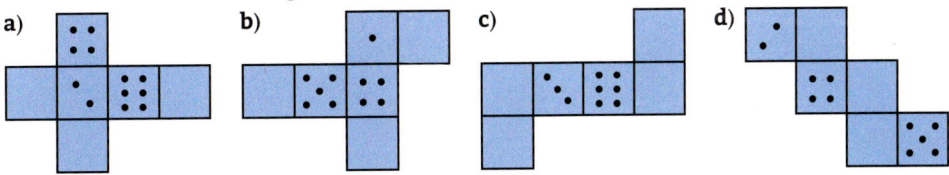

a)   **b)**   **c)**   **d)**

8. Ein Würfel wurde zur Hälfte in Farbe getaucht. Zeichne das Netz in dein Heft und färbe es so ein, dass es zum Würfel passt.

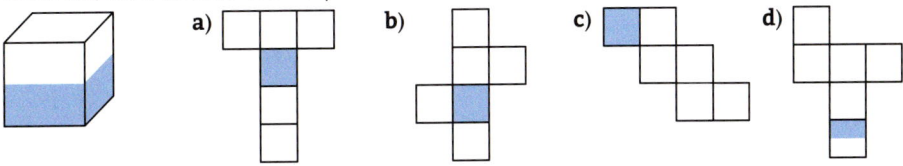

a)   **b)**   **c)**   **d)**

9. Welche der gekennzeichneten Linien sind lotrecht, welche sind waagerecht?

10. a) Aus einem Stück Draht sollen die Kanten für das Modell eines Würfels mit 5 cm Kantenlänge geschnitten werden. Wie lang muss das ganze Stück Draht mindestens sein?

  ⁺b) Nun sollen die Kanten für einen Quader mit 4 cm, 8 cm und 3 cm Kantenlängen geschnitten werden.

⁺11. Notiere alle Körperkanten, die zu der roten Kante parallel sind. Notiere außerdem möglichst viele Körperkanten, die zu der roten Kante senkrecht sind.

a)   **b)**   **c)**   **d)**

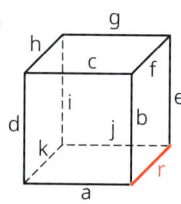 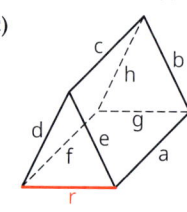 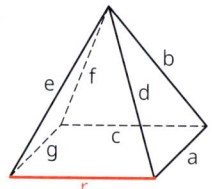

12. Beide Flächen gehören zu demselben Körper. Welcher Körper kann es sein?

a)   **b)**   **c)**

13. Welche Körper außer dem Würfel können quadratische Flächen haben und wie viele jeweils?

14. Lisa sagt: „Jeder Würfel ist ein Quader, aber nicht jeder Quader ist ein Würfel." Stimmt diese Aussage? Begründe.

15. Eine quaderförmige Schachtel wird an den markierten Kanten zerschnitten und auseinander gefaltet. Zeichne das so entstehende Quadernetz auf Karopapier für die Kantenlängen 2 cm, 3 cm, 4 cm.

a)   **b)**

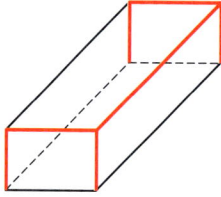 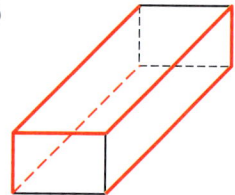

Körper

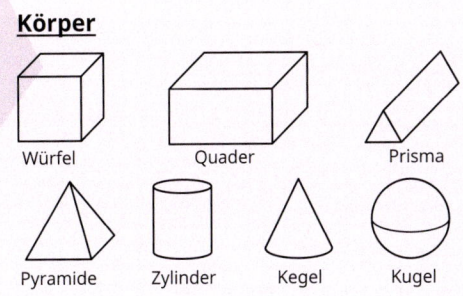

Würfelnetze

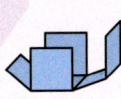 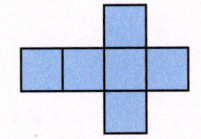

senkrecht und parallel

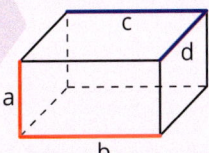

senkrechte Kanten:
a ⊥ b   c ⊥ d

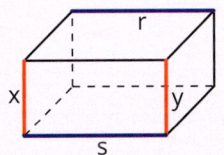

parallele Kanten:
x ∥ y   r ∥ s

lotrecht und waagerecht

lotrecht:
senkrecht zur
Erdoberfläche

waagerecht:
parallel zur
Erdoberfläche

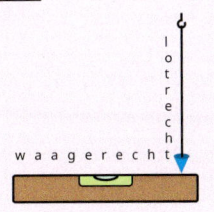

Das **Quadrat** und das **Rechteck**

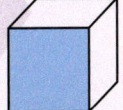 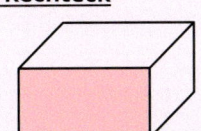

Die Seitenflächen
eines Würfels sind
Quadrate.

Die Seitenflächen
eines Quaders sind
Rechtecke.

---

1. Lege eine Tabelle an und fülle sie aus.

Körper	Anzahl der		
	Flächen	Kanten	Ecken
Würfel			
Quader			

2. a) Welche Körper haben nur gerade Kanten?
b) Welche Körper haben eine Ecke, in der
vier Kanten aufeinanderstoßen?

3. Lässt sich aus dem Netz ein Würfel falten?

a) 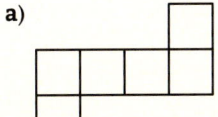   **b)**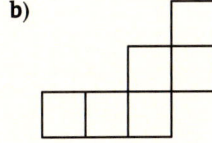

4. Welche der bezeichneten Kanten sind senk-
recht zur Kante a, welche sind parallel zu a?

a) 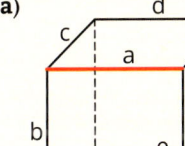   **b)**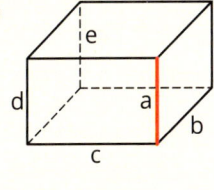

5. Welche Linien sind lotrecht, welche sind
waagerecht?

a)    **b)**

6. Zeichne (auf Karopapier) ein Quadrat mit 4 cm
Seitenlänge. Markiere zueinander parallele
Seiten und alle rechten Winkel.

7. Ein Quader hat die Seitenlängen 2 cm, 4 cm
und 6 cm. Wie viele verschiedene Seitenflächen
gibt es? Zeichne von jeder Sorte eine auf
Karopapier.

1. Wie heißt der Körper?

a) 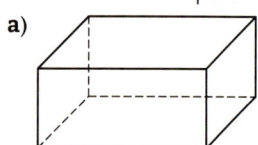 b) 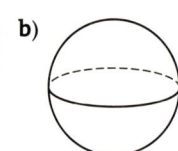 c) 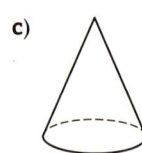 d)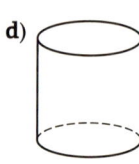

2. a) Wie viele Flächen und Kanten
hat der Körper ①?
b) Wie viele Flächen und Ecken
hat der Körper ②?

① 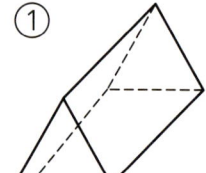 ②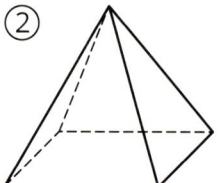

3. Lässt sich aus dem Netz ein Würfel falten?
Notiere „ja" oder „nein".

a) 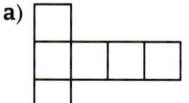 b) 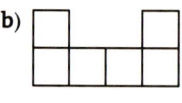 c) 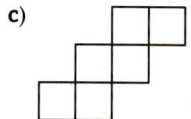 d)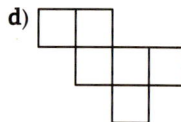

4. Welche der bezeichneten Kanten des Quaders sind senkrecht
zur Kante c, welche parallel zu c?
Schreibe in der Form   c ⊥ ▨   c ∥ ▨

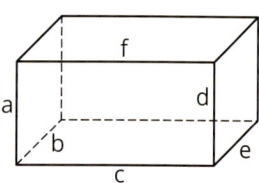

5. Zeichne ein Rechteck mit den Seitenlängen a = 5 cm und b = 3 cm.

6. Lotrecht oder waagerecht?   **a)** Fahnenmast   **b)** Tischplatte   **c)** Gardinenstange   **d)** Torpfosten

7. Welcher Körper kann das sein?
a) Der Körper hat nur rechteckige Flächen.   **b)** Der Körper hat dreieckige und rechteckige Flächen.

8. Welcher Körper ist das?
a) Er hat nur zwei Flächen.   **b)** Er hat nur eine einzige Fläche.

9. Aus einem Stück Draht sollen die Kanten für ein Quadermodell mit 4 cm, 6 cm und 8 cm Kanten-
länge geschnitten werden. Wie lang muss der Draht mindestens sein?

10. Zeichne ein Netz eines Quaders mit den Kantenlängen 4 cm, 3 cm und 2 cm.

11. Stell dir vor, auf allen sechs Flächen eines Würfels wird je eine Pyramide mit genau passender
Grundfläche aufgesetzt. Wie viele Ecken, Kanten und Flächen hat der Körper?

12. Stell dir vor, das Würfelnetz wird zum Würfel gefaltet und
zusammengeklebt. Dann werden zusammengeklebt
a und ▨;   c und ▨;
e und ▨;   n und ▨.

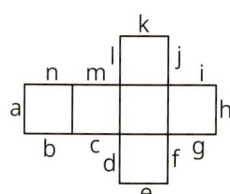

Multiplikation und Division

4

In diesem Kapitel lernst du, ...

... wie du das Einmaleins vertiefst,

... was Quadratzahlen sind und wie du sie berechnest,

... wie du Rechengesetze und Rechenvorteile anwendest,

... wie du halbschriftlich und schriftlich multiplizierst,

... wie du schriftlich dividierst – auch mit Rest,

... wie du das Ergebnis von Multiplikations- und Divisionsaufgaben überschlägst.

Löse die folgenden Aufgaben und schätze dich ein.

1. Berechne im Kopf.

a) $8 \cdot 5 =$ ▨ b) $7 \cdot 3 =$ ▨ c) $4 \cdot 9 =$ ▨

d) $6 \cdot 8 =$ ▨ e) $35 : 7 =$ ▨ f) $56 : 8 =$ ▨

g) $20 : 4 =$ ▨ h) $45 : 5 =$ ▨

Ich kann einfache Multiplikations- und Divisionsaufgaben im Kopf lösen.

Das kann ich gut.	Ich bin noch unsicher.
☺	→ S. 230, A 1–6

2. Berechne im Kopf.

a) $7 \cdot 12 =$ ▨ b) $4 \cdot 15 =$ ▨

c) $6 \cdot 13 =$ ▨ d) $3 \cdot 18 =$ ▨

Ich kann im Kopf mit einer zweistelligen Zahl multiplizieren.

Das kann ich gut.	Ich bin noch unsicher.
☺	→ S. 230, A 7–9

3. Rechne im Heft.

a) $2695 : 7 =$ ▨ b) $25416 : 3 =$ ▨

c) $19068 : 6 =$ ▨

Ich kann durch eine einstellige Zahl schriftlich dividieren.

Das kann ich gut.	Ich bin noch unsicher.
☺	→ S. 231, A 1–4

4. Rechne im Heft.

a) $342 \cdot 30 =$ ▨ b) $10520 : 40 =$ ▨

c) $168 \cdot 600 =$ ▨

Ich kann Multiplikations- und Divisionsaufgaben mit Zehner- und Hunderterzahlen lösen.

Das kann ich gut.	Ich bin noch unsicher.
☺	→ S. 232, A 1–2

5. Am Rand eines Weges setzt eine Gärtnerei 281 junge Heckenbäume. Sie stehen jeweils im Abstand von 50 cm. Nach drei Jahren sind alle Bäume zu einer Hecke zusammengewachsen. Wie lang ist diese Hecke?

Ich löse Sachprobleme mit der richtigen Rechenoperation.

Das kann ich gut.	Ich bin noch unsicher.
☺	→ S. 233, A 1

Multiplizieren und Dividieren im Kopf

1. Übertrage die vier Einmaleinsreihen ins Heft und trage die Ergebnisse ein.

2. Schreibe die Einmaleinsreihe der 4 auf und erkläre, wie sie mit der Einmaleinsreihe der 2 zusammenhängt.

3. Schreibe die Einmaleinsreihe der 6 auf und erkläre, wie sie mit der Einmaleinsreihe der 3 zusammenhängt.

$1 \cdot 2 =$	$1 \cdot 3 =$	$1 \cdot 5 =$	$1 \cdot 10 =$
$2 \cdot 2 =$	$2 \cdot 3 =$	$2 \cdot 5 =$	$2 \cdot 10 =$
$3 \cdot 2 =$	$3 \cdot 3 =$	$3 \cdot 5 =$	$3 \cdot 10 =$
$4 \cdot 2 =$	$4 \cdot 3 =$	$4 \cdot 5 =$	$4 \cdot 10 =$
$5 \cdot 2 =$	$5 \cdot 3 =$	$5 \cdot 5 =$	$5 \cdot 10 =$
$6 \cdot 2 =$	$6 \cdot 3 =$	$6 \cdot 5 =$	$6 \cdot 10 =$
$7 \cdot 2 =$	$7 \cdot 3 =$	$7 \cdot 5 =$	$7 \cdot 10 =$
$8 \cdot 2 =$	$8 \cdot 3 =$	$8 \cdot 5 =$	$8 \cdot 10 =$
$9 \cdot 2 =$	$9 \cdot 3 =$	$9 \cdot 5 =$	$9 \cdot 10 =$
$10 \cdot 2 =$	$10 \cdot 3 =$	$10 \cdot 5 =$	$10 \cdot 10 =$

4. Maja hat sich gemerkt: Bei der Einmaleinsreihe der 9 nimmt die Einerstelle jeweils um 1 ab und gleichzeitig die Zehnerstelle um 1 zu. Schreibe unter Verwendung von Majas Regel die Einmaleinsreihe der 9 auf.

1	$\cdot$	9	=	0	9
2	$\cdot$	9	=	1	8

5. Michel und Jannick spielen Rechendomino. Ein Stein mit einer Zahl muss an einen Stein mit einer passenden Aufgabe gelegt werden. Du kannst mitspielen. Welche Dominosteine kann man aneinander legen? Schreibe die Aufgaben in dein Heft.

6. Übertrage diese Tabelle in dein Heft und ordne die Begriffe ein.

Du sollst...

mal ($\cdot$)	geteilt (:)

die Zahl 25 **verdreifachen**.

das Produkt der Zahlen 12 und 3 **bilden**.

32 Bonbons an 4 Kinder gerecht **verteilen**.

die Hälfte von 84 **berechnen**.

den Quotienten aus 48 und 6 **berechnen**.

das 9-Fache der Zahl 11 **berechnen**.

den neunten Teil der Zahl 45 **bestimmen**.

die Zahl 28 durch 7 **dividieren**.

120 Kekse in Tüten mit jeweils 20 Keksen **aufteilen**.

die Zahl 28 **verdoppeln**.

die Zahl 15 mit 4 **malnehmen**.

die Zahl 9 mit der Zahl 10 **multiplizieren**.

7. Partnerarbeit: Stellt euch gegenseitig Multiplikations- und Divisionsaufgaben. Verwendet dabei die fett gedruckten Wörter aus Aufgabe 6.

Die **Multiplikation** (**Mal**rechnen)

4	·	8	=	32
Faktor	·	Faktor	=	Produkt

32 ist das **Produkt** der Faktoren 4 und 8.

Berechne das Produkt von 12 und 5.
12 · 5 = 60

Die **Division** (**Geteilt**rechnen)

32	:	8	=	4
Dividend	:	Divisor	=	Quotient

4 ist der **Quotient** der Zahlen 32 und 8.

Berechne den Quotienten der Zahlen 45 und 5.
45 : 5 = 9

8. Wie viele Punkte sind es? Schreibe als Multiplikationsaufgabe und berechne.

a)  b) 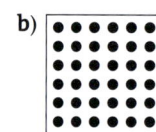 c) 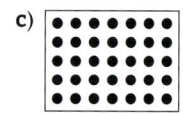 d) 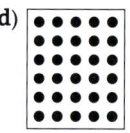 e)

9. Schreibe als Produkt und berechne.

   a) 7 + 7 + 7 + 7 + 7 + 7   **b)** 3 + 3 + 3   **c)** 8 + 8 + 8 + 8 + 8   **d)** 6 + 6 + 6 + 6 + 6 + 6 + 6 + 6

   e) 5 + 5 + 5 + 5 + 5   **f)** 9 + 9 + 9 + 9   **g)** 4 + 4 + 4 + 4 + 4 + 4   **h)** 7 + 7 + 7 + 7 + 7 + 7

10. Berechne die Produkte.

   a) 3 · 6   **b)** 4 · 8   **c)** 8 · 3   **d)** 6 · 6   **e)** 3 · 9   **f)** 5 · 8   **g)** 6 · 7   **h)** 7 · 8

      5 · 7   2 · 9   7 · 3   9 · 6   7 · 9   9 · 4   8 · 9   4 · 9

11. Berechne die Quotienten.

   a) 25 : 5   **b)** 49 : 7   **c)** 32 : 8   **d)** 64 : 8   **e)** 45 : 9   **f)** 28 : 4   **g)** 81 : 9   **h)** 56 : 7

      16 : 4   54 : 6   27 : 3   48 : 6   63 : 7   72 : 9   40 : 5   42 : 6

12.

Denke dir ein passendes Aufgabenbeispiel aus und präsentiere deinen Rechenweg.

13. Multipliziere. Die richtigen Lösungen stehen auf den Bällen.

   a) 5 · 13   **b)** 7 · 12   **c)** 2 · 19   **d)** 4 · 16   **e)** 8 · 13

      3 · 18   3 · 14   5 · 17   6 · 15   6 · 18

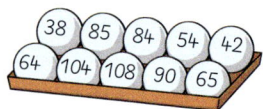

⁺14. Ordne die Ergebnisse der Größe nach. Beginne mit dem kleinsten Ergebnis.

| 9 · 15 E | 9 · 13 A | 7 · 12 - | 9 · 19 R | 2 · 14 N | 4 · 16 I | 3 · 11 L |

| 2 · 12 I | 5 · 14 N | 7 · 13 S | 7 · 19 T | 4 · 18 E | 6 · 18 K |

⁺15. Wie viele sind es? Schreibe als Rechenaufgabe und rechne aus.

a) In einer kleinen Packung sind vier Müsliriegel. Eine Maxi-Packung hat 9-mal so viele.

b) Unter vier Spielern werden 32 Spielkarten gleichmäßig aufgeteilt.

c) Timo möchte sich eine DVD für 18 € kaufen. Sein Vater sagt: „Ich gebe dir die Hälfte."

d) Christina ist neun Jahre alt. Ihre Mutter ist viermal so alt.

e) Claudia bekommt im Monat 20 €. Ein Fünftel davon gibt sie für Süßigkeiten aus.

⁺16.

Wie viel kostet der Eintritt für mehrere Personen?

a) Zirkus: 4 Pers.   b) Zoo: 5 Pers.   c) Kino: 8 Pers.   d) Freizeitpark: 7 Pers.

e) Kino: 3 Pers.   f) Freizeitpark: 4 Pers.   g) Zoo: 6 Pers.   h) Zirkus: 9 Pers.

17. a) Im Videoraum des Museums sind 7 Reihen mit je 9 Sitzplätzen. Wie viele Plätze sind es?

b) Im Lager stehen 6 Reihen mit je 8 Kisten Äpfeln. Wie viele Kisten sind es?

c) Beim Staffellauf starten 7 Gruppen mit je 4 Kindern. Wie viele Kinder nehmen teil?

d) Auf dem Backblech liegen 8 Reihen mit je 9 Plätzchen. Wie viele sind es?

18. Schreibe die Rechenaufgaben ins Heft und rechne aus.

a) Berechne das Produkt aus 4 und 3.

b) Berechne den Quotienten aus 36 und 3.

c) Berechne den Quotienten von 63 und 9.

d) Berechne das Produkt der Faktoren 6 und 9.

e) Multipliziere 9 mit 3.

f) Dividiere 21 durch die Zahl 7.

g) Dividiere 36 durch 6.

h) Multipliziere die Zahlen 6 und 7.

19. a) 480 : 6 = ▨   b) 160 : ▨ = 8   c) ▨ : 50 = 7   d) 819 : 9 = ▨

e) ▨ : 8 = 30   f) ▨ : 4 = 75   g) 360 : ▨ = 4   h) ▨ : 7 = 62

i) 720 : 8 = ▨   j) 450 : ▨ = 9   k) 560 : 70 = ▨   l) 273 : ▨ = 3

20. Denke dir zu jeder Rechnung eine Textaufgabe aus, deren Lösung das freie Feld ist.

a) 3 · 4 = ▨   b) 36 : 6 = ▨   c) 5 · ▨ = 35   d) ▨ : 9 = 3

21. a) Der Divisor ist 7, der Dividend beträgt 56. Wie groß ist der Quotient?

b) Das Produkt lautet 60, ein Faktor ist 3. Wie groß ist der zweite Faktor?

c) Wenn der Quotient 9 und der Divisor 4 ist, welchen Wert hat dann der Dividend?

d) Welcher Divisor gehört zum Quotienten 15 und zum Dividenden 75?

Quadratzahlen

Alles Quadrate!

Ole

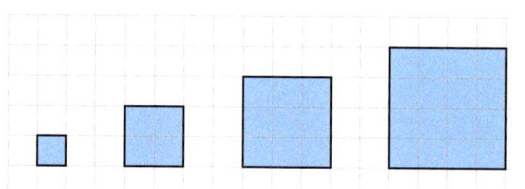

Wie viele Kästchen hat wohl das nächste Quadrat? ... und das zehnte?

Anna

1. Löst die Aufgaben in Partnerarbeit.

a) Besprecht das Bild und beantwortet die Fragen von Anna. Schreibt dazu die Anzahl der Kästchen für Quadrate mit einer Seitenlänge von 1, 2, ... 10 Kästchen auf.

b) Elvan hat eine Regel entdeckt. Ihr seht das rechts in der Zeichnung. Untersucht, ob sich diese Regel bis zum Quadrat mit 12 Kästchen Seitenlänge fortsetzt.

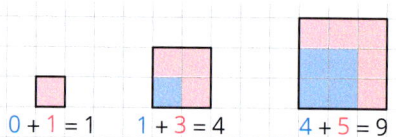

$0 + 1 = 1$ $1 + 3 = 4$ $4 + 5 = 9$

Multiplizierst du eine Zahl mit sich selbst, so heißt das Ergebnis **Quadratzahl**.
16 ist die **Quadratzahl von 4**, denn $4 \cdot 4 = 16$.
Man schreibt auch: $4 \cdot 4 = 4^2$ und spricht: *„vier hoch zwei"* oder *„vier Quadrat"*.

$64 = 8 \cdot 8 = 8^2$ $9 \cdot 9 = 9^2 = 81$ $12^2 = 12 \cdot 12 = 144$ $100 = 10^2$

2. Zeichne drei verschieden große Quadrate in dein Heft genau auf die Kästchenlinien. Aus wie vielen Kästchen bestehen deine Quadrate? Schreibe die Zahlen in die Quadrate.

3. Gibt es Quadrate mit so vielen Kästchen?

a) 12 Kästchen   **b)** 25 Kästchen   **c)** 49 Kästchen   **d)** 55 Kästchen   **e)** 64 Kästchen

4. Vervollständige in deinem Heft die Quadratzahlen von 1^2 bis 20^2.

$1 \cdot 1 = 1^2 = 1$ $2 \cdot 2 = 2^2 = \blacksquare$ .... $20 \cdot 20 = 20^2 = 400$

⁺5. Max und Paula legen alle Quadratzahlen bis 100.

a) Welche Ziffern brauchen sie gar nicht?

b) Welche Ziffern brauchen sie mehrfach?

⁺6. Zwischen welchen zwei Quadratzahlen liegt das Ergebnis der Multiplikationsaufgabe?

a) $3 \cdot 4$ **b)** $8 \cdot 9$ **c)** $4 \cdot 5$ **d)** $9 \cdot 10$

e) $7 \cdot 8$ **f)** $5 \cdot 6$ **g)** $10 \cdot 11$ **h)** $6 \cdot 7$

7. a) $100 = \blacksquare^2$ **b)** $36 = \blacksquare^2$ **c)** $49 = \blacksquare^2$ **d)** $400 = \blacksquare^2$ **e)** $10\,000 = \blacksquare^2$

f) $169 = \blacksquare^2$ **g)** $225 = \blacksquare^2$ **h)** $324 = \blacksquare^2$ **i)** $256 = \blacksquare^2$ **j)** $12\,100 = \blacksquare^2$

8. Das Quadrat einer Zahl ist gleich dem Doppelten dieser Zahl. Welche Zahl kann es sein?

9. Tim hat gelesen, dass sich jede natürliche Zahl als Summe von höchstens 4 Quadratzahlen schreiben lässt. Überprüfe dies an den Zahlen 50 bis 60 und notiere dein Ergebnis.

Multiplikationsoperatoren und Divisionsoperatoren

1. Übertrage ins Heft und notiere das Rechenergebnis.

a) $12 \xrightarrow{\cdot 4} \blacksquare$

b) $18 \xrightarrow{:3} \blacksquare$

c) $63 \xrightarrow{:9} \blacksquare$

d) $8 \xrightarrow{\cdot 7} \blacksquare$

2. Stellt in Partnerarbeit die Aufgabe des Lehrers mit Operatoren dar. Besprecht eure Lösung mit einer anderen Partnergruppe.

> Berechne das Produkt aus 8 und 17. Dividiere anschließend das Ergebnis durch 17.

3. Übertrage ins Heft und notiere die Ausgangszahl. Der Umkehroperator kann dir helfen.

a) $\blacksquare \underset{:5}{\overset{\cdot 5}{\rightleftarrows}} 30$

b) $\blacksquare \underset{\cdot 4}{\overset{:4}{\rightleftarrows}} 15$

c) $\blacksquare \underset{:3}{\overset{\cdot 3}{\rightleftarrows}} \blacksquare \underset{\cdot 5}{\overset{:5}{\rightleftarrows}} 9$

Die Division ist die Umkehrung der Multiplikation. Die Multiplikation ist die Umkehrung der Division. Zu jedem Operator gibt es einen Umkehroperator.

① $\blacksquare \xrightarrow{\cdot 4} \blacksquare \xrightarrow{\cdot 8} 64$

② $\blacksquare \xrightarrow{\cdot 4} 8 \xleftarrow{:8} 64$

③ $2 \xleftarrow{:4} 8 \xleftarrow{:8} 64$

① $\blacksquare \xrightarrow{:4} \blacksquare \xrightarrow{:6} 2$

② $\blacksquare \xrightarrow{:4} 12 \xleftarrow{\cdot 6} 2$

③ $48 \xleftarrow{\cdot 4} 12 \xleftarrow{\cdot 6} 2$

4. Bestimme zuerst den Umkehroperator und dann die gesuchte Zahl.

a) $\blacksquare \underset{\blacksquare}{\overset{\cdot 5}{\rightleftarrows}} 35$

b) $\blacksquare \underset{\blacksquare}{\overset{:8}{\rightleftarrows}} 4$

c) $\blacksquare \underset{\blacksquare}{\overset{\cdot 7}{\rightleftarrows}} 49$

d) $\blacksquare \underset{\blacksquare}{\overset{\cdot 3}{\rightleftarrows}} 36$

⁺5. a) $\blacksquare \xrightarrow{\cdot 2} \blacksquare \xrightarrow{\cdot 8} 48$

b) $\blacksquare \xrightarrow{:9} \blacksquare \xrightarrow{:3} 3$

c) $\blacksquare \xrightarrow{\cdot 4} \blacksquare \xrightarrow{\cdot 5} 100$

d) $\blacksquare \xrightarrow{\cdot 2} \blacksquare \xrightarrow{\cdot 3} 24$

e) $\blacksquare \xrightarrow{:7} \blacksquare \xrightarrow{:5} 2$

f) $\blacksquare \xrightarrow{:3} \blacksquare \xrightarrow{:2} 25$

Auf Seite 75 im Buch habt ihr in Aufgabe 7 verschiedene Wörter für die Multiplikation und die Division kennen gelernt. Dort könnt ihr nach-schlagen.

6. Wie heißt die gesuchte Zahl? Löse mit dem Umkehroperator.

a) Wenn man die gesuchte Zahl verdoppelt, erhält man 18.

b) Der sechste Teil der gesuchten Zahl ist 4.

c) Multipliziert man die gesuchte Zahl mit 7, erhält man 56.

d) Dividiert man die gesuchte Zahl durch 5, erhält man 9.

e) Das Dreifache der gesuchten Zahl ist 24.

f) Ein Viertel der gesuchten Zahl ist das 3-Fache von 3.

g) Das 8-Fache der gesuchten Zahl ist die Hälfte von 144.

h) Ein Neuntel der gesuchten Zahl ist ein Viertel von 60.

i) Die Hälfte vom Doppelten der Zahl ist 135.

135 24 8 45 9 9 8 36 135 8

Lösungen

Kopfrechnen mit 10, 100 und 1000

1. Welchen Wert haben alle Preise im Gewinnspiel zusammen? Stelle deine Rechnung vor.

Großes Sommerpreisausschreiben!

10 X. Flugreisen zu 5000 €

100 X Fahrräder zu 600 €

1000 X Bargeld zu 80 €

2. Übertrage die Stellenwerttafel ins Heft. Fülle die rechte Stellenwerttafel richtig aus.
Erkläre deiner Klasse, warum man dabei fast gar nicht rechnen muss.

T	H	Z	E		HT	ZT	T	H	Z	E
	3	6	8	·10 →						
		4	7	·100 →						
	1	3	8	·1000 →						
4	7	6	0	:10 →						
7	2	0	0	:100 →						

3. Erkläre Maiks Überlegung und löse dann die Aufgaben.

   a) 417·10   **b)** 280·100   **c)** 67·1000
   f) 810:10   **g)** 3400:100   **h)** 43000:100
   d) 2157·100   **e)** 40000:1000   **i)** 350·1000

Maik

Bei den folgenden Aufgaben rechne ich gar nicht, sondern füge nur Nullen an oder streiche sie weg.

Wenn du eine Zahl mit 10, 100 oder 1000 multiplizierst, hängst du 1, 2 oder 3 Nullen an.

Wenn du eine Zahl durch 10, 100 oder 1000 dividierst, lässt du 1, 2 oder 3 Endnullen weg.

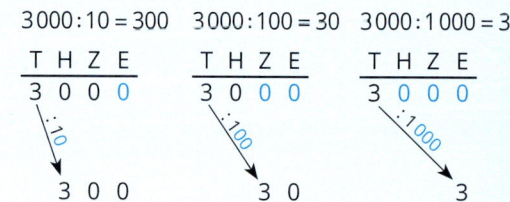

$7 \cdot 10 = 70$ $7 \cdot 100 = 700$ $7 \cdot 1000 = 7000$ $3000 : 10 = 300$ $3000 : 100 = 30$ $3000 : 1000 = 3$

4. Multipliziere jede Zahl mit 10, 100 und 1000.

   a) 4   **b)** 18   **c)** 30   **d)** 92   **e)** 300   **f)** 240   **g)** 547

5. Dividiere jede Zahl durch 10, 100 und 1000.

   a) 8000   **b)** 2000   **c)** 90000   **d)** 74000   **e)** 46000   **f)** 300000   **g)** 472000

⁺6. Berechne ein Zehntel (den zehnten Teil).

   a) 60   **b)** 520   **c)** 780   **d)** 500   **e)** 7300   **f)** 5000   **g)** 12500

7. Schreibe das Ergebnis in Ziffern und in Worten.

   a) 700·100   **b)** 600·1000   **c)** 3000·1000   **d)** 90000·10000
   e) 55·1000   **f)** 780·1000   **g)** 4200·1000   **h)** 7000·100000

8. **a)** 800 : ■ = 8   **b)** 700 · ■ = 7000   **c)** 30000 : ■ = 300   **d)** 400 · ■ = 40000
   e) ■ : 100 = 25   **f)** ■ · 10 = 20000   **g)** ■ : 1000 = 70   **h)** ■ · 1000 = 30000

Vermischte Aufgaben

1. Übertrage ins Heft und fülle die freien Felder aus.

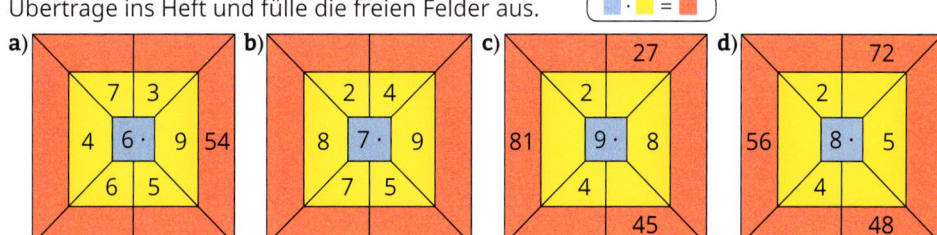

$\blacksquare \cdot \blacksquare = \blacksquare$

a)
	7	3	
4		6 ·	9	54
	6	5	

b)
	2	4	
8		7 ·	9
	7	5	

c)
		27
	2	
81	9 ·	8
	4	
	45	

d)
		72
	2	
56	8 ·	5
	4	
	48	

2. Am Fußballturnier des SC Winterberg nehmen acht Mannschaften teil.
Jede Mannschaft tritt mit 13 Spielern an. Wie viele Spieler sind am Turnier beteiligt?

3. Am Eishockeyturnier nehmen sechs Mannschaften teil. Alle haben dieselbe Anzahl
Spieler. Insgesamt sind es 90 Spieler.

4. Eine Blumenhändlerin hat einen Bund mit
120 Rosen. Wie viele Sträuße mit jeweils 15
Rosen kann sie binden?

5. a) Ein Band Ponygeschichten kostet 17 €.
Kirsten möchte vier Bände kaufen. Wie teuer ist das?
b) Eine Hafenrundfahrt kostet 16 €. Familie Weber fährt mit vier Personen.

6. Wie viele sind es? Schreibe als Rechenaufgabe und rechne aus.
a) Benjamin hat 200 Sticker. Seine Schwester Anna besitzt doppelt so viele.
b) In Julias Klasse sind 27 Kinder. Ein Drittel davon fährt mit dem Bus zur Schule.
c) Indra hat 24 Modellautos. Den vierten Teil davon schenkt sie ihrem kleinen Bruder.

+7. a) Unter vier Spielern werden 48 Spielkarten gleichmäßig aufgeteilt.
b) Philip ist 8 Jahre alt. Sein Vater ist fünfmal so alt.
c) Can bekommt im Monat 28 € Taschengeld. Ein Viertel davon spart er.

+8. a) Eine Packung Kaugummi enthält 7 Streifen, eine Großpackung enthält die dreifache
Menge.
b) Herr Ohm hat 60 € gewonnen. Ein Zehntel schenkt er seiner Tochter. Wie viel Euro
bekommt sie?
c) Oma Kruse verteilt 56 Äpfel gerecht an acht Nachbarkinder. Wie viele Äpfel bekommt
jedes Kind?

9. Die Reklame einer Snackbar verspricht:
„Mehr als 10 verschiedene Baguettes stehen
zur Auswahl!" Stimmt das, wenn der Kunde
aus zwei Gruppen von Belägen je einen aus-
wählen darf?

1. Belag: Käse, Wurst, Ei, Thunfisch, Schinken
2. Belag: Gurke, Tomate, Salat
Entwirf eine Tabelle. In dieser Tabelle sollen die möglichen Belegkombinationen darge-
stellt sein.

10. Wie heißt die gesuchte Zahl? Schreibe zuerst mit Operatoren.

    a) ▨ · 4 = 16   **b)** ▨ : 4 = 19   **c)** ▨ : 5 = 25

    d) ▨ · 18 = 54   **e)** ▨ : 12 = 6   **f)** ▨ : 8 = 7

    g) ▨ · 16 = 144   **h)** ▨ : 7 = 15   **i)** ▨ : 17 = 119

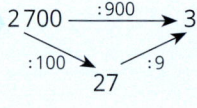

▨ · 12 = 48

▨ $\xrightarrow{\cdot 12}$ 48

   $\xleftarrow{:12}$

4 · 12 = 48

11. Schreibe mit Gleichheitszeichen und bestimme die Zahl.

    a) Das 3-Fache einer Zahl ist 210.

    b) Der 8-te Teil einer Zahl ist 9.

    c) Das 5-Fache einer Zahl ist der 6-te Teil von 300.

Das 5-Fache einer Zahl ist 130.

▨ · 5 = 130

12. Multipliziere schrittweise.

    a) 3 · 40   **b)** 9 · 200   **c)** 60 · 50   **d)** 80 · 30

    e) 7 · 300   **f)** 8 · 30   **g)** 40 · 400   **h)** 50 · 300

    i) 12 · 12 000   **j)** 15 · 15 000   **k)** 110 · 1 100   **l)** 1 400 · 9 000

50 $\xrightarrow{\cdot 300}$ 15 000

$\cdot 3$ ↘   ↗ $\cdot 100$

   150

13. Dividiere schrittweise.

    a) 2 400 : 80   **b)** 3 600 : 200   **c)** 6 300 : 90

    d) 3 500 : 70   **e)** 8 100 : 900   **f)** 45 000 : 50

    g) 16 900 : 130   **h)** 25 600 : 1 600   **i)** 37 500 : 150

2 700 $\xrightarrow{:900}$ 3

:100 ↘   ↗ :9

   27

14. Schreibe alle Quadratzahlen von 21^2 bis 25^2 auf.

15. Schreibe ab und ergänze drei passende Zahlen.

    a) 1, 2, 5, 10, 17, 26, 37, …   **b)** 0, 3, 8, 15, 24, …   **c)** 8 100, 10 000, 12 100, 14 400, …

16.

Preistafel	
Rindswurst	1,00 €
Schweinswurst	0,80 €
Geflügelwurst	1,10 €
Brötchen	0,20 €
Pommes	1,00 €
Kartoffelsalat	1,20 €
Cola, Limo, Wasser	0,80 €

    a) Partnerarbeit: Eva möchte wissen, unter wie vielen Kombinationen aus Wurst und Beilage sie auswählen kann. Dazu hat sie angefangen, ein *Baumdiagramm* (rechts) zu zeichnen.
Überlegt, wie das Baumdiagramm zu verstehen ist. Zeichnet dann das vollständige Diagramm.

Wurst

Rinds-   Schweins-   Geflügel-
wurst   wurst   wurst

    b)

Lutz

> *Wie viele Kombinationen sind denn möglich, wenn man dazu noch ein Getränk wählt?*

Beilage

Ergänzt das Baumdiagramm entsprechend.

    c)

Bea

> *Warum Baumdiagramme? Sind die besser als eine Darstellung mit einer Tabelle?*

Vergleicht beide Darstellungsarten und antwortet Bea. Präsentiert euer Ergebnis.

Überschlag und halbschriftliches Multiplizieren

Um die 4 850 Fans des 1. FC zum Auswärtsspiel zu bringen, setzt die Bahn 9 Sonderzüge ein. Jeder Zug hat 540 PLätze.

Reporter

9 · 500 = 4 500
Ich fürchte, da kommen nicht alle mit.

10 · 500 = 5 000 Klar reicht das, es sind rund 5000 Plätze!

Ich will es genau wissen!
Ich rechne halbschriftlich. 9 · 500 im Kopf und 9 · 40 auch im Kopf. Dann addiere ich die Ergebnisse schriftlich.

Sascha

Carla

Maria

1. Vergleiche die Überschläge von Carla und Sascha.

2. Gehe so vor wie Maria. Welches Ergebnis erhältst du? Kommen alle Fans in den Sonderzügen mit?

Mit einer **Überschlagsrechnung** kannst du das Ergebnis ungefähr abschätzen.
Dazu rechnest du (im Kopf) mit gerundeten Zahlen.

Zum genauen Rechnen reicht es oft, halbschriftlich vorzugehen. Dazu rechnest du Multiplikationsaufgaben im Kopf und addierst anschließend die Ergebnisse schriftlich.

$8 \cdot 689$ 1. Überschlag $8 \cdot 700 = 5 600$ 2. Überschlag $10 \cdot 600 = 6 000$

genaue halbschriftliche
Rechnung: $8 \cdot 600 = 4 800$ 4 800
$8 \cdot 80 = 640$ $+ 640$
$8 \cdot 9 = 72$ $+ 72$
                                             5 512

Das Lösungswort sagt dir, wohin wir fliegen.

Ein Überschlag ist oft genau genug und schnell und einfach.

3. Ordne jeder Aufgabe im Ballon die richtige Überschlagsrechnung zu.

 479 · 7    4872 · 6    783 · 6    439 · 7    429 · 6    4390 · 7    719 · 6

| 5000 · 6 A | 400 · 7 B | 700 · 6 G | 400 · 6 U | 500 · 7 H | 4000 · 7 R | 800 · 6 M |

4. Mache zwei Überschläge und rechne dann genau.

a) 273 · 8   **b)** 993 · 6   **c)** 503 · 7   **d)** 1 248 · 3   **e)** 2416 · 9   **f)** 5 903 · 7

g) 558 · 7   **h)** 854 · 4   **i)** 614 · 3   **j)** 2 590 · 5   **k)** 9 283 · 4   **l)** 2 116 · 5

⁺m) 332 · 9   **⁺n)** 723 · 5   **⁺o)** 945 · 4   **⁺p)** 3 783 · 6   **⁺q)** 7 009 · 8   **⁺r)** 3 867 · 4

5. Drei Aufgaben sind falsch gerechnet. Finde sie durch eine Überschlagsrechnung.

Ⓐ 6 2 3 · 8	Ⓑ 5 0 3 · 7	Ⓒ 4 8 9 · 6	Ⓓ 8 9 2 · 7	Ⓔ 6 1 4 · 4
4 9 8 4	5 3 2 1	3 0 3 4	6 2 4 4	2 3 5 6

6. Rechne halbschriftlich.

a) $3 \cdot 36$	**b)** $4 \cdot 53$	**c)** $4 \cdot 89$	⁺**d)** $8 \cdot 33$	⁺**e)** $5 \cdot 83$	⁺**f)** $7 \cdot 38$
$2 \cdot 59$	$6 \cdot 48$	$3 \cdot 77$	$9 \cdot 37$	$6 \cdot 47$	$9 \cdot 43$
$4 \cdot 26$	$5 \cdot 69$	$7 \cdot 28$	$4 \cdot 68$	$3 \cdot 94$	$4 \cdot 74$

7. Zwei 5. Klassen einer Schule machen einen Wandertag nach Ulm. Hierbei entstehen folgende Kosten:

51 Schülerinnen und Schüler und 2 Lehrer

Fahrt: 3 € pro Person	Gesamt:
Kirchturm: 2 € pro Perosn	Gesamt:

  a) Rechne die jeweiligen Gesamtkosten aus.
  b) Herr Rösler spendiert seiner Klasse (26 Kinder) einen Eisbecher zu 3 €. Wie viel zahlt er?

8. Eine Sportmannschaft fährt mit acht Personen nach Braunschweig. Bezahlt wird aus der Mannschaftskasse. Wie viel € sind jeweils zu zahlen?
  a) Eine Stadtrundfahrt kostet 15 € pro Person.
  b) Eine Theaterkarte kostet 34 €.
  c) Ein Ausflug in den Zoo kostet für eine Person 16 €.

9. Rechne auch mit Hunderterzahlen halbschriftlich.

a) $3 \cdot 247$	**b)** $8 \cdot 271$	**c)** $5 \cdot 342$	⁺**d)** $8 \cdot 423$	⁺**e)** $6 \cdot 472$	⁺**f)** $7 \cdot 323$
$4 \cdot 283$	$6 \cdot 325$	$7 \cdot 382$	$4 \cdot 644$	$5 \cdot 362$	$8 \cdot 217$

⁺**10.** Ordne jeder Aufgabe einen Buchstaben zu. Du erhältst einen angenehmen Schultag.

$6 \cdot 522$	$3 \cdot 320$	$4 \cdot 213$	$8 \cdot 761$	$7 \cdot 314$	$4 \cdot 826$	$3 \cdot 937$	$7 \cdot 777$	$4 \cdot 434$

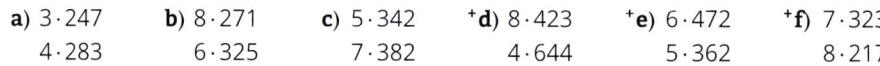

5439	A	2198	E	3132	W	6088	D	1736	G	852	N	960	A	2811	T	3304	R

11. Mache erst eine Überschlagsrechnung, rechne dann auch genau.
  a) Zur Aufführung der Theater-AG werden 372 Karten zu jeweils 3 € verkauft.
  b) Die Firma Hesse kauft acht Tintenstrahldrucker zu 319 € das Stück.
  c) Ein Autotransporter hat acht Autos geladen, die jeweils 995 kg wiegen.
  d) Für das Handballspiel wurden 1 231 Karten zu je 9 € und 278 Schülerkarten zu je 4 € verkauft.
  e) Ein Lastwagen hat sechs Kisten, die jeweils 107 kg wiegen, und fünf Kisten zu je 285 kg geladen.

12. Herr Nölle plant mit seinen beiden Kindern zwei Urlaubswochen und hat sich einige Angebote besorgt. Stelle zwei Fragen und gib die Lösungen dazu an.

Camping Edelweiß
Wohnung: 27 € pro Tag

Ferienanlage Enzian
Wohnung: 43 € pro Tag

Sporthotel Alpenblick
Wohnung: 69 € pro Tag

13. Für die 98 Schülerinnen und Schüler der 5. Klassen der Gerhard-Hauptmann-Schule werden Atlanten gekauft. Jeder Atlas kostet 59,80 €. Reichen 6 000 € dafür aus?

Rechengesetze und Rechenvorteile

Bearbeitet alle Aufgaben in Partnerarbeit.

1. Rechnet aus und erklärt die unterschiedlichen Ergebnisse.
   a) $48 : 16 + 8 = $ ▨   b) $48 : (16 + 8) = $ ▨   c) $7 + 5 \cdot 4 = $ ▨   d) $(7 + 5) \cdot 4 = $ ▨

2. Cindy soll $230 \cdot 12$ im Kopf ausrechnen. Sie überlegt „$(200 + 30) \cdot 12 = 200 \cdot 12 + 30 \cdot 12$."
   Berechnet mit Cindys Überlegung das Ergebnis im Kopf.

3. Findet jeweils verschiedene Möglichkeiten, Ergebnisse zu berechnen. Entscheidet dann,
   welche Rechnung am einfachsten ist.

4. Erklärt, mit welchen Tricks Elias und Katrin die Aufgaben so verändern, dass sie die
   Ergebnisse durch Kopfrechnen finden.

5. Auch Kerstin und Daria haben Tricks angewendet. Beschreibt die Tricks.

Was in den Klammern steht, rechnest du zuerst.

▷ $7 \cdot (6 + 4) = 7 \cdot 10 = 70$

Punktrechnung ($\cdot$ und $:$) geht vor Strichrechnung (+ und –).

▷ $8 \cdot 5 + 6 : 3 = 40 + 2 = 42$

Sonst rechnest du von links nach rechts.

▷ $9 + 6 - 5 = 15 - 5 = 10$

Das **Assoziativgesetz**
In einem Produkt darfst du beliebig Klammern setzen oder weglassen.

$4 \cdot (5 \cdot 3) = (4 \cdot 5) \cdot 3$
$4 \cdot \ 15 \ = \ 20 \ \cdot 3$

Das **Kommutativgesetz**
In einem Produkt darfst du die Faktoren vertauschen.

$(4 \cdot 3) \cdot 5 = 5 \cdot (4 \cdot 3)$
$12 \ \cdot 5 = 5 \cdot \ 12$

Das **Distributivgesetz**
Summen und Differenzen darfst du gliedweise multiplizieren.

$(8 + 4) \cdot 5 = 8 \cdot 5 + 4 \cdot 5$
$12 \ \cdot 5 = 40 \ + \ 20$

6. a) $4 \cdot (13 + 7)$ **b)** $5 \cdot (33 - 27)$ **c)** $64 : (6 + 2)$ **d)** $60 : (49 - 29)$ **e)** $24 : (8 + 4)$
f) $7 \cdot (32 + 68)$ **g)** $7 \cdot (65 - 56)$ **h)** $100 : (26 + 24)$ **i)** $800 : (26 - 18)$ **j)** $200 : (68 - 18)$

7.

a)
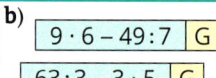
$9 + 7 \cdot 8$ R
$140 : 7 - 4 \cdot 4$ N
$21 + 60 : 10$ A
$98 - 9 \cdot 9$ C
$12 + 72 : 9$ K
$45 - 4 \cdot 9$ E

Der Größe nach ein Fluss.

b)
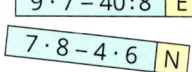
$9 \cdot 6 - 49 : 7$ G
$9 \cdot 7 - 40 : 8$ E
$63 : 3 - 3 \cdot 5$ G
$7 \cdot 8 - 4 \cdot 6$ N
$6 \cdot 10 + 2 \cdot 7$ S
$45 : 9 + 64 : 8$ A

$2 \cdot 5 = 10$
$4 \cdot 25 = 100$
$8 \cdot 125 = 1\,000$

8. a) $2 \cdot 5 \cdot 39$ **b)** $4 \cdot 25 \cdot 19$ **⁺c)** $125 \cdot 14 \cdot 8$ **⁺d)** $20 \cdot 47 \cdot 5$
$58 \cdot 5 \cdot 2$ $32 \cdot 25 \cdot 4$ $8 \cdot 19 \cdot 125$ $50 \cdot 8 \cdot 20$

9. Rechne auf zwei verschiedene Arten. Nutze unterschiedliche Rechengesetze.
a) $5 \cdot 3 + 7 \cdot 3$ **b)** $5 \cdot 8 + 4 \cdot 8$ **c)** $13 \cdot 5 - 3 \cdot 5$ **d)** $20 \cdot 6 - 11 \cdot 6$
e) $6 \cdot 7 + 5 \cdot 7$ **f)** $15 \cdot 6 + 5 \cdot 6$ **g)** $12 \cdot 9 - 3 \cdot 9$ **h)** $15 \cdot 4 - 5 \cdot 4$

10. Anja bekommt monatlich 10 € Taschengeld. Ihr kleiner Bruder Sven erhält 4 € im Monat.
a) Wie viel € bekommen sie in einem Jahr zusammen? Rechne auf zwei Wegen.
b) Wie viel € bekommt Anja in einem Jahr mehr als Sven? Rechne auf zwei Wegen.

So kannst du **geschickt rechnen**:

Multiplikation
① Multipliziere einen Faktor mit einer Zahl.
② Dividieren den anderen Faktor durch dieselbe Zahl.

Division
① Multipliziere oder dividiere den Dividend mit einer Zahl.
② Mache das gleiche mit dem Divisor.

$$248 \cdot 50 = 124 \cdot 100 = 12\,400$$
(: 2 ... · 2)

$$215 : 5 = 430 : 10 = 43$$
(· 2 ... · 2)

11. a) $25 \cdot 28$ **b)** $125 \cdot 48$ **c)** $25 \cdot 16$ **d)** $24 \cdot 25$
e) $4 \cdot 75$ **f)** $56 \cdot 125$ **g)** $22 \cdot 50$ **h)** $12 \cdot 250$

$250 \cdot 68$
$\cdot 4 \downarrow \quad \downarrow : 4$
$1\,000 \cdot 17$

$360 : 24$
$: 3 \downarrow \quad \downarrow : 3$
$120 : 8$

12. a) $630 : 21$ **b)** $5125 : 125$ **c)** $504 : 36$ **d)** $1\,008 : 42$

13. a) $(7 + 8) \cdot (12 + 8)$ **b)** $(23 - 19) \cdot (38 - 26)$ **c)** $(21 + 27) : (17 - 9)$

d) $(23 + 27) \cdot (22 - 18)$ **e)** $(42 - 34) \cdot (25 + 15)$ **f)** $(64 - 8) : (23 - 16)$

14.

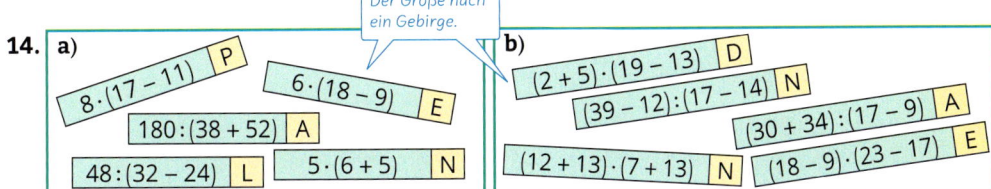

Der Größe nach ein Gebirge.

a)
$8 \cdot (17 - 11)$ P
$6 \cdot (18 - 9)$ E
$180 : (38 + 52)$ A
$48 : (32 - 24)$ L
$5 \cdot (6 + 5)$ N

b)
$(2 + 5) \cdot (19 - 13)$ D
$(39 - 12) : (17 - 14)$ N
$(30 + 34) : (17 - 9)$ A
$(12 + 13) \cdot (7 + 13)$ N
$(18 - 9) \cdot (23 - 17)$ E

15. a) $38 + 5 \cdot 9$ **b)** $95 - 5 \cdot 7$ **c)** $42 + 64 : 8$ **d)** $85 - 36 : 6$ **e)** $34 + 5 \cdot 7$

⁺**f)** $8 \cdot 9 + 3 \cdot 8$ ⁺**g)** $8 \cdot 6 - 5 \cdot 5$ ⁺**h)** $54 : 6 + 42 : 7$ ⁺**i)** $72 : 9 - 42 : 6$ ⁺**j)** $7 \cdot 8 - 5 \cdot 7$

16. Rechne geschickt und wähle einen möglichst leichten Rechenweg.

  a) $20 \cdot 3 + 9 \cdot 3$ **b)** $28 \cdot 14 + 12 \cdot 14$ **c)** $28 \cdot 13 - 26 \cdot 13$ **d)** $80 \cdot 8 - 12 \cdot 8$

    $16 \cdot 7 + 14 \cdot 7$ $30 \cdot 12 + 7 \cdot 12$ $20 \cdot 17 - 3 \cdot 17$ $13 \cdot 15 - 11 \cdot 15$

    $4 \cdot 8 + 9 \cdot 8$ $16 \cdot 13 + 14 \cdot 13$ $56 \cdot 16 - 54 \cdot 16$ $40 \cdot 7 - 15 \cdot 7$

17. Rechne geschickt und wähle einen möglichst leichten Rechenweg.

  a) $(67 + 23) \cdot 8$ **b)** $(75 + 25) \cdot 13$ **c)** $(40 - 3) \cdot 7$ **d)** $(60 - 3) \cdot 4$ **e)** $(12 + 8) \cdot 7$

    $(24 + 16) \cdot 7$ $(200 - 9) \cdot 5$ $(27 + 13) \cdot 8$ $(36 - 16) \cdot 9$ $(8 + 8) \cdot 7$

    $(20 + 8) \cdot 9$ $(17 + 19) \cdot 2$ $(78 - 18) \cdot 6$ $(50 - 8) \cdot 7$ $(30 - 12) \cdot 5$

18. Suche dir einen möglichst geschickten Rechenweg.

  a) $17 \cdot 50 + 2 \cdot 83 \cdot 25$ **b)** $28 \cdot 9 \cdot 2 - 3 \cdot 18 \cdot 6$ **c)** $28 \cdot 9 + 7 \cdot 8 \cdot 4 + 3 \cdot 28$

  d) $(5 + 24) \cdot 7 - 12 \cdot 6 \cdot 2$ **e)** $6 \cdot 12 \cdot 15 + 5 \cdot 9 \cdot 8 \cdot 7$ **f)** $82 \cdot 17 + 3 \cdot 9 \cdot 6 + 18 \cdot 8$

19.

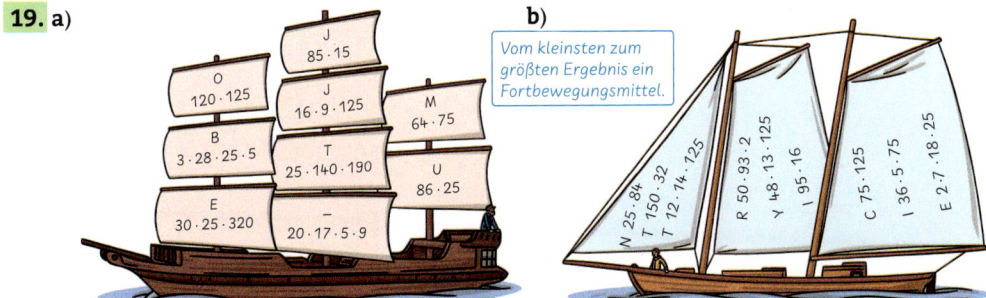

Vom kleinsten zum größten Ergebnis ein Fortbewegungsmittel.

a)
O $120 \cdot 125$
J $85 \cdot 15$
J $16 \cdot 9 \cdot 125$
M $64 \cdot 75$
B $3 \cdot 28 \cdot 25 \cdot 5$
T $25 \cdot 140 \cdot 190$
U $86 \cdot 25$
E $30 \cdot 25 \cdot 320$
- $20 \cdot 17 \cdot 5 \cdot 9$

b)
N $25 \cdot 84$
T $150 \cdot 32$
T $12 \cdot 14 \cdot 125$
R $50 \cdot 93 \cdot 2$
Y $48 \cdot 13 \cdot 125$
J $95 \cdot 16$
C $75 \cdot 125$
I $36 \cdot 5 \cdot 75$
E $2 \cdot 7 \cdot 18 \cdot 25$

20. In jeder Rechnung wurde ein Fehler beim Anwenden der Rechengesetze gemacht.
Finde den Fehler und berichtige die Rechnung in deinem Heft.

a) $19 \cdot 40 + 32 \cdot 20$
$= 10 \cdot 20 + 9 \cdot 20 + 32 \cdot 20$
$= (10 + 9 + 32) \cdot 20$
$= 51 \cdot 20$
$= 1\,020$ **f**

b) $58 \cdot 3 + 4 \cdot 29 + 39 \cdot 58$
$= 29 \cdot 2 \cdot 3 + 4 \cdot 29$
$= 29 \cdot (2 + 3 + 4)$
$= 29 \cdot 7$
$= 30 \cdot 7 - 1 \cdot 7$
$= 203$ **f**

c) $100 + 29 \cdot 13 + 190$
$= 10 \cdot 10 + 10 \cdot 13 + 19 \cdot 13 + 19 \cdot 10$
$= 10 \cdot (13 + 13 + 19 + 19)$
$= 640$ **f**

Geburtstagsfeier

Fatima aus der Klasse 5c hat ihren Mitschülerinnen und Mitschülern folgende Knobelaufgabe gestellt:

Auf einem Geburtstagsfest sind 12 Kinder. Jedes Kind verabschiedet sich von jedem mit einem Händedruck. Wie oft werden die Hände geschüttelt?

Wie du rechts im Bild sehen kannst, diskutiert die Klasse.

1. Kannst du einer der Antworten zustimmen? Wenn ja, versuche deine Meinung zu begründen.

2. Die Kinder der Klasse 5c können sich nicht auf ein Ergebnis einigen. Also beschließen sie, die Verabschiedung nachzuspielen. Die Schülerinnen und Schüler, die nicht mitspielen, sollen zählen, wie oft Hände geschüttelt werden. Das kam dabei heraus:

Frederic hat Recht. Suche mit deinen Mitschülerinnen und Mitschülern nach einer Lösung.

3. Wie oft werden Hände geschüttelt, wenn sich nach einer Geburtstagsfeier jeder von jedem mit einem Händedruck verabschiedet? So viele Personen sind es:
   a) 8 Personen   **b)** 14 Personen   **c)** 19 Personen   **d)** 6 Personen   **e)** 17 Personen   **f)** 20 Personen

4. *Die Überlegung mit 12 · 11 war gar nicht so schlecht. Bei dieser Rechnung würden sich Kinder gegenseitig jeweils zweimal die Hand geben. Man müsste also 12 · 11 noch durch 2 teilen.*

Maria

Was sagst du zu Marias Meinung?

Rechengeschichten

Notiere deinen Rechenweg mit Rechenzeichen und (falls nötig) mit Klammern und berechne das Ergebnis.

2. Für jedes von 25 Kindern sind 5 € Fahrtkosten und 4 € Eintritt zu zahlen.

3. Frau Dott kauft für jedes ihrer vier Kinder 3 T-Shirts zum Preis von 5 € pro Stück.

1. Für jedes von 25 Kindern sind 4 € Eintritt zu zahlen. Zusätzlich kostet die Busmiete 35 €.

4. Herr Drop tauscht im Geschäft T-Shirts um, drei für 6 € pro Stück gegen drei für 8 € pro Stück.

5. Fünf Freunde gehen ins Kino (45 € für alle) und dann Pizza essen (30 €). Jeder zahlt den gleichen Teil.

+6. Tim bezahlt im Buchladen fünf Taschenbücher zu je 9 € abzüglich eines Geschenkgutscheins von 30 €.

+7. Jan will vier Kinokarten zu je 7 € kaufen und freut sich, dass sie heute 2 € billiger sind als sonst.

+8. Außer der Gruppeneintrittskarte für 50 € für den Erlebnispark sind noch sieben Einzelkarten zu je 3 € für die Delfinschau zu zahlen.

+9. Sechs Freunde bestellen beim „Pizza-Blitz" drei Pizzas zu je 8 €. Die Kosten teilen sie gerecht.

Schreibe zu dem Rechenausdruck eine passende Aufgabe in der angedeuteten Sachsituation.

+12. $6 \cdot (16 - 4)$
4 € Preisnachlass im Erlebnispark …

+10. $5 \cdot (6 + 3)$
Fünf Freunde in einer Pizzeria …

+11. $4 \cdot 7 - 10$
Im Blumenladen mit 10 € Geschenkgutschein …

15. $25 - 3 \cdot 4$
Maike hat 25 € und bezahlt …

14. $5 \cdot 7 \cdot 4$
Eine 4-köpfige Familie beim Fahrradverleih …

13. $100 - 25 \cdot 3$
25 Kinder besuchen ein Museum …

18. $5 \cdot 6 + 4 \cdot 12$
Frau Drop kauft 5 Paar Socken …

16. $44 + 12 \cdot 8$
Georg bekommt wöchentlich 8 € Taschengeld …

17. $(18 + 3) : 3$
Drei Kinder schenken ihrer Mutter …

19. $25 \cdot 7 + 25 \cdot 3$
25 Kinder auf Klassenausflug …

20. $(2 \cdot 24) : 3$
Zwei Schachteln Pralinen werden verteilt …

21. $7 \cdot 15 + 45$
Sieben Tage auf dem Campingplatz …

Die Ergebnisse der Aufgaben 1 bis 8 ergeben drei Tiere, die in Deutschland leben.

1. Berechne im Kopf.

    a) $30 \cdot 7$ **b)** $13 \cdot 6$ **c)** $24 \cdot 8$

    d) $19 \cdot 5$ **e)** $72 : 12$ **f)** $123 : 3$

    g) $225 : 5$ **h)** $1\,400 : 4$

2. Welche Geraden sind parallel?

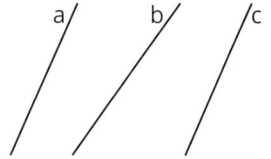

    a || b (10)
    a || c (20)
    b || c (30)

3. Kann man aus diesem Netz einen Quader falten?

    ja   (23)
    nein (33)

4. Schreibe in Ziffern.

    a) vierundvierzigtausendneunhundertsieben

    b) zweitausendneunundachtzig

    c) vierhundertsiebenundzwanzig

5. Runde auf den angegebenen Stellenwert.

    a) 145 (auf Zehner)   **b)** 249 (auf Hunderter)

    c) 550 (auf Hunderter)

6. Ordne die Kärtchen. Schreibe die Zahl mit Ziffern.

    a) 5 T   2 Z   1 E   4 H   **b)** 9 H   0 Z   7 E   1 T

7. Schreibe richtig untereinander und berechne.

    a) $235 + 75 + 23 + 129$ **b)** $346 + 25 + 123 + 13$

8. Lies die Anzahl der Tore von Igor und Jan aus dem Säulendiagramm ab.

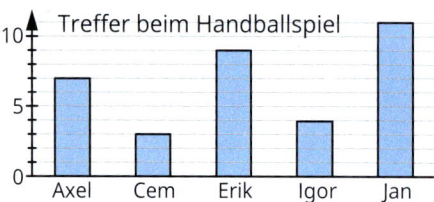

Treffer beim Handballspiel

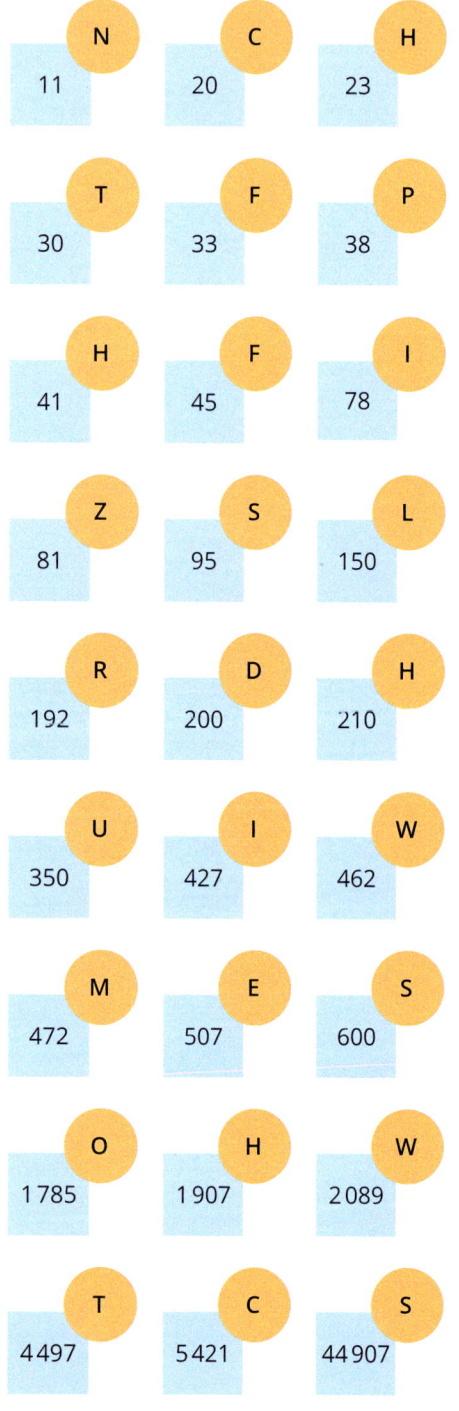

I 4	C 6	B 10
N 11	C 20	H 23
T 30	F 33	P 38
H 41	F 45	I 78
Z 81	S 95	L 150
R 192	D 200	H 210
U 350	I 427	W 462
M 472	E 507	S 600
O 1785	H 1907	W 2089
T 4497	C 5421	S 44907

Schriftliche Multiplikation

1. Frau Yilmaz möchte mit ihrem Mann und ihren drei Kindern in den Urlaub fahren.

Für meine Familie brauche ich etwa 2 500€.

Prospekt für eine 5-tägige Reise nach
ROM

Preis:
476 €

incl. Flug und Hotel mit Halbpension.
Deutschsprachige Reiseleitung

Erkläre, warum Frau Yilmaz Recht hat.

2. Partnerarbeit: In der Klasse 5c rechnet Lisa den anderen Kindern ausführlich vor, wie ihre Lehrerin Frau Yilmaz dazu den Preis genau bestimmen kann.
Erklärt euch gegenseitig den Rechenweg von Lisa.

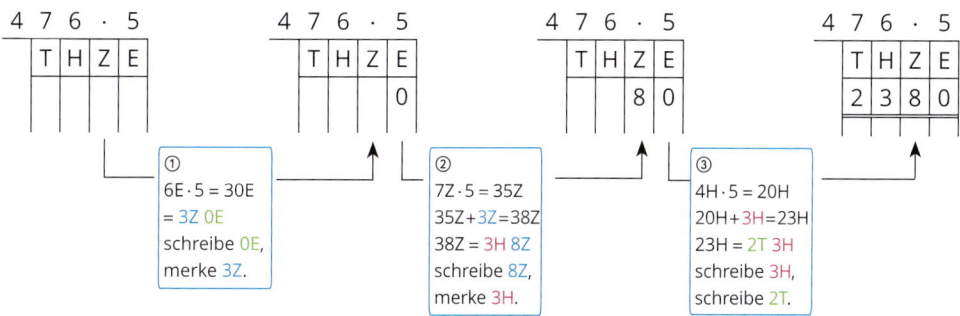

3. Partnerarbeit: Rechnet euch abwechselnd die folgenden Aufgaben genauso ausführlich wie Lisa vor.
   a) $735 \cdot 6$ b) $483 \cdot 7$ c) $3486 \cdot 4$ d) $7568 \cdot 3$

4. Lass die Stellentafel weg, denke dir nur die Rechenschritte und schreibe so wenig wie möglich auf.
   a) $946 \cdot 8$ b) $462 \cdot 6$ c) $874 \cdot 9$ d) $3583 \cdot 4$ e) $7156 \cdot 5$

5. Partnerarbeit: Erklärt euch gegenseitig, wie Lukas die folgende Aufgabe gelöst hat. Überlegt euch gemeinsam eine Überschlagsrechnung, die das Ergebnis von Lukas unterstützt.

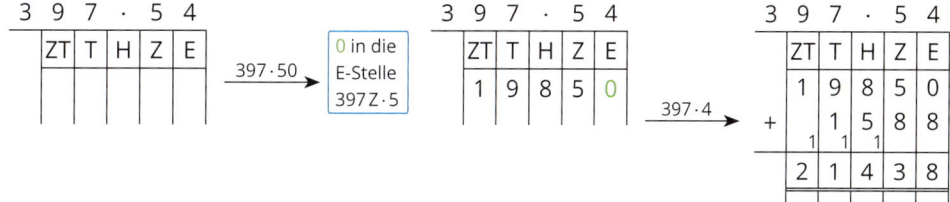

So gehst du bei der **schriftlichen Multiplikation** vor:
① Bei einer einstelligen Zahl beginnst du mit dem Multiplizieren der Einerstelle.
② Ist das Ergebnis 10 oder größer, merkst du dir den Zehner.
③ Multipliziere als nächstes die Zehnerstelle. Addiere den gemerkten Zehner zum Ergebnis.
Achte beim Multiplizieren mit einer mehrstelligen Zahl auf die Stellenwerte. Das Beispiel zeigt dir, wie es geht.
Am Ende musst du oft noch die Teilergebnisse addieren.

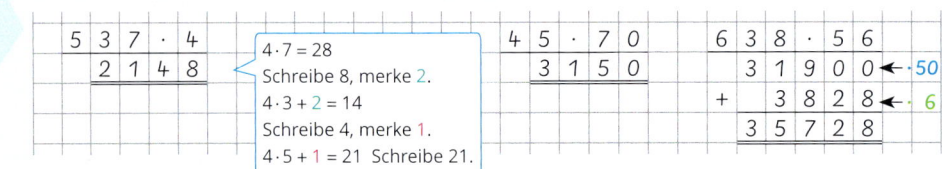

```
  5  3  7  ·  4              4·7 = 28
     2  1  4  8              Schreibe 8, merke 2.
                            4·3 + 2 = 14
                            Schreibe 4, merke 1.
                            4·5 + 1 = 21  Schreibe 21.
```

```
  4  5  ·  7  0
     3  1  5  0
```

```
     6  3  8  ·  5  6
        3  1  9  0  0  ← ·50
     +     3  8  2  8  ← · 6
        3  5  7  2  8
```

6. **a)** 327·3   **b)** 549·9   **c)** 509·4   **d)** 1257·2   **e)** 1138·5
     f) 438·5   **g)** 603·7   **h)** 708·6   **i)** 3128·8   **j)** 2007·6
   +k) 723·8   **+l)** 777·8   **+m)** 915·9   **+n)** 4247·6   **+o)** 4020·9

7. Wie schwer ist die Ladung insgesamt?

a)   **b)**   **c)**   **d)**

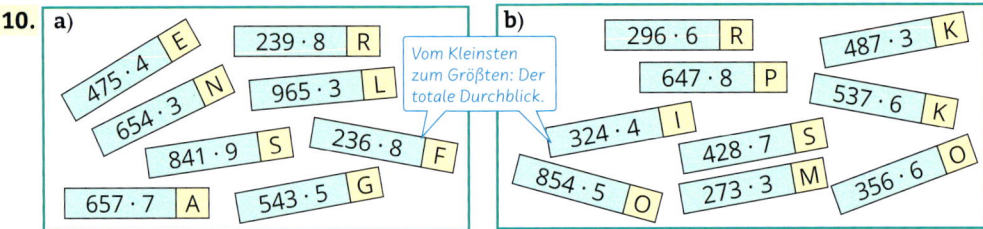

8. **a)** 372·40   **b)** 235·300   **c)** 2136·30
     527·30   351·500   5009·70
     683·90   558·800   6035·60

   +d) 735·20   **+e)** 340·900   **+f)** 2133·200
      603·40   507·600   5036·400

```
  5  2  3  ·  3  0
              0
```

```
  5  2  3  ·  3  0  0
              0  0
```

```
  5  2  3  ·  3  0
  1  5  6  9  0
```

```
  5  2  3  ·  3  0  0
  1  5  6  9  0  0
```

9. Für eine Schule werden 300 Stühle für je 128 € gekauft. Wie hoch ist die Rechnung?

10. **a)**

475·4   E
654·3   N
239·8   R
965·3   L
841·9   S
236·8   F
657·7   A
543·5   G

Vom Kleinsten zum Größten: Der totale Durchblick.

b)

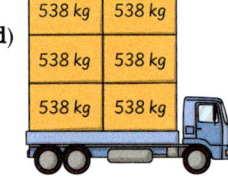

296·6   R
647·8   P
487·3   K
537·6   K
324·4   I
428·7   S
356·6   O
854·5   O
273·3   M

11. Fülle jeweils die Lücken mit den passenden Ziffern.

```
a)  2  3  ▢  7  ·  7        b)  ▢  ▢  7  9  ·  6        c)  2  ▢  5  ▢  ·  9
       1  6  ▢  1                  2  7  4  ▢                 2  1  2  ▢  2
```

12. a) 98 · 56   **b)** 38 · 27   **c)** 78 · 39   **d)** 722 · 42   **e)** 352 · 81   **f)** 276 · 99
     g) 78 · 92   **h)** 96 · 34   **i)** 46 · 44   **j)** 813 · 53   **k)** 436 · 78   **l)** 287 · 58

13.

a)

386 · 92 [E]   439 · 53 [I]
256 · 38 [A]   625 · 27 [R]
532 · 96 [D]   384 · 49 [F]
138 · 25 [G]   582 · 67 [L]

Der Größe nach ein Katzenname.

b)

887 · 68 [B]   568 · 62 [A]   298 · 86 [E]
98 · 66 [A]
78 · 26 [L]   443 · 59 [S]
378 · 69 [K]   58 · 69 [L]   67 · 98 [B]
123 · 84 [T]

Der Größe nach eine Sportart.

14. Die Reihenfolge der Faktoren ist für das Ergebnis gleichgültig. Wie ist es beim Arbeitsaufwand beim Rechnen? Vergleiche.   **a)** 7 · 325 und 325 · 7   **b)** 3 · 2714 und 2714 · 3

15. Entscheide bei den Aufgaben, in welcher Reihenfolge du die Faktoren schreibst.
     a) 3 · 678   **b)** 289 · 9   **c)** 17 · 357   **d)** 7 · 1 234   **e)** 8 · 2 308

16. Tarik fährt mit dem Auto zur Arbeit. Die tägliche Fahrstrecke für Hin- und Rückfahrt beträgt 48 km. Wie viel Kilometer legt er in einem Jahr mit 243 Arbeitstagen zurück?

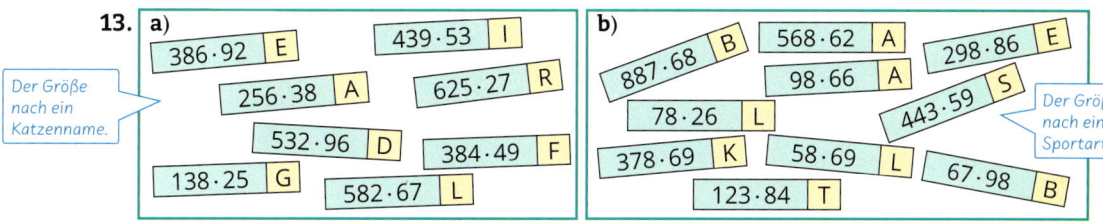

17. Sandras Ballettstunden kosten im Monat 105 €. Wie hoch sind die Kosten für ein Jahr?

⁺18. Eine Pumpe fördert in einer Stunde 1 325 Liter Wasser. Wie viel Wasser fördert sie an einem Tag?

⁺19. a)    **b)**    **c)**

20. Eine Konzerthalle hat 1 226 Sitzplätze. Für ein Konzert kosten die Karten 29 €. Wie hoch ist die Einnahme, wenn 232 Karten nicht verkauft werden? Überschlage und rechne anschließend genau.

21. Ein Fußballverein hat 972 Mitglieder, davon sind 552 Jugendliche. Der Jahresbeitrag beträgt 84 € für Erwachsene und 39 € für Jugendliche. Berechne die Jahreseinnahme.

22. Setze die Ziffern 4, 5, 8 und 9 passend ein.
     ▢ ▢ · ▢ ▢ = ?
     a) Der Wert des Produkts soll möglichst klein sein.
     b) Der Wert des Produkts soll möglichst groß sein.
     c) Welche Möglichkeiten gibt es, wenn die Einerstelle des Produktwerts eine 6 sein soll?
     d) Welche Einerstellen des Produktwerts sind möglich?
     e) Wie viele verschiedene Produktwerte kannst du erzeugen?

[4] [5] [8] [9]

23. Was ist größer: 48 · 72 oder 78 · 42? Entscheide und begründe ohne zu rechnen.

24. Gruppenarbeit: Schreibt bei den folgenden Aufgaben den Rechenvorgang mit Stellen-
werttafeln wie auf S. 91 und erklärt euch gegenseitig die einzelnen Rechenschritte.

a) 637·285   b) 475·374   c) 3572·846   d) 6294·718

25. Multipliziere schriftlich.

Ergebnisse

237861	253792
175628	82026
227058	395304
247212	31734

a) 258·123   b) 741·321   c) 378·217   d) 529·332
e) 533·426   f) 654·378   g) 721·352   h) 728·543

26. a) 123·203   b) 432·303   c) 259·402
d) 227·105   e) 389·207   f) 329·504

```
  548·305                                       548·305
 164400       Man muss                         164400
   0000       Nullen beachten,          +        2740
+  2740       aber nicht immer                  167140
 167140       schreiben.
```

27. a) 324·608   b) 476·209   c) 625·403
d) 439·705   e) 583·304   f) 762·802
g) 254·312   h) 408·307   i) 729·300

28. Im Schwimmbad wurden im Juni folgende
Eintrittskarten verkauft:

Einzelkarten		Zehnerkarten		Familienkarten
Erw.	Kd.	Erw.	Kd.	
8461	12342	986	3285	6346

Ostbad KASSE	Erwachsene	Kinder
Einzelkarte	5 €	3 €
Zehnerkarte	45 €	27 €
Familienkarte	11 €	

Wie hoch waren die Einnahmen durch den
Verkauf von Familienkarten?

29. Herr Amer verdient im Monat 1937 €. Wie viel verdient er in einem Jahr, wenn er noch
einmalig 325 € Urlaubsgeld und 750 € Weihnachtsgeld erhält?

30. Ein Landwirt liefert täglich im Durchschnitt 128 ℓ Milch an eine Molkerei. Wie viel Liter
Milch sind das in einem Jahr? Überschlage, rechne anschließend genau.

*Landwirt ist ein
anderes Wort
für Bauer. In
einer Molkerei
wird Milch ver-
arbeitet.*

31. Auf dem Rhein kann man vom Schiff aus viele
mittelalterliche Burgen und Festungen sehen. Auf
einem der größten Schiffe, der "Rheingold", bezahlen
Erwachsene von Koblenz zur Loreley 19,50 €, Kinder
bezahlen 7,00 €. Für eine Fahrt wurden 235 Tickets für
Erwachsene und 288 Tickets für Kinder verkauft.

32. Der Mond umkreist die Erde mit einer Geschwindigkeit
von 3672 km pro Stunde. Die Erde kreist mit einer Geschwindigkeit von etwa 30 km pro
Sekunde um die Sonne. Wer ist auf seiner Umlaufbahn schneller?

*widerlegen:
zeigen, dass
etwas nicht
stimmt.*

33. Begründe oder widerlege: „4-stellige Zahl mal 2-stellige Zahl = 6-stelliges Produkt."

34. a)
```
    1        4        9       16
   1 1      4 4      9 9     1616
    1        4        9       16
   121      484     1089     1936
  =11·11    =?       =?       =?
```
*Und wie soll das
weitergehen?*

b)
```
11 · 11           111 · 111
111 · 11          1111 · 111
1111 · 11         ...
11111 · 11
...
```
*Was fällt
dir an den
Ergebnissen
auf?*

Schriftliche Division

1. Hat Ivan Recht?

$7428 : 3 = 2476$

Überprüfe mithilfe der Umkehraufgabe.

Ivan

Aufgabe:
$8 : 2 = 4$
Umkehraufgabe:
$4 \cdot 2 = 8$

2. Partnerarbeit: Rechts seht ihr Ivans Rechnung, eine schriftliche Division mit Stellenwerttafel. Die Rechenschritte sind eingekreist.

Ivan hat in dieser Reihenfolge gerechnet:

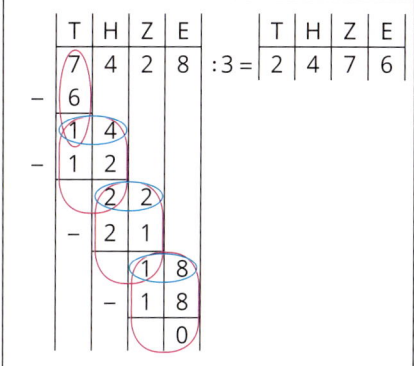

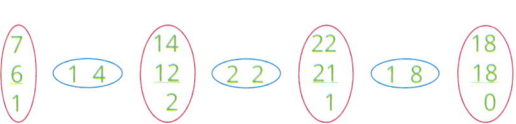

In den Feldern unten sind die sieben Rechenschritte erklärt.

Ⓒ gehört zu
| 7 |
| 6 |
| 1 |

$7 \text{ T} : 3 = 2 \text{ T, Rest } 1 \text{ T}$

$2 \text{ T} \cdot 3 = 6 \text{ T}$

Ⓑ gehört zu 1 4

$1 \text{ T} + 4 \text{ H} = 14 \text{ H}$

a) Bringt die Felder in die richtige Reihenfolge und übertragt sie in eure Hefte.

| Ⓐ $1 \text{ Z} + 8 \text{ E} = 18 \text{ E}$ | Ⓑ $1 \text{ T} + 4 \text{ H} = 14 \text{ H}$ | Ⓒ $7 \text{ T} : 3 = 2 \text{ T, Rest } 1 \text{ T}$ | Ⓓ $2 \text{ H} + 2 \text{ Z} = 22 \text{ Z}$ |

| Ⓔ $18 \text{ E} : 3 = 6 \text{ E, Rest } 0 \text{ E}$ | Ⓕ $22 \text{ Z} : 3 = 7 \text{ Z, Rest } 1 \text{ Z}$ | Ⓖ $14 \text{ H} : 3 = 4 \text{ H, Rest } 2 \text{ H}$ |

b) Wo finden sich die Einer, Zehner, Hunderter und Tausender des Ergebnisses in den Rechenschritten wieder. Markiert Sie in eurem Heft.

c) Rechnet die Aufgabe rechts wie Ivan. Erklärt eure Lösungsschritte. Wechselt euch mit dem Erklären ab. Führt anschließend die Umkehraufgabe als Probe durch.

T	H	Z	E		T	H	Z	E
7	1	6	5	:5 =				

3. Rechne wie Ivan die Aufgabe $26\,712 : 7$.

a) Tragt Dividend und Divisor in eine Stellenwerttafel ein. Führe die Probe durch.

b) Diese Aufgabe ist etwas anders als Ivans Aufgabe. Notiere die Unterschiede

Dividend :
Divisor =
Quotient

4. Berechne den Quotienten. Lass Stellentafel und Begründungen weg.

a) $2\,178 : 3$ **b)** $2\,728 : 4$ **c)** $15\,468 : 6$ **d)** $40\,299 : 7$ **e)** $40\,414 : 11$

5. Partnerarbeit: Fatima hat im Heft gerechnet.

a) Begründet mit einem Überschlag, dass Fatimas Ergebnis nicht richtig sein kann.

b) Rechnet die Aufgabe selbst aus und erklärt, welchen Fehler Fatima gemacht hat.

$40365 : 5 = 873$

Bei der **schriftlichen Division** beginnst du beim größten Stellenwert des Dividenden. Bleibt beim Teilen ein Rest, tauschst du diesen Rest in den benachbarten kleineren Stellenwert um.

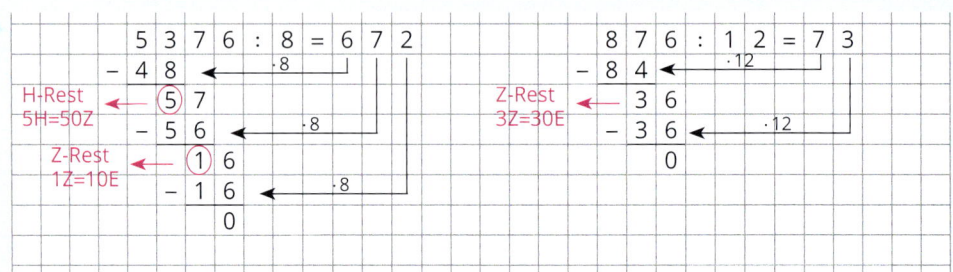

6. Dividiere schriftlich. Mache vorher einen Überschlag und hinterher eine Probe.

a) 432 : 9
b) 581 : 7
c) 2048 : 8
d) 2740 : 4
e) 4470 : 6

f) 312 : 6
g) 688 : 8
h) 3206 : 7
i) 3265 : 5
j) 2556 : 3

⁺k) 392 : 4
⁺l) 882 : 6
⁺m) 2961 : 3
⁺n) 2912 : 8
⁺o) 2478 : 7

7. a) 785 kg Kartoffeln werden in 5 kg-Beutel gefüllt. Wie viele Beutel sind es?
b) Eine Pfadfindergruppe kauft für 396 € sechs gleiche Zelte. Wie teuer ist ein Zelt?
c) Ein Förster pflanzt 136 Pappeln in 8 Reihen. Wie viele Pappeln sind es in einer Reihe?

8. a) Vier Geschwister teilen 30 400 €. Wie viel Euro bekommt jede Person?
b) 1 440 Autos werden in Züge verladen, 8 pro Waggon. Wie viele Waggons sind nötig?
c) Eine Firma hat für 44 517 € drei gleiche Autos angeschafft. Wie teuer war ein Auto?
d) 6 Personen teilen sich 51 582 € Lottogewinn. Wie viel Euro bekommt jede Person?

Ein Über-
schlag hilft
Fehler zu
vermeiden.

9. Dividiere schriftlich. Achte besonders auf Nullen im Ergebnis.

a) 918 : 3
b) 21 182 : 7
c) 20 040 : 5

d) 2 432 : 8
e) 63 081 : 9
f) 32 008 : 4

g) 3 042 : 6
h) 28 840 : 8
i) 36 504 : 9

j) 3 563 : 7
k) 24 032 : 4
l) 30 042 : 6

m) 4 020 : 5
n) 30 282 : 6
o) 24 464 : 8

p) 2 727 : 9
q) 28 524 : 3
r) 36 360 : 4

```
1224 : 4 = 306
- 12
   02      3·4
 -  0
   24      0·4
 - 24
    0      6·4
```

Summe aller
Ergebnisse:
4 609

⁺**10.** Dividiere 2 520 nacheinander durch die Zahlen 2, 3, 4, 5, 6, 7 , 8 und 9.

⁺**11.** a)

Der Größe nach eine Stadt..

b)

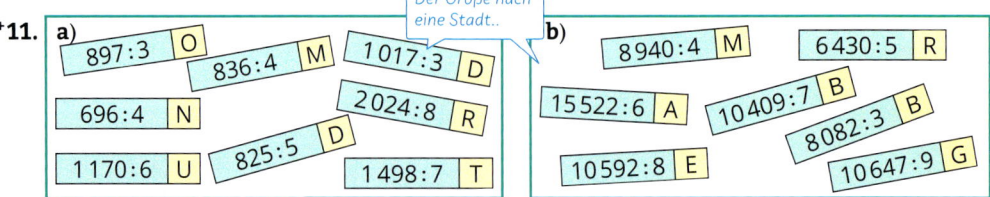

12. Bauer Heinrich zäunt sein 552 m langes und 282 m breites rechteckiges Feld ein. An jeder Ecke steht ein Pfosten für den Maschendrahtzaun, ansonsten sind die Abstände zwischen zwei Pfosten 6 m. Wie viele Pfosten benötigt er?

13. Woran erkennst du, ob die erste Ergebnisziffer richtig ist? Berechne das Ergebnis.

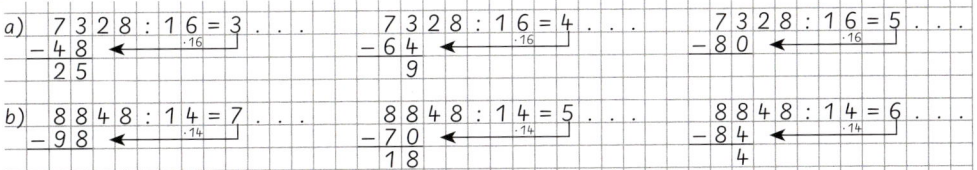

14. Dividiere schriftlich. Mache vorher einen Überschlag und hinterher eine Probe.

a) 946 : 11 b) 3096 : 12 c) 6870 : 15 d) 13818 : 14
e) 884 : 13 f) 6818 : 14 g) 7648 : 16 h) 11648 : 13
i) 828 : 18 j) 9214 : 17 k) 3002 : 19 l) 10422 : 18

15. Achte besonders auf Nullen im Ergebnis.

a) 1248 : 12 b) 3965 : 13 c) 8534 : 17 d) 3344 : 16
e) 4896 : 16 f) 7254 : 18 g) 9633 : 19 h) 8442 : 14
i) 7056 : 14 j) 5712 : 14 k) 120075 : 15 l) 51051 : 17
m) 8128 : 16 n) 7248 : 12 o) 65052 : 13 p) 65680 : 16

Ergebnisse

104 507 408 209
603 604 8005 504
4105 3003 306 508
5004 403 502 305

16. Stelle eine Frage und schreibe deine Antwort auf.

a) Ein Fahrradhändler bestellt 15 gleiche Fahrräder zu einem Gesamtpreis von 5970 €.

b) Eine Kinokarte kostet 6 €, insgesamt kamen 2076 € in die Kasse.

c) 7310352 € im Jackpot! 16 Spieler knacken ihn und teilen sich den Gewinn.

d) Familie Luhmann mietet für drei Wochen eine Ferienwohnung und zahlt 1323 €.

17.

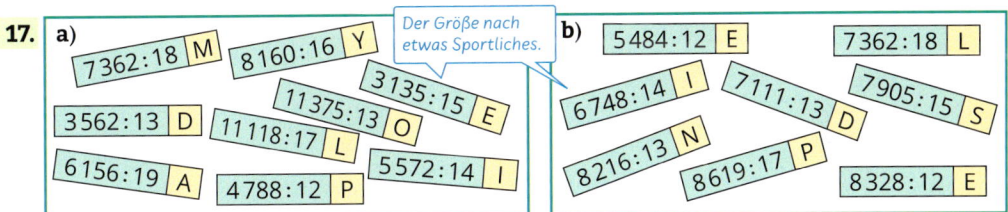

Der Größe nach etwas Sportliches.

a) 7362 : 18 M 8160 : 16 Y 3135 : 15 E 3562 : 13 D 11375 : 13 O 11118 : 17 L 6156 : 19 A 5572 : 14 I 4788 : 12 P

b) 5484 : 12 E 7362 : 18 L 6748 : 14 I 7111 : 13 D 7905 : 15 S 8216 : 13 N 8619 : 17 P 8328 : 12 E

18. Könnt ihr Rikes Rechentrick erklären?

Nutzt den Trick, um die folgenden Aufgaben zu lösen.

Statt 5520 : 20 rechne ich einfach 552 : 2.

a) 5520 : 20 b) 11220 : 30 c) 21720 : 60
d) 29600 : 800 e) 25900 : 700 f) 18880 : 160
g) 41730 : 130 h) 83160 : 110 i) 481500 : 1500

19. a) Wie verändert sich bei der Division der Quotient, wenn der Dividend verdoppelt wird?

b) Wie verändert sich der Quotient, wenn Dividend und Divisor verdoppelt werden?

20. Welche Ziffern müssen eingesetzt werden? Es gibt keinen Rest.

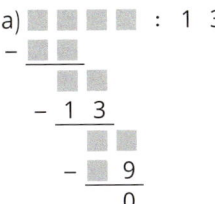

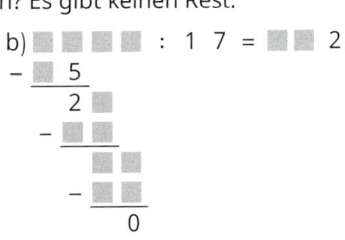

Division mit Rest

1. Rechts siehst du eine Division, bei der am Schluss ein Rest bleibt. Für die Restschreibweise haben die Kinder in der 5c in ihrer Grundschule unterschiedliche Darstellungen gelernt.

$$1860 : 7 = 265$$
$$-\underline{14}$$
$$46$$
$$-\underline{42}$$
$$40$$
$$-\underline{35}$$
$$⑤ \quad Rest$$

Elvan	Jakob
265 Rest 5	265 + 5 : 7

Bevor du dich für eine der beiden Schreibweisen entscheidest, bearbeite die nächsten beiden Aufgaben.

2. Zwei Personen gewinnen im Lotto zusammen 11 €. Teile gerecht.

$$11 : 2 = 5$$
$$-\underline{10}$$
$$① \quad Rest$$

a) Schreibe das Ergebnis wie Elvan.
b) Schreibe das Ergebnis wie Jakob.

3. Zehn Personen gewinnen im Lotto zusammen 501 €. Teile gerecht.

$$501 : 10 = 5$$
$$-\underline{500}$$
$$① \quad Rest$$

a) Schreibe das Ergebnis wie Elvan.
b) Schreibe das Ergebnis wie Jakob.

4. Entscheide nun, welche Schreibweise das Ergebnis besonders genau beschreibt. Begründe deine Entscheidung.

Bleibt beim Dividieren ein **Rest**, addierst du zum vorläufigen Ergebnis noch die Rechenaufgabe für den Rest (du addierst den Quotienten aus Rest und Divisor).

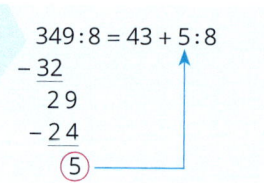

$$349 : 8 = 43 + 5 : 8$$
$$-\underline{32}$$
$$29$$
$$-\underline{24}$$
$$⑤$$

5. a) 615 : 4   **b)** 327 : 5   **c)** 583 : 7   **d)** 856 : 6   **e)** 2417 : 4   **f)** 5782 : 8
   g) 285 : 6   **h)** 450 : 7   **i)** 973 : 4   **j)** 984 : 9   **k)** 6338 : 5   **l)** 4715 : 7

6. a) Lenni hat eine Vorratsbox mit 473 Gummibärchen geschenkt bekommen. Er möchte sie fair mit seinen beiden Eltern und seinen drei Geschwistern teilen. Wie viele Gummibärchen bekommt jeder und wie viele bleiben übrig?
   ⁺b) Zum Schulfest hat die Klasse 5b insgesamt 25 Bleche mit je 25 Keksen gebacken. Je acht Kekse sollen in einer Tüte verpackt werden. Wie viele Tüten können so verkauft werden?

7. a) 3000 Platten werden in 28er-Reihen verlegt. Wie viele Reihen werden es? Wie viele Platten bleiben übrig?
   b) Busse, die je 52 Personen aufnehmen können, sollen insgesamt 2138 Fahrgäste befördern. Wie viele Busse werden benötigt?

8. Setze <, >, oder = ein.
   a) 1312 : 23 ▢ 1219 : 21   **b)** 14384 : 47 ▢ 25400 : 83

9. In den Lkw sollen würfelförmige Kartons gestapelt werden.

a) Begründe, warum man im Laderaum nicht mehr als fünf Kartons übereinander stapeln kann.

b) Überlege, wie viele Kartons auf die Ladefläche passen, ohne sie übereinander zu stapeln.

c) Wie viele Kartons passen insgesamt in den Laderaum des Lkws?

10. Von einer 300 cm langen Holzleiste werden 9 cm lange Stücke abgesägt. Wie viele Stücke erhält man und wie viel Zentimeter bleiben übrig?

⁺11. Einige Aufgaben gehen auf, bei anderen Aufgaben bleibt ein Rest. Die Reste findest du in der Truhe.

a) 621 : 9 b) 1295 : 3 c) 932 : 7 d) 4718 : 4
   587 : 6   2048 : 8   952 : 8   3256 : 6

e) 7657 : 13 f) 8742 : 17 g) 4349 : 14 h) 1298 : 19
   3445 : 12   4875 : 15   4128 : 16   3458 : 18

⁺12. Berechne die Anzahl der Packungen und den Rest.

a) 548 Eier in 6er-Kartons
b) 349 Paprikaschoten in 3er-Netzen
c) 1000 Tischtennisbälle in 6er-Schachteln
d) 1400 Schreibhefte in 3er-Packs in Folie
e) 5000 Saftflaschen in 12er-Kisten
f) 2000 Deutschbücher in 24er-Kartons

Das bleibt alles übrig.

13. Hier siehst du nur noch das Ergebnis. Was waren die zugehörigen Divisionsaufgaben?

| ⁺a) = 1232 + 5 : 6 | ⁺b) = 2562 + 3 : 8 | ⁺c) = 5328 + 2 : 3 | ⁺d) = 2308 + 4 : 9 |
| e) = 6744 + 7 : 12 | f) = 2509 + 3 : 15 | g) = 2140 + 4 : 13 | h) = 6336 + 8 : 14 |

14. Ein Traktor hat 372 Liter Benzin im Tank. Im Durchschnitt verbraucht er 16 Liter pro Stunde bei voller Belastung. Wie viele Stunden und Minuten kann der Traktor noch voll belastet fahren, bis der Tank leer ist?

15. Auf dem Schulparkplatz stehen 35 Fahrzeuge. Es sind Fahrräder und Autos. Zusammen haben sie 94 Räder. Wie viele Fahrräder und Autos sind es?

16. Herr Meier, Frau Krause und Frau Yildirim teilen sich 34 055 €. Die beiden Damen erhalten gleich viel und jeweils das Dreifache von Herrn Meier. Wie viel Euro bekommen die einzelnen Personen?

Texte lesen, verstehen und bearbeiten

Lies dir den Text und die Aufgaben *genau* durch. Wo stehen wichtige Informationen?

→ Betrachte Bilder *genau*. Liefern sie zusätzliche Informationen?

→ Schreibe alle wichtigen Informationen nach Aufgaben sortiert auf (zum Beispiel in einer Tabelle oder Zeichnung).

→ Beantworte nun die einzelnen Fragen. Schaue dazu in deine Tabelle oder Zeichnung.

1. Petras Mutter ist Frau Schäfer. Frau Schäfer wohnt in einer 3-Zimmer-Wohnung. Von ihrem Mann lebt sie getrennt. Frau Schäfer arbeitet halbtags im Finanzamt. Gemeinsam mit Frau Schäfer leben in der Wohnung ihre drei Kinder. Sie heißen Tim, Tom und ...
   a) Wie heißt das dritte Kind von Frau Schäfer?
   b) Hat jedes Kind von Frau Schäfer ein eigenes Zimmer?
   c) Wie alt sind die Kinder von Frau Schäfer?

   Hast du alle Fragen beantwortet? Dann lies dir bitte die folgende Tabelle durch.

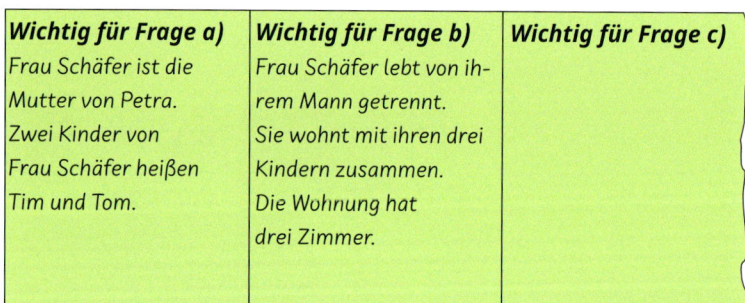

Wichtig für Frage a)	Wichtig für Frage b)	Wichtig für Frage c)
Frau Schäfer ist die Mutter von Petra. Zwei Kinder von Frau Schäfer heißen Tim und Tom.	Frau Schäfer lebt von ihrem Mann getrennt. Sie wohnt mit ihren drei Kindern zusammen. Die Wohnung hat drei Zimmer.	

Für keine Frage wichtig
Frau Schäfer arbeitet halbtags im Finanzamt.

   Prüfe mit Hilfe der Tabelle, ob du die drei Fragen noch einmal genauso wie oben beantworten würdest. Vergleiche dann deine Antworten mit deinen Nachbarn. Begründe bei unterschiedlichen Antworten dein Ergebnis.

2. Maxi hat heute seinen 11. Geburtstag. Er ist der blonde Junge auf dem Bild und heißt mit vollem Namen eigentlich Maximilian. Der 38-jährige Jens Schmidt und dessen drei Jahre jüngere Frau Babsy sind Maxis Eltern. Höhepunkt des Kindergeburtstages ist der Kinobesuch mit den Eltern. Auf dem Bild rechts fehlen zwei Kinder, die zum Geburtstag eingeladen sind. Sie sind gerade auf der Toilette des Kinos.
   a) Welcher Name steht auf Maxis Kinderausweis?
   b) Wie viele Kinder sind zum Geburtstag gekommen?
   c) Wie alt sind Maxi und seine Eltern zusammen?
   d) Wie teuer ist der Eintritt für den Kinobesuch?

HEUTE : FAMILIENTAG
• 8 € für Erwachsene
• 5 € für Kinder

Schwarzwaldhotel

Im Hochschwarzwald liegt das abgebildete Naturhotel, das dem Ehepaar Schuster gehört.

Frau Schuster ist 46 Jahre alt, ihr Mann ist knapp 10 Jahre älter, sein Alter ist eine „Schnapszahl".

Als ihr Sohn Michael geboren wurde, war Herr Schuster 32 Jahre alt. Michael wird zum Koch ausgebildet, und zwar in einem 4-Sterne-Hotel im Elsass.

Das Naturhotel Schuster hat 26 Zimmer, davon sind 9 Zimmer Einzelzimmer. Im Hotel gibt es ein Restaurant, das ab 18 Uhr geöffnet ist. Auf der Speisekarte gibt es 5 Vorspeisen, 8 Hauptgerichte und 6 Nachspeisen.

ne Schnapszahl" esteht ur aus eichen ffern.

1. **a)** Lies den Text genau durch und betrachte das Bild genau.

   b) Lege dir im Heft eine Tabelle mit drei Spalten und folgenden Überschriften an.

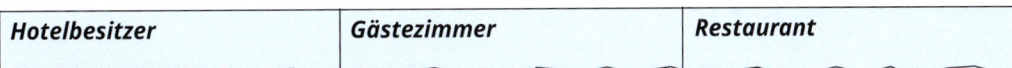

Hotelbesitzer	*Gästezimmer*	*Restaurant*

2. Schreibe alle Informationen, die du dem Text oder dem Bild entnehmen kannst, in die passende Spalte deiner Tabelle im Heft.

3. Schreibe alles auf, was du über Michael weißt.

4. Versuche jetzt zusammen mit deinem Nachbarn oder deiner Nachbarin, die folgenden Fragen zu beantworten. Bei einigen Fragen muss man rechnen, bei anderen nicht.

a) Wie alt ist Herr Schuster, wie alt ist Michael und wie alt sind alle drei Schusters zusammen?

b) In welcher Höhe über dem Meeresspiegel liegt das Hotel? Wie wird die Höhe über dem Meeresspiegel angegeben?

c) Wie viele Doppelzimmer gibt es im Naturhotel? Wie viele Gäste können gleichzeitig im Naturhotel übernachten?

d) Vom 12.07. bis zum Morgen des 25.07. war das Naturhotel völlig ausgebucht. Wie hoch waren die Einnahmen aus Übernachtung und Frühstück?

e) Ein 3-Gänge-Menü besteht aus Vorspeise, Hauptspeise und Dessert. Wie viele verschiedene 3-Gäng-Menüs kann man im Naturhotel essen? Wie viele Wochen dauert es, bis man jedes Menü einmal gegessen hat (pro Abend ein Menü)?

Autofahrt nach ...

Familie Liesinger aus Dortmund hatte am 4. März ihren Kombi genau fünf Jahre. An diesem Tag fuhren sie los, um eine deutsche Stadt eine Woche lang zu besichtigen.

4. März, 9.17 Uhr

Kilometerstand: 0083565

Auf diesem Bild siehst du Herrn Liesinger beim Tanken. Er tankt das Auto so voll wie möglich. Danach fuhr die Familie sofort los und auf dem kürzesten Weg zu ihrem Ziel.

11. März, 16.48 Uhr

Betrag: 71,30 €
Abgabe: 62 Liter

Kilometerstand: 0084455

Auch auf der Rückfahrt hat Familie Liesinger den kürzesten Weg gewählt. In der Besichtigungswoche blieb das Auto auf dem Hotel-Parkplatz, deshalb wurde erst jetzt bei der Rückkehr wieder voll getankt.

1. Wie viele Kilometer ist Familie Liesinger hin und zurück gefahren?

2. Familie Liesinger hat das Gebäude auf dem rechten Foto besucht. Welche deutsche Stadt hat Familie Liesinger besucht? Betrachte dazu das Foto. Die Entfernungstabelle kann dir bei deiner Antwort sicherlich auch helfen.

	Berlin	Bremen	Dresden	Düsseldorf	Erfurt	Frankfurt/M	Freiburg	Hannover	Kiel	Lübeck	München	Rostock	Saarbrücken
Dortmund	422	197	440	58	255	178	392	183	360	340	478	423	255

3. Wie viel Liter Kraftstoff verbraucht das Auto der Familie Liesinger ungefähr auf 100 Kilometer?

4. Wie viel kostet ein Liter des getankten Kraftstoffs?

5. Angenommen, man würde die Strecke, die Familie Liesinger mit ihrem Auto durchschnittlich in einem Jahr gefahren ist, in Ausflügen nach Frankfurt am Main messen. Wie viele Ausflüge wären es?

Auf einen Blick!

Multiplikation und Division

Die **Multiplikation:** $5 \cdot 6 = 30$
30 ist das **Produkt** der Zahlen 5 und 6.

Die **Division:** $30 : 6 = 5$
5 ist der **Quotient** der Zahlen 30 und 6.

Multiplikation und Division sind Umkehroperationen.

$$5 \;\underset{:6}{\overset{\cdot 6}{\rightleftarrows}}\; 30$$

Rechnen mit Null: $0 \cdot 5 = 0$ $0 : 5 = 0$
~~$5 : 0$~~ (geht nicht!)

1. a) Multipliziere die Zahlen 3 und 15.
   b) Dividiere 51 durch 3.
   c) Berechne das Produkt der Zahlen 5 und 12.
   d) Berechne den Quotienten der Zahlen 56 und 8.

2. a) $\blacksquare \cdot 9 = 36$ **b)** $\blacksquare : 7 = 5$
   c) $8 \cdot \blacksquare = 40$ **d)** $48 : \blacksquare = 12$

3. a) $7 : 7$ **b)** $13 : 1$ **c)** $12 \cdot 0$ **d)** $0 \cdot 34$
   e) $17 \cdot 0$ **f)** $0 : 24$ **g)** $10 \cdot 1$ **h)** $8 : 0$

Rechnen mit Zehnerzahlen

Du multiplizierst mit 10 (100, 1 000, ...), indem du 1 (2, 3, ...) Nullen anhängst.

Du dividierst durch 10 (100, 1 000, ...), indem du 1 (2, 3, ...) Nullen weglässt.

$35 \cdot 100 = 3\,500,$ $3\,500 : 10 = 350$

4. a) $17 \cdot 100$ **b)** $470 : 10$ **c)** $120 \cdot 10$
   d) $165 \cdot 100$ **e)** $2\,500 : 10$ **f)** $4\,700 : 100$

5. a) $40 \cdot \blacksquare = 4\,000$ **b)** $3\,000 : \blacksquare = 300$
   c) $200 \cdot \blacksquare = 2\,000$ **d)** $50\,000 : \blacksquare = 500$

6. Berechne ein Zehntel von 75 000.

Rechenregeln und Rechengesetze

1. Klammern berechnest du zuerst.
2. Punktrechnung geht vor Strichrechnung.
3. Sonst rechnest du von links nach rechts.

$30 - 5 \cdot (3 + 2) = 30 - 5 \cdot 5 = 30 - 25 = 5$

– Beim Multiplizieren darfst du Faktoren vertauschen und zusammenfassen.
Beispiel: $(5 \cdot 6) \cdot 2 = 6 \cdot (5 \cdot 2)$

– Summen und Differenzen darfst du gliedweise multiplizieren.
Beispiel: $(8 + 4) \cdot 5 = 8 \cdot 5 + 4 \cdot 5$
         $(8 - 4) \cdot 5 = 8 \cdot 5 - 4 \cdot 5$

7. a) $8 \cdot (7 + 5)$ **b)** $120 : (31 + 9)$
   c) $9 \cdot (28 - 19)$ **d)** $(17 + 3) \cdot (19 - 12)$

8. a) $3 \cdot 9 + 17$ **b)** $49 - 120 : 4$
   c) $48 : 12 + 29$ **d)** $25 : 5 + 3 \cdot 17$
   e) $4 \cdot 6 : 12$ **f)** $48 - 12 - 20$
   g) $40 : 8 \cdot 5$ **h)** $50 - 20 : 2 - 8$

9. Wähle einen einfachen Rechenweg.
   a) $25 \cdot 39 \cdot 4$ **b)** $50 \cdot 2 \cdot 88$
   c) $40 \cdot 118 \cdot 5$ **d)** $4 \cdot 67 \cdot 25$

10. Rechne mit und ohne Ausklammern.
   a) $6 \cdot 12 + 4 \cdot 12$ **b)** $20 \cdot 7 - 11 \cdot 7$

Schriftliches Multiplizieren und Dividieren

```
 235 · 27
  4700
+ 1645
  6345
```
Überschlag:
$\approx 200 \cdot 30 = 6\,000$

```
945 : 18 = 52 + 9 : 18
- 90
  45
- 36
   9 Rest
```
Überschlag:
$\approx 945 : 20$
$\approx 1\,000 : 20$
$= 50$

11. a) $423 \cdot 5$ **b)** $52 \cdot 88$ **c)** $385 \cdot 15$
    d) $847 : 7$ **e)** $212 : 4$ **f)** $3\,564 : 6$

12. Jochens Nachhilfeunterricht kostet monatlich 145 €. Wie viel ist das in einem Jahr?

13. Eine Gruppe von neun Freunden fliegt für insgesamt 3 834 € in den Urlaub. Wie viel kostet die Reise für jeden Einzelnen?

1. Rechne im Kopf: **a)** $7 \cdot 15$ **b)** $72 : 6$

2. Wie heißt die gesuchte Zahl?   **a)** ▩ $\cdot 8 = 800$ **b)** ▩ $: 4 = 1\,000$

3. Rechne schriftlich: **a)** $364 \cdot 8$ **b)** $2\,013 \cdot 28$

4. Rechne schriftlich: **a)** $296 : 8$ **b)** $5\,265 : 9$

5. a) Eine Schule kauft 120 Mathematikbücher für je 19 €. Wie hoch ist der Rechnungsbetrag?
     b) Ein Sportgeschäft zahlt im Einkauf für 7 Jogginganzüge 483 €. Wie teuer ist ein Anzug?

6. Frau Kleist kauft 16 Flaschen Wasser für je 69 Cent. Reicht ein 10-€-Schein zum Bezahlen?

7. Drei Kinder schenken ihrer Mutter eine Zierpflanze für 19 € mit einem Blumentopf für 14 €. Die Kosten teilen sie gerecht untereinander auf. Wie viel zahlt jedes Kind?

8. Drei Freunde übernachten in einem Hotel im Dreibettzimmer für 135 €. Das Frühstück kostet für jeden 7 €. Wie viel hat jeder insgesamt zu zahlen?

9. Rechne vorteilhaft, notiere deinen Rechenweg: **a)** $8 \cdot 37 \cdot 125$ **b)** $63 \cdot 27 + 37 \cdot 27$

10. a) Wie alt ist Suses Vater?
     b) Wie viele Schwestern hat Suse?
     c) Wie alt sind die einzelnen Kinder?

> Suse Schallbruch ist 6 Jahre älter als eine Schwester von ihr und wohnt mit ihrer Familie in Mannheim. Die Familie besteht aus den beiden Eltern und 4 Kindern. Zwei Brüder von Suse sind Zwillinge im Alter von 10 Jahren. Alle Kinder zusammen sind 40 Jahre alt. Die Eltern sind gleich alt und zusammen 42 Jahre älter als alle Kinder zusammen.

11. Martin hat $660 : 12 = 55$ richtig gerechnet. Berechne damit im Kopf $684 : 12$.
Schreibe für eine Mitschülerin oder einen Mitschüler auf, wie du das im Kopf rechnest.

12. Die Pension „Alpenblick" bietet eine Vollpension für 65 € pro Person und Tag an. Wie viel kostet ein 18-tägiger Aufenthalt für 3 Personen?

13. Finde die falschen Ergebnisse durch eine Überschlagsrechnung.
     a) $435 \cdot 9 \stackrel{?}{=} 4\,785$ **b)** $284 \cdot 8 \stackrel{?}{=} 2\,272$ **c)** $2\,961 : 47 \stackrel{?}{=} 33$ **d)** $2\,769 : 39 \stackrel{?}{=} 71$

14. a) Dividiere das Produkt der Zahlen 77 und 15 durch die Zahl 21.
     b) Multipliziere die Summe der Zahlen 4 464 und 36 mit dem Quotienten derselben beiden Zahlen.

15. Paul hatte im letzten Schuljahr insgesamt 15 Wochen Ferien. Hinzu kamen 5 Feiertage, an denen er auch keinen Unterricht hatte. In der restlichen Zeit fuhr er von Montag bis Freitag die 13 km bis zur Schule und zurück mit dem Fahrrad. Welche Strecke legte er dabei insgesamt zurück?

16. a) Berechne das Produkt der Zahlen 17 und 5 und das Produkt der Zahlen 24 und 8. Addiere anschließend beide Ergebnisse.
     b) Berechne den Quotienten der Zahlen 95 und 5 und merke dir das Ergebnis. Bilde dann das Produkt der Zahlen 38 und 4 und verringere es anschließend um die gemerkte Zahl.

Zeichnen und Konstruieren

5

Von rechts wie von links lesbar?

UHU

ANNA

RADAR

LAGERREGAL

RELIEFPFEILER

ALLE NECKEN ELLA

ELLA RÜFFELTE DETLEF FÜR ALLE

LEG IN EINE SO HELLE HOSE NIE 'N IGEL

REGAL MIT SIRUP PUR IST IM LAGER

BEI LIESE SEI LIEB

MARKTKRAM

REITTIER

OTTO

EHE

... auch symmetrisch?

Fehlerdetektive gesucht!

In diesem Kapitel lernst du, ...

... wie du Geraden, Strecken und Strahlen unterscheidest,

... wie du senkrechte und parallele Geraden zeichnest und Abstände misst,

... wie du Punkte ins Koordinatensystem einträgst und abliest,

... wie du Figuren spiegelst und auf Achsensymmetrie untersuchst,

... neben Rechtecken auch Parallelogramme, Rauten, Drachen und Trapeze mit ihren Eigenschaften kennen.

Löse die folgenden Aufgaben und schätze dich ein.

1. Prüfe mit dem Geodreieck.

a) Sind g und h zueinander senkrecht?

b) Sind g und k zueinander senkrecht?

c) Sind h und k zueinander senkrecht, parallel oder keins von beidem?

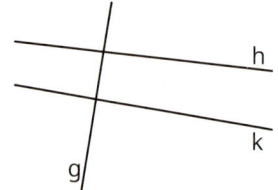

Ich kann mit dem Geodreieck überprüfen, ob Geraden senkrecht oder parallel zueinander sind.

Das kann ich gut.	Ich bin noch unsicher.
☺	→ S. 234, A 1–2

---

2. Miss nach: Wie weit sind die Punkte A und B voneinander entfernt?

A⤬

⤬B

Ich kann den Abstand zweier Punkte durch Messen bestimmen.

Das kann ich gut.	Ich bin noch unsicher.
☺	→ S. 234, A 3–4

---

3. Das Dreieck PQR soll das Spiegelbild des Dreiecks ABC sein. Leider ist beim Spiegeln ein Fehler gemacht worden. Welcher Punkt ist falsch gespiegelt worden?

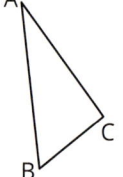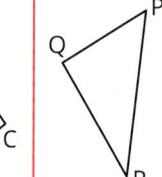

Ich erkenne Fehler bei einer Achsenspiegelung.

Das kann ich gut.	Ich bin noch unsicher.
☺	→ S. 235, A 1–2

---

4. a) Prüfe mit dem Geodreieck, ob bei dem Viereck ABCD gegenüberliegende Seiten parallel sind. Zu welchem Ergebnis kommst du?

b) Miss nach, ob die gegenüberliegenden Seiten gleich lang sind, und notiere deine Messergebnisse.

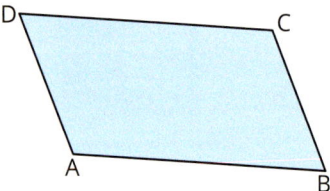

Ich kann überprüfen, ob Strecken parallel sind, und ich kann ihre Länge bestimmen.

Das kann ich gut.	Ich bin noch unsicher.
☺	→ S. 235, A 3–4

---

5. Übertrage das Viereck ABCD ins Heft und verbinde mit dem Geodreieck A und C sowie B und D. Welche Eigenschaften haben die eingezeichneten Verbindungslinien?

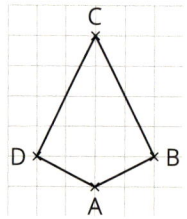

Ich kann Punkte in ein Gitternetz übertragen.

Das kann ich gut.	Ich bin noch unsicher.
☺	→ S. 236, A 1

Gerade, Strecke und Strahl

1. Überlege dir mit einem Partner, wo in diesem Bild und in dem Gespräch Situationen
   sind, die ihr durch diese Skizzen veranschaulichen könnt. Begründet es.

   ① *Anfang* ⊢———⊣ *Ende*
   Strecke

   ② *Anfang* ⊢——— ...
   Strahl

   *Da gibt es
   ja gar kein
   Ende.*

   Schreibt so: ① Hundeleine, ...

2. Entscheide bei jeder Linie, welchem Bild aus Aufgabe 1 sie zugeordnet werden kann.
   Welche Linie kann man nicht zuordnen?

   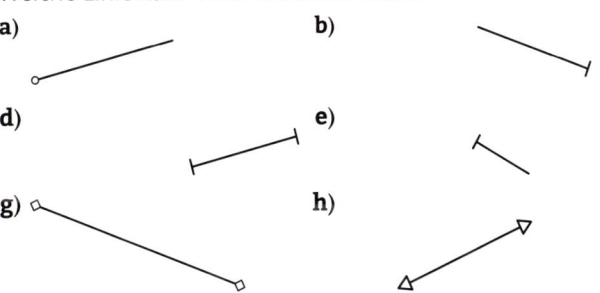
   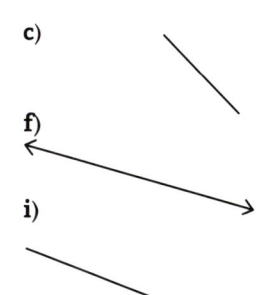

3. Übertrage die Punkte in dein Heft. Ordne die Kärtchen a) - d) zu.

   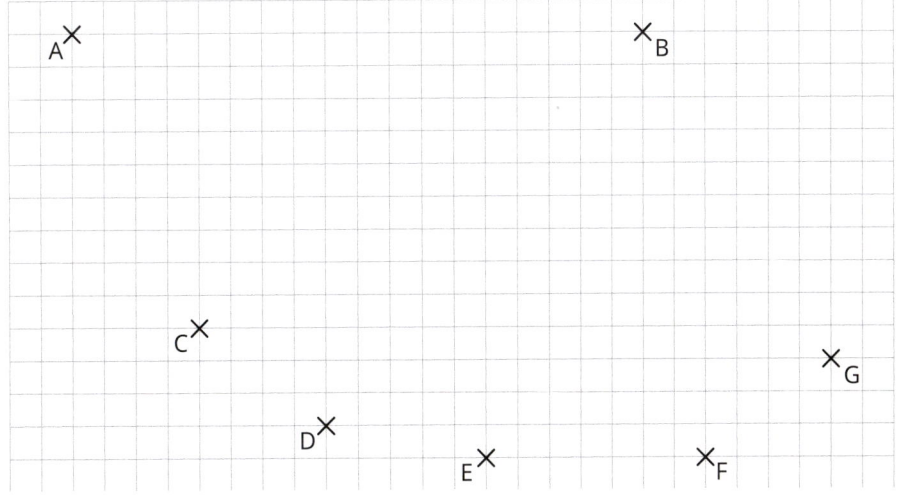

   a) Zeichne eine Linie, die bei D beginnt und bei B aufhört.
   b) Zeichne eine Linie, die schon vor C beginnt und dann bei G endet.
   c) Zeichne eine Linie, die durch E und A verläuft.
   d) Beginn eine Linie bei F. Sie soll bei G enden.

   Gerade
   Strahl
   Strecke   Strecke

Strecken, Strahlen und Geraden sind gerade Linien.

Eine Strecke hat einen Anfangspunkt und einen Endpunkt.

Ein Strahl hat entweder einen Anfangspunkt oder einen Endpunkt.

Eine Gerade hat keinen Anfangspunkt und keinen Endpunkt.

Bei einer Strecke a mit dem Anfangspunkt A und dem Endpunkt B schreibt man auch: $\overline{AB}$.

Bei einem Strahl s mit dem Anfangspunkt D und einem Punkt C, der auf dem Strahl s liegt, schreibt man auch: $\overleftarrow{DC}$.

Bei einer Geraden g, auf der die Punkte E und F liegen, schreibt man auch: EF.

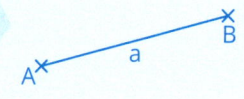      

Strecke a   a = $\overline{AB}$ Strahl s   s = $\overleftarrow{DC}$ Gerade g   g = EF

4. Schreibe kürzer.
  a) Strecke mit den Endpunkten P und Q
  b) Gerade durch die Punkte C und D

5. **a)** Welche Strecke hat den Namen a?
  b) Durch welche Punkte geht die Gerade k?
  c) Welchen Namen hat die Strecke $\overline{TK}$?
  d) Welchen Namen hat die Gerade EL?
  e) Durch welchen Punkt geht die Gerade d?

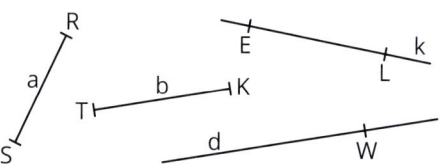

6. Ordne die Kennkarten der Geraden, der Strecke, dem Strahl zu. Eine Karte passt immer.

Kennkarte 1	Kennkarte 2	Kennkarte 3	Kennkarte 4
… hat genau zwei Endpunkte …	… ist eine gerade Linie …	… hat einen Anfangspunkt, aber keinen Endpunkt …	… hat weder einen Anfangspunkt noch einen Endpunkt …

+7. Welche dieser Linien sind Geraden, welche sind Strecken und welche sind Strahlen?

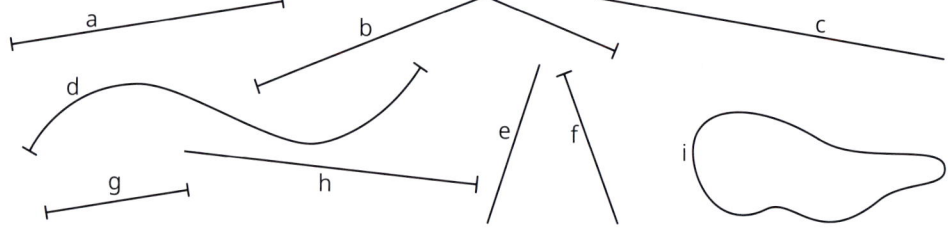

8. Wie viele Geraden, wie viele Strecken und wie viele Strahlen kannst du hier finden?

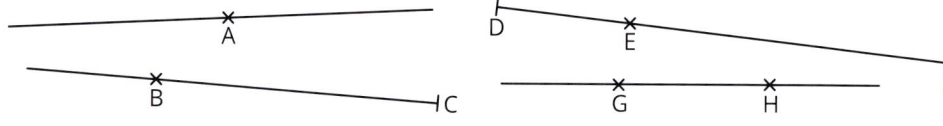

Senkrecht und parallel

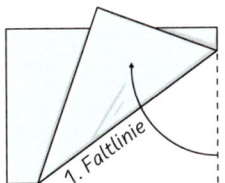 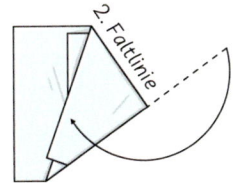  

1. Partnerarbeit: Faltet ein Blatt Papier so, wie dargestellt und öffnet es wieder. Sind die Faltlinien senkrecht zueinander? Überprüft eure Vermutung.

2. **Partnerarbeit:** Vergleicht die beiden Häuser.

a) Welche Vorteile bietet die rechte Bauweise?
b) Nenne Beispiele aus deiner Umwelt für zueinander senkrechte Linien.

3. a) Falte ein Blatt Papier so, dass durch die Faltlinien ein Rechteck entsteht und öffne das Blatt.

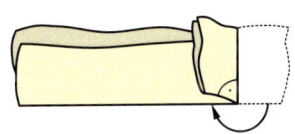 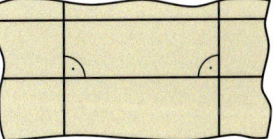

b) Beschreibe die Lage der Seiten des Rechtecks zueinander.
c) Zeichne das Rechteck auf ein weißes Blatt Papier. Markiere gegenüberliegende Seiten in der gleichen Farbe.

4. a) Welche Straßen verlaufen senkrecht zur Eulerstraße?
b) Wie liegen diese Straßen zur Schmidtstraße?
c) Wie liegen Gaußstraße und Euklidstraße zur Eulerstraße bzw. Schmidtstraße?
d) Verlaufen Riesenstraße und Vietastraße senkrecht zueinander? Prüfe mit dem Geodreieck.

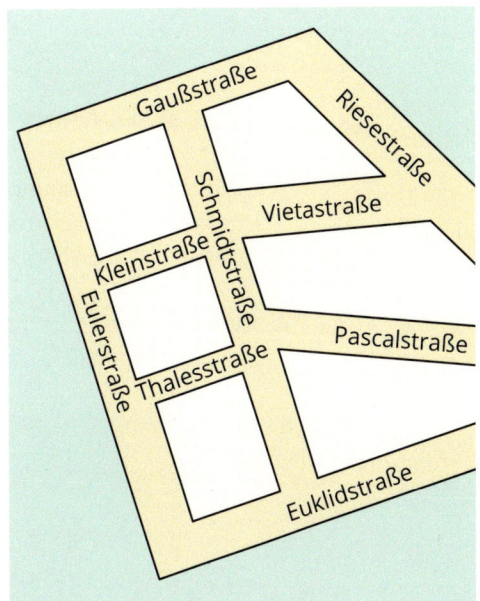

Zwei Geraden a und b sind **senkrecht zu-einander**, wenn sie einen rechten Winkel bilden.
Man sagt, a ist senkrecht zu b und schreibt: a ⊥ b
Wenn zwei Geraden c und b nicht senk-recht zueinander sind, schreibt man: c ⊥̸ b

Zwei Geraden a und b sind **parallel zueinander**, wenn sie beide senkrecht zu einer Geraden g sind.
Man sagt, a ist parallel zu b, und schreibt: a ∥ b
Wenn zwei Geraden f und a nicht paral-lel zueinander sind, schreibt man: f ∦ a

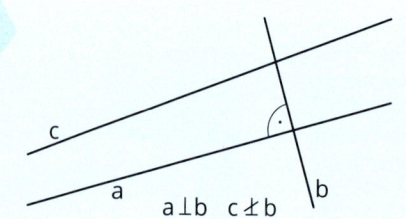

a ⊥ b   c ⊥̸ b

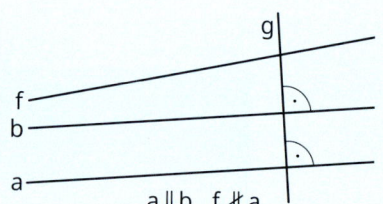

a ∥ b   f ∦ a

5. Zeichne die Senkrechte zur Geraden g durch den Punkt P.
   a) P liegt auf g.

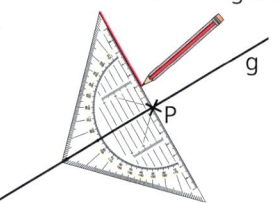

   b) P liegt nicht auf g.

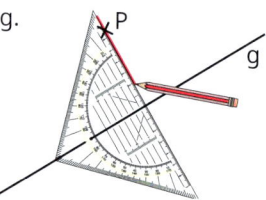

6. Zeichne die Parallelen zu einer Geraden g durch einen Punkt P.
   a) Verwende die parallelen Linien auf dem Geodreieck.
   b) Zeichne zuerst die Senkrechte h durch P zu g und dann die Senkrechte durch P zu h.

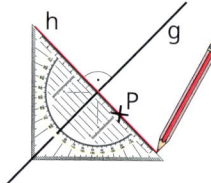

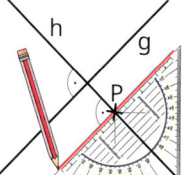

7. Suche in der Zeichnung zueinander parallele und zueinander senkrechte Geraden. Prüfe mit dem Geodreieck nach.

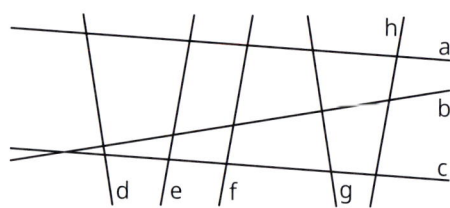

⁺**8.** Nenne Beispiele aus deiner Umwelt für zueinander parallele Linien.

9. Übertrage ins Heft. Zeichne die Parallele zu g durch R und die Senkrechte zu g durch Q.
   a)

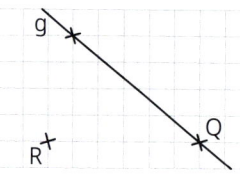

   b)

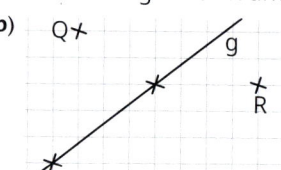

   c)

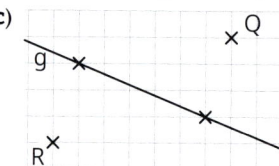

Abstand

1. Partnerarbeit: Malt die abgebildete Landkarte auf ein Blatt Papier. Welche Eigenschaften hat der beste Hafenplatz am Festland? Wie findet ihr ihn? Vergleicht euer Ergebnis mit euren Nachbarn.

> Nutzt das Geodreieck oder faltet, um den Punkt zu finden.

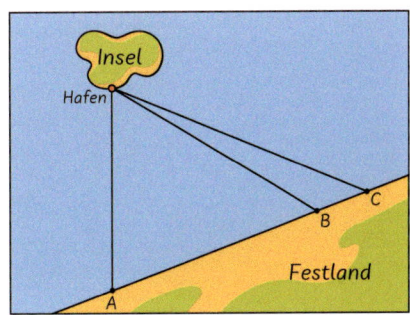

2. Samuel ist beim Weitsprung genau vom Balken abgesprungen. Leider ist er sehr schräg gesprungen.
Samuels Absprungstelle und die Landung seiner Füße in der Grube sind mit einer gestrichelten Linie verbunden.

> 1 mm bedeuten in Wirklichkeit 10 cm.

a) Wie weit ist Samuel wirklich gesprungen?

b) Der Sportlehrer misst Samuels Weite. Dabei legt er das Bandmaß so an, wie es in den Regeln steht.
Beschreibe mit eigenen Worten, wie das Bandmaß angelegt werden muss. Zu welchem Ergebnis führt diese Messung?

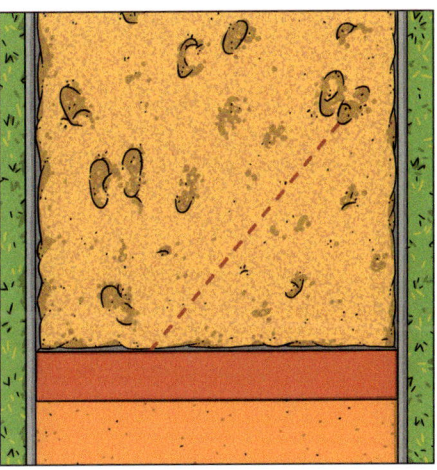

3. Übertrage die Schatzkarte ins Heft und finde den Schatz. Er liegt im hellgrünen Feld.

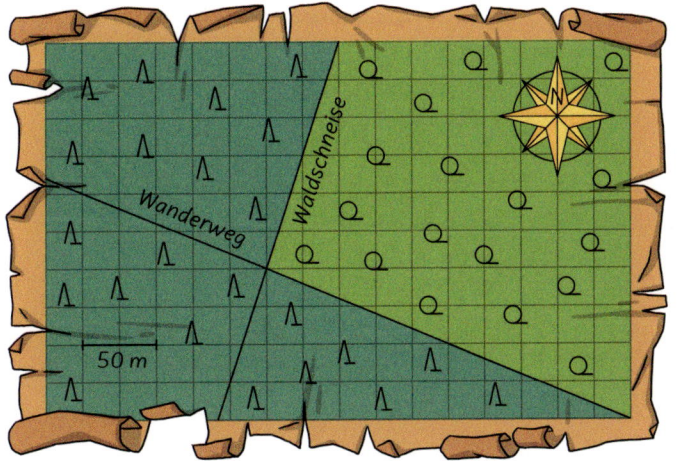

Der Schatz ist in einem Abstand von genau 50 m zum Wanderweg vergraben.
Zur Waldschneise hat er einen Abstand von genau 100 m.

Der **Abstand** des Punktes P von dem Punkt Q ist die Länge der Strecke $\overline{PQ}$.

Der **Abstand** des Punktes P von der Geraden g ist die Länge der Strecke $\overline{PQ}$ auf der Senkrechten zu g.

Der **Abstand** zweier paralleler Geraden g und h ist die Länge der Strecke $\overline{PQ}$ auf der Senkrechten zu g und h.

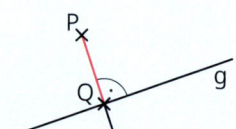

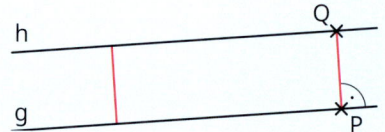

4. a) Zeichne einen Punkt P. Er soll 4 cm Abstand von der Geraden g haben.

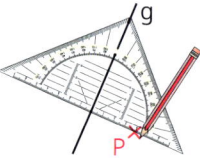

b) Zeichne eine Gerade h. Sie soll 4 cm Abstand von der Geraden g haben.

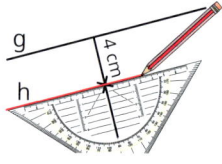

5. Zeichne eine Gerade g und einen Punkt P, der 3 cm Abstand von g hat.

6. Übertrage ins Heft. Bestimme die Abstände der Punkte von der Geraden g.

a)

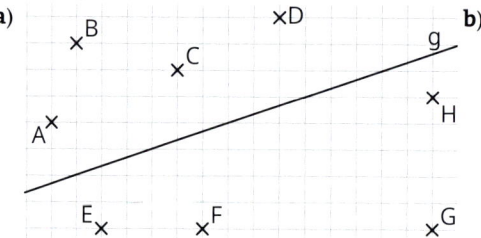

b)

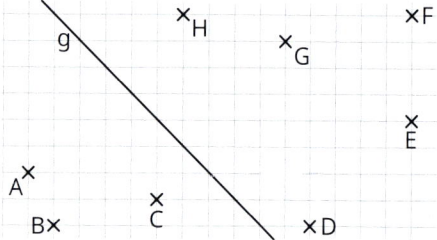

⁺7. a) Welche Geraden sind zueinander senkrecht? (Notiere so: ▦ ⊥ ▦.) Prüfe mit dem Geodreieck.

b) Welche Geraden sind zueinander parallel? (Notiere so: ▦ ∥ ▦.) Prüfe mit dem Geodreieck. Miss den Abstand.

c) Kemal sagt: „b und c sind parallel, denn sie schneiden sich nicht." Hat er Recht?

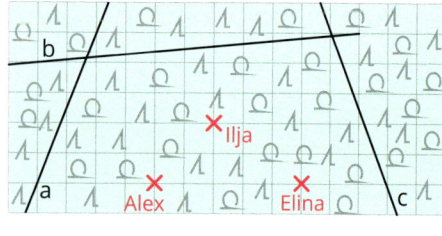

Eine Wald-schneise ist ein Streifen, auf dem keine Bäume ste-hen, wie z. B. ein Weg durch den Wald.

8. Bei einem Geländespiel gewinnt, wer zuerst eine der Waldschneisen a, b oder c erreicht.

a) Übertrage ins Heft und zeichne für Alex, Elina und Ilja jeweils die kürzeste Verbin-dungsstrecke zu jeder Schneise ein.

b) Gib für jedes Kind an, welche Waldschnei-se besonders günstig liegt.

9. Gegeben sei ein Punkt P. Zeichne zwei parallele Geraden g und h so, dass P von g den Abstand 3 cm und P von h den Abstand 4 cm hat. Es gibt zwei Möglichkeiten.

Vermischte Aufgaben

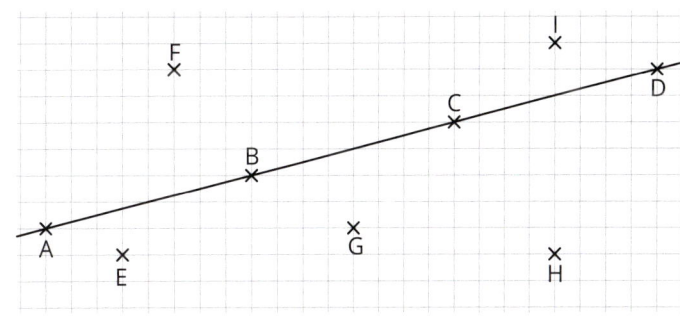

1. Jeder Schnitt des Vaters verläuft gerade von Rand zu Rand. Wie viele Stücke gibt es, wenn der Vater die Pizza durch zwei, drei, vier oder fünf Schnitte teilt?

2. Wie kann man die Pizza viermal durchschneiden, sodass sich die Linien in 4 Punkten schneiden? Zeichne es.

3. a) Übertrage ins Heft und zeichne die Strecken $\overline{AB}$, $\overline{BD}$ und $\overline{CD}$.
   b) Insgesamt gibt es sechs Strecken mit den Punkten A, B, C oder D als Endpunkte. Zeichne die fehlenden Strecken und schreibe sie auf.

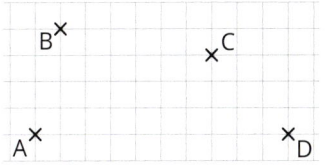

$^+$**4.** Zeichne die Punkte A, B, C und D von Aufgabe **3** noch einmal ins Heft. Verbinde je zwei Punkte durch eine Gerade und schreibe ihren Namen auf.

5. a) Übertrage die Gerade und die Punkte ins Heft. Zeichne die Senkrechten zu g durch alle neun Punkte.
   b) Bestimme die Abstände der Punkte von der Geraden g.

$^+$**6.** Übertrage die Karte ins Heft. Finde den Schatz!

Gehe von der hohen Eiche in Richtung des Wasserfalles und von der Höhle in Richtung der Turmruine. Der Schatz ist am Schnittpunkt beider Strecken vergraben.

7. a) Übertrage die Punkte und verbinde sie mit einem Streckenzug in der Reihenfolge A, B, D, C, A.
   b) Suche weitere Möglichkeiten, um mit einem Streckenzug zum Ausgangspunkt A zurückzukehren. Jeder Punkt darf nur einmal durchlaufen werden.

8. a) Zeichne fünf Geraden so, dass du (1) vier, (2) sechs, (3) acht, (4) neun Schnittpunkte erhältst.
   b) Wie viele Schnittpunkte kann es bei fünf Geraden höchstens geben?

9. Übertrage diese Punkte in dein Heft. Zeichne das Haus vom Nikolaus, indem du alle Punkte hintereinander verbindest, ohne den Stift abzusetzen. Wie viele Strecken kannst du erkennen?

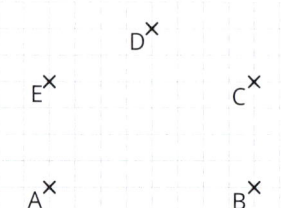

10. Zeichne mit dem Geodreieck eine Mauer, eine Leiter und einen Jägerzaun.

11. Suche in deinem Klassenzimmer zueinander parallele Linien. Beschreibe, mit welchen Hilfsmitteln du die Parallelität prüfen kannst und wie du dabei vorgehst.

12. Zeichne eine Gerade a und zwei Parallelen zu a im Abstand von 3 cm.

⁺**13.** Gibt es hier zueinander parallele oder senkrechte Linien? Prüfe mit dem Geodreieck.

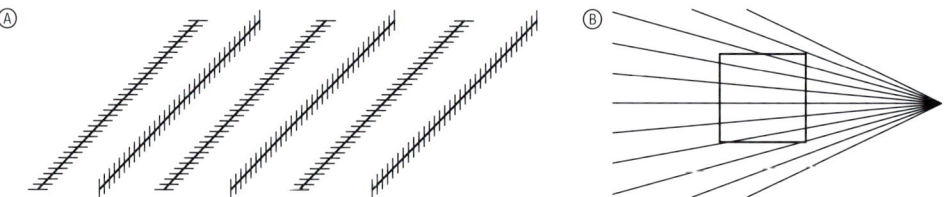

14. ① Zeichne in die Mitte einer Heftseite ein Dreieck. Keine Seite soll länger als 5 cm sein.
② Zeichne nun durch jeden Eckpunkt eine Gerade, die parallel zur gegenüberliegenden Dreiecksseite verläuft.
③ Du erhältst ein neues Dreieck. Zu diesem Dreieck kannst du auf die gleiche Weise ein weiteres Dreieck zeichnen.

15. Welche der fünf Geraden in der nebenstehenden Abbildung schneiden sich?

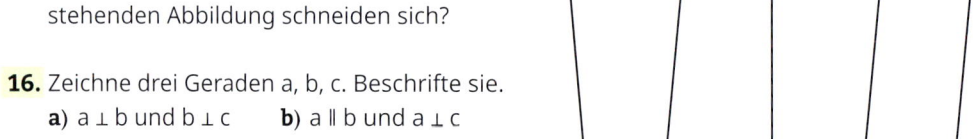

16. Zeichne drei Geraden a, b, c. Beschrifte sie.
a) a ⊥ b und b ⊥ c **b)** a ∥ b und a ⊥ c
c) a ∥ b und b ∥ c **d)** a ⊥ b und b ∥ c

17. Zeichne zwei sich schneidende Geraden g und h, die nicht entlang des Karomusters verlaufen. Finde Punkte, die von der Geraden g den Abstand 2 cm haben und gleichzeitig von der Geraden h den Abstand 1 cm haben. Wie viele solche Punkte findest du?

18. Der Punkt P hat von der Geraden g den Abstand 7 cm. Der Punkt Q hat den Abstand 3 cm von der Geraden g. P und Q sind 10 cm von einander entfernt. Finde zwei verschiedene Zeichnungen, auf die das zutrifft.

Stadtplan

Hier ist der Plan der Innenstadt von Potsdam abgebildet. Potsdam ist die Hauptstadt des Bundeslandes Brandenburg und liegt in der Nähe von Berlin. Der Maßstab auf der Karte ist 1 : 10 000, also ist jeder Zentimeter auf der Karte 10 000 cm in der Wirklichkeit.

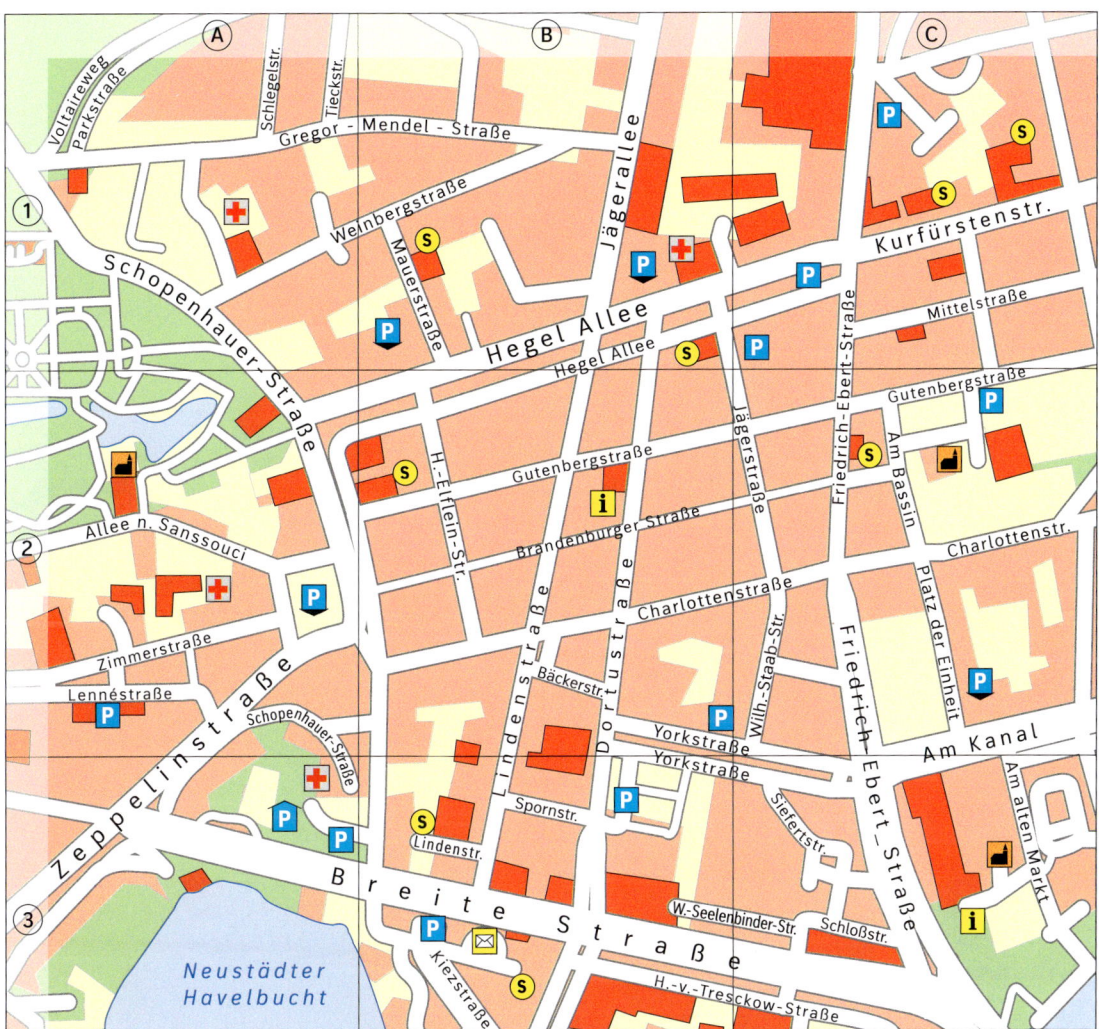

1. Welche Straßen sind parallel zueinander in der Umgangssprache und in der Mathematik?
   ① Charlottenstraße in B2 und Brandenburger Straße in B2
   ② Gutenbergstraße in B2 und Charlottenstraße in B2
   ③ Weinbergstraße in A1, B1 und Gregor-Mendel-Straße in A1, B1

2. Welche Straßen sind nahezu senkrecht zueinander?
   ① Charlottenstraße in B2 und Lindenstraße in B3, B2
   ② Gutenbergstraße in B2, C2 und Jägerstraße in C1, C2
   ③ Mauerstraße in B1 und Weinbergstraße in A1, B1

3. Wie lang ist die Breite Straße von der Zeppelinstraße (A3) bis zur Friedrich-Ebert-Straße (C3)?

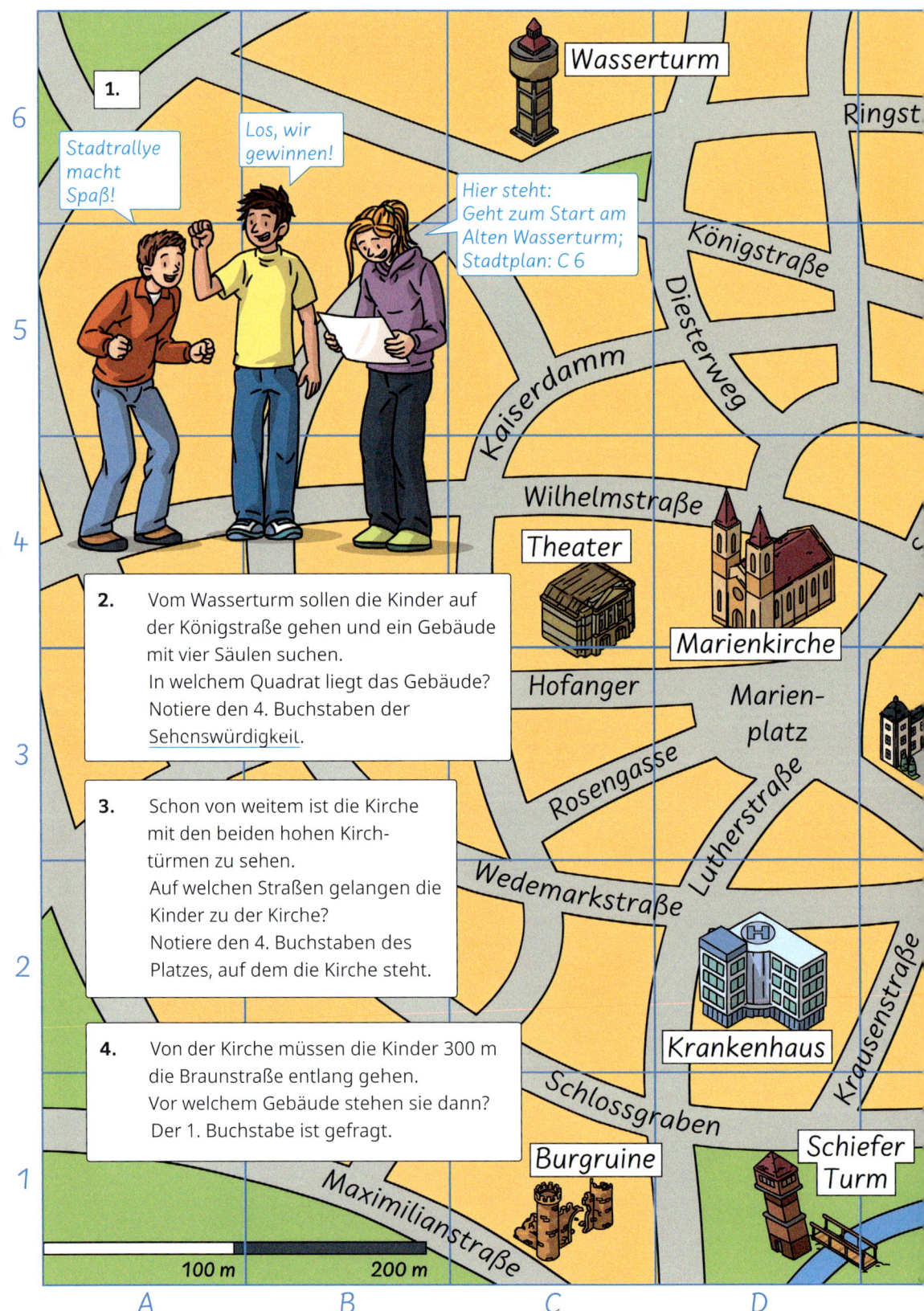

Eine Sehens-
würdigkeit
ist ein be-
sonderer
Ort, den viele
Menschen
besuchen.
Meistens fin-
dest du diese
Orte auch in
Reiseführern.

1.

Stadtrallye macht Spaß!

Los, wir gewinnen!

Hier steht: Geht zum Start am Alten Wasserturm; Stadtplan: C 6

Wasserturm

Ringst

Königstraße

Diesterweg

Kaiserdamm

Wilhelmstraße

Theater

Marienkirche

Marien-platz

Hofanger

Rosengasse

Lutherstraße

Wedemarkstraße

Krausenstraße

Krankenhaus

Schlossgraben

Burgruine

Schiefer Turm

Maximilianstraße

2.   Vom Wasserturm sollen die Kinder auf der Königstraße gehen und ein Gebäude mit vier Säulen suchen.
In welchem Quadrat liegt das Gebäude?
Notiere den 4. Buchstaben der Sehenswürdigkeit.

3.   Schon von weitem ist die Kirche mit den beiden hohen Kirch-türmen zu sehen.
Auf welchen Straßen gelangen die Kinder zu der Kirche?
Notiere den 4. Buchstaben des Platzes, auf dem die Kirche steht.

4.   Von der Kirche müssen die Kinder 300 m die Braunstraße entlang gehen.
Vor welchem Gebäude stehen sie dann?
Der 1. Buchstabe ist gefragt.

100 m   200 m

A   B   C   D

6

5

4

3

2

1

5. Das nächste Ziel liegt im Quadrat C1. Schreibe den 8. Buchstaben der Sehenswürdigkeit auf.

6. Am Ufer des Schlossgrabens (D1/E1/F1/G1/ H1) ist eine Postkarte mit der letzten Aufgabe versteckt. Vor welchem Gebäude kommen die Kinder zur Brücke über den Graben? Der 6. Buchstabe des Gebäudes ist ein weiterer Lösungsbuchstabe.

7. Die Kinder haben die Postkarte gefunden, auf der das Ziel der Rallye abgebildet ist. In welchem Quadrat liegt es? Der Buchstabe des Quadrates ergibt den letzten Lösungsbuchstaben.

8. Richtig geordnet erhält die Gruppe aus den Buchstaben das Lösungswort. Es ist das Schönste an der Schule.

9.

Wir sind bestimmt 10 km gelaufen.

Oh, meine Füße!

Mindestens jedenfalls 5 km.

Die Ergebnisse der Aufgaben 1 bis 8 ergeben vier deutsche Inseln.

1. Berechne.
   a) 262 + 46
   b) 88 + 58 + 25
   c) 456 − 123 − 87
   d) 332 + 124 + 39 − 87

2. Berechne.
   a) 144 : 4
   b) 128 : 8
   c) 372 : 6
   d) 1 360 : 8

3. Manuel kauft zwei Pizzas für je 2,40 €, drei Eisbecher für je 1,25 € und vier Tafeln Schokolade für je 0,65 €.
   Wie viel Euro muss er bezahlen?

4. In Deutschland gibt es *rund* 36 000 allgemeinbildende Schulen.
   a) Wie viele sind es mindestens?
   b) Wie viele sind es höchstens?

5. Uwe hat 240 Euro gespart. Berechne
   a) ein Drittel,   b) die Hälfte,
   c) das Dreifache,   d) den 5. Teil.

6. Beachte die Rechenregeln.
   a) 3 · 9 + 9 · 6   b) 200 − 5 · 5
   c) (100 − 55) : 3   d) 6 · (29 + 15) : 4

7. a) Aus Draht soll ein Würfelmodell mit 6 cm Kantenlänge gefertigt werden. Wie viel cm Draht braucht man mindestens?
   b) Welcher Körper besteht aus einer quadratischen Fläche und vier dreieckigen Flächen?
      Würfel (10)   Pyramide (20)   Prisma (30)
   c) Welcher Körper hat nur eine Ecke?
      Kegel (40)   Pyramide (50)   Prisma (60)

8. Wie heißt die gesuchte Zahl?
   a) Wenn ich meine gedachte Zahl mit 3 multipliziere, erhalte ich 69.
   b) Wenn ich meine Zahl durch 6 dividiere und zum Ergebnis 27 addiere, erhalte ich 29.

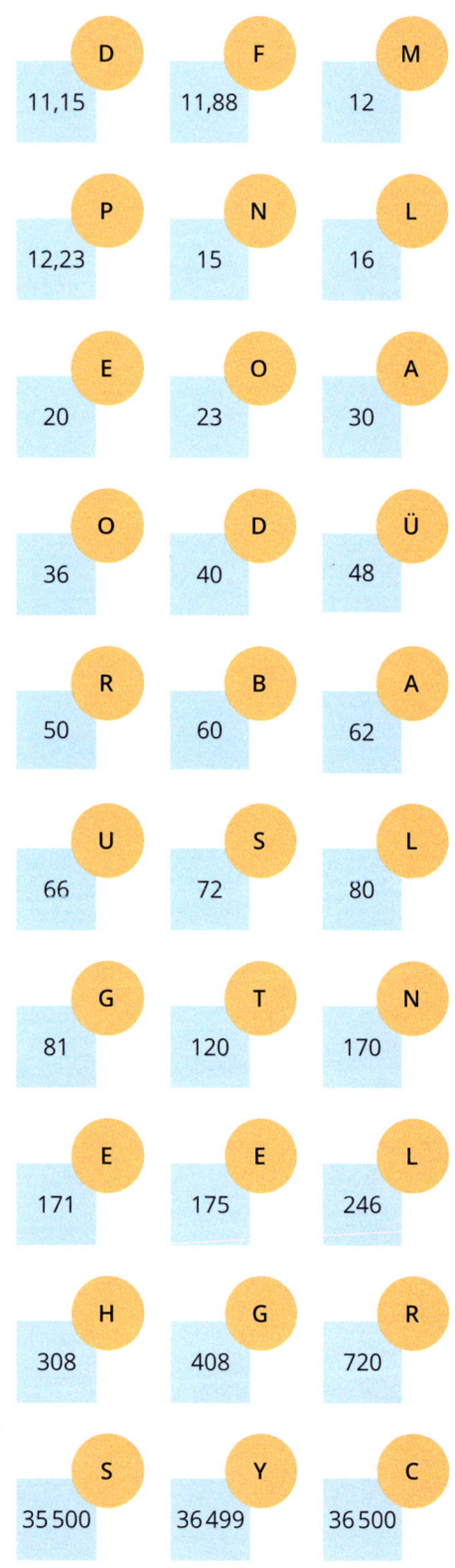

Koordinatensystem

1. Übertrage die Abbildung in dein Heft. Man nennt diese Abbildung Koordinatensystem.
   a) Eingetragen ist der Punkt P(7|3).
      Erkläre es.
   b) Ergänze nun die Koordniaten für die
      Punkte R, S und T. Schreibe die Punkte in
      dein Heft.
      R(4|_)   **S(_|5)**   **T(_|_)**
   c) Trage nun selber folgende Punkte ein:
      A(1|2); B(8|2); C(8|6); D(1|6)

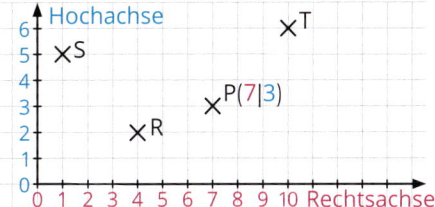

2. Mia und Max spielen Schatzsuche.

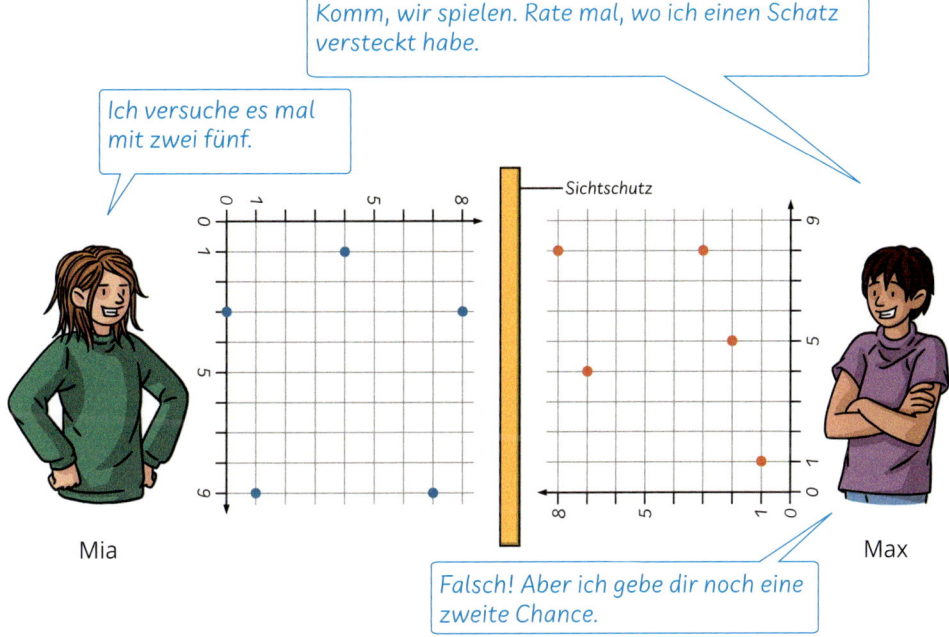

   Komm, wir spielen. Rate mal, wo ich einen Schatz versteckt habe.

   Ich versuche es mal mit zwei fünf.

   Sichtschutz

   Falsch! Aber ich gebe dir noch eine zweite Chance.

   Mia

   Max

   a) Mia probiert es nochmal und nennt diese Koordinaten:
      (2|3), (4|7), (8|3), (1|1) und (2|4). Schreibe auf, welche Punkte richtig sind.
   b) Welche versteckten Schätze wurden noch nicht erraten? Schreibe die Punkte auf.

3. Trage diese Punkte in ein Koordinatensystem ein und verbinde sie:
   A(1|4); B(3|1); C(9|1); D(11|4), E(6|4), F(6|6), G(6|13) und H(9|6).
   Kannst du was erkennen?

4. Bei einer Schatzsuche auf dem Schulhof ist Chayenne
   den Weg von einem Punkt zum nächsten gegangen.
   Dann hat sie den versteckten Schatz gefunden. Lies
   die Koordinaten der einzelnen Punkte auf der Karte
   ab und schreibe sie auf.

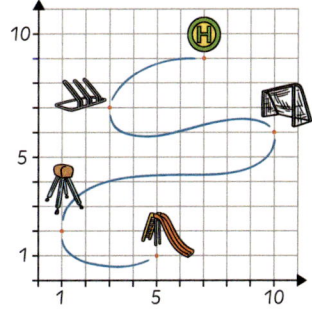

   Fahrradständer   Bushaltestelle

   Rutsche   Turnhalle   Fußballtor

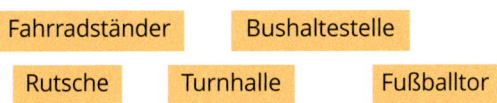

Ein **Koordinatensystem** besteht aus zwei zueinander senkrechten Zahlenstrahlen.
Diese heißen **Rechtsachse** und **Hochachse**.
Ihr gemeinsamer Anfangspunkt heißt **Ursprung**.
In einem Koordinatensystem kannst du die Lage eines Punktes P durch zwei Zahlen genau beschreiben. Diese Zahlen nennt man **Koordinaten** des Punktes P.
Der Ursprung hat die Koordinaten (0|0).

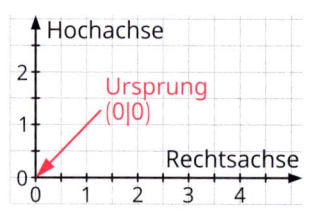

Punkte einzeichnen
P(3|2) bedeutet:
3 Einheiten nach rechts,
2 Einheiten nach oben.

Punkte ablesen
Abstand auf der Rechtsachse und auf der Hochachse bestimmen.
Der Punkt ist A(4|3)

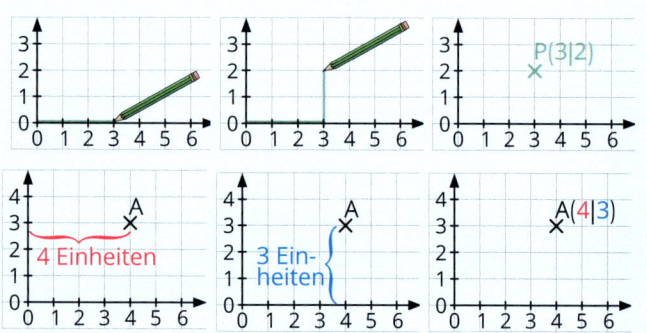

5. Übertrage die Figuren ins Heft und gib die Koordinaten ihrer Eckpunkte an.

a)

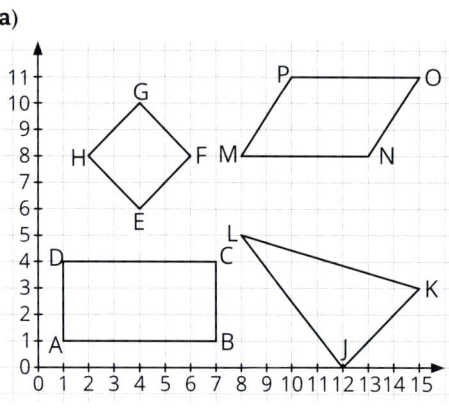

⁺b)

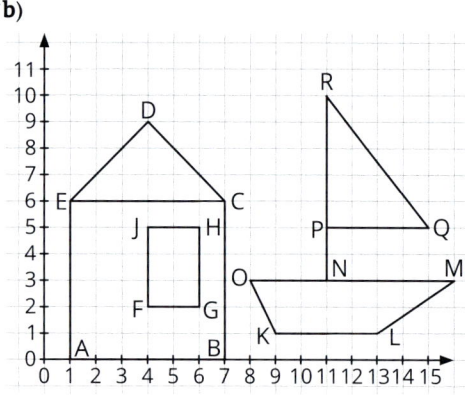

6. Lege im Rechenheft eine Rechts- und eine Hochachse fest. Wähle als Gittereinheit 1 cm (2 Kästchen). Trage die Punkte ein. Verbinde sie in der angegebenen Reihenfolge. Welcher Buchstabe entsteht?
   a) A(1|5)   B(1|10)   C(4|5)   D(4|10)   **b)** A(2|7) B(8|7) C(8|4) D(5|4)   E(5|7)
   c) A(7|11)   B(11|11) C(7|8)   D(11|8)   **d)** A(6|0) B(6|5) C(8|0) D(10|5) E(10|0)
   ⁺**e)** A(10|10) B(6|10)   C(6|7)   D(10|7)   ⁺**f)** A(1|4) B(4|1) C(3|5) D(7|4)   E(4|7)

⁺**7.** Erkläre, was beim Ablesen der Koordinaten falsch gemacht wurde.

a)

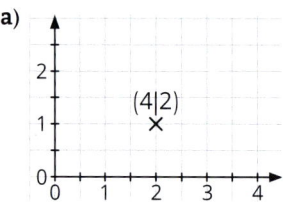

b)

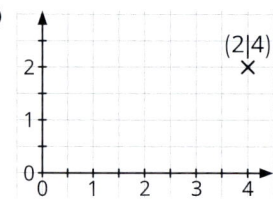

c)

Spiegeln, Achsensymmetrie

1.

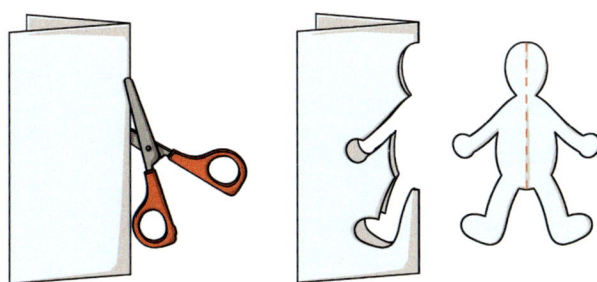

① Falte ein Blatt und schneide eine Figur wie im Bild aus.

② Klappe die ausgeschnittene Figur auseinander. Wenn du die Faltlinie mit einem Stift nachmalst, erhälst du die **Symmetrieachse**.

Arbeitet zu zweit: Legt eure Figuren nebeneinander und vergleicht sie. Wo gibt es Unterschiede, was haben sie gemeinsam? Welche Bedeutung hat die Symmetrieachse?

2.

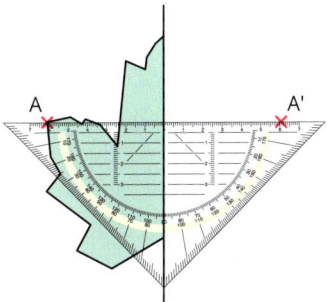

a) Skizziere die linke Blatthälfte im Heft und vervollständige die Figur. Verwende dabei das Geodreieck.

b) Partnerarbeit: Schreibt auf, worauf man bei einer Spiegelung mit dem Geodreieck achten muss.

Diese Wortliste unterstützt euch dabei: *spiegeln, gleicher Abstand, senkrecht, Gerade, Originalpunkt, Bildpunkt, Spiegelachse.*

3.

Zuerst war nur das linke Bild da. Dann hat Maria eine Spiegelung vorgenommen und das rechte Bild erhalten.

a) Um mit dem Geodreieck besser arbeiten zu können, hat sich Maria eine Gerade als Spiegelachse gezeichnet. Kannst du am rechten Bild dein Geodreieck so aufstellen, dass es auf Marias Spiegelachse steht?

b) Ist Marias Spiegelachse eine Symmetrieachse des Tannenbaums? Begründe deine Antwort.

Wenn du eine Figur entlang einer Geraden so falten kannst, dass die eine Seite ein Spiegelbild der anderen ist, dann ist die Figur **achsensymmetrisch**.
Die Faltgerade heißt **Symmetrieachse**.

Bei einer **Achsenspiegelung** ist die Verbindungsstrecke $\overline{AA'}$ zwischen Original- und Bildpunkt **senkrecht** zur **Spiegelachse**.
Sie wird von der Spiegelachse **halbiert**.

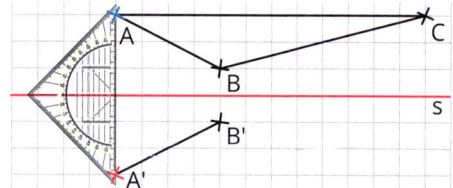

Symmetrieachsen

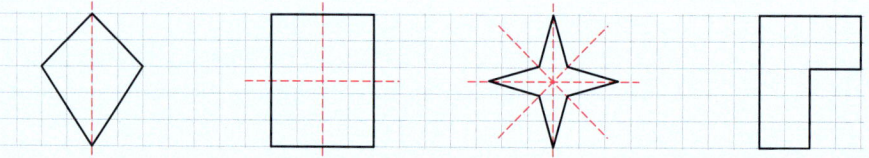

eine Symmetrieachse   zwei Symmetrieachsen   vier Symmetrieachsen   keine Symmetrieachse

Einen Punkt P an einer Spiegelachse s spiegeln

① Zeichne eine Gerade durch P, die senkrecht zur Spiegelachse s verläuft.

② Der Bildpunkt P' hat den gleichen Abstand zur Spiegelachse s wie der Originalpunkt P.

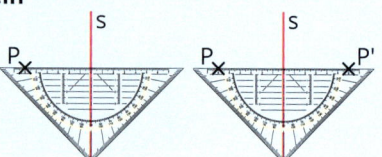

4. Übertrage auf Karopapier und spiegele an der roten Geraden s.

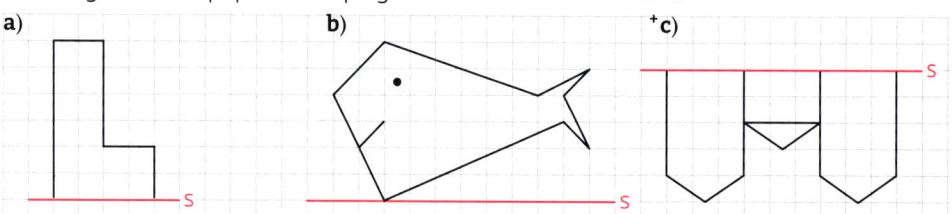

5. Ist die Figur achsensymmetrisch? Wie viele Symmetrieachsen hat sie?

a)

b)

c)

6. Ergänze die Figur im Heft so, dass s die Symmetrieachse ist.

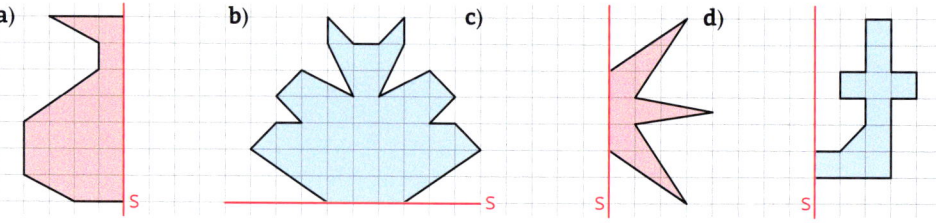

7. Übertrage die Figur ins Heft und zeichne alle Symmetrieachsen ein.

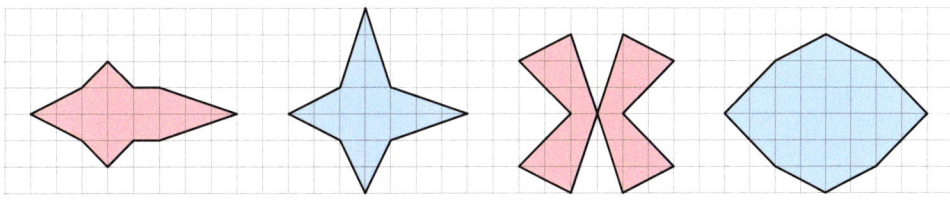

8. (1)　　　　　(2)　　　　　(3)　　　　　(4)

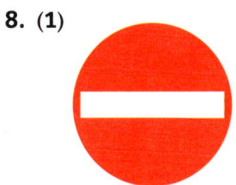 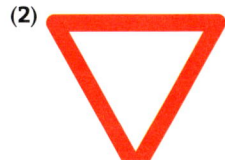 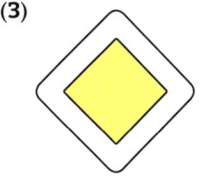 

   a) Eines der Verkehrsschilder ist nicht achsensymmetrisch. Welches?
   b) Skizziere die anderen Verkehrsschilder im Heft. Zeichne die Symmetrieachsen ein.

⁺9. Übertrage die Druckbuchstaben ins Heft. Zeichne alle Symmetrieachsen ein.

A B C D E F G H I J K L M
N O P Q R S T U V W X Y Z

10. a)

Ball am rechten oder
linken Fuß?

b)

Rechts- oder Linksabbieger?

c)

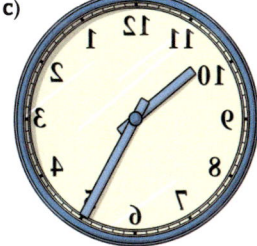

Wie spät ist es?

11. Welche Fahnen sind achsensymmetrisch? Skizziere diese Fahnen im Heft und zeichne
die Symmetrieachsen ein.

Trinidad　　　　　Venezuela　　　　　Puerto Rico　　　　　Jamaica

12. Skizziere im Heft mit allen Symmetrieachsen, die es gibt. Finde weitere Beispiele.

(1) OTTO　(2) MAMA　(3) MAOAM　(4) ABBA　(5) UHU
(6) 800　　(7) 808　　(8) 333　　(9) 101　(10) 383

13.

Hier wird in der Natur gespiegelt. Wo liegt die „Spiegelachse"?

14. Warum ist es praktisch, die Frontaufschrift beim Rettungsdienst in Spiegelschrift anzubringen?

Eine Frontauf-schrift ist auf der Motorhaube eines Fahrzeugs angebracht.

15. Entwirf selbst so eine Frontaufschrift für ein Auto. Kontrolliere mit einem Taschenspiegel, ob du die Schrift im Spiegel lesen kannst.

16.

a) Wie viele „Symmetrieachsen" hat jede Figur? Verwende dein Geodreieck als „Spiegel".
b) Suche weitere achsensymmetrische Figuren aus der Umwelt und sortiere nach der Anzahl der Symmetrieachsen.

17. Zeichne in ein Koordinatensystem die Punkte A(1|8), B(4|6) und C(12|5) und spiegele sie an der Geraden, die durch die Punkte D(0|0) und E(6|9) geht. Gib die Koordinaten der Bildpunkte A', B', C' an.

Rechteck und Quadrat

1. Zeichne die Abbildung in dein Heft. Beginne mit der unteren Gerade.
   a) Wie groß ist der vierte Winkel im entstandenen Viereck? Begründe.
   b) Wie heißt das entstandene Viereck?

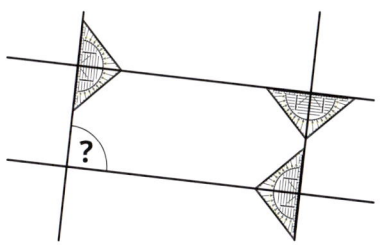

2. Zeichne ein Rechteck, in dem alle vier Seiten gleich lang sind. Hat Sofia alles richtig gemacht?

3. Ein Rechteck, in dem alle Seiten gleich lang sind, ist gleichzeitig auch ein Quadrat.
   a) Welche der abgebildeten Vierecke sind *keine* Rechtecke? Begründe.
   b) Welche Rechtecke werden auch Quadrate genannt?

4. Wenn man in einem Viereck zwei nicht benachbarte Eckpunkte durch eine Strecke verbindet, so heißen diese Strecken **Diagonalen**.

   a) Übertrage diese Abbildungen in dein Heft. Zeichne jeweils beide Diagonalen (in rot) ein.
   b) Bei welchen Vierecken sind die Diagonalen auch Symmterieachsen?

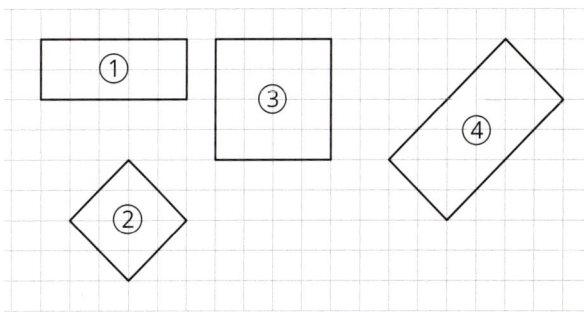

Jedes **Viereck** hat vier Eckpunkte, die durch vier Strecken verbunden sind.
Die Strecken, die zwei benachbarte Eckpunkte verbinden, heißen **Seiten**.
Die Strecken, die zwei nicht benachbarte Eckpunkte verbinden, heißen **Diagonalen**.

Ein **Rechteck** ist ein Viereck mit vier rechten Win-
keln. Im Rechteck sind die gegenüberliegenden
Seiten gleich lang und parallel. Ein Rechteck hat
zwei Symmetrieachsen (blau) und zwei
Diagonalen (rot).

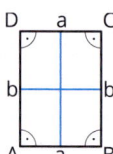 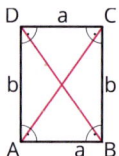

Ein **Quadrat** ist ein Rechteck mit vier gleich langen
Seiten. Ein Quadrat hat vier Symmetrieachsen (blau und rot).
Zwei Symmetrieachsen sind die Diagonalen des Quadrats (rot).

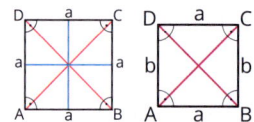

Rechtecke zeichnen

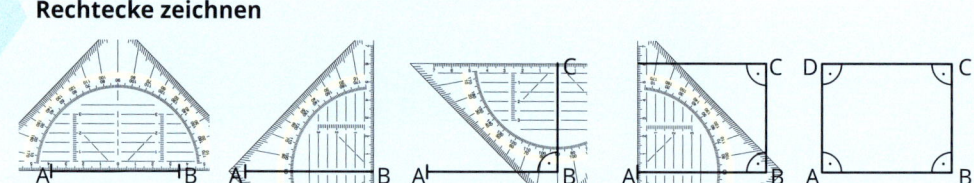

Rechteck ABCD

5. Zeichne ein Rechteck bzw. ein Quadrat mit den angegebenen Seitenlängen. Zeichne die
   Diagonalen (rot) und die Symmetrieachsen (blau) ein.
   a) a = 4 cm   **b)** a = 7 cm   **c)** a = 5 cm   **d)** a = 5,8 cm   **⁺e)** a = 7,2 cm   **⁺f)** $\overline{AB}$ = 6 cm
       b = 6 cm   b = 3 cm   b = 5 cm   b = 3,9 cm   b = 7,2 cm $\overline{BC}$ = 5 cm

6. Karin bastelt einen Futterplatz für Vögel. Dazu muss sie in der Mitte einer rechteckigen
   Platte ein Loch bohren. Wie kann sie diesen Punkt finden? Es gibt mehrere Möglichkei-
   ten. Probiere durch Falten eines rechteckigen Papierblattes oder durch Zeichnen.

 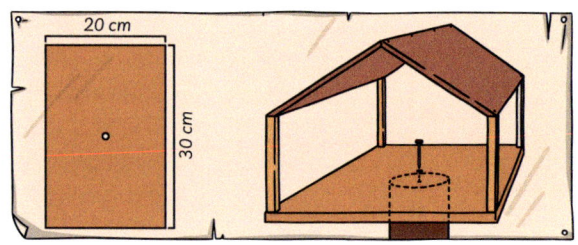

7. Quadrate und Rechtecke wurden entlang der Diagonalen (rot) oder entlang der Mittel-
   linien (blau) zerschnitten. Ergänze die Teilfigur im Heft zur Gesamtfigur.

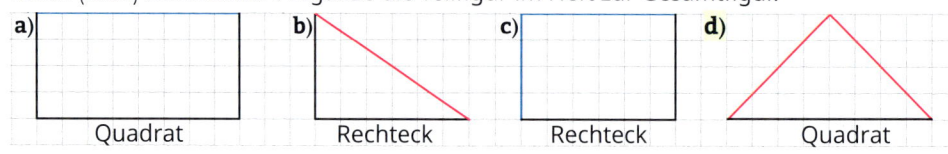

a) Quadrat   **b)** Rechteck   **c)** Rechteck   **d)** Quadrat

Parallelogramm und Raute

1. ① Übertrage die Punkte A, B und D auf Karo-
papier.
② Zeichne dann die Gerade AB und die Gerade AD.
③ Zeichne nun durch D die Parallele zu AB und
durch B die Parallele zu AD.
④ Nenne den Schnittpunkt der beiden Parallelen C.
Das entstandene Viereck ABCD heißt
Parallelogramm. Beschreibe die besonderen
Eigenschaften eines Parallelogramms.

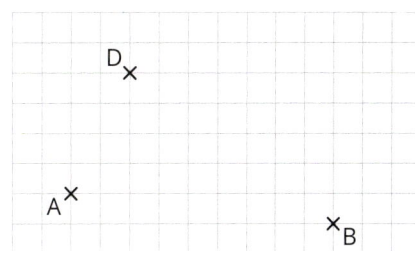

2.

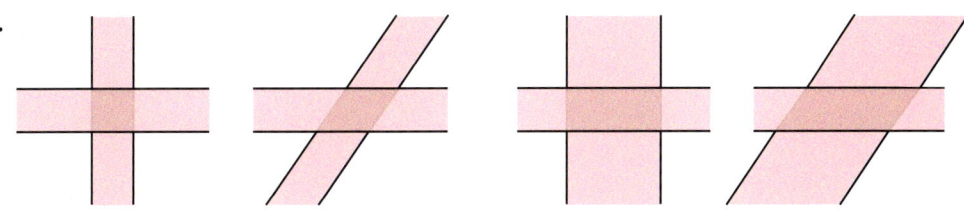

① Zwei parallele Geraden begrenzen einen Streifen. Zeichne auf Transparentpapier
oder auf Folie zwei gleich breite Streifen und einen dritten Streifen mit einer anderen
Breite.
② Schneide sie aus.
③ Lege wie in der Abbildung jeweils zwei Streifen übereinander. Dabei entsteht jedes
Mal ein Viereck.
④ Beschreibe die Eigenschaften der unterschiedlichen Vierecke.
⑤ Benenne die Vierecke, die du schon kennst.

3. ① Übertrage die Abbildung auf Karopapier.
(Hinweis: Die Strecken $\overline{AB}$ und $\overline{AD}$ sind gleich
lang.)
② Ergänze die Figur wie in Aufgabe 1. zu ei-
nem Parallelogramm.
③ Dieses Parallelogramm heißt **Raute**.
④ Beschreibe die besonderen Eigenschaften
einer Raute.

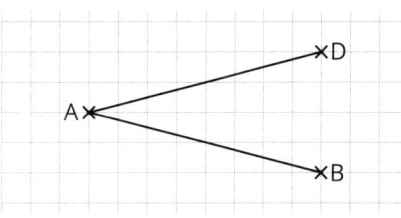

4. Welche dieser Vierecke sind keine Parallelogramme? Welche Parallelogramme sind auch
Rauten? Begründe deine Entscheidung.

*Nummer 5 ist
ein Rechteck.*

*Nummer 5
ist aber auch
ein Parallelo-
gramm, weil ...*

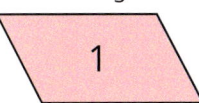

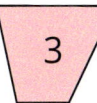
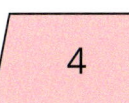
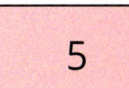

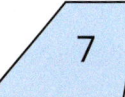

5. Prüfe bei den Parallelogrammen aus Aufgabe 4 mit dem Geodreieck, ob sie Symmetrie-
achsen haben und wie viele es sind.

Ein **Parallelogramm** ist ein besonderes Viereck. Gegenüberliegende Seiten sind gleich lang und parallel.

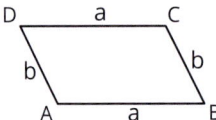

Eine **Raute** ist ein Parallelogramm mit vier gleich langen Seiten. Eine Raute hat mindestens zwei Symmetrieachsen (rot).

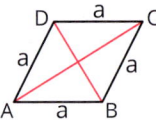

Parallelogramme zeichnen

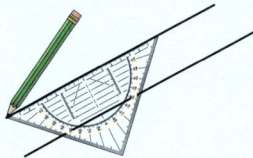 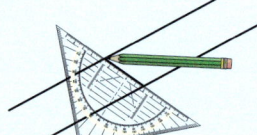 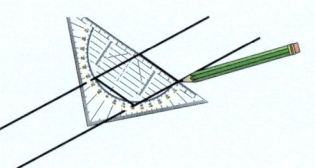

6. **a)** Zeichne mit dem Geodreieck zwei Parallelstreifen (Breite 4 cm und 2,5 cm) so, dass sie einmal ein Parallelogramm (kein Rechteck) und einmal ein Rechteck bilden.
   b) Zeichne mit zwei gleich breiten Streifen (Breite 5 cm) eine Raute und ein Quadrat.

+7. Wo findest du Parallelogramme? Welche Parallelogramme sind auch Rauten? Begründe.

   a)    **b)**    **c)** 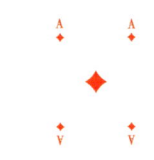   **d)**

+8. Wie viele Rauten entdeckst du und wie viele Parallelogramme, die keine Rauten sind? Begründe.

   a) 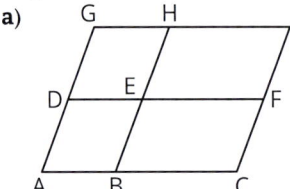   **b)** 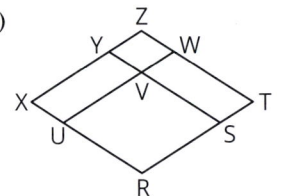   **c)**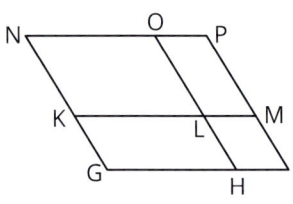

9. Prüfe folgende Behauptungen für Parallelogramm und Raute mit dem Geodreieck.
   a) Die Diagonalen sind gleich lang.
   b) Die Diagonalen halbieren sich gegenseitig.
   c) Die Diagonalen sind senkrecht zueinander.

10. Trage die drei Punkte A, B und C in ein Koordinatensystem ein. Ergänze einen vierten Punkt P so, dass eine Raute oder ein Parallelogramm entsteht. Hinweis: Es gibt jeweils drei Lösungen. Nutze für deine Lösungen verschiedene Farben.
    a) A(3|2), B(3|4), C(1|3)   **b)** A(2|4), B(6|4), C(7|7)

Drachen und Trapez

1. Falte Vierecke wie in der Anleitung.

Ⓐ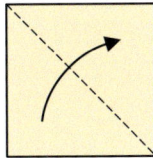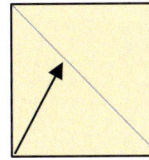

Ⓑ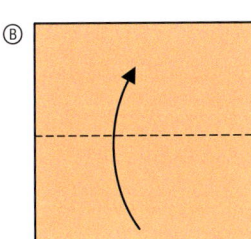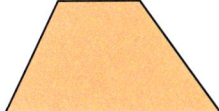

2. a) Zeichne die Diagonalen ein und überprüfe diese Vierecke auf:

	Ⓐ	Ⓑ
gleichlange Seiten		
parallele Seiten		
Symmetrieachsen		
rechte Winkel		

Ein Viereck heißt **Trapez**, wenn **mindestens zwei Seiten parallel** sind.
Ein Viereck heißt **Drachen**, wenn die **Diagonalen zueinander senkrecht** stehen und eine Diagonale von der anderen **halbiert** wird.

b) Vervollständige und begründe:
Viereck Ⓐ ist ___ _____, weil ... .
Viereck Ⓑ ist ___ _____, weil ... .

3. Welche Vierecke sind   **a)** Drachen,   **b)** Trapeze?

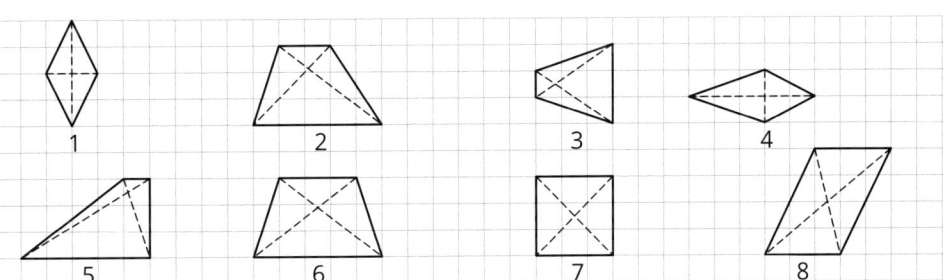

4. Partnerarbeit: Diskutiert, auf welche der folgenden Viereckformen auch die Bezeichnung Trapez oder Drachen passt. Begründet.

Quadrat   Rechteck   Drachen   Parallelogramm   Raute

Ein **Drachen** ist ein besonderes Viereck. Die Diagonalen stehen senkrecht zueinander. Eine Diagonale wird von der anderen halbiert. Mindestens eine Diagonale ist eine Symmetrieachse.

Ein **Trapez** ist ein Viereck mit zwei zueinander parallelen Seiten.

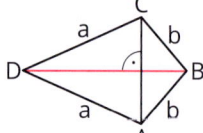

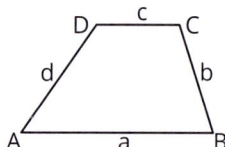

Drachen zeichnen

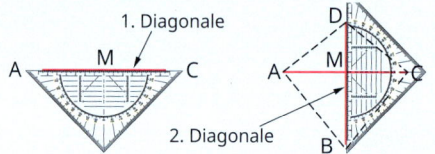

Trapeze zeichnen

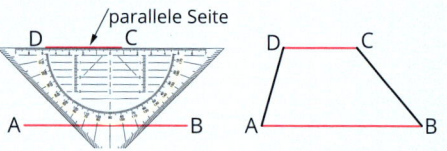

5. Zeichne zwei verschiedene Drachen, deren Diagonalen 4 cm und 8 cm lang sind.

6. Zeichne zwei verschiedene Trapeze. Die zueinander parallelen Seiten sind 6 cm und 3 cm lang.

7. Übertrage die Flächen auf kariertes Papier. Schneide die Figuren aus.
Aus welchen Flächen kannst du einen Drachen zusammensetzen?

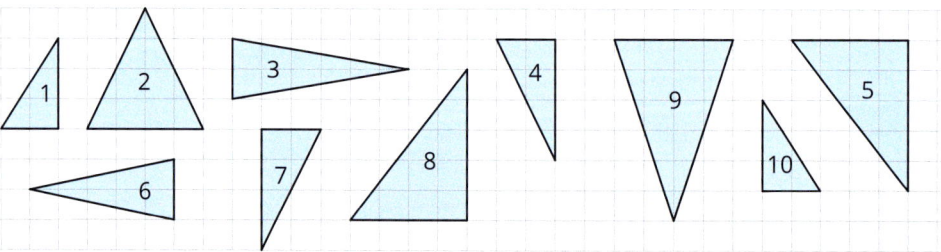

8. Übertrage die Flächen auf kariertes Papier. Schneide die Figuren aus.
Aus welchen Flächen kannst du ein Trapez zusammensetzen?

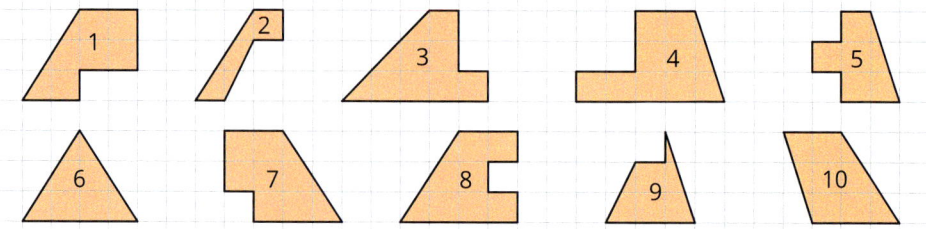

9. Safira meint: „Ich habe ein Trapez gezeichnet, das auch gleichzeitig ein Drachen ist."
Kann Safira Recht haben? Wenn ja, erkläre, was für ein Viereck Safira gezeichnet hat.

Vermischte Aufgaben

1. Ordne die Kennkarten dem Quadrat, dem Rechteck, der Raute, dem Parallelogramm zu.

Kennkarte 1	Kennkarte 2	Kennkarte 3	Kennkarte 4
Das Viereck hat vier rechte Winkel.	In dem Viereck sind gegenüberliegende Seiten gleich lang und parallel zueinander.	Das Viereck hat vier gleich lange Seiten, gegenüberliegende Seiten sind parallel zueinander.	Das Viereck hat vier rechte Winkel und vier gleich lange Seiten.

2. Eine Seite eines Rechteckes ist 6 cm lang. Eine der beiden Mittellinien teilt dieses Rechteck in zwei Quadrate. Wie lang kann die andere Seite des Rechteckes sein?
Eine Skizze hilft dir, beide Lösungen zu finden.

+3. **a)** Zeichne ein Quadrat mit der Seitenlänge a = 3,7 cm.
b) Zeichne ein Rechteck mit den Seitenlängen a = 2,8 cm und b = 4,2 cm.
c) Zeichne mit zwei Parallelstreifen (Breite 3 cm und 5 cm) ein Parallelogramm.
d) Zeichne mit zwei gleich breiten Parallelstreifen (Breite 4,5 cm) eine Raute.
e) Zeichne einen Drachen, dessen Diagonalen 6 cm und 3 cm lang sind.
f) Zeichne ein Trapez. Die zueinander parallelen Seiten sollen 4,5 cm und 2,5 cm lang sein und einen Abstand von 3 cm haben.

+4. Übertrage die Figuren auf ein Blatt Karopapier, schneide sie aus und setze aus ihnen Vierecke zusammen. Was für Vierecke erhältst du?

+5. Zeichne die Punkte in ein Koordinatensystem und verbinde sie zu einem Viereck. Was für ein Viereck erhältst du?
a) A(7|1) B(11|4) C(7|11) D(3|4)   **b)** A(5|2) B(9|6) C(5|10) D(1|6)
c) A(11|2) B(4|9) C(1|4) D(4|1)   **d)** A(0|0) B(8|0) C(9|5) D(1|5)

6. Zeichne verschiedene Viereckstypen und markiere jeweils die Mittelpunkte aller vier Seiten. Verbinde diese Punkte zu einem Viereck. Welcher Viereckstyp entsteht jeweils?

7. **a)** Zeichne das Dreieck ABC. Ergänze es zu einem Parallelogramm, das kein Rechteck ist.
b) Zeichne das Dreieck DEF und ergänze es zu einem Drachen, der keine Raute ist.

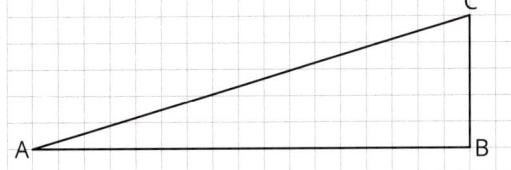
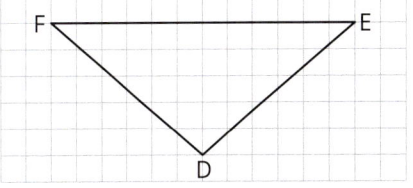

8. Die Stäbe sind Seiten von Vierecken. Aus welchen Stäben kannst du das angegebene Viereck legen?

a) Parallelogramm   **b)** Raute   **c)** Drachen   **d)** Trapez

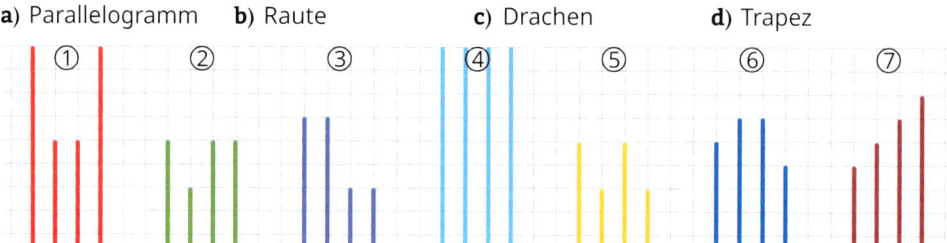

9. Zeichne die Punkte in ein Koordinatensystem. Ergänze einen Punkt D so, dass du die Eckpunkte des angegebenen Vierecks erhältst. Zeichne das Viereck.

a) Rechteck: A(6|3) B(11|8) C(8|11)   **b)** Quadrat: A(2|8) B(5|5) C(8|8)

c) Parallelogramm: A(1|1) B(7|1) C(8|4)   **d)** Raute: A(9|1) B(11|5) C(9|9)

e) Drachen: A(0|3) B(2|0) C(10|3)   **f)** Trapez: A(1|5) B(5|6) C(5|9)

10. a) Lege drei oder vier Streichhölzer so um, dass du statt der vier Quadrate drei Quadrate erhältst.

b) Lege vier Streichhölzer so um, dass du zwei größere und acht kleinere Quadrate erhältst.

11. Ist jedes Rechteck ein Trapez? Begründe.

12. Kann ein Viereck sowohl Rechteck als auch Raute sein? Wenn ja, zeichne solch ein Viereck in dein Heft.

13. Prüfe, ob die Behauptungen wahr oder falsch sind. Formuliere falsche Behauptungen so um, dass sie wahr sind

a) für den Drachen,   **b)** für das Trapez.

① Die Diagonalen sind immer gleich lang.

② Die Diagonalen stehen immer senkrecht zueinander.

③ Die Diagonalen halbieren sich immer.

④ Alle Seiten sind gleich lang.

⑤ Die gegenüberliegenden Seiten sind gleich lang.

⑥ Die benachbarten Seiten sind gleich lang.

⑦ Die gegenüberliegenden Seiten sind parallel.

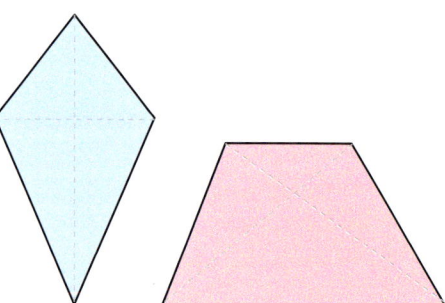

14. a) Zeichne Vierecke, bei denen beide Diagonalen 6 cm lang sind. Welche verschiedenen Vierecke sind möglich? Wie müssen dazu die Diagonalen gezeichnet werden?

b) Zeichne Vierecke, deren Diagonalen senkrecht zueinander verlaufen. Diese Diagonalen sollen unterschiedliche Längen haben. Welche besonderen Vierecke kannst du erhalten?

15. Figurenrätsel: Sind die Antworten richtig?
„Mein Viereck hat vier gleich lange Seiten."

Dann ist es eine Raute.

Dann ist es ein Quadrat.

Gerade AB
Strecke $\overline{AB}$
Strahl $\overrightarrow{AB}$

Senkrechte Geraden (a ⊥ c)
schließen einen rechten
Winkel ein.
Parallele Geraden (a ∥ b)
sind beide senkrecht zu ei-
ner Geraden c.

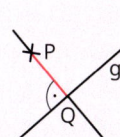

Der **Abstand** eines Punktes P
von einer Geraden g ist die
Länge der Strecke $\overline{PQ}$ auf der
Senkrechten zu g.

1.

Übertrage ins Heft.
a) Zeichne alle Verbindungsstrecken und ordne
sie der Länge nach.
b) Zeichne die Strahlen $\overrightarrow{DB}$, $\overrightarrow{BA}$ und $\overrightarrow{AC}$.
c) Zeichne die Gerade AD und dann
die Parallele durch C zu AD.
d) Bestimme den Abstand des Punktes D
von der Geraden AB.

Das **Koordinatensystem**
Punkt **P(2|1)**:
1. Koordinate: 2
2. Koordinate: 1

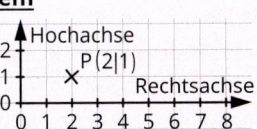

2. Trage die Punkte in ein Koordinatensystem ein
und verbinde sie. Welches Viereck entsteht?
a) A(3|1) B(7|5) C(5|7)   D(1|3)
b) A(1|6) B(8|6) C(11|9) D(4|9)

Die **Spiegelachse**   Die **Symmetrieachse**

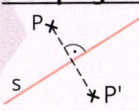   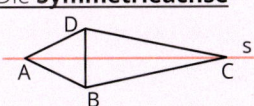

Eine Figur ist **achsensymmetrisch**, wenn sie
eine Symmetrieachse hat, so dass die eine Sei-
te der Figur das Spiegelbild der anderen ist.

3. Übertrage ins Heft und zeichne alle Symmetrie-
achsen ein.

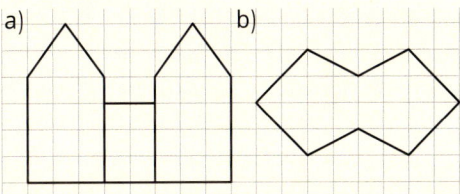

Vierecke
Rechteck   **Quadrat**

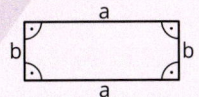

Parallelogramm   **Raute**

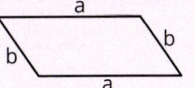

Drachen   **Trapez**

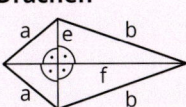   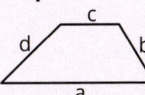

4. Zeichne ein Rechteck mit den Seitenlängen
a = 7 cm und b = 5 cm.

5. Zeichne ein Quadrat und eine Raute, die keine
rechten Winkel hat, mit a = 5,5 cm.

6. Zeichne mit zwei Streifen (2 cm und 5 cm breit)
ein Parallelogramm (ohne rechte Winkel).

7. Zeichne einen Drachen, dessen Diagonalen
6 cm und 4 cm lang sind.

8. Bei einem Trapez haben die parallelen Seiten
3 cm Abstand. Kann es eine Raute sein?

1. **a)** Gib je zwei zueinander senkrechte Geraden an.
      Notiere: ▢ ⊥ ▢ und ▢ ⊥ ▢
   b) Gib je zwei zueinander parallele Linien an.
      Notiere: ▢ ∥ ▢ und ▢ ∥ ▢

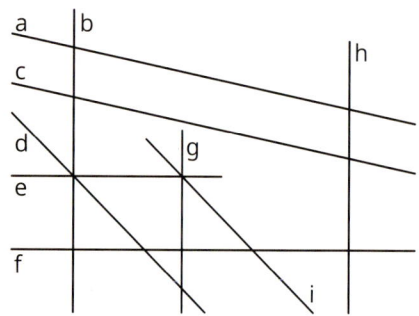

2. Markiere auf einem Blatt Papier fünf Punkte A, B, C, D, E. Zeichne anschließend die Strecke $\overline{AB}$, die Gerade CD und den Strahl $\overline{BE}$.

3. Zeichne ein Rechteck. Es soll 6 cm lang und 4 cm breit sein.

4. Übertrage ins Heft und zeichne alle Symmetrieachsen der Figur ein.
   a)

   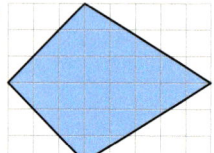

   b)

   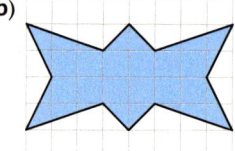

5. Zeichne zwei parallele Geraden mit dem Abstand 4 cm. Zeichne in den entstandenen Streifen ein Parallelogramm und ein Quadrat.

6. Übertrage ins Heft und spiegele an der Geraden s.
   a)

   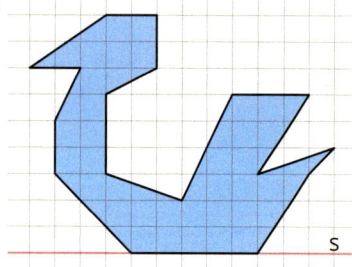

   b)

7. Trage die Punkte in ein Koordinatensystem ein. Zeichne das angegebene Viereck und ergänze die fehlenden Koordinaten.
   a) Rechteck: A(3|2) B(9|2) C(9|6) D(|)   **b)** Parallelogramm: A(5|3) B(13|3) C(|) D(1|9)

8. Zeichne und beschrifte drei Geraden a, b, c mit folgenden Eigenschaften:
   a) a ∥ b   und   a ⊥ c   **b)** a ⊥ b   und   b ∥ c

9. Zeichne ein Quadrat, dessen Diagonalen 4 cm lang sind.

10. Tim soll als Hausaufgabe ein Rechteck, ein Parallelogramm, eine Raute, ein Quadrat, einen Drachen und ein Trapez zeichnen. Er lacht: „Das schaffe ich mit nur einer Figur!" Hat Tim Recht? Wenn ja: Zeichne die Figur, die Tim als Hausaufgabe vorlegen kann.

11. **a)** Welche Figur ist ein Parallelogramm mit gleich langen Diagonalen?
    b) Welche Figur ist ein Drachen, bei dem sich die Diagonalen gegenseitig halbieren?
    c) Welche Figur ist ein Trapez mit zwei Symmetrieachsen?

Größen

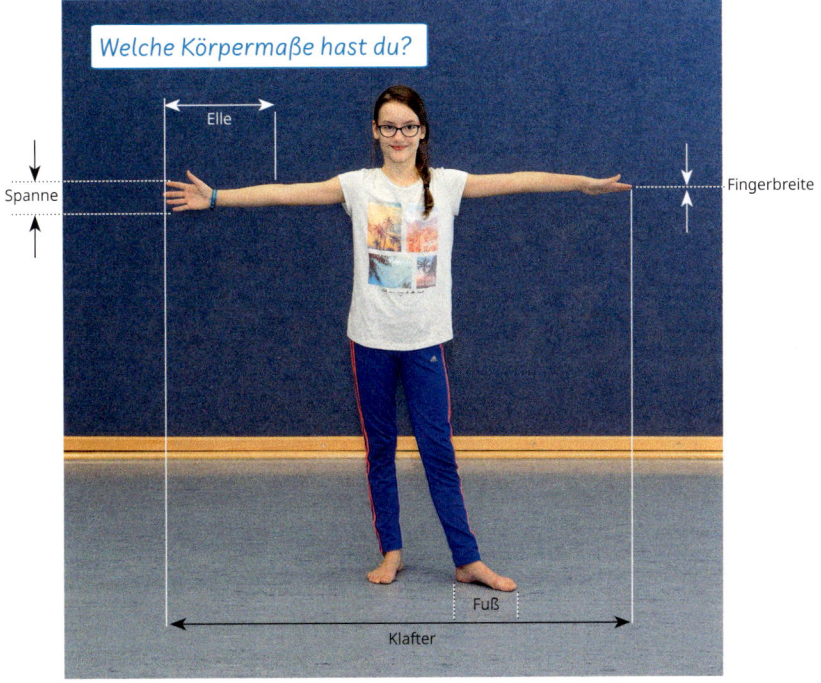

In diesem Kapitel lernst du, ...

... wie du mit Geldbeträgen rechnest,

... wie du Längenmaße umwandelst und mit ihnen rechnest,

... den Begriff „Maßstab" kennen und wie du mit Maßstäben rechnest,

... wie du Einheiten für Masse umwandelst und mit ihnen rechnest,

... wie du bei Maßeinheiten die Kommaschreibweise benutzt,

... wie du Einheiten für die Zeit angibst und Anfang, Dauer und Ende eines Vorgangs berechnest.

Löse die folgenden Aufgaben und schätze dich ein.

1. Gesucht ist eine andere Schreibweise für 1,08 €.
Zwei der folgenden Antworten sind richtig.

| 1 € 80 ct | 108 ct | 10 € 8 ct |
| 1 € 8 ct | 180 ct | 10 € 80 ct |

Ich kann die Kommaschreibweise bei Geldbeträgen in die Einheitenschreibweise umwandeln.

| Das kann ich gut. | Ich bin noch unsicher. |
| ☺ | → S. 237, A 1–2 |

2. Ordne die Gegenstände nach ihrer Masse.
Beginne mit dem schwersten Gegenstand.

| Flugzeug | DVD | 1-Cent-Münze |
| Fußball | Auto | Fahrrad |

Ich kann die Masse von Gegenständen aus dem Alltag vergleichen.

| Das kann ich gut. | Ich bin noch unsicher. |
| ☺ | → S. 238, A 1–3 |

3. Welche Zahlen gehören in die Lücken?

a) 1 Woche = ▨ Tage　　**b)** 1 Tag = ▨ Stunden

c) 1 Stunde = ▨ Minuten　**d)** 1 Minute = ▨ Sekunden

Ich kenne die Einheiten, mit denen die Zeit gemessen wird.

| Das kann ich gut. | Ich bin noch unsicher. |
| ☺ | → S. 239, A 1–3 |

4. Auf jedem Bild ist eine Länge hervorgehoben.
Ordne jeder Länge die passende Einheit
(m, dm, cm oder mm) zu.

Ⓐ 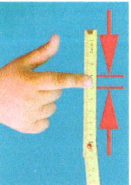　　　Ⓑ

Ⓒ 　　　Ⓓ

Ich kann zu Dingen, die ich kenne, passende Längenmaße angeben.

| Das kann ich gut. | Ich bin noch unsicher. |
| ☺ | → S. 240, A 1 |

5. Rechne aus.

a) 3,58 € + 2,15 € = ▨ €　　**b)** 124 g · 3 = ▨ g

c) 1 274 cm − 545 cm = ▨ cm　**d)** 165 s : 15 = ▨ s

Ich kann einfache Rechenaufgaben mit Größen lösen.

| Das kann ich gut. | Ich bin noch unsicher. |
| ☺ | → S. 241, A 1–3 |

Geld

1. Welchen Wert hat das abgebildete Geld? Schreibe den Betrag in Euro und in Cent.

a)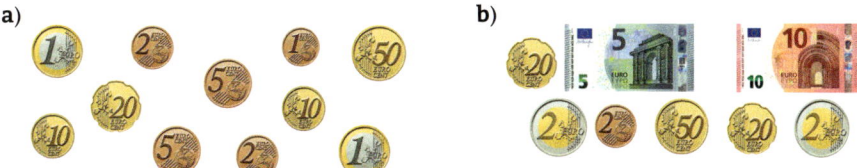

b)

2. a) Welche Münzen gibt es in Deutschland? Schreibe sie der Größe nach auf: 1 Cent, …
b) Welche Scheine gibt es in Deutschland? Schreibe sie auch der Größe nach auf.

3.

Ich habe nicht mehr viel Geld. Morgen bekomme ich erst wieder Taschengeld.

Reicht es noch für ein Eis und eine Limo?

Komm, wir helfen dir beim Zählen.
3 mal 50 Cent, 2 mal 20 Cent, 10 Cent, 10 mal 1 Cent, 3 mal 2 Cent und 3 mal 5 Cent.

Überlege dir mit einem Partner, ob das Geld für ein Eis und eine Limo reicht. Oder kann man sich nur ein Eis kaufen? Was würdest du dir von diesem Geldbetrag kaufen?
a) An der Kasse musst du 5 € bezahlen. Schreibe 3 Möglichkeiten auf, mit welchen Münzen du diesen Betrag bezahlen kannst.
b) Mit welchen Münzen oder Scheinen kannst du 15 € bezahlen? Schreibe drei Möglichkeiten auf.

4. Rico und Frau Altmann stehen an der Kasse und müssen ihre Einkäufe bezahlen. Rico muss 4,25 € bezahlen und Frau Altmann 46,80 €. Können beide ihre Einkäufe bezahlen?

5. Die folgenden Beträge sollst du mit möglichst wenig Scheinen und Münzen bezahlen.
a) 14,60 €. Schreibe so: 14,60 € = 10 € + ____ + ____ + …
b) 37,40 €
c) 86,95 €
d) 157,60 €

In vielen Ländern Europas gibt es die Einheit **Euro** (€) für Geld: **1 € = 100 ct (Cent)**
Geldbeträge kannst du auf unterschiedliche Weise angeben:
Centschreibweise (825 ct), **gemischte Schreibweise** (8 € 25 ct) und
Kommaschreibweise (8,25 €)
Bei Geldbeträgen mit € und ct verwendet man meistens die Kommaschreibweise.

Aufgabe	Umwandeln in Cent	Ausrechnen	Umwandeln in Kommaschreibweise	Ergebnis
6,79 € – 1,60 €	= 679 ct – 160 ct	= 519 ct	= 5,19 €	**5,19 €**
4·2,35 €	= 4·235 ct	= 940 ct	= 9,40 €	**9,40 €**

6. Gib den Geldbetrag in den zwei anderen Schreibweisen an.
    a) 21,75 €   **b)** 153 ct   **c)** 30 € + 78 ct   **d)** 1010 ct   **e)** 5 € 7 ct   **f)** 0,99 €

7. Ordne der Größe nach. Beginne mit dem kleinsten Preis.
    723 ct   1 €   112 ct   10 € 5 ct   10,50 €   25 €   8,40 €   25,01 €

8. Je drei Geldangaben unterschieden sich nur in der Schreibweise. Finde sie und notiere
    sie verbunden mit einem Gleichheitszeichen im Heft.

0,32 €	30,02 €	3,02 €	30 € 2 ct
3200 ct	32 ct	0 € 32 ct	32,00 €
3002 ct	32 € 0 ct	3 € 2 ct	302 ct

9. Wie viel Euro sind das zusammen?
    a) 7 Münzen zu 2 €   **b)** 4 Scheine zu 5 €   **c)** 20 Münzen zu 50 Cent
    d) 5 Münzen zu 50 Cent   **e)** 3 Scheine zu 20 €   **f)** 3 Scheine zu 200 €

10. Lege den Betrag mit möglichst wenigen Scheinen und Münzen.
    a) 54,05 €   **b)** 137,20 €   **c)** 38,41 €   **d)** 165,52 €   **e)** 235,56 €

11. Julia zahlt mit einem 10-€-Schein. Wie viel bekommt sie zurück?
    a) 7,50 €   **b)** 4,20 €   **c)** 3,80 €   **d)** 8,68 €   **e)** 7,32 €   **f)** 9,05 €

12. Wie viel Euro sind es ungefähr? Überschlage mit gerundeten Beträgen.
    a) 69 € + 19 € + 99 €   **b)** 123 € + 59 € + 49 €
    c) 109,90 € + 17,99 € + 89,80 € + 10,55 €   **d)** 99,80 € + 58,75 € + 19,90 € + 5,29 €

⁺13. a) Toni hat 50 €. Was kann er dafür alles kaufen?
      b) Er entscheidet sich für das T-Shirt und die Socken.
        Wie viel Geld muss er zahlen? Wie viel bleibt ihm von 50 € übrig?

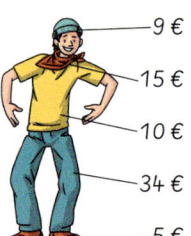

                                 9 €
                                   15 €
                                   10 €
                                   34 €
                                   5 €

14. Berechne und gib das Ergebnis in Euro an.
    a) 18 € + 89 € + 11 ct   **b)** 32,50 € + 300 ct + 5,50 €
    c) 25,00 € + 125 ct + 7,50 €   **d)** 55,50 € – 400 ct – 0,50 €
    e) 100 € – 25 € – 450 ct   **f)** 1250 ct – 50 ct – 7,59 €

15. Wandle die Beträge zuerst in Cent um, dann rechne und gib das Ergebnis in Komma-schreibweise an.

a) 21,75 € + 43,22 €   b) 34,14 € + 12,05 €   c) 20,20 € + 0,85 €
d) 51,49 € − 9,07 €   e) 90,90 € − 14,09 €   f) 123,01 € − 45,78 €
g) 5 · 2,50 €   h) 3 · 0,95 €   i) 8 · 1,23 €

⁺**16.** Bestimme den Gesamtpreis.

a)

Kekse
CHIPS
300G
2,95 €   3,99 €

b)

3,49 €

1,94 €

c)

SAFT
1L   1L
jede 2,49 €

d)

6,39 €

COLA COLA COLA
jede 0,49 €

17. Berechne den Gesamtpreis des Einkaufs.

Kiwi		Clementinen		Erdbeeren		Bananen	
Stück	0,35 €	1 kg	2,99 €	Schale	1,49 €	1 kg	1,11 €

⁺a) Familie Maier kauft 2 kg Bananen.
⁺b) Robert kauft 7 Kiwis.
c) Rosa kauft 2 kg Clementinen und 3 Schalen Erdbeeren.
d) Frau Covak kauft 1 kg Clementinen, 5 Kiwis, 2 Schalen Erdbeeren und 1 kg Bananen. Sie bezahlt mit einem 50-€-Schein. Wie viel erhält sie zurück?

Aufgabe: Kathi kauft 6 Kiwis und 1 kg Bananen.
Rechnung: 0,35 € · 6 + 1,11 €
= 35 ct · 6 + 111 ct
= 210 ct + 111 ct = 321 ct
= 3,21 €

18. Sören kauft 3 Flaschen Saft für je 1,19 € und 1 Paket Nüsse zu 1,55 €. Reichen 5 €?

19. Josh behauptet, dass man einen Preis von 10 Cent auf acht verschiedene Weisen mit Münzen bezahlen kann.
Elvan meint, dass es sogar elf Möglichkeiten gibt. Wer hat Recht?

Tipp: Lege dir eine Tabelle an.

	10	5	2	1
Anzahl	1	0	0	0

20. a) Mine lässt einen 20-€-Schein in 16 Münzen wechseln. Welche Münzen hat sie erhalten?
b) Für 100 € bekommt sie verschiedene Scheine und Münzen, insgesamt 16 Stück. Welche Scheine und Münzen hat sie erhalten?

21. Berechne und gib das Ergebnis in Euro an.

a) 8 € 34 ct + 23 € + 11 € 25 ct + 17,87 €   b) 100 € − 27,13 € − 24 € 48 ct − 99 ct
c) 1 500 € − 199,99 € − 28,37 € − 878,78 €   d) 500 € − 89,99 € − 5,31 € − 18,45 €

Einkaufen im Supermarkt

Möhren (1-kg-Beutel) 1,99 €	Blumenkohl Stück 1,49 €	Paprika-Mix (Beutel) 2,59 €	Petersilie (Bund) 1,29 €	Melone Stück 2,19 €

1. Pia kauft einen Blumenkohl und zwei Beutel
 Paprika-Mix.
 a) Wie viel muss sie bezahlen?
 b) Sie zahlt mit einem 10-€-Schein.
  Wie viel Geld bekommt sie zurück?

2	·	2,	5	9	€	=			
	2	·	2,	6	0	€	=	5,	2	0	€
−	2	·	1	Cent		=	2	Cent	
								€	

*Rechenvorteil:
2,59 € gleich
2,60 € minus
1 Cent.*

2. Ahmet hat genau 3 €.
 Wie viel kann er einkaufen?
 a) Packungen Butter   **b)** Vollmilch
 c) Buttermilch   **d)** Joghurt

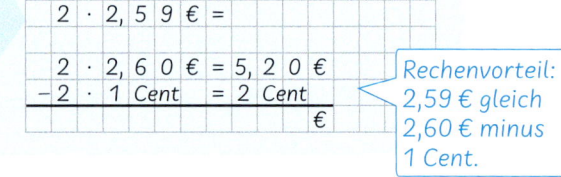

Buttermilch 500 g 0,89 € | 1 ℓ Milch 0,69 € | Joghurt 250 g 0,39 €

Butter 1 Pck. 1,29 €

3. Warum enden so viele Preise mit 9?
 Überlege und diskutiere mit deinen Mitschülern.

4. Rechts siehst du den Einkaufszettel von Frau Weller.
 a) Überschlage im Kopf: Reichen 10 Euro?
 b) Berechne genau, welchen Betrag sie zahlen
  muss.
 c) Frau Weller zahlt mit einem 20-€-Schein.
  Welchen Betrag erhält sie zurück?

5. Fred muss Petersilie und 1 kg Möhren einkaufen.
 Was kann er noch mitnehmen, wenn er 7,66 € dabei
 hat?

3 Packungen Butter
4 ℓ Milch
2 Joghurt
1 Beutel
 Paprika-Mix
2 kg Möhren

Längenmaße

1. Früher wurde mit Längenmaßen wie Klafter oder Elle gemessen.
   (Schau dir hierzu die Einführungsseite des Kapitels an.)
   a) Vergleicht untereinander, wie lang bei euch ein Klafter und eine
      Elle sind.
   b) Könnt ihr euch vorstellen, warum es früher z. B. beim Einkauf
      von Stoffen Streitigkeiten zwischen Käufer und Verkäufer gege-
      ben hat?
   c) Zur Vereinheitlichung der Längenmaße wurde der Meter ein-
      geführt. Recherchiere im Internet, was du zum "Ur-Meter" und
      seiner Geschichte finden kannst.

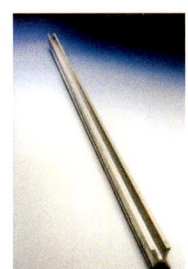

2. Es gibt lateinische Vorsilben mit einer speziellen Bedeutung. Hier sind einige davon:

Deka (das 10-Fache)	Hekto (das 100-Fache)	Kilo (das 1000-Fache)
Dezi (der 10. Teil)	Zenti (der 100. Teil)	Milli (der 1000. Teil)

   a) Erkläre unter Verwendung des Wortes „Meter", wovon die Personen sprechen.

   b) Einige haben Begriffe benutzt, die nicht üblich sind. Welche Begriffe sind das?

3 Gib die Längen der abgebildeten Gegenstände in Zentimeter und in Millimeter an.

   a)

   b)

   c)

   d)

Die grundlegende Einheit für das Maß der Länge ist **ein Meter (1 m)**.

Von 1 m abgeleitet gibt es größere und kleinere Längenmaße. Üblich sind:
Kilometer (km), Dezimeter (dm), Zentimeter (cm), Millimeter (mm)

Es gilt: 1 km = 1000 m   1 m = 10 dm = 100 cm = 1000 mm
                        1 dm =   10 cm = 100 mm
                                 1 cm =   10 mm

Umwandlung von Längen

15 cm = 150 mm   6 m 7 cm = 607 cm   2 km 630 m = 2 630 m
58 mm = 5 cm 8 mm   385 cm = 3 m 85 cm   42 500 m = 42 km 500 m

4. Ordne die passende Länge zu.
    ① Türhöhe   ② Stuhlbreite   ③ Türbreite
    ④ Marathonstrecke   ⑤ Stadionrunde   ⑥ Zündholzlänge
    ⑦ Wespenstachel   ⑧ Autolänge   ⑨ Mt. Everest Höhe

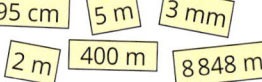

42 195 m   45 mm   50 cm   95 cm   5 m   3 mm   2 m   400 m   8 848 m

5. Wie viel Millimeter sind es? Erkläre, wie du rechnest.
    a) 5 cm   **b)** 7 cm   **c)** 2 cm   **d)** 10 cm   **⁺e)** 13 cm   **⁺f)** 20 cm
    g) 3 cm 4 mm   **h)** 7 cm 3 mm **⁺i)** 5 cm 8 mm **⁺j)** 10 cm 3 mm **⁺k)** 12 cm 5 mm**⁺l)** 21 cm 8 mm

6. Wie viel Zentimeter und Millimeter sind es?
    a) 15 mm   **b)** 43 mm   **c)** 68 mm   **d)** 100 mm   **⁺e)** 175 mm   **⁺f)** 228 mm

7. Wie viel Zentimeter sind es?
    a) 2 m   **b)** 6 dm   **c)** 12 m   **d)** 4 m 12 cm   **e)** 6 m 8 dm   **f)** 2 m 75 cm

8. Wie viel Meter und Zentimeter sind es?
    a) 250 cm   **b)** 207 cm   **⁺c)** 317 cm   **⁺d)** 860 cm   **⁺e)** 745 cm   **⁺f)** 1 000 cm

9. Wie viel Meter sind es?
    a) 3 km   **b)** 7 km   **c)** 15 km   **d)** 3 km 400 m **⁺e)** 5 km 250 m**⁺f)** 7 km 355 m

10. Wie viel Kilometer und Meter sind es?
    a) 1 500 m   **b)** 3 700 m   **c)** 8 240 m   **⁺d)** 4 025 m   **⁺e)** 12 400 m   **⁺f)** 100 000 m

11. Ein Stockwerk eines Hauses ist ungefähr 3 m hoch.
     Schätze die Höhe des Hochhauses und des Baumes.

12. Der Neubau für eine Bank soll 50 Stockwerke hoch wer-
     den, das unterste Stockwerk soll doppelt so hoch (= 6 m)
     sein wie die anderen. Wie hoch etwa wird das Gebäude?

13. Autos sind ungefähr 5 m lang. Schätze damit:
     Wie viele Autos stehen in einem 3 km langen Stau auf einer zweispurigen Autobahn?

Kommaschreibweise bei Längen, Rechnen mit Längenmaßen

Löst alle Aufgaben in Partnerarbeit.

1. Erklärt, ob die Fahrzeuge durchfahren können.

2. Das ist eine Stellenwerttafel für Längen. Maren hat die Länge 37,504 m eingetragen.

		·10	·10	·10	·10	·10	·10
km	100 m	10 m	m	dm	cm	mm
		3	7	5	0	4

  a) Erklärt, wie sie die Länge eingetragen hat.

  b) Wie heißt die richtige Zahl für dieselbe Länge in der angegebenen Einheit?

  (1) _____ dm   (2) _____ cm   (3) _____ mm

3.

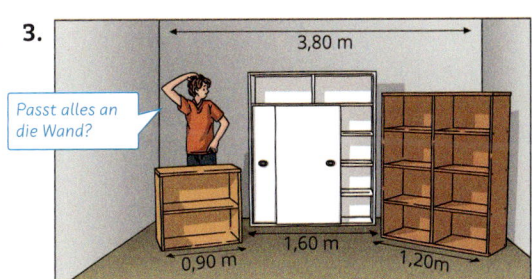

Beantwortet die Fragen in den beiden Bildern. Schreibt auf, wie ihr rechnet, und vergleicht mit Mitschülerinnen und Mitschülern.

4. Rechnet wie im Beispiel zunächst ohne Komma in einer kleineren Einheit und wandelt am Ende wieder in die größere Einheit um.

  a) 12,65 m + 8,17 m   **b)** 85,3 cm – 9,7 cm
  c) 5,245 km · 6   **d)** 31,52 m : 8
  e) 0,725 m · 12   **b)** 3,34 m + 43,6 dm

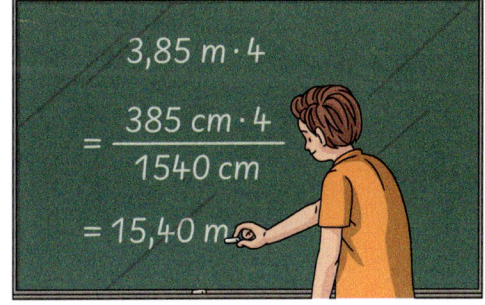

5. Euer Mathematikbuch hat die Länge, die im Bild rechts angegeben ist. Die Straße zwischen Rimstein und Oberhofen ist 14 km lang. Würde eine Kette von 56 000 Exemplaren eures Mathematikbuches von Rimstein bis Oberhofen reichen? Stellt euer Rechenergebnis in der Klasse vor.

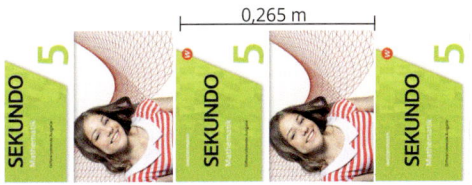

Für die **Kommaschreibweise** kannst du die Stellenwerttafel nutzen. Trage die Längen in der gewünschten Maßeinheit ein.

Das **Rechnen** mit Längenmaßen in Kommaschreibweise erfolgt in drei Schritten:

① Umwandeln in eine kleinere   ② Rechnen   ③ Umwandeln in die
   Einheit ohne Komma   ohne Komma   ursprüngliche Einheit

Kommaschreibweise bei Längen

km	100 m	10 m	m	dm	cm	mm
4	8	3	0			
		1	2	3	5	
			0	7	1	2

4,83 km = 4830 m
12,35 m = 123,5 dm = 1235 cm
0,712 m = 7,12 dm = 71,2 cm = 712 mm

Rechnen mit Längen

		①		②		③
3,84 m – 1,73 m	=	384 cm – 173 cm	=	211 cm	=	2,11 m
1,6 km · 4	=	1600 m · 4	=	6400 m	=	6,4 km

6. Wie viel Zentimeter sind es? Schreibe mit Komma.

   a) 25 mm   **b)** 73 mm   **c)** 56 mm   **d)** 98 mm   +**e)** 121 mm   +**f)** 3 mm

7. Wie viel Millimeter sind es?

   a) 3,2 cm   **b)** 0,7 cm   **c)** 5,3 cm   +**d)** 8,6 cm   +**e)** 11,2 cm   +**f)** 15,3 cm

8. Für Kinder ist die Kleidergröße gleich Körperlänge in cm.

   a) Esthers Vater weiß, dass sie 1,46 m groß ist.
   Er möchte ihr eine Jacke kaufen.
   Welche Größe muss er wählen?

   b) Für Esthers Bruder Jan wird eine Hose in Größe 128
   gekauft. Die Hose passt genau. Wie groß ist Jan?

9. Wie viel Zentimeter sind es?

   a) 1,75 m   **b)** 0,53 m   **c)** 2,35 m   **d)** 3,70 m

10. Wie viel Kilometer sind es? Schreibe mit Komma.

   a) 3500 m   **b)** 800 m   **c)** 420500 m   +**d)** 8700 m   +**e)** 12300 m   +**f)** 1750 m

11. a) 2,60 m + 1,50 m   **b)** 4,83 m – 2,58 m   +**c)** 6,24 m + 2,49 m   +**d)** 3,34 m – 1,99 m
        1,75 m + 0,80 m   5,35 m – 1,75 m   7,27 m – 2,84 m   5,64 m + 2,58 m

12. a) 1,30 m · 7   **b)** 15,75 m : 3   +**c)** 12,75 m · 5   +**d)** 38,10 m : 6
        8,45 m · 8   18,20 m : 4   18,25 m · 9   6,35 m · 7

13. Gib in der Maßeinheit an, die in Klammern genannt ist.

   a) 50 m (km)   **b)** 14 dm (m)   **c)** 7 cm (dm)   **d)** 160 mm (m)
   e) 0,4 dm (m)   **f)** 2,5 km (dm)   **g)** 0,3 km (cm)   **h)** 0,02 km (m)

14. An der Kirche in Schwäbisch Hall ist eine „Norm-Elle" in der
Mauer zum Marktplatz.
   a) Wozu brauchte man sie? Jeder Mensch hat doch eine Elle
      am eigenen Körper. Überlege, vertritt und begründe deine
      Meinung gegenüber anderen.
   b) Die Norm-Elle ist 610 mm lang. Wie viel cm sind das?
   c) Wie viel Meter sind 4 Ellen (= 1 Klafter)?

15. Wandle um: Kilometer in Meter und umgekehrt.
   a) 3,5 km   **b)** 5 700 m   **⁺c)** 0,7 km   **⁺d)** 600 m

16. Wandle um: Meter in Zentimeter und umgekehrt.
   a) 1,80 m   **b)** 390 cm   **⁺c)** 13,9 m   **⁺d)** 85 cm

17. Wie viel Zentimeter fehlen zum ganzen Meter?
   a) 70 cm   **b)** 29 cm   **c)** 0,47 m   **⁺d)** 0,23 m   **⁺e)** 63 cm   **⁺f)** 0,5 m

18. Wie viel Meter fehlen zum ganzen Kilometer?
   a) 400 m   **b)** 350 m   **c)** 0,7 km   **⁺d)** 0,350 km   **⁺e)** 486 m   **⁺f)** 0,5 km

19.

   a) Vergleiche die Strecken $\overline{AB}$ und $\overline{CD}$ nach Augenmaß. Welche Strecke ist länger?
   b) Miss die beiden Strecken und erkläre der Klasse dein Ergebnis.

20. Stelle eine Frage und beantworte sie.
   a) Ein 3,50 m breites Regal wird durch ein Anbauteil um 75 cm verbreitert.
   b) Der Radweg von Marlach nach Schöntal ist 9,4 km lang, davon sind 7,8 km geteert.

21. a) 12,7 km + 0,9 km   **b)** 24,25 m – 2,75 m   **c)** 2,5 km – 0,8 km   **d)** 4,65 m + 2,28 m
      9,4 km – 2,7 km   16,25 m + 7,85 m   8,3 km + 1,7 km   7,42 m – 3,91 m

22. Wie viele 75 cm breite Regale passen an eine 6 m lange Wand?

= 6 m : 75 cm
= 600 cm : 75 cm
= ...

Zuerst alle Längen in derselben Einheit!

23. a) 3,2 m : 80 cm   **b)** 6,25 m : 125 cm   **c)** 4,2 km : 600 m
      4,9 m : 70 cm   1,25 m : 25 cm   5,4 km : 450 m

24. Wasser ist aufs Blatt gespritzt und hat einiges verwischt. Kannst du es ergänzen?

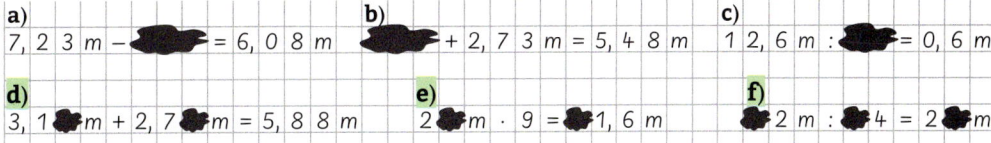

a)
7,2 3 m – ███ = 6,0 8 m
b)
███ + 2,7 3 m = 5,4 8 m
c)
1 2,6 m : ███ = 0,6 m
d)
3,1 █ m + 2,7 █ m = 5,8 8 m
e)
2 █ m · 9 = █ 1,6 m
f)
█ 2 m : █ 4 = 2 █ m

25. Wie viel Kilometer sind
   a) 1 Million Millimeter,   **b)** 1 Milliarde Millimeter?
   Wie lange brauchst du jeweils, um so weit zu laufen?

26.

a) Jeder Wagen ist 26,80 m lang, die Lokomotive ist 16,75 m lang. Wie lang ist der Zug?

b) Jeder Wagen hat 139 Sitzplätze. Wie viele Sitzplätze hat der ganze Zug?

c) Wie viele Pkws mit jeweils 5 Sitzplätzen haben ungefähr dieselbe Anzahl Plätze wie der Zug?

27. a) 24,7 m + 18,6 m   **b)** 8,94 m – 4,63 m   **c)** 56,70 m + 26,20 m   **d)** 22,64 m – 19,49 m
e) 0,6 m · 24   **f)** 0,960 km : 8   **g)** 22,7 cm · 9   **h)** 45,60 m : 12

28. Die Marathonstrecke ist 42,195 km lang.

a) Runde die Streckenlänge auf ganze km.

b) Wie viele Stadionrunden (400 m) ergeben ungefähr die Länge des Marathons?

c) Beim Wandern schaffst du 5 km in einer Stunde. Wie lange wärst du ungefähr auf der Marathonstrecke unterwegs?

+d) Vergleiche die Marathonstrecke mit der Länge deines Schulweges.

+**29.** Vier gleich hohe Steinquader wurden zu einer Säule aufeinandergesetzt. Diese Säule ist insgesamt 2,48 m hoch. Wie hoch sind die einzelnen Steinquader?

30. Bei einem Radrennen werden 20 Runden gefahren, jede Runde ist 7,2 km lang.

a) Wie lang ist die Gesamtstrecke des Rennens?

b) Du schaffst etwa 20 km in einer Stunde. Wie lange etwa wärst du auf der Strecke?

c) Radrennfahrer fahren etwa 40 km pro Stunde. Wie lange etwa dauert das Rennen?

31. Der Mont Blanc in den französischen Alpen ist mit 4 807 m Höhe der höchste Berg Europas. Wie oft müsste man das Ulmer Münster (161,53 m) übereinander setzen, um ungefähr die Höhe des Mont Blanc zu erreichen?

pro Sekunde be-deutet:
in jeder Sekunde

32. a) Das Licht legt <u>pro Sekunde</u> etwa 300 000 km zurück. Die Erde ist etwa 150 Millionen km von der Sonne entfernt. Wie viele Sekunden braucht das Licht für diese Strecke?

b) „1 Lichtjahr" ist die Entfernung, die das Licht in einem Jahr zurücklegt. Wie viele Kilometer sind das?

33. Stelle jeweils eine Frage, notiere und präsentiere deinen Lösungsweg.

a) Karsten sprang bei den Bundesjugendspielen 20 cm weiter als Andreas. Ihre beiden Weiten betrugen zusammen 7,40 m.

b) Silke ist 3 cm größer als Carla. Monika ist 3 cm kleiner als Silke. Alle drei zusammen sind 4,44 m groß.

Vergrößerung

| Maßstab 1:1 | Maßstab 5:1 | Maßstab 3:1 |

1. Maßstab 5 : 1 (lies „5 zu 1") bedeutet, dass alle Längenmaße am Käfer in Wirklichkeit nur den fünften Teil der Bildlängen haben.
   a) Wie lang ist der Marienkäfer in Wirklichkeit? Gib als ganze Zahl in Millimetern an.
   b) Wie breit ist der Marienkäfer in Wirklichkeit? Gib als ganze Zahl in Millimetern an.

2. a) Wie lang ist der Feuerkäfer in Wirklichkeit?   **b)** Wie breit ist er in Wirklichkeit?

3. Erkläre selbst, was die Maßstabangabe 1:1 (lies „1 zu 1") bedeutet. Wie breit ist das Schneckenhaus in Wirklichkeit?

Maßstab 100:1 (lies „hundert zu eins") bedeutet, dass die Längen in Wirklichkeit der hundertste Teil der gemessenen Längen auf dem Bild sind.

Sind die Längen in Wirklichkeit genau so groß wie die Längen auf dem Bild, liegt der Maßstab 1:1 vor.

Auf einem Foto mit dem Maßstab 4:1 ist eine Stubenfliege 2,8 cm lang.
Wie lang ist die Fliege in Wirklichkeit?

Rechnung: 2,8 cm : 4 = 0,7 cm = 7 mm

Antwort: In Wirklichkeit ist die Stubenfliege 7 mm lang.

4. Übertrage die Vergrößerung bzw. Verkleinerung auf ein Blatt Karopapier.
   a) Vergrößere im   **b)** Vergrößere im   **c)** Vergrößere im   **d)** Verkleinere im
       Maßstab 4:1.   Maßstab 3:1.   Maßstab 2:1.   Maßstab 1:2.

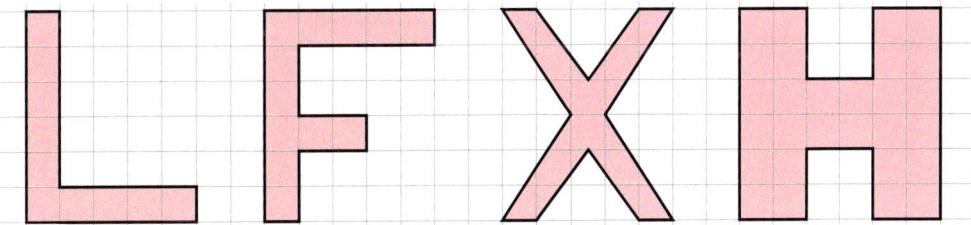

5. Miss die Längen im Bild und berechne die Längen in der Wirklichkeit.
   a) Buchdrucker   8:1   **b)** Biber   1:25

Verkleinerung

1. Maßstab 1:125 (lies „1 zu 125") bedeutet, dass alle Längenmaße am Elefanten in Wirklichkeit 125-mal so lang wie auf dem Bild sind.
   a) Wie lang ist der Elefant in Wirklichkeit?
   b) Wie hoch ist der Elefant in Wirklichkeit?

Maßstab 1:125

2. Familie Burkhardt plant eine Wanderung. Ihre Landkarte hat den Maßstab 1:50 000. Bis zum Zielort sind es auf der Karte 24 cm. Wie lang ist der Weg mit Rückweg?

3. So sah das Ruhrgebiet um die Stadt Bochum zu deiner Geburt aus. Der Maßstab der Karte ist 1:75 000.

   Die Luftlinien-entfernung ist die kürzeste Entfernung zwischen zwei Orten. Dafür werden die Orte auf einer Karte durch eine direkte Strecke verbunden.

   a) Wie groß ist die Luftlinienentfernung vom Opel Werk II zum Heizkraftwerk Lothringen IV in Wirklichkeit?

   b) Eine Studentin radelt vom Technologie-Quartier nahe der Ruhr-Universität Bochum zum Großkino im Einkaufszentrum Ruhrpark. Der Weg ist um die Hälfte länger als die Luftlinienentfernung. Wie lang ist der Weg und wie lange braucht sie dafür ungefähr, wenn sie pro Stunde 15 km schafft?

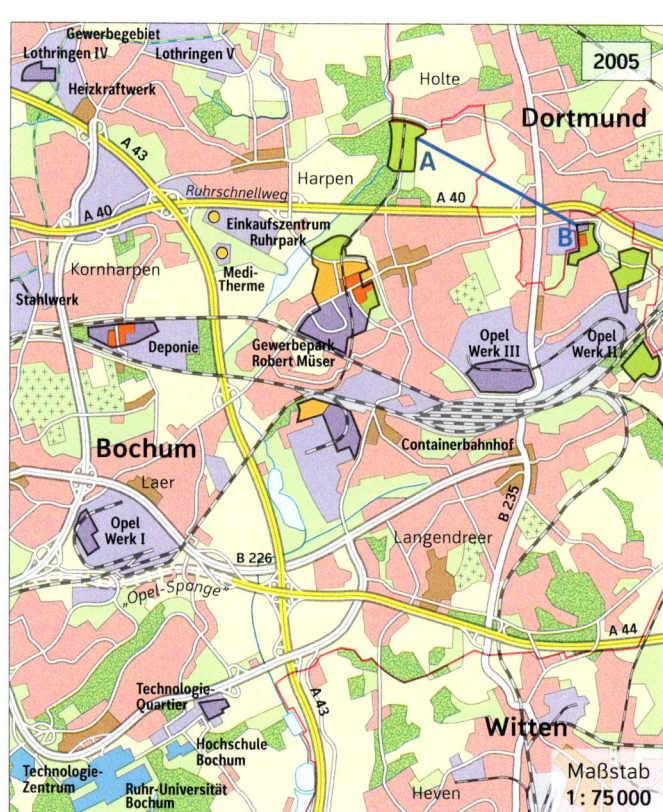

Maßstab 1:100 (lies „eins zu hundert") bedeutet, dass die Längen in Wirklichkeit das Hundertfache der gemessenen Längen auf dem Bild sind.

Sind die Längen in Wirklichkeit genau so groß wie die Längen auf dem Bild, liegt der Maßstab 1:1 vor.

Auf einer Landkarte mit dem Maßstab 1:300 000 ist eine Entfernung 4 cm lang. Wie lang ist diese Entfernung in Wirklichkeit?

Rechnung: 4 cm · 300 000 = 1 200 000 cm = 120 000 dm = 12 000 m = 12 km

Antwort: In Wirklichkeit beträgt die Entfernung 12 km.

4. Übertrage das Haus im Maßstab 1 : 50 auf ein DIN-A4-Blatt. Überlege vorher:
① Welche Länge musst du für 1 m nehmen? 2 cm oder 1 cm oder einen halben cm?
② Welche Länge musst du für 10 cm nehmen, 5 mm oder 2 mm oder 1 mm?

⁺5. Das Haus soll nun noch einmal im Maßstab 1 : 100 übertragen werden. Wird dieses Bild größer oder kleiner als das Bild zu Aufgabe 4? Begründe zuerst, dann zeichne.

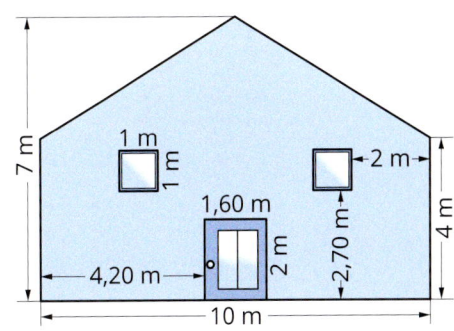

6.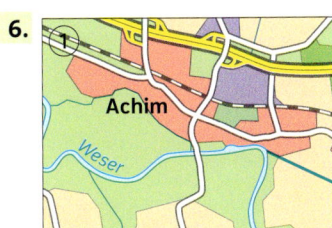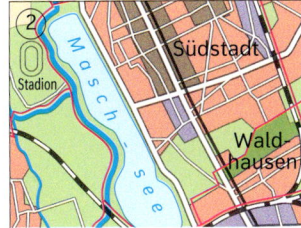

a) Ordne den passenden Maßstab zu: 1 : 75 000, 1 : 200 000 und 1 : 3 000 000.
b) Wie weit ist die Luftlinienentfernung vom Zentrum Essen bis zum Zentrum in Dortmund?

7. Manuela hat auf einer Landkarte mit dem Maßstab 1 : 5 000 000 Luftlinienentfernungen gemessen. Wie viel km sind es in Wirklichkeit?
a) Stuttgart – Hamburg 11 cm
b) Berlin – Warschau 10 cm
c) Berlin – Mailand 17 cm
d) Berlin – Budapest 14 cm
e) Berlin – Stockholm 16 cm
f) Hamburg – Kopenhagen 5 cm

8. a) Ein Stadtplan hat den Maßstab 1 : 2 500. Wie lang ist auf ihm eine 100 m lange Straße gezeichnet?
b) Ein 500 km breiter Streifen soll auf eine 20 cm breite Landkarte. Mit welchem Maßstab gelingt das?
c) Der Kölner Dom ist 157 m hoch. Mit welchem Maßstab passt er auf ein DIN-A4-Blatt?

9. Irinas Modell-Segelflugzeug ist maßstabgetreu und hat folgende Maße:
Rumpflänge: 108 cm
Spannweite: 248 cm
Höhe Leitwerk: 27 cm
Das wirkliche Segelflugzeug hat ein 3,24 m hohes Leitwerk.
Wie groß sind Rumpflänge und Spannweite?

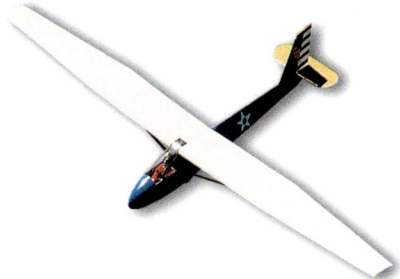

10. Manuels Modellsportwagen ist 14,5 cm lang. Er weiß, dass dieser Sportwagen in Wirklichkeit 4,64 m lang ist. In welchem Maßstab wurde das Modell hergestellt?

11.   Karte 1   Karte 2

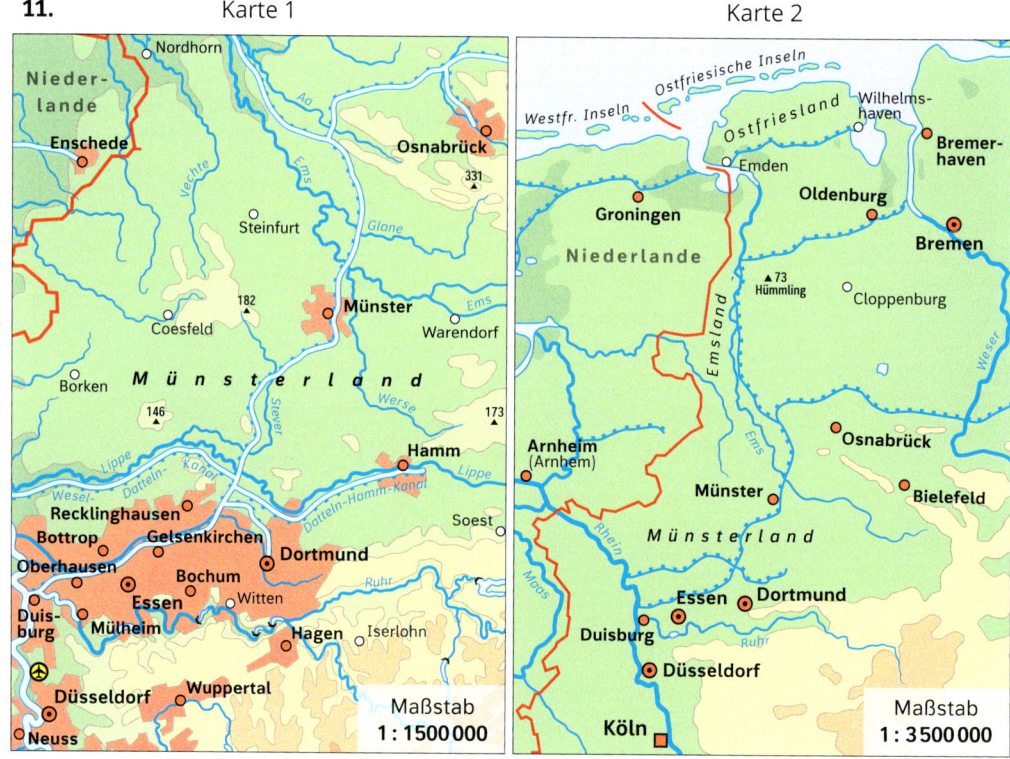

Maßstab 1 : 1 500 000

Maßstab 1 : 3 500 000

a) Gib zu beiden Maßstäben an, wie viel Meter in Wirklichkeit 1 mm auf der Karte sind.

b) Bestimme die Luftlinienentfernung zwischen Essen und Osnabrück zuerst mit Karte 1 und danach mit Karte 2. Vergleiche die beiden Ergebnisse.

c) Wähle für die folgenden Luftlinienentfernungen jeweils eine der beiden Karten aus, begründe deine Auswahl und berechne die Entfernung.

① Hamm – Münster   ② Köln – Bremen   ③ Essen – Dortmund
④ Münster – Osnabrück   ⑤ Düsseldorf – Bremerhaven   ⑥ Dortmund – Münster

⁺**12.** Wie viel km in Wirklichkeit ist 1 cm auf der Landkarte?

a) 1 : 100 000 (Wanderkarte)   b) 1 : 300 000 (Straßenkarte)
c) 1 : 5 000 000 (Atlas, Europa)   d) 1 : 60 000 000 (Atlas, Welt)

13. Bestimme den Maßstab der Landkarte.

a) 1 cm für 4 km   b) 1 cm für 25 km   c) 1 cm für 0,5 km   d) 1 cm für 0,25 km
e) 8 cm für 8 km   f) 12 mm für 30 m   g) 18 cm für 36 km   h) 6 cm für 480 km

14. Bestimme den Maßstab der Landkarte und die schwarz markierte Luftlinienentfernung.

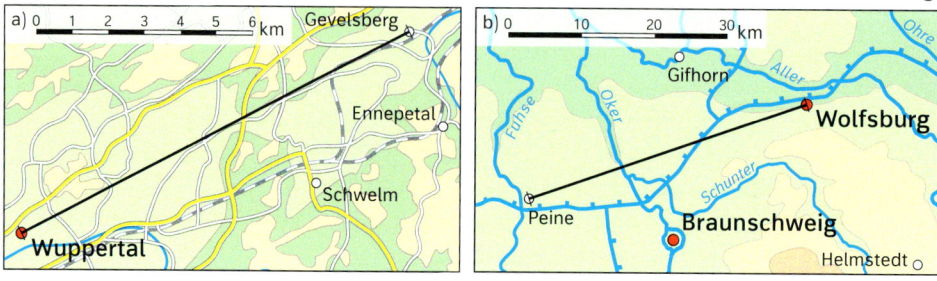

17-tägige Radtour von Freitag bis übernächsten Sonntag

Unser nördliches Nachbarland ist Dänemark.

Seit einiger Zeit gibt es einen Radweg, auf dem man von der deutschen Hauptstadt bis zur dänischen Hauptstadt radeln kann – allerdings muss ein Stück dieser Strecke mit einer Fähre auf der Ostsee zurückgelegt werden. Es gibt nämlich noch keine vollständige Landverbindung zwischen den beiden Hauptstädten.

Orte an der Strecke:

Oranienburg

Zehdenick

Neuglobsow

Neustrelitz

Waren an der Müritz

Krakow am See

Güstrow

Rostock (Fährhafen)

Gedser (Fährhafen)

Stege

Rödvig

Köge

Erstellt in Gruppen mit jeweils vier Kindern ein Plakat mit folgenden Abbildungen, Informationen und Vorschlägen für die 17-tägige Radtour von Deutschlands Hauptstadt zur dänischen Hauptstadt:

① ungefähres Bild des Radweges mit den oben genannten Orten

② Informationen zur Überfahrt von Rostock nach Gedser mit einem Fährschiff

③ Termine für den Start und die Ankunft

④ Vorschläge für Übernachtungsorte mit Angabe der täglichen Fahrstecke und der ungefähren Fahrdauer

Nutzt das Internet, um wichtige Informationen zu bekommen.

Die Ergebnisse der Aufgaben 1 bis 8 ergeben zwei typisch deutsche Speisegerichte.

1. Runde auf € und rechne im Kopf.
   a) 145,29 € + 23,59 € ≈ ▨ €
   b) 10,30 € + 9,98 € + 12,57 € ≈ ▨ €
   c) 82,21 € − 37,18 € ≈ ▨ €

2. Multipliziere.
   a) 112 · 36
   b) 96 · 21
   c) 48 · 37

3. Dividiere.
   a) 1 239 : 3
   b) 1 636 : 4
   c) 4 104 : 9

4. Beim Fußballspiel wurden 648 Karten zu 8,00 € und 324 Schülerkarten zum halben Preis verkauft.
   a) Wie viele Karten wurden verkauft?
   b) Wie viel Euro wurden dabei eingenommen?

5. Welche Figur besitzt zwei gleich lange Diagonalen, die zueinander senkrecht sind?
   Quadrat (10)
   Rechteck (20)

6. Lässt sich aus diesem Netz ein Würfel falten?

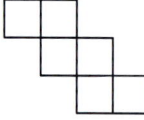

   ja (30)   nein (40)

7. Was stimmt?

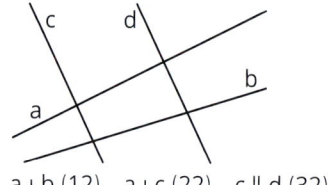

   a ⊥ b (12)   a ⊥ c (22)   c ∥ d (32)   b ∥ a (42)

8. Runde.
   a) 2 398 auf Zehner
   b) 44 560 auf Tausender
   c) 5 649 auf Hunderter
   d) 6 550 auf Tausender

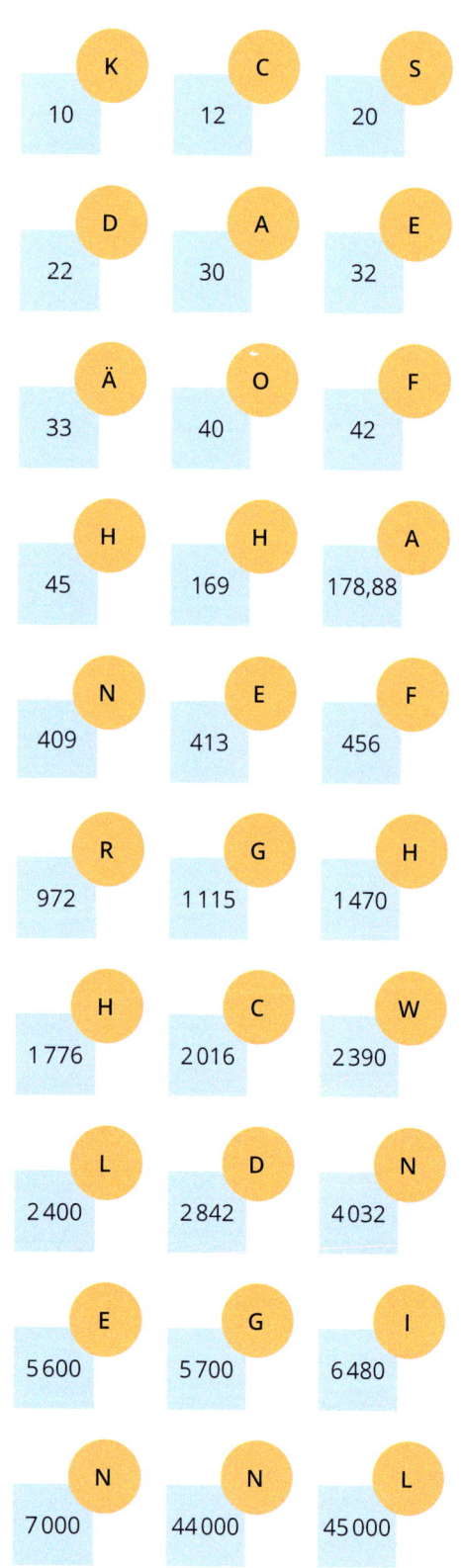

K	C	S
10	12	20
D	A	E
22	30	32
Ä	O	F
33	40	42
H	H	A
45	169	178,88
N	E	F
409	413	456
R	G	H
972	1 115	1 470
H	C	W
1 776	2 016	2 390
L	D	N
2 400	2 842	4 032
E	G	I
5 600	5 700	6 480
N	N	L
7 000	44 000	45 000

Masse*

Die grundlegende Maßeinheit für die Masse ist das **Gramm (g)**.
Leider gibt es nirgendwo ein Urgramm.
Aber die Wassermenge, die in einen Würfel von einem Zentimeter
Kantenlänge passt, hat die Masse 1 g – man sagt auch „wiegt 1 g".

Schaue für
die Vorsilben
auf S. 141
nach.

1. Eine größere Maßeinheit für die Masse ist „Kilogramm" (kg).
   Fülle die Lücke aus und erkläre: 1 kg = ▨ g.

2. Eine sehr kleine Maßeinheit für die Masse ist „Milligramm"
   (mg). Fülle die Lücke aus und erkläre: 1 g = ▨ mg.

3. Eine sehr große Maßeinheit für die Masse ist „Tonne" (t).
   In der Wissenschaft wird weltweit „Tonne" durch „Megagramm" ersetzt, also 1 t = 1 Mg.
   Und „Mega" bedeutet „Million".
   Fülle die Lücken aus und erkläre: 1 t = ▨ g sowie 1 t = ▨ kg.

4. Du siehst hier Gegenstände und ihre Massen. Welche der Gegenstände, die auf den
   Kärtchen darunter genannt sind, würdest du jeweils in t, kg, g oder mg wiegen?

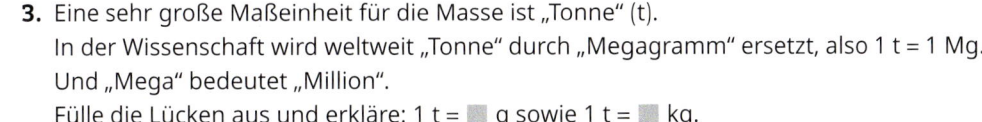

1 Tonne (1 t)	1 Kilogramm (1 kg)	1 Gramm (1 g)	1 Milli-gramm (1 mg)

Lege eine Tabelle an und ordne den Gegenständen eine Masseeinheit zu.

Gegenstand	messen in...
1 Cent-Stück	Gramm
Auto	Tonne
Geodreieck	

Geodreieck

einzelnes Haar

Koffer

Elefant

Bleistift

Regentropfen

elfjähriger Schüler

Heft

Kasten mit Limo

Lastkraftwagen

ICE-Wagen

Stück Schokolade

5. Suche Waren in deiner Küche oder im Supermarkt, die folgendes Gewicht haben:

① 100 g   ② 250 g   ③ 500 g

④ 750 g   ⑤ 1 kg

In der Umgangssprache wird dafür häufig das Wort „Gewicht" verwendet.

Die Grundeinheit für Masse ist **1 Gramm** (g). So viel wiegt normales Wasser, das in einen Würfel von 1 cm Kantenlänge passt, bei Raumtemperatur. Andere Maßeinheiten sind z.B. Kilogramm (kg), Milligramm (mg) und Tonne (t).

Es gilt: 1 t = 1000 kg   1 kg = 1000 g   1 g = 1000 mg

Umwandlung von Massen
- 15 g = 15 000 mg
- 3 746 mg = 3 g 746 mg
- 4 kg 125 g = 4 125 g
- 7 001 g = 7 kg 1 g
- 2 t 30 kg = 2 030 kg
- 15 400 kg = 15 t 400 kg

6. Briefwaage   Küchenwaage   Personenwaage   Großwaage

  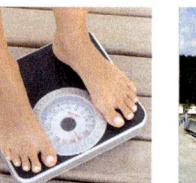 

Mit welcher Waage würdest du das wiegen? Begründe deine Meinung.
a) Packung Mehl   **b)** Bus   **c)** dich selbst   **d)** Schulheft
e) Schulbuch   **f)** Waschmaschine   **g)** 1 Esslöffel Zucker   **h)** gepackter Koffer

7. Wie viel wiegt das? Ordne die Massen richtig zu.
① Brötchen   ② 2-Euro-Stück   ③ 4 Päckchen Butter
④ Füller   ⑤ Turnschuh   ⑥ Staubsauger

45 g   1 kg   9 g   16 g   5 kg   310 g

8. Mit welcher Maßeinheit würdest du die Masse angeben?
a) Lkw-Ladung   **b)** Fernsehgerät   **c)** Brotlaib   **d)** Tortenstück

9. Wandle in Gramm um.
a) 3 kg   **b)** 5 kg   **c)** 4 kg 800 g   ⁺**d)** 11 kg 300 g   ⁺**e)** 2 kg 15 g

10. Wie viel Kilogramm und Gramm sind das?
a) 1 300 g   **b)** 2 700 g   **c)** 2 870 g   ⁺**d)** 10 700 g   ⁺**e)** 3 050 g

⁺**11.** Brote werden gewogen. Wie viel Gramm wiegen diese mehr oder weniger als 1 kg?
a) 1 085 g   **b)** 995 g   **c)** 935 g   **d)** 1 120 g   **e)** 892 g

12. 1 Liter Wasser wiegt 1 kg. Erkläre anderen den Messvorgang.

13. Was ist leichter:
1 Kilo Eisen oder 1 Kilo Styropor?

14. Wie viel Kilogramm sind es ungefähr? Runde.
a) 2 730 g   **b)** 7 230 g   **c)** 12 470 g   **d)** 5 493 g
3 280 g   8 610 g   12 560 g   6 712 g

2 480 g ≈ 2 000 g ≈ 2 kg
2 503 g ≈ 3 000 g ≈ 3 kg

15. Wie viel Tonnen und Kilogramm sind es?
   a) 4 320 kg   **b)** 9 430 kg   **c)** 7 510 kg   **⁺d)** 12 080 kg   **⁺e)** 11 910 kg

16. Wie viel Kilogramm fehlen zu einer ganzen Tonne?
   a) 800 kg   **b)** 753 kg   **c)** 418 kg   **⁺d)** 707 kg   **⁺e)** 897 kg

17. Wie viel Tonnen sind es ungefähr? Runde auf ganze Tonnen.
   a) 7 820 kg   **b)** 7 420 kg   **c)** 9 390 kg   **⁺d)** 10 671 kg   **⁺e)** 17 522 kg

18. Ergänze zum ganzen Kilogramm.
   a) 600 g   **b)** 840 g   **c)** 873 g   **⁺d)** 790 g   **⁺e)** 480 g

19.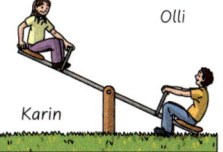

Ordne danach, wer mehr wiegt, vom Leichtesten zum Schwersten.

20. a) Wiegen die Zutaten für Teufelsküsse insgesamt mehr oder weniger als 1 kg?
   b) Werden die fertigen Teufelsküsse genauso viel wiegen? Überlege und begründe deine Antwort.

Teufelsküsse
250 g Butter
100 g Puderzucker
100 g Schokolade
   (gerieben)
 50 g Mehl
250 g Speisestärke

Butter und Zucker schaumig rühren, Schokolade, Mehl und Speisestärke dazu. Kleine Kugeln auf ein Blech setzen und für 10 min in den 190 °C warmen Backofen schieben.

21. Die angegebene Stückzahl wiegt 1 g. Wie viel Milligramm wiegt jedes einzelne Stück?

20 Stück   250 Stück   5 Stück   Kolibri-Ei   4 Stück

22. Ein Ei wiegt so viel wie 24 g und ein halbes Ei. Wie viel Gramm wiegt das Ei?

23. Die volle Flasche wiegt 1 200 g, die leere Flasche ist 200 g leichter als der Inhalt. Wie viel wiegt der Inhalt?

24. In ein Glas, das 125 g wiegt, wird Marmelade eingefüllt. Wie groß ist das Gesamtgewicht, wenn der Anteil der Marmelade am Gesamtgewicht drei Viertel beträgt?

25. Ein Mauerstein mit den Maßen 24 cm x 12 cm x 12 cm wiegt 2,3 kg. In einem Baumarkt sind diese Steine in einer 6 m langen, 60 cm dicken und 1,92 m hohen Mauer auf Paletten gestapelt. Wie viel wiegen diese Mauersteine zusammen?

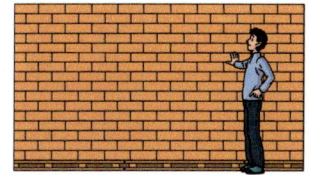

Große Größen

Bildet in eurer Klasse insgesamt 6 Gruppen. Jeweils 2 Gruppen beschäftigen sich mit derselben Aufgabe. Zur Lösung der Aufgaben braucht ihr Hilfsmittel, z. B. einen Internetzugang oder einen Taschenrechner. Notiert euren Lösungsweg und erklärt ihn dem Rest der Klasse, z. B. mit Hilfe eines Projektors.

1. Der Lkw im rechten Bild wird mit Äpfeln voll beladen. Die Äpfel sind alle so groß wie die auf der Küchenwaage. Das Fußballstadion „Borussiapark" in Mönchengladbach ist ausverkauft. Reicht der Lkw aus, um jeder Person im Stadion einen Apfel zu bringen?

Max. Zuladung 7,5 t

2. Die Kirche St. Bartholomäus wurde im Herbst 1783 eingeweiht. Seitdem schlägt die Kirchturmuhr jede Viertelstunde (1 Schlag, 2 Schläge, 3 Schläge sowie 4 Schläge zur vollen Stunde). Zur vollen Stunde wird zusätzlich die jeweilige Uhrzeit angeschlagen (1 Schlag bis 12 Schläge). Wie oft hat die Kirchturmuhr bis heute ungefähr geschlagen?

3. Im Sommer 2016 fanden die Olympischen Sommerspiele in Rio de Janeiro in Brasilien statt.
a) Reichen alle Schülerinnen und Schüler in Deutschland aus, um eine Menschenkette rund um Brasilien zu bilden?
b) Wie viele Schülerinnen und Schüler werden benötigt, um eine Menschenkette von Rio de Janeiro bis zur Hauptstadt Brasilia zu bilden?

Kommaschreibweise bei Massen, Rechnen mit Massen

1. Erkläre deinem Nachbarn oder deiner Nachbarin die Anzeigen der Waagen in den Bildern. Wozu braucht man das Komma?

 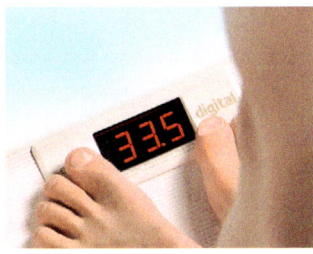 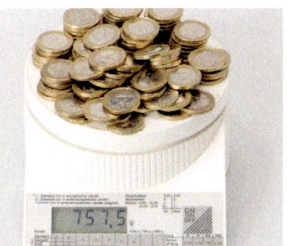

2.

t	100 kg	10 kg	kg	100 g	10 g	g	100 mg	10 mg	mg

Das ist die Stellenwerttafel für Masseneinheiten. Notiere diese Tafel in deinem Heft und trage die folgenden Massen ein.

a) Schreibe die Masse zu ① in der Einheit g.

b) Schreibe die Masse zu ② in der Einheit kg.

c) Schreibe die Masse zu ③ in der Einheit t.

d) Schreibe die Masse zu ④ in der Einheit kg.

e) Schreibe die Masse zu ⑤ in der Einheit g.

f) Schreibe die Masse zu ⑥ in der Einheit kg.

① 13,4 kg   ④ 9,5 t

② 635 g   ⑤ 48 mg

③ 3860 kg   ⑥ 0,47 t

3. **Partnerarbeit:** Beantwortet die Fragen in den Bildern. Schreibt auf, wie ihr gerechnet habt, und vergleicht mit euren Mitschülerinnen und Mitschülern.

 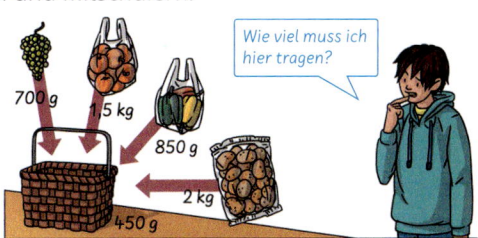

4. Rechne wie im Beispiel zunächst ohne Komma in einer kleineren Einheit und wandle am Ende wieder in die größere Einheit um.

a) 8,69 kg + 0,47 kg   b) 25 g + 9,3 g

c) 8,65 t · 4   d) 115,2 kg : 9

e) 0,46 g · 11   f) 3,87 kg + 174 g

$$4{,}78 \text{ kg} + 3{,}2 \text{ kg}$$
$$= 4780 \text{ g} + 3200 \text{ g}$$
$$= 7980 \text{ g}$$
$$= 7{,}98 \text{ kg}$$

5. Ordne die Massenangaben vom Kleinsten zum Größten. Trage die Angaben in eine Stellenwerttafel ein. Wie heißt das Lösungswort?

1,5 kg	2,5 kg	2,050 kg	0,270 kg	0,002 t
A	L	E	T	F

Für die **Kommaschreibweise** kannst du die Stellenwerttafel nutzen. Trage die Massen in der gewünschten Maßeinheit ein.

Das **Rechnen** mit Massen in Kommaschreibweise erfolgt in drei Schritten:
① Umrechnen in eine kleinere   ② Rechnen   ③ Umrechnen in die
   Einheit ohne Komma   ohne Komma   ursprüngliche Einheit

Kommaschreibweise bei Massen

t			kg			g			mg		
H	Z	E	H	Z	E	H	Z	E	H	Z	E
				5	6	0	1				
					1	5	0	5	3		
							7	2	0	0	

5,601 t = 5 601 kg
15,053 kg = 15 053 g
7,2 g = 7 200 mg

Rechnen mit Massen

	①			②			③	
1,8 kg + 0,5 kg	=	1 800 g + 500 g	=	2 300 g	=	2,3 kg
1,8 kg · 4	=	1 800 g · 4	=	7 200 g	=	7,2 kg

6. Annikas Handgepäck wiegt 7,3 kg. Sie darf nur 7 kg mit ins Flugzeug nehmen. Wie viel Gramm muss sie zu Hause lassen?

7. Wie viel Gramm sind es?   **a)** 2,700 kg   **b)** 3,250 kg   **c)** 2,843 kg   **d)** 12,04 kg   **e)** 0,47 kg

8. Wie viel Kilogramm sind es? Schreibe mit Komma.
   a) 4300 g   **b)** 6700 g   **c)** 6070 g   **d)** 4273 g   **e)** 5 645 g

9. Wie viel Kilogramm sind es ungefähr? Runde auf ganze Kilogramm.
   a) 2,7 kg   **b)** 4,350 kg   **c)** 12,580 kg   **d)** 15 730 g
   ⁺e) 1,2 kg   **⁺f)** 0,782 kg   **⁺g)** 10,490 kg   **⁺h)** 32 295 g

> 3,488 kg ≈ 3 kg
> 3,5 kg ≈ 4 kg

10. Wie viel Tonnen sind es ungefähr? Runde auf ganze Tonnen.
   a) 6,7 t   **b)** 7,39 t   **c)** 4,250 t   **d)** 4650 kg   **e)** 7 499 kg

⁺11. Wie viel Gramm fehlen zum nächsten vollen Kilogramm?
   a) 4,300 kg   **b)** 2,750 kg   **c)** 6,850 kg   **d)** 3,125 kg   **e)** 7,013 kg

12. Wie viel Kilogramm darf ein Fahrzeug höchstens wiegen, wenn es über dieses Schild hinaus weiter fahren will?

13. Gib in der in Klammern angegebenen Maßeinheit an.
   a) 7,5 t (kg)   **b)** 5300 kg (t)   **c)** 7 kg 5 g (g)   **d)** 18 g 77 mg (g)
   e) 45 g (kg)   **f)** 17 kg (t)   **g)** 34 t 17 kg (t) **h)** 60 g 60 mg (kg)

14. Fülle die Lücken aus.
   a) 2,05 kg + ▢ kg = 3 kg   **b)** 5894 kg + ▢ kg = 6 t   **c)** 2,046 g + ▢ g = 3 g
   d) 4,27 t + ▢ t = 9 t   **e)** 2589 mg + ▢ g = 5 g   **f)** 1088 g + ▢ kg = 5 kg

15. Bei ihrer Geburt wog Judith 2,9 kg. Drei Monate später wog sie 5,2 kg. Wie viel hat sie zugenommen?

16. a) 4,3 kg + 2,5 kg   **b)** 3,4 kg + 8,7 kg   **c)** 1,783 kg + 0,460 kg   **d)** 2,570 kg − 1,380 kg

17. Ein Tierpark hat vier Löwen. Jeder erhält täglich 7,5 kg Fleisch als Futter.
   a) Wie viel ist das täglich für alle vier Löwen?
   b) Wie viel kg sind es im Monat (= 30 Tage)?
   c) Wie viel Tonnen sind es im Jahr?

⁺18. a) 7,2 kg · 4   **b)** 12,3 kg · 8   **c)** 4,8 kg : 8   **d)** 18,2 kg : 7

⁺19. a) Evi kauft 12 Dosen Katzenfutter, jede wiegt 300 g. Wie viel Kilogramm muss sie tragen?
   b) Wie viele 250-g-Schokoladenhasen lassen sich aus 10 kg Schokomasse herstellen?

⁺20. a) 2,8 kg + 400 g   **b)** 7,3 kg − 800 g   **c)** 0,920 kg − 450 g   **d)** 3,280 kg + 640 g

⁺21. Die Samstagszeitung wiegt 370 g. Bernd muss 147 Zeitungen austragen. Soll er das Fahrrad mitnehmen? Überlege auch mit anderen, begründe deine Antwort.

⁺22. Mit 40 g ist der Zwergfalke der leichteste Raubvogel. Der Condor ist mit 10 kg der schwerste Raubvogel. Wie viele Zwergfalken wiegen zusammen so viel wie ein Condor?

23. a) 3,8 kg · 12   **b)** 5,08 t · 18   **c)** 13,5 g · 57   **d)** 34,2 t : 15   **e)** 228,9 kg : 35

24. a) 7 t + 27 kg   **b)** 3 g + 1 kg   **c)** 2,3 t + 7 g   **d)** 9 mg + 9 g   **e)** 4 mg + 19 kg

25. In einer 20-kg-Kiste sind 110 Äpfel. Wie viel wiegt ein Apfel ungefähr?

26. Paula kauft ein Paket mit 500 Blatt Kopierpapier (DIN-A4). Wie schwer ist das Paket, wenn ein Quadratmeter des Papiers 80 g wiegt?

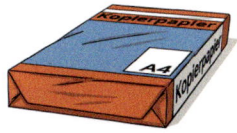

Kerosin ist der Treibstoff des Flugzeugs.

27. Eines der größten Passagierflugzeuge ist der Airbus A 380.
   a) Berechne den Unterschied des Start- und Landegewichts und erkläre ihn.
   b) Ein Airbus fliegt mit 525 Passagieren, ein anderer mit 853. Etwa um wie viel Tonnen ist der vollbesetzte Airbus schwerer?
   c) Ein Liter Kerosin wiegt etwa 0,8 kg. Wie viel Liter fasst der Tank?
   d) Berechne den Kerosinverbrauch bei einem Flug von Frankfurt nach New York (6 400 km).

Airbus A 380

Maximales Startgewicht	569 000 kg
Maximales Landegewicht	391 t
Treibstofftanks	254,76 t
Passagiere	525–853
Treibstoff-Verbrauch auf 100 km	1 700 ℓ

Neue Trikots für die Schulmannschaft

Macht Vorschläge, wie wir uns einkleiden sollen!

Flamenco

Trikot	27,– €
Hose	26,– €
Stutzen	6,– €
Handschuhe	24,95 €

Shark

Trikot	29,– €
Hose	40,– €
Stutzen	6,– €
Handschuhe	39,95 €

Setpreis 459,– € **Madrid**

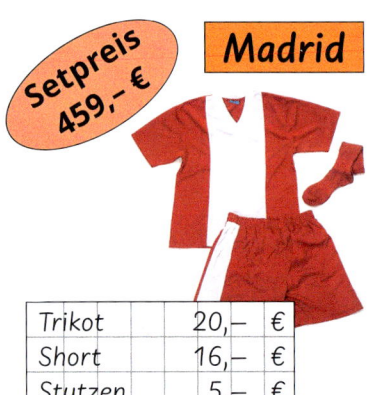

Trikot	20,– €
Short	16,– €
Stutzen	5,– €

Setpreis 622,– € **Porto**

Set besteht aus:
14 Trikots
14 Shorts
14 Paar Stutzen

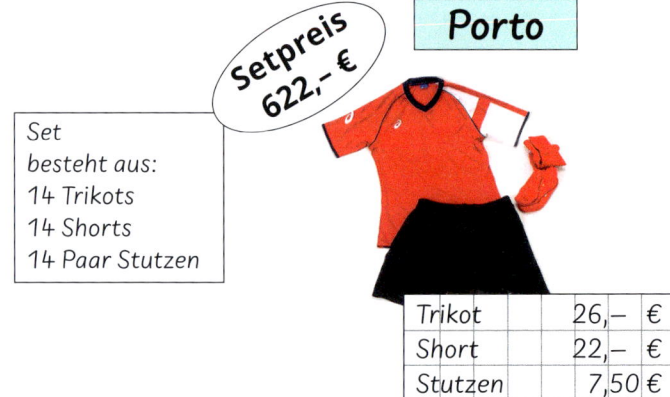

Trikot	26,– €
Short	22,– €
Stutzen	7,50 €

Zeiteinheiten

In 365 Tagen und rund 6 Stunden umkreist die Erde einmal die Sonne. Im Kalenderjahr rechnet man mit ganzen Tagen:
1 Jahr = 365 Tage
1 Schaltjahr = 366 Tage
1 Jahr = 12 Monate

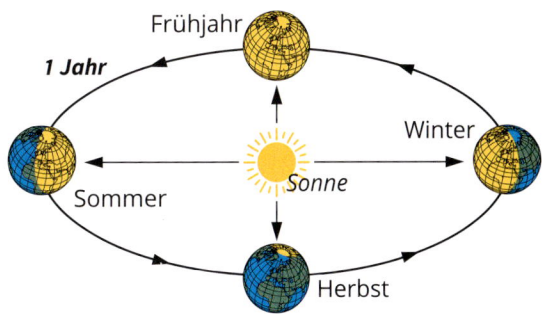

1 Jahr

Frühjahr

Sommer

Sonne

Winter

Herbst

1. Übertrage die Tabelle ins Heft und trage die fehlenden Angaben ein.

2. Erkläre mit dem Kasten oben die Besonderheit beim Monat Februar.
Diese Formulierungen helfen dir.

4 mal 6 Stunden   *umkreisen*

einen Tag mehr   *gleiche Anzahl*

Januar	▦ Tage
Februar	▦ oder ▦ Tage
März	▦ Tage
April	▦ Tage
Mai	▦ Tage
Juni	▦ Tage
Juli	▦ Tage
August	▦ Tage
September	▦ Tage
Oktober	▦ Tage
November	▦ Tage
Dezember	▦ Tage

3. Überprüfe die Angabe über die Dauer eines Jahres im Kasten oben.

4. In welchem Monat ist

① Frühlingsanfang,   ② Sommeranfang,   ③ Herbstanfang,   ④ Winteranfang?

5. Eine Woche dauert sieben Tage.
   a) Wie viele Wochen dauert ungefähr ein Monat?
   b) Wie viele Wochen dauert ungefähr ein Jahr?
   c) Auf welche Ergebnisse kommen Anni und Tobias. Warum gibt es einen Unterschied?

Ein Jahr hat 12 Monate. Dann kann ich das Ergebnis von a) einfach mit 12 multiplizieren. Ich weiß gleich, wie viele Wochen ein Jahr hat.

*Mach das.
Ich berechne die Wochen im Jahr lieber so:
Ich teile die Tage in einem Jahr durch die Tage in einer Woche.*

Unsere Ergebnisse sind unterschiedlich.

Tobias   Anni   Tobias   Anni

1 Jahr hat **365 Tage.** Jedes vierte Jahr ist ein Schaltjahr und hat 366 Tage.
Die Tage verteilen sich auf **12 Monate**. **Eine Woche** hat **7 Tage**.

31 Tage: Januar   März   Mai   Juli   August   Oktober   Dezember

30 Tage: April   Juni   September   November

28 Tage: Februar   (im Schaltjahr: 29 Tage)

- 3 Jahre = 3 · 365 Tage = 1095 Tage

- 2 Wochen = 2 · 7 Tage = 14 Tage

- Zeitspanne vom 3. April
  bis 15. Mai

	April				Mai			
MO	3	10	17	24	1	8	15	22	29
DI	4	11	18	25	2	9	16	23	30
MI	5	12	19	26	3	10	17	24	31
DO	6	13	20	27	4	11	18	25
FR	7	14	21	28	5	12	19	26
SA	1	8	15	22	29	6	13	20	27
SO	2	9	16	23	30	7	14	21	28

1 Monat und 12 Tage
= 30 Tage + 12 Tage
= 42 Tage
= 6 Wochen

6. Andrea feiert ihren 12. Geburtstag.
   a) Wie viele Monate ist sie alt?   **b)** Wie viele Monate dauert es noch, bis sie 18 ist?

⁺7. Wie viele Monate sind es?
   a) 4 Jahre   **b)** 4 J. 10 M.   **c)** 5 J. 5 M.   **d)** zweieinhalb Jahre

8. Der nebenstehende Kalender gilt für das Jahr 2017.
   Auf welchen Wochentag fällt der 1. Januar im Jahr
   2018, im Jahr 2019, im Jahr 2020?

9. Wie viele Tage liegen dazwischen?

   Ⓐ   1. Jan. – 20. Feb.

   Ⓑ   13. März – 12. Juni

   Ⓒ   25. Mai – 6. Juli

   Ⓓ   2. Aug. – 22. Nov.

   Ⓔ   10. Sept. – 24. Dez.

   Ⓕ   19. Juni – 3. Nov.

	Januar					Februar				März			
MO	2	9	16	23	30	6	13	20	27	6	13	20	27
DI	3	10	17	24	31	7	14	21	28	7	14	21	28
MI	4	11	18	25		1	8	15	22	1	8	15	22	29
DO	5	12	19	26		2	9	16	23	2	9	16	23	30
FR	6	13	20	27		3	10	17	24	3	10	17	24	31
SA	7	14	21	28		4	11	18	25	4	11	18	25
SO	1	8	15	22	29	5	12	19	26	5	12	19	26

	April				Mai					Juni			
MO	3	10	17	24	1	8	15	22	29	5	12	19	26
DI	4	11	18	25	2	9	16	23	30	6	13	20	27
MI	5	12	19	26	3	10	17	24	31	7	14	21	28
DO	6	13	20	27	4	11	18	25		1	8	15	22	29
FR	7	14	21	28	5	12	19	26		2	9	16	23	30
SA	1	8	15	22	29	6	13	20	27	3	10	17	24
SO	2	9	16	23	30	7	14	21	28	4	11	18	25

	Juli					August				September			
MO	3	10	17	24	31	7	14	21	28	4	11	18	25
DI	4	11	18	25		1	8	15	22	29	5	12	19	26
MI	5	12	19	26		2	9	16	23	30	6	13	20	27
DO	6	13	20	27		3	10	17	24	31	7	14	21	28
FR	7	14	21	28		4	11	18	25	1	8	15	22	29
SA	1	8	15	22	29	5	12	19	26	2	9	16	23	30
SO	2	9	16	23	30	6	13	20	27	3	10	17	24

	Oktober					November				Dezember			
MO	2	9	16	23	30	6	13	20	27	4	11	18	25
DI	3	10	17	24	31	7	14	21	28	5	12	19	26
MI	4	11	18	25		1	8	15	22	29	6	13	20	27
DO	5	12	19	26		2	9	16	23	30	7	14	21	28
FR	6	13	20	27		3	10	17	24	1	8	15	22	29
SA	7	14	21	28		4	11	18	25	2	9	16	23	30
SO	1	8	15	22	29	5	12	19	26	3	10	17	24	31

10. Berühmte Frauen:
   a) In welchem Alter sind sie gestorben? Erkläre deine Ergebnisse.
   ① Clara Schumann   * 13. 9.1819   † 20. 5.1896
   ② Marie Curie   * 7.11.1867   † 4. 7.1934
   ③ Lise Meitner   * 17.11.1878   † 27.10.1968
   ④ Käthe Kollwitz   * 8. 7.1867   † 22. 4.1945
   b) Welche Berufe hatten die Frauen? Suche im Lexikon oder im Internet.

Zeiteinheiten

1. Es ist Mitternacht. Die Zeiger der Uhr haben auf dem Zifferblatt die abgebildete Stellung.
   a) Wenn der **große** Zeiger das Zifferblatt einmal umrundet hat, ist eine Stunde vergangen. Der kleine Zeiger steht dann auf „1".
   Wie viele Minuten (min) hat eine Stunde (h)?

Tipp:
Zähle die
kleinen
Striche.

   b) Wenn der **kleine** Zeiger das Zifferblatt zweimal umrundet hat, ist ein Tag vergangen.
   Wie viele Stunden (h) hat ein Tag?

   c) Wie oft umrundet der **große** Zeiger das Zifferblatt an einem Tag? Wie viele Minuten hat ein Tag?

2. a) In einer Minute umrundet der Sekundenzeiger einmal das Zifferblatt. Wie viele Sekunden (s) hat eine Minute (min)?

   b) Wie viele Sekunden (s) hat eine Stunde (h), wie viele ein ganzer Tag?

3. In welcher Zeiteinheit würdest du jeweils die Vorgänge in den Bildern messen?

A   B   C

1 Tag hat **24 Stunden (h).**

Es gilt: 1 Stunde = 60 Minuten (min)
                1 Minute = 60 Sekunden (s)

- 3 Tage = 3·24 h = 72 h

- 450 s = 7·60 s + 30 s = 7 min 30 s

- Zeitspanne   Dauer   2 h 15 min
  von 8:30 Uhr   2 h 15 min   = 2·60 min + 15 min
  bis 10:45 Uhr   8   9   10   11   = 135 min

4. Schätze, wie lange es dauert. Ordne die Zeitangaben richtig zu.

ein Ei kochen ein Fußballspiel Klingelton	3 s 365 Tage 2 h 10 min
Sommerferien Marathonlauf ein Jahr	45 Tage 5 min 1 h 30 min

5. Wie viele Stunden sind es?
 a) 2 Tage   **b)** 4 Tage   **c)** 5 Tage   **d)** ein Tag und ein halber

6. Wandle in Minuten um.
 a) 2 h   **b)** 3 h   **c)** 5 h 10 min   **d)** 10 h 30 min   **e)** 12 h   **f)** eine Viertelstunde

7. Wie viele Sekunden sind es?
 a) 2 min   **b)** 10 min   **c)** 5 min 5 s   **d)** 8 min 30 s

⁺8. Rechne in die angegebene Zeiteinheit um.
 a) 3 Tage 8 h (in h)   **b)** 22 h 15 min (in min)   **c)** 233 s (in min und s)
 d) 1 Tag (in s)   **e)** 4 min 45 s (in s)   **f)** 2 Jahre 19 Tage (in Tage)
 g) 59 min 59 s (in s)   **h)** 5 h 1 s (in s)   **i)** 3 Wochen 2 Tage (in h)

⁺9. Wie viele Minuten sind es bis zur nächsten vollen Stunde?
 a) 7:35 Uhr   **b)** 10:42 Uhr   **c)** 11:08 Uhr   **d)** 25 Minuten nach 10 Uhr   **e)** Halb 9 Uhr

10. Ordne, beginne mit der kürzesten Dauer. Wie heißt das Lösungswort?

a)

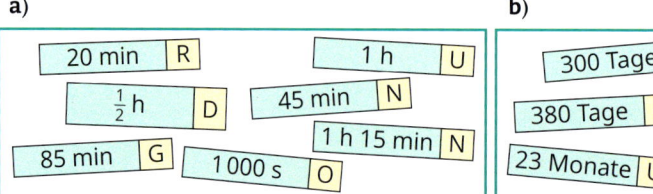

b)

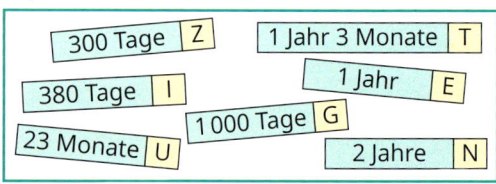

Vermischte Aufgaben

1. Der Globus von Tina hat den Maßstab 1:40 000 000.
Sie misst die Entfernung zwischen New York und Berlin
und erhält 16 cm.
Wie weit ist es in Wirklichkeit von New York bis Berlin?

2. Die Grafik veranschaulicht Claudias Schultag. Beantworte die Fragen.

    a) Wann beginnt Claudias Schultag, wann endet er?
    b) Wie viele Stunden und Minuten verbringt Claudia in der Schule?
    c) Claudias Schulweg dauert 25 min. Wann muss sie morgens spätestens losgehen?
        Wann kommt sie nach der Schule frühestens zu Hause an?

3. Eine Unterrichtsstunde dauert 45 Minuten. Wann endet sie beim angegebenen Anfang?
    a) 8:00 Uhr   **b)** 8:10 Uhr   **c)** 7:55 Uhr   **d)** 11:35 Uhr   **e)** 12:20 Uhr   **f)** 11:45 Uhr

⁺4. Vom Hauptbahnhof fährt die Straßenbahn von 7:10 Uhr bis 9:10 Uhr alle 20 Minuten.
    a) Wann fahren die Bahnen in dieser Zeit?
    b) Wie viele Bahnen fahren in dieser Zeit?

⁺5. Wann endet der Kinofilm?

    a)   **b)**   **c)**

⁺6. Ein Film endet um 17:30 Uhr. Er dauerte 70 Minuten. Wann hat er angefangen?

7. Manchmal interessiert uns nur ein gerundeter Wert.
Welche Zeitspanne dauert ungefähr so lange? Ordne zu.

$$1\,h\,35\,min \approx 1\tfrac{1}{2}\,h$$

genaue Zeitspanne			gerundete Dauer		
2 h 37 min	125 s	1 000 Tage		2 min 17 min	$\tfrac{1}{2}$ h
100 Wochen	100 Tage	1 h 55 min	2 h	$2\tfrac{1}{2}$ h	3 Monate
	33 min 10 s	1 000 s		2 Jahre 3 Jahre	

8. Isa ist seit einem Vierteljahr im Schwimmverein und trainiert zweimal pro Woche:
Sie schwimmt jeden Montag 32 Bahnen und jeden Freitag 40 Bahnen. Eine Bahn ist
25 m lang. Wie viele Kilometer ist Isa bislang während des Trainings geschwommen?

9. Antonio ist 3 h 50 min mit dem Fahrrad gefahren. Wann ist er gestartet bei Ankunft um
    a) 16 Uhr,   **b)** 12:55 Uhr,   **c)** 9:15 Uhr,   **d)** Viertel vor 10 Uhr,   **e)** Viertel nach 11 Uhr?

⁺**10.** Die Vorräte einer Höhlenexpedition reichen noch für 60 Stunden. Wie viele Tage und Stunden kann die Expedition noch ohne Hilfe von außen auskommen?

⁺**11.** Frau Schmitz arbeitet von montags bis freitags. Sie hat 30 freie Arbeitstage. Wie viele Wochen hat sie frei?

12. Das Bild zeigt, wie lange die Planeten unserer Sonne für einen Umlauf brauchen.

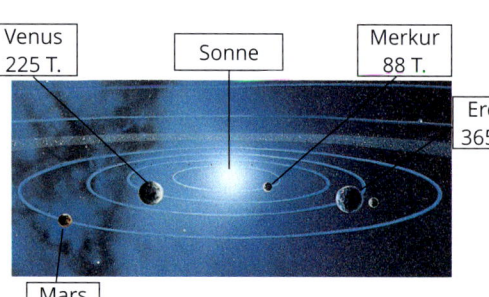

Venus 225 T.　Sonne　Merkur 88 T.　Erd 365　Mars 687 T.

   a) Der Merkur dreht sich in einem Jahr vier-mal um die Sonne. Wie viele Tage bleiben übrig?

   b) Wie oft umrundet die Venus in einem Jahr die Sonne? Wie viele Tage bleiben übrig?

   c) Der Mars braucht fast 2 Jahre für einen Umlauf. Wie viele Tage fehlen an 2 Jahren?

13. Petra ist 12 Jahre alt, ihr Bruder ist 15 Jahre und ihre Eltern sind 42 Jahre alt. Wie oft hat bisher schon ihr Herz geschlagen? Rechne mit einem Pulsschlag pro Sekunde, also mit 60 Schlägen pro Minute.

14. Arbeite mit dem Auszug aus dem Städtefahrplan Berlin – Bonn.

Berlin Hbf → Bonn Hbf

Ab	Zug		An	Umsteigen	Ab	Zug			An	Verkehrstage
8:52	ICE	652 ⊪	13:09	Köln Hbf	13:17	IC	1911	☻	13:35	Fr, So
9:49	ICE	952 ⊪	14:09	Köln Hbf	14:32	RE	10519		14:55	täglich
10:52	ICE	650 ⊪	15:09	Köln Hbf	15:17	IC	2011	☻	15:35	Mo
11:49	ICE	950 ⊪	16:09	Köln Hbf	16:18	IC	2203		16:36	Di – Fr
11:49	ICE	950 ⊪	16:09	Köln Hbf	16:32	RE	10523		16:55	täglich
12:02	IC	1915 ☻							17:35	Fr
12:52	ICE	558 ⊪	17:09	Köln Hbf	17:17	IC	1915	☻	17:35	Fr
12:52	ICE	558 ⊪	17:09	Köln Hbf	17:32	RE	10525		17:55	täglich
13:49	ICE	858 ⊪	18:09	Köln Hbf	18:18	IC	2205		18:35	Mo – Fr, So
13:57	IC	1917							19:36	So
14:34	ICE	556 ⊪	19:36	Bonn-Bad Godesberg	19:46	RB	32480		19:52	So
14:34	ICE	556 ⊪	19:41	Köln Hbf	19:53	IC	2331		20:12	täglich
14:52	ICE	546 ⊪							19:32	Mi, Do
15:49	ICE	856 ☻	20:09	Köln Hbf	20:32	RE	10531		20:55	täglich
16:52	ICE	554 ⊪	21:09	Köln Hbf	21:21	EN	40421	(R)	21:41	täglich

   a) Wann fährt der erste Zug am Nachmittag, wann ist er in Bonn?

   b) Bei drei Zügen muss man nicht umsteigen. Wann fahren diese ab?

   c) Herr Schulz nimmt den Zug um 13:49 Uhr. Wo muss er umsteigen? Wie viel Minuten Aufenthalt hat er? Wie lange dauert die Fahrt?

15. Mark ist am 2. April 2001 geboren. Wie alt ist er am 5.3.2011 (1.5.2012, 31.12.2017, 1.1.2020)? Berechne das Alter **a)** in vollen Jahren, **b)** in Jahren und vollen Monaten.

16. Der 1.1.2017 war ein Sonntag. In welchem der folgenden Jahre fällt der Neujahrstag auf einen Donnerstag? Wann ist der 1. Januar wieder ein Sonntag?

Maßeinheiten für Längen

1 km = 1 000 m   1 m = 10 dm = 100 cm
1 dm = 10 cm   1 cm = 10 mm

Kommaschreibweise bei Längen

km		m		12,5 km
12	5	0	0	= 12 km 500 m = 12 500 m

Rechnen in drei Schritten

① Umwandeln in eine kleinere Einheit
② Rechnen ohne Komma
③ Umwandeln in die ursprüngliche Einheit

$$3{,}84\ m + 1{,}73\ m \overset{①}{=} 384\ cm + 173\ cm$$
$$\overset{②}{=} 557\ cm \overset{③}{=} 5{,}57\ m$$
$$1{,}6\ km \cdot 4 \overset{①}{=} 1\ 600\ m \cdot 4 \overset{②}{=} 6\ 400\ m \overset{③}{=} 6{,}4\ km$$

Maßeinheiten für Massen

1 t = 1 000 kg   1 kg = 1 000 g   1 g = 1 000 mg

Kommaschreibweise bei Massen

kg		g		2,45 kg
2	4	5	0	= 2 kg 450 g = 2 450 g

Rechnen in drei Schritten ① ② ③

$$1{,}8\ kg + 0{,}5\ kg \overset{①}{=} 1\ 800\ g + 500\ g$$
$$\overset{②}{=} 2\ 300\ g \overset{③}{=} 2{,}3\ kg$$
$$1{,}8\ kg \cdot 4 \overset{①}{=} 1\ 800\ g \cdot 4 \overset{②}{=} 7\ 200\ g \overset{③}{=} 7{,}2\ kg$$

Maßeinheiten für Zeiten

1 Jahr = 365 Tage   1 Tag = 24 h
1 h = 60 min   1 min = 60 s

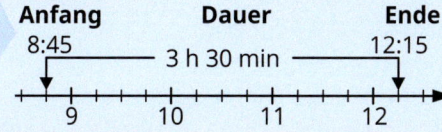

Anfang	Dauer	Ende
8:45	3 h 30 min	12:15

Maßstab

1:5 verkleinert: 1 cm im Bild für 5 cm wirklich.
5:1 vergrößert: 5 cm im Bild für 1 cm wirklich.

---

1. Wie viel sind es in der kleineren Einheit?
  a) 7 cm 3 mm   **b)** 2 m 72 cm   **c)** 4 km 820 m

2. Schreibe in der nächstgrößeren Einheit.
  a)   64 mm   **b)** 175 cm   **c)** 8 700 m
      123 mm   238 cm   1 140 m

3. Schreibe ohne Komma in der kleineren Einheit.
  a) 4,2 cm   **b)**   4,58 m   **c)** 3,7 km
      8,7 cm   10,70 m   4,250 km

4. a) Von 6,40 m Geländer sind 2,70 m montiert.
    b) 5,70 m Zaun werden um 3,50 m verlängert.

5. a) Franz fährt eine 7,4 km lange Strecke 6-mal.
    b) Tara läuft im Park drei Runden und legt dabei insgesamt 5,4 km zurück.

6. Schreibe in der kleineren Einheit.
  a) 4 kg 250 g   **b)** 3 t 400 kg   **c)** 2 kg 50 g

7. Schreibe in der größeren Einheit.
  a) 3 720 g   **b)** 5 180 g   **c)** 12 700 kg

8. Schreibe ohne Komma in der kleineren Einheit.
  a) 4,630 kg   **b)** 1,5 kg   **c)** 5,8 t

9. a) Mit Inhalt wiegt der Koffer 19,2 kg, ohne Inhalt wiegt er 3,4 kg.
    b) Wie schwer sind 7 Platten? Jede wiegt 3,6 kg.
    c) 4 gleiche Töpfe wiegen 0,72 kg. Wie viel wiegt ein Topf?

10. a) 5 Jahre = ▦ Monate   **b)** 4 Tage 6 h = ▦ h
     c) 2 h = ▦ min   **d)** 3 h 15 min = ▦ min
     e) 4 min = ▦ s   **f)** 2 min 45 s = ▦ s

11.

	a)	b)	c)
Anfang	8:00 Uhr	12:30 Uhr	
Dauer	90 min		1 h 20 min
Ende		13:15 Uhr	20:05 Uhr

12. Wie viel km ist in Wirklichkeit 1 cm auf der Karte?
  a) Maßstab 1 : 50 000   **b)** Maßstab 1 : 200 000

1. Frau Sprint kauft eine Packung Cornflakes für 3,15 € und eine Flasche Spülmittel für 1,97 €.
   Wie viel Euro muss sie bezahlen?

2. Schreibe mit Komma in der größeren Einheit.   **a)** 3 cm 7 mm   **b)** 1 km 130 m

3. Schreibe ohne Komma in der nächstkleineren Einheit.   **a)** 7,350 kg   **b)** 2,050 t

4. Rechne in die angegebene Einheit um.   **a)** 4 h = ▨ min   **b)** 3 Tage 4 h = ▨ h

5. Wie viele Minuten vergehen von 13:10 Uhr bis 17:40 Uhr?

6. **a)** Wie viel Kilogramm wiegt der Hund?   **b)** Wie viel Kilometer ist Jan gefahren?

7. Timos Schultag beginnt um 7:40 Uhr und endet um 13:05 Uhr.
   a) Wie viel Zeit verbringt er täglich in der Schule?
   b) Verbringt Timo in einer Woche (Mo–Fr) insgesamt mehr oder weniger Zeit als einen
   vollständigen Tag in der Schule? Begründe mit einer Rechnung.

8. Eine Dose Hundefutter kostet normalerweise 1,78 €. Im Sonderangebot beträgt der Preis 1,59 €.
   a) Wie viel Euro zahlt man beim Normalpreis beim Einkauf von sechs Dosen?
   b) Wie viel Euro spart man, wenn man die gleiche Menge im Sonderangebot einkauft?

9. Berechne.   **a)** 77,2 kg : 4   **b)** 0,257 t · 8

10. Der 18-jährige Manuel trainiert für einen 3200-m-Lauf. Zur Zeit läuft er die Runde (400 m) in 92 s.
    Reicht dies für seine Wunschzeit von 12 min?

11. In einem Autoatlas sind Karten im Maßstab 1 : 200 000 abgedruckt. Dort ist die Entfernung
    zwischen Osnabrück und Münster etwa 25 cm groß. Wie viel km beträgt sie in Wirklichkeit?

12. Bei welchem Maßstab sind 12 cm auf der Karte 2,4 km in Wirklichkeit?

13. Bei einem Radrennen werden 15 Runden gefahren, jede Runde ist 9,4 km lang.
    a) Wie lang ist die Gesamtstrecke des Rennens?
    b) Peter schafft in einer Stunde etwa 35 km. Wie lange würde er ungefähr für das Rennen
    brauchen?

14. Schreibe die wichtigen Informationen auf und löse die Aufgabe:
    Tanja ist 12 Jahre alt. Ihre Schule ist 1,3 km von ihrer Wohnung entfernt. Morgens verlässt sie
    pünktlich um 7:30 Uhr das Haus. Im letzten Schuljahr ist Tanja an 190 Tagen zur Schule geradelt.
    Wie viel Kilometer hat sie dabei zurückgelegt?

Umfang und Flächeninhalt

7

In diesem Kapitel lernst du, ...

... wie du den Flächeninhalt von Rechtecken und Quadraten vergleichst und berechnest,

... Flächenmaße für kleine Flächen wie Quadratzentimeter und Quadratmeter kennen,

... Flächenmaße für große Flächen wie Ar und Hektar kennen,

... wie du den Umfang von Rechtecken und Quadraten berechnest.

Löse die folgenden Aufgaben und schätze dich ein.

1. a) 17 + 8   **b)** 24 − 7
      c) 134 + 96   **d)** 217 − 63

Ich kann Zahlen im Kopf oder schriftlich addieren und subtrahieren.

Das kann ich gut.	Ich bin noch unsicher.
☺	→ S. 224, A 3–6
	→ S. 226, A 1–2
	→ S. 226, A 3–4
	→ S. 247, A 1–4

2. a) 12 · 3   **b)** 48 : 6
      c) 43 · 17   **d)** 1 336 : 8

Ich kann Zahlen im Kopf oder schriftlich multiplizieren und dividieren.

Das kann ich gut.	Ich bin noch unsicher.
☺	→ S. 231, A 1–4

3. Übertrage die Sätze ins Heft und fülle die Lücken mit der passenden Maßangabe aus.

Ich kann zu Dingen, die ich kenne, passende Längenmaße angeben.

Das kann ich gut.	Ich bin noch unsicher.
☺	→ S. 240, A 1

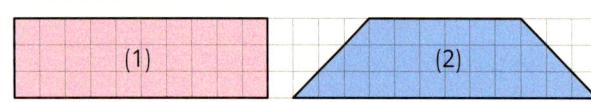

(1) Ein Klassenzimmer ist ungefähr ▨ hoch.
(2) Ein ICE-Zug ist ungefähr ▨ lang.
(3) Ein kleiner Finger ist ungefähr ▨ dick.
(4) Vom Fenster im 4. Stock blickt man ungefähr ▨ tief.
(5) Eine Federtasche ist ungefähr ▨ lang.

4. Zeichne die beiden Vierecke so übereinander, dass du begründen kannst, welches den größeren Flächeninhalt besitzt.

Ich kann den Flächeninhalt von Figuren miteinander vergleichen.

Das kann ich gut.	Ich bin noch unsicher.
☺	→ S. 242, A 1–2

(1)   (2)

5. Zeichne mit dem Geodreieck ein Rechteck, das 8 cm lang und 5 cm breit ist.

Ich kenne die Eigenschaften eines Rechtecks und kann es zeichnen.

Das kann ich gut.	Ich bin noch unsicher.
	→ S. 243, A 1–2

Zerlegen, Auslegen und Vergleichen von Flächen

1. Familie Fischer hat damit begonnen, ihren Balkon zu fliesen. Der Balkon ist 2 m breit und 4 m lang. Die Fliesen sind quadratisch (50 cm × 50 cm).
   a) Zeichne den Balkon im Maßstab 1 : 100 (1 cm für 1 m).
   b) Zeichne die Fliesen im selben Maßstab ein. Wie viele Fliesen braucht man, um den Balkon vollständig auszulegen?

2. Auch die Fußbodenbeläge in den Kinderzimmern werden erneuert. Die Zimmer von Stefan, Sabine und Hella sind mit Korkfliesen ausgelegt worden. Sprich mit deinem Tischnachbarn über Stefans Aussage und begründe deine Meinung.

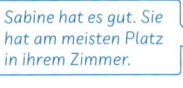

Sabine hat es gut. Sie hat am meisten Platz in ihrem Zimmer.

Stefan

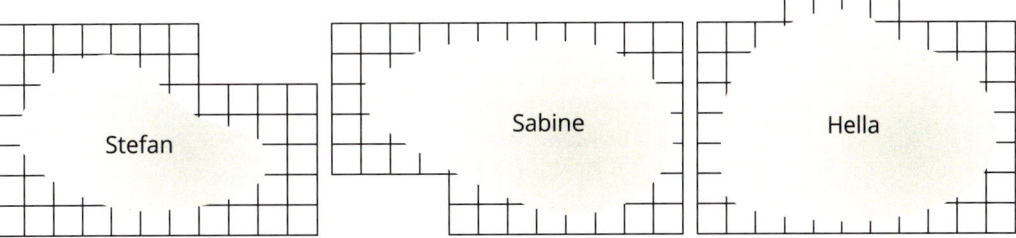

Stefan   Sabine   Hella

3. Die Sophie-Scholl-Schule hat mittlerweile 16 Klassen. Dafür ist der bisherige Schulhof zu klein. Für einen neuen Schulhof werden die Grundstücke I und II angeboten.

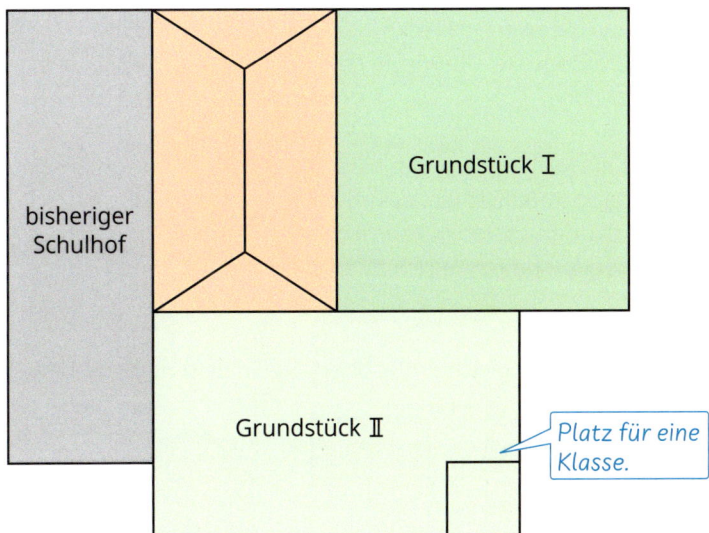

bisheriger Schulhof

Grundstück I

Grundstück II

Platz für eine Klasse.

   a) Übertrage den bisherigen Schulhof, die Grundstücke I und II sowie den Platz für eine Klasse auf Karopapier.
   b) Der bisherige Schulhof hat gerade genau ausgereicht. Wie viele Klassen hatte die Sophie-Scholl-Schule bisher?
   c) Welches Grundstück sollte neuer Schulhof werden? Stelle deine Überlegungen in der Klasse vor.

Wenn du verschiedene Flächen mit gleich großen Teilflächen auslegst, kannst du ihre Größen vergleichen.

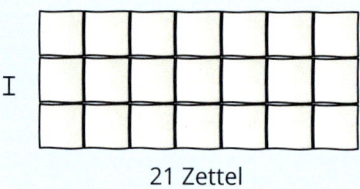   I   II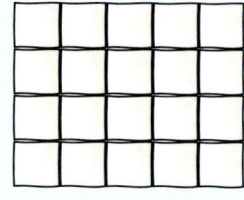

21 Zettel

Die Fläche I ist größer als die Fläche II.   20 Zettel

4. Vergleiche das Rechteck und den Buchstaben „L". Welche Fläche ist größer? Begründe deine Antwort. Du kannst dazu auch zeichnen und schneiden.

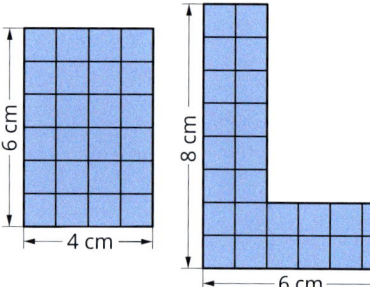

5. Partnerarbeit: Findet ein eigenes Beispiel zu der Aussage im Merkkasten und präsentiert dieses Beispiel den anderen.

Moosgummi ist eine dünne Schaumstoff-folie.

⁺6. Jan bastelt eine Schachtel und möchte den Deckel mit Moosgummi bekleben. Er hat zwei gleich große rechteckige Stücke in rot und blau mit den Maßen 4 cm und 8 cm. Kann Jan daraus sein Muster herstellen?
Zeichne dazu die zwei Rechtecke in dein Heft oder auf Tonpapier und zerlege sie. Überprüfe dann mit Hilfe von Jans Musterzeichnung.

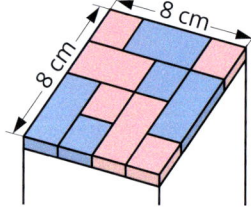

7.⁺a) Zeichne ein Rechteck mit den Maßen 8 cm und 4 cm auf Karopapier. Zerschneide es so geschickt in Teilflächen, dass du mit ihnen den Buchstaben **F** legen kannst.
   b) Welche Druckbuchstaben kannst du in deinem Heft mit Hilfe der Kästchen zeichnen und zerlegen, sodass sie sich zu einem gleich großen Rechteck neu zusammensetzen lassen?

8. Welche Figuren sind gleich groß? Übertrage in dein Heft und begründe deine Antwort.

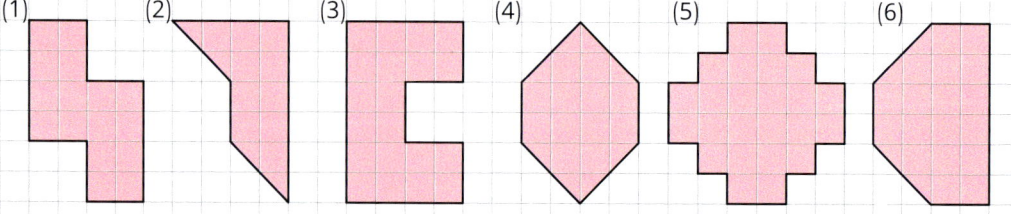

(1)   (2)   (3)   (4)   (5)   (6)

9. Lassen sich die Matten von der Einstiegsseite (S. 167) auch zu einem Quadrat zusammenlegen, wenn alle Matten des Spielfeldes verwendet werden? Begründe deine Antwort.

Flächenmaße m², dm², cm² und mm²

Tipp zu **1b**):
Ihr dürft
euch gegen-
seitig fest-
halten und
einen Fuß
in der Luft
haben.

1. Ein Quadratmeter ist 1 m lang und 1 m breit.
Man schreibt 1 m² (m hoch 2) und liest „Quadratmeter".
   a) Schneidet in der Klasse aus Packpapier 1 m² aus.
   b) Wie viele Kinder schaffen es, gleichzeitig auf einem Quadrat-
   meter zu stehen?

1 m

1 m

2. Schätzt einmal, wie viele solcher Quadratmeter auf den Boden
eures Klassenraums passen, ohne übereinander zu liegen.
Überprüft eure Schätzungen.
   - weniger als 10
   - zwischen 10 und 20
   - zwischen 20 und 30
   - zwischen 30 und 50
   - zwischen 50 und 100
   - mehr als 100

3. Das große Quadrat ist ein Quadratdezimeter. Zeichne es in dein Heft.

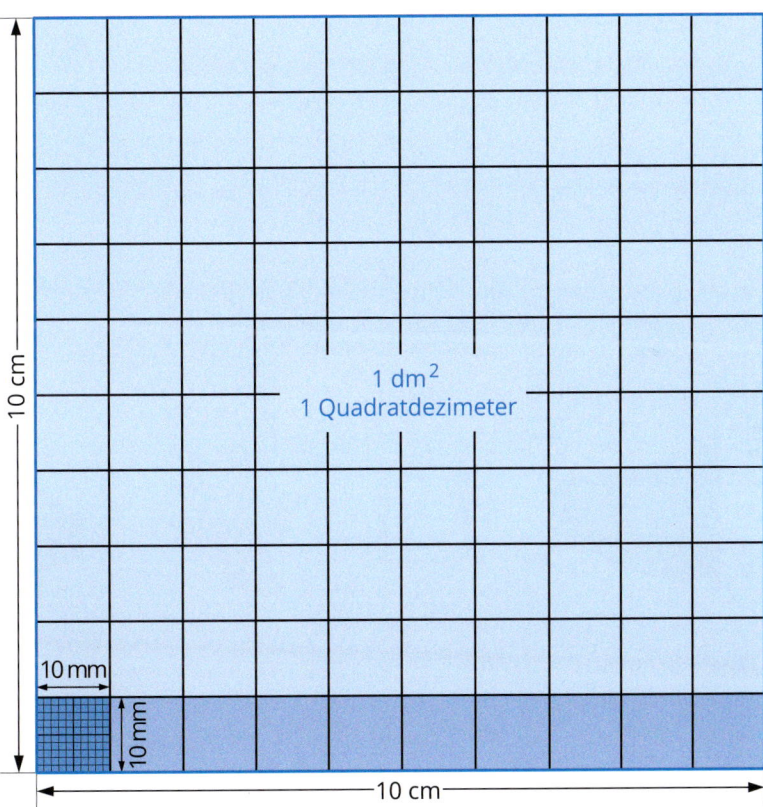

10 cm

1 dm²
1 Quadratdezimeter

10 mm

10 mm

10 cm

4. Die kleinen Quadrate sind Quadratzentimeter. Zeichne auch diese in dein Heft.

5. Wie viele Quadratzentimeter passen in einen Quadratdezimeter?

6. Die ganz kleinen Quadrate sind Quadratmillimeter. Wie viele von ihnen passen in einen
Quadratzentimeter?

7. Partnerarbeit: Wie viele Quadratzentimeter passen in einen Quadratmeter? Schätzt erst,
dann überprüft es mit eurem Quadratmeter aus Aufgabe 1.

Ein Quadrat mit der Kantenlänge 1 m hat den Flächeninhalt 1 m² (lies: ein Quadratmeter).

Flächeninhalte von Quadraten mit anderen Längeneinheiten:

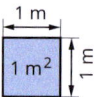

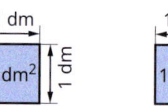

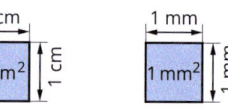

Es gilt: $1\ m^2 = 100\ dm^2$ $1\ dm^2 = 100\ cm^2$ $1\ cm^2 = 100\ mm^2$

Quadratmeter, Quadratdezimeter, Quadratzentimeter und Quadratmillimeter sind **Maßquadrate**.

Aufgabe: Wandle um: $13\ dm^2$ in cm^2
Rechnung: $1\ dm^2 = 100\ cm^2$
              $13 \cdot 100 = 1\,300$
Ergebnis: $13\ dm^2 = 1\,300\ cm^2$

Aufgabe: Wandle um: $24\,000\ mm^2$ in cm^2
Rechnung: $100\ mm^2 = 1\ cm^2$
              $24\,000 : 100 = 240$
Ergebnis: $24\,000\ mm^2 = 240\ cm^2$

Umwandeln in die kleinere Einheit: malnehmen
Umwandeln in die größere Einheit: teilen

8. Benenne Beispiele für Flächen, die jeweils einen Flächeninhalt von ungefähr 1 m², 1 dm², 1 cm² und 1 mm² haben. Vergleiche mit anderen.

9. a) $6\ dm^2 = \blacksquare\ cm^2$ **b)** $5\ m^2 = \blacksquare\ dm^2$ **c)** $9\,800\ dm^2 = \blacksquare\ m^2$ **d)** $2\,800\ mm^2 = \blacksquare\ cm^2$
     $12\ dm^2 = \blacksquare\ cm^2$ $82\ cm^2 = \blacksquare\ mm^2$ $6\,400\ mm^2 = \blacksquare\ cm^2$ $900\ cm^2 = \blacksquare\ dm^2$

⁺10. Ordne die Flächenmaße richtig zu.

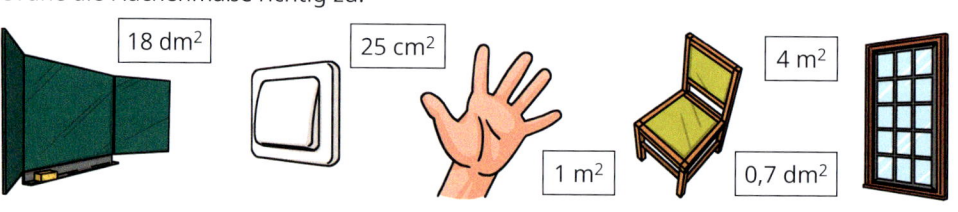

⁺11. a) $7\ m^2 = \blacksquare\ dm^2$ **b)** $4\ dm^2 = \blacksquare\ cm^2$ **c)** $500\ dm^2 = \blacksquare\ m^2$
    d) $30\,000\ mm^2 = \blacksquare\ cm^2$ **e)** $600\ mm^2 = \blacksquare\ cm^2$ **f)** $41\,000\ dm^2 = \blacksquare\ m^2$
    g) $81\ dm^2 = \blacksquare\ cm^2$ **h)** $120\ cm^2 = \blacksquare\ mm^2$ **i)** $0,6\ m^2 = \blacksquare\ dm^2$

12. Hier sind einige Einheiten verwischt. Ergänze so, dass die Umwandlung stimmt.

13. Passt ein 8 100 cm² großes Quadrat aus Packpapier auf ein Quadrat mit der Kantenlänge 1 m? Begründe deine Meinung mit einer Skizze.

14. Die Klassenlehrerin stellt den Schülerinnen und Schülern die Aufgabe der Woche: „Ist unser Klassenraum 5 Millionen mm² oder 54 Millionen mm² oder 520 000 mm² groß?"

Flächeninhalt von Rechteck und Quadrat

Schneidet zwanzig Quadratzentimeter aus und nutzt dieses Material bei der Bearbeitung der folgenden Aufgaben.

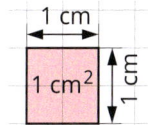

1. **a)** Sandra und Kim haben das Rechteck mit Quadratzentimetern ausgelegt.
Was sagt ihr zu den Ansichten der beiden Kinder?

Auf jeden Fall ist das Rechteck größer als 14 cm².

Ich schätze mal, dass in die Lücken noch etwa 6 cm² passen. Also ist das Rechteck rund 20 cm² groß.

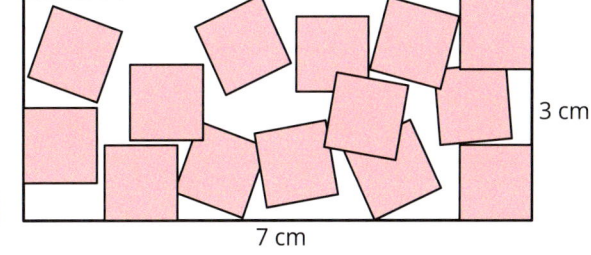

3 cm

7 cm

b) Bildet Vierergruppen und zeichnet das 7 cm lange und 3 cm breite Rechteck in euer Heft. Legt das Rechteck möglichst geschickt mit Quadratzentimetern aus und bestimmt so seinen Flächeninhalt.

2. Beurteilt die Ergebnisse von Fynn, Lea und Jule.

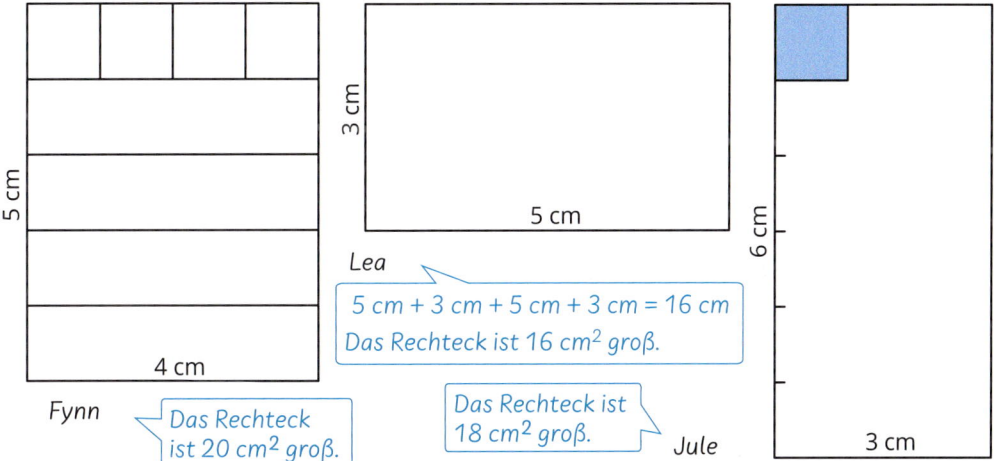

Lea

5 cm + 3 cm + 5 cm + 3 cm = 16 cm
Das Rechteck ist 16 cm² groß.

Fynn — *Das Rechteck ist 20 cm² groß.*

Das Rechteck ist 18 cm² groß. — *Jule*

3. Zeichnet auf Karopapier ein Rechteck, das 9 cm lang und 7 cm breit ist. Teilt es so in Längsstreifen und Querstreifen ein, dass ihr erklären könnt, wie viel Quadratzentimeter das Rechteck groß ist.

4. Andre und Alina bestimmen den Flächeninhalt eines Rechtecks mit der Länge a = 5 cm und der Breite b = 3 cm auf unterschiedliche Weise.
   • Welchen Weg würdet ihr wählen? Begründet eure Wahl.
   • Formuliert eine Regel, wie man Flächeninhalte von Rechtecken und Quadraten berechnet.

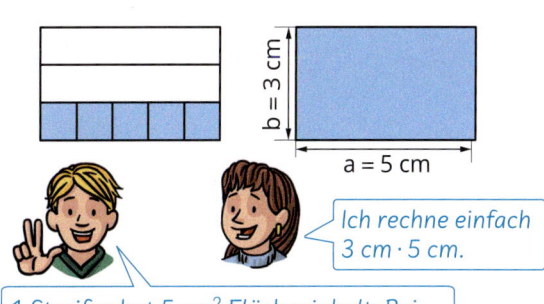

Ich rechne einfach 3 cm · 5 cm.

1 Streifen hat 5 cm² Flächeninhalt. Bei 3 Streifen sind es 3 · 5 cm² Flächeninhalt.

Den **Flächeninhalt A eines Rechtecks** mit der Länge a und der Breite b berechnest du so: **A = a·b**

Den **Flächeninhalt A eines Quadrats** mit der Seitenlänge a berechnest du so: **A = a·a**

a = 4 cm, b = 3 cm
A = 4 cm · 3 cm
A = 12 cm²

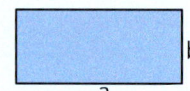

a = 30 m
A = 30 m · 30 m
A = 900 m²

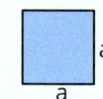

Das lateinische Wort für Fläche ist „area". Deswegen wird der Flächeninhalt mit A abgekürzt.

5. Gib den Flächeninhalt des Rechtecks in Quadratzentimetern an.

a)

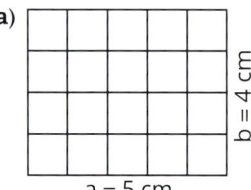

b)

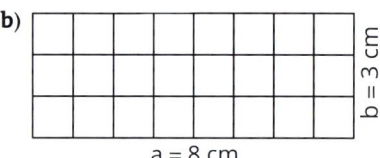

6. Zeichne das Rechteck und berechne seinen Flächeninhalt. Unterteile die Fläche zur Kontrolle in Quadratzentimeter.

a)

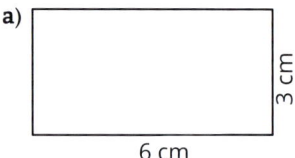

b)

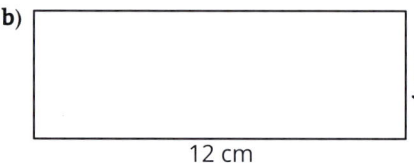

c)

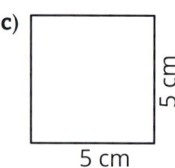

7. Berechne den Flächeninhalt des Rechtecks. Wenn es dir hilft, fertige eine Zeichnung an.
    a) Länge 7 cm und Breite 3 cm   **b)** Länge 8 cm und Breite 4 cm
    c) Länge 2 cm und Breite 10 cm   **d)** Länge 9 cm und Breite 9 cm

8. Berechne den Flächeninhalt des Quadrats mit der angegebenen Seitenlänge.
    a) 6 cm   **b)** 3 cm   **c)** 1 cm   **d)** 34 m   **e)** 17 m

9. In der Klasse 5b wohnen vier Kinder in Einfamilienhäusern: Mia, Ahmed, Nele und Leo.

Ⓐ Nele wohnt mit ihrer Familie auf dem größten der vier Grundstücke.
Ⓑ Das Grundstück von Ahmeds Familie ist größer als das von Leos Familie, aber kleiner als das von Mias Familie.
Gib die Straße und Hausnummer der Grundstücke an, auf denen Mia, Ahmed, Nele und Leo wohnen.

⁺**10.** Zeichne mit einem geeigneten Maßstab das Rechteck in dein Heft und berechne seinen Flächeninhalt.

a) Länge 6 m, Breite 5 m   **b)** Länge 9 m, Breite 1 m   **c)** Länge 4 m, Breite 5 m

⁺**11.** Berechne den Flächeninhalt des Rechtecks mit den angegebenen Seitenlängen.

a) $a = 5$ cm	**b)** $a = 6$ cm	**c)** $a = 9$ cm	**d)** $a = 14$ cm	**e)** $a = 24$ cm	**f)** $a = 20$ cm
$b = 4$ cm	$b = 6$ cm	$b = 7$ cm	$b = 11$ cm	$b = 18$ cm	$b = 20$ cm

12. Alle Fußballfelder sind rechteckig, aber nicht alle sind gleich groß. Für Bundesligaspiele gibt es Vorschriften, wie groß ein Fußballfeld sein muss:

• Das Fußballfeld muss mindestens 90 m lang und 45 m breit sein.

• Das Fußballfeld darf höchstens 120 m lang und 90 m breit sein.

a) Zeichne den Plan eines Fußballfeldes mit den größten erlaubten Maßen in dein Heft. Zeichne den Plan eines Fußballfeldes mit den kleinsten erlaubten Maßen. Wähle für beide Zeichnungen den gleichen Maßstab. Berechne und vergleiche die Flächeninhalte.

b) Kann es nach den Vorschriften auch ein quadratisches Fußballfeld geben? Wie groß könnte es sein?

c) Lars und Aishe streiten. Welcher Verein hat das größere Feld?

Unser Feld ist 105 m lang, euer Feld ist nur 96 m lang. Also ist unser Feld größer.

Euer Feld ist nur 65 m breit, unseres ist dagegen 72 m breit. Unser Feld ist größer.

13. Tim: „Mein Rechteck hat zwei Seiten von 11 cm und zwei Seiten von 8 cm. Aber ich weiß nicht, was die Länge und was die Breite ist. So kann ich den Flächeninhalt nicht berechnen." – Was sagst du dazu?

14. Berechne den Flächeninhalt A des Rechtecks in mm². Gib das Ergebnis auch in cm² an.

a) $a = 50$ mm	**b)** $a = 7$ mm	**c)** $a = 1$ dm	**d)** $a = 5$ cm
$b = 12$ mm	$b = 4{,}2$ cm	$b = 27$ mm	$b = 9{,}1$ cm

15. Wie verändert sich der Flächeninhalt eines Rechtecks, wenn beide Seitenlängen verdoppelt werden? Überlege und begründe deine Meinung gegenüber den anderen.

Die Ergebnisse der Aufgaben 1 bis 8 ergeben zwei berühmte Sehenswürdigkeiten.

1. Rechne in die angegebene Einheit um.
   a) 2 Tage 6 Std = ■ h (Stunden)
   b) 3 Std 35 min = ■ min (Minuten)
   c) 1 kg 875 g = ■ g (Gramm)
   d) 3 t 40 kg = ■ kg (Kilogramm)

2. Berechne.
   a) 2,87 m + 0,95 m = ■ m
   b) 12,75 m – 8,67 m = ■ m
   c) 38,21 m – 17,96 m = ■ m

3. Berechne.
   a) 33 · 20 = ■
   b) 67 · 52 = ■
   c) 235 · 51 = ■

4. Ein Sportgeschäft kauft 30 Paar Turnschuhe zum Gesamtpreis von 2 340 €. Wie viel Euro kostet ein Paar Turnschuhe für das Sportgeschäft?
   Ein Paar kostet ■ €.

5. Berechne die fehlenden Werte.

Anfang	8:30 Uhr	7:45 Uhr	■ : ■ Uhr
Dauer	■ h ■ min	■ h ■ min	3 h 15 min
Ende	11:45 Uhr	12:05 Uhr	18:00 Uhr

6. Wie oft gibt es die Note 2, wie oft die Note 4?

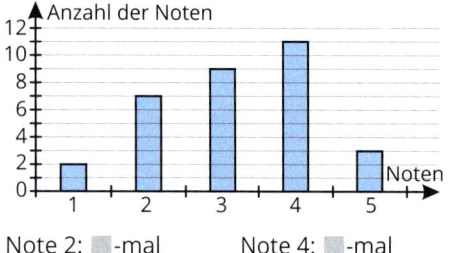

   Note 2: ■-mal   Note 4: ■-mal

7. Überschlage.
   a) 6 985 : 98 ≈ ■
   b) 21 · 58 ≈ ■

8. Berechne die fehlende Zahl.
   a) 260 : ■ = 10   b) ■ : 2 = 494
   c) 74 · ■ = 7 400   d) ■ · 3 = 9 600

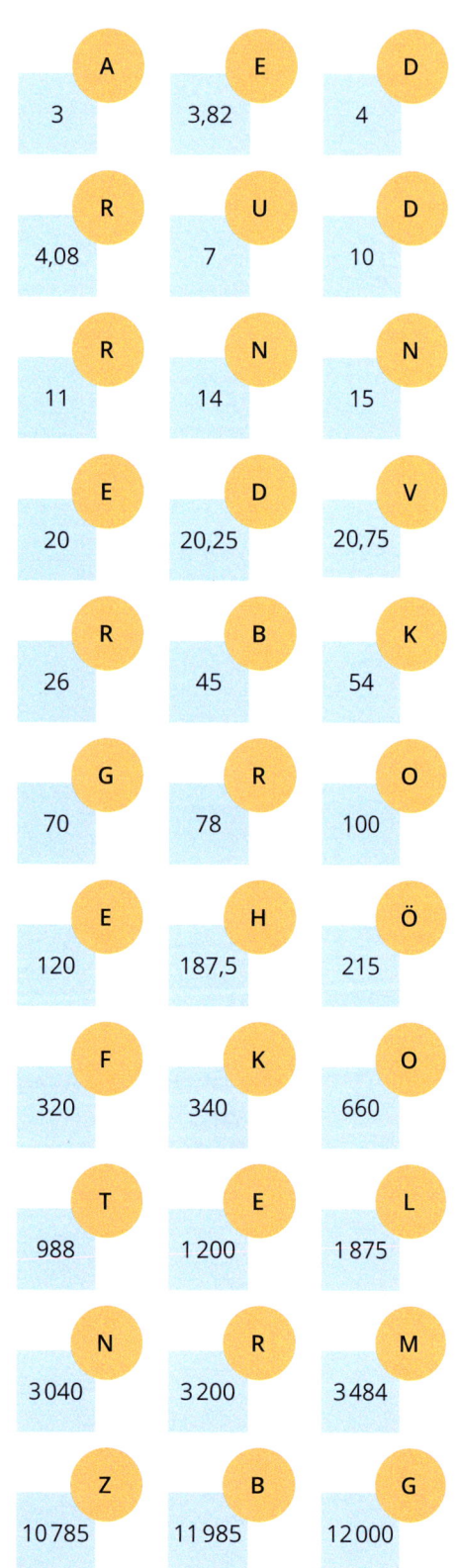

A 3   E 3,82   D 4
R 4,08   U 7   D 10
R 11   N 14   N 15
E 20   D 20,25   V 20,75
R 26   B 45   K 54
G 70   R 78   O 100
E 120   H 187,5   Ö 215
F 320   K 340   O 660
T 988   E 1 200   L 1 875
N 3 040   R 3 200   M 3 484
Z 10 785   B 11 985   G 12 000

Umfang von Rechteck und Quadrat

1. Der 1. FC Langheim hat auf dem Fußball-
platz neuen Rollrasen erhalten. Die Ver-
einsvorsitzende spricht mit dem Platz-
wart:

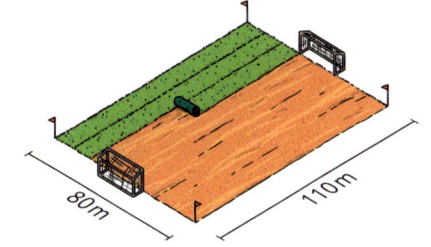

*Ist die Rasenfläche
nicht schön geworden?
Bitte kreiden Sie die
Linien nach Vorschrift,
Herr Vollmark.*

*Wird gemacht,
Chefin.*

Herr Vollmark schaut im Internet nach,
wie die Vorschriften sind. Er stöhnt!

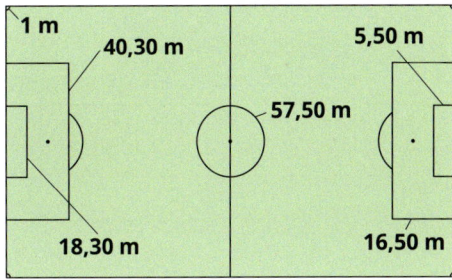

*Da bin ich mit den Kreide-
gerät einen halben oder
sogar einen ganzen Kilo-
meter unterwegs.*

Gruppenarbeit: Teilt euch die Arbeit und berechnet dann gemeinsam, welchen Weg
Herr Vollmark mit dem Kreidewagen unterwegs ist.

2. Partnerarbeit: Könnt ihr Nico helfen?
Begründet eure Antwort mit einer Rech-
nung und präsentiert sie den anderen.

*Hoffentlich
reichen 9 m.*

3. Alessia möchte für ihr Kaninchen auch ein
großes Gehege bauen: 4 m lang und 3 m
breit. Wie viel Meter Maschendraht braucht
sie dafür?

4. „Einmal rum" um ein Rechteck ist eine Länge, die man **Umfang** nennt. Miss und berech-
ne den Umfang von Rechteck und Quadrat.

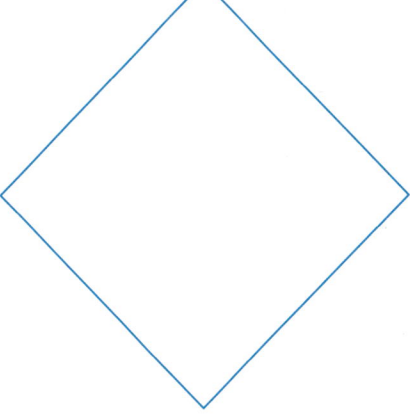

5. a) Ein Rechteck ist a cm lang und b cm breit.
Beschreibe mit Worten, wie man seinen
Umfang berechnen kann.
b) Ein Quadrat hat die Seitenlänge a.
Beschreibe mit Worten, wie man seinen
Umfang berechnen kann.

Der **Umfang u einer Figur** ist die **Summe aller Seitenlängen.**

Den **Umfang u eines Rechtecks** mit der Länge a und der Breite b berechnest du so: **u = 2·a + 2·b**

Den **Umfang u eines Quadrats** mit der Seitenlänge a berechnest du so: **u = 4·a**

a = 8 cm, b = 5 cm
u = 2·8 cm + 2·5 cm
u = 26 cm

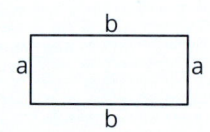

a = 7 m
u = 4·7 m
u = 28 m

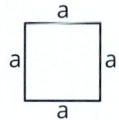

6. Berechne den Umfang des abgebildeten Rechtecks.

a) 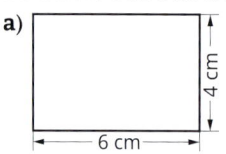 **b)** 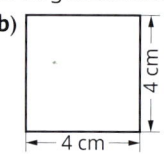 **c)** 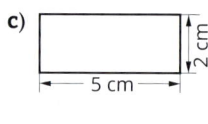 **d)**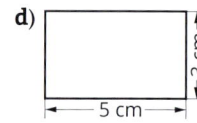

7. Elli und Tim berechnen den Umfang eines Rechtecks. Schreibe die Rechnungen in dein Heft und setze Tims Rechnung fort. Erkläre,

Elli a = 25 cm; b = 12 cm
      Berechne u.

      u = 25 cm + 12 cm +
          25 cm + 12 cm
      u = 74 cm

Tim a = 25 cm; b = 12 cm
     Berechne u.

     u = 2·25 cm +
         2·12 cm
     u = . . .

wie beide vorgegangen sind. Begründe, welchen Weg du wählen würdest.

8. Zeichne ein Rechteck mit dem Umfang u = 24 cm. Gib drei Möglichkeiten für die Länge und Breite des Rechtecks an und zeichne sie in dein Heft.

9. Berechne den Umfang.

	a)	b)	c)	d)	e)	f)
Länge	8 cm	15 cm	38 mm	72 mm	16 m	26 dm
Breite	7 cm	10 cm	59 mm	16 mm	16 m	26 dm
Umfang u						

10. Berechne den Umfang des Quadrats mit der angegebenen Seitenlänge.
   a) a = 19 cm   **b)** a = 34 cm   **c)** a = 122 m   **d)** a = 148 mm   **e)** a = 256 dm   **f)** a = 62 m

11. Ein 42 m langes und 27 m breites Gartengrundstück soll neu eingezäunt werden. An einer Seite wird eine 2,50 m breite Einfahrt freigelassen. Wie lang ist der benötigte Zaun?

12. Zeichne die Punkte in ein Koordinatensystem und verbinde sie zu einem Rechteck. Berechne dann den Umfang des Rechtecks.
   a) A(1|4), B(1|1), C(5|1), D(5|4)
   b) A(8|6), B(8|0), C(11|0), D(11|6)

Vermischte Aufgaben

1. Wie groß ist der Flächeninhalt ungefähr, der von den Gegenständen überdeckt wird?

2. a) Wie viele Maßquadrate von 1 dm^2 brauchst du, um 1 m^2 auszulegen?
   b) Wie viele Maßquadrate von 1 cm^2 brauchst du, um 1 m^2 auszulegen?
   c) Wie viele Maßquadrate von 1 mm^2 brauchst du, um 1 cm^2 auszulegen?

3. Partnerarbeit: Ordne die passenden Flächeninhalte zu.

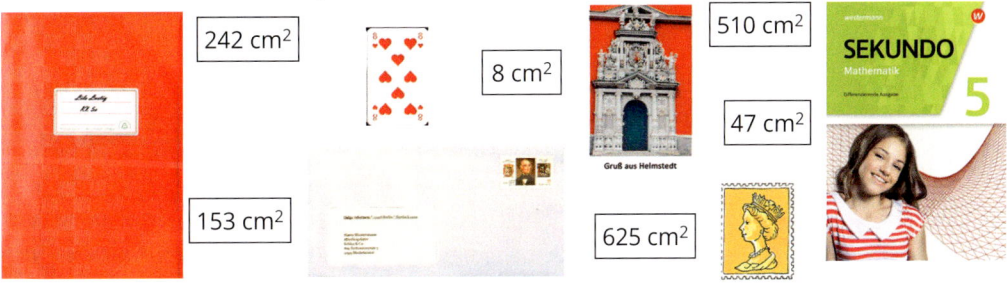

242 cm^2 8 cm^2 510 cm^2 47 cm^2 153 cm^2 625 cm^2

$^+$**4.** Wandle in die nächstkleinere Einheit um.
   a) 34 m^2 **b)** 4 dm^2 **c)** 19 cm^2 **d)** 150 dm^2 **e)** 200 cm^2 **f)** 7 000 m^2

$^+$**5.** Wandle in die nächstgrößere Einheit um.
   a) 3 400 mm^2 **b)** 600 dm^2 **c)** 8 000 cm^2 **d)** 1 200 mm^2 **e)** 288 000 cm^2

$^+$**6.** Wandle in die angegebene Einheit um.
   a) 100 cm^2 = ▓ dm^2 **b)** 3 200 dm^2 = ▓ m^2 **c)** 1 m^2 = ▓ dm^2 **d)** 10 dm^2 = ▓ cm^2
   e) 9 000 dm^2 = ▓ m^2 **f)** 46 000 mm^2 = ▓ cm^2 **g)** 5 cm^2 = ▓ mm^2 **h)** 12 m^2 = ▓ dm^2

7. Wandle bei Bedarf zuerst in die nächst kleinere oder größere Einheit um, dann in die angegebene Einheit.
   a) 3 750 000 cm^2 (dm^2) **b)** 70 000 cm^2 (m^2)   **c)** 37 m^2 (dm^2)   **d)** 367 m^2 (cm^2)
      8 520 000 mm^2 (dm^2)   280 000 dm^2 (m^2)   2 dm^2 (mm^2)   625 cm^2 (mm^2)

8. a) 12 dm^2 34 cm^2 = ▓ cm^2 **b)** 5 m^2 7 dm^2 = ▓ dm^2 **c)** 21 cm^2 5 mm^2 = ▓ mm^2
   d) 5 m^2 20 dm^2 = ▓ dm^2 **e)** 31 dm^2 20 cm^2 = ▓ cm^2 **f)** 60 cm^2 30 mm^2 = ▓ mm^2

9. a) 6 m^2 15 dm^2 10 cm^2 = ▓ cm^2 **b)** 7 dm^2 14 cm^2 3 mm^2 = ▓ mm^2
   c) 5 m^2 13 cm^2 = ▓ cm^2 **d)** 3 m^2 7 dm^2 5 mm^2 = ▓ mm^2

⁺**10.** Miss die Seitenlängen und zeichne die Figur. Fülle sie mit Maßquadraten (1 cm²) aus und gib den Flächeninhalt an.

a)   b)   c)

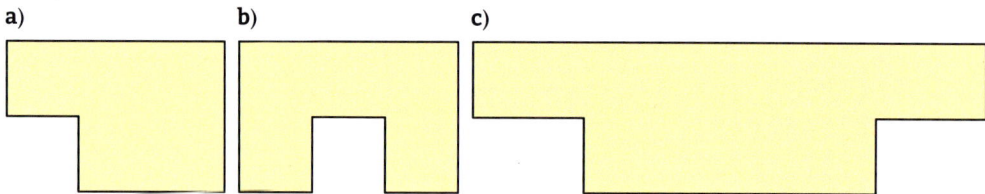

⁺**11.** Bestimme Flächeninhalt und Umfang der Rechtecke.

⁺**12.** Zeichne drei verschiedene Rechtecke in dein Heft, miss die Seitenlängen und berechne Flächeninhalt und Umfang.

⁺**13.** Ein Rechteck ist 12 cm lang und 3 cm breit.
  a) Ermittle den Flächeninhalt des Rechtecks.
  b) Zeichne zwei weitere Rechtecke mit demselben Flächeninhalt. Gib Länge sowie Breite an und vergleiche die Maße mit anderen.

14. Ordne die Rechtecke R1 bis R5 erst nach der Größe des Flächeninhalts, dann nach der Größe des Umfangs.

	R1	R2	R3	R4	R5
Länge	12 cm	5 cm	2 cm	7 cm	33 cm
Breite	3 cm	8 cm	17 cm	7 cm	1 cm

15. **a)** 100 Quadratzentimeter sind zu einem Quadrat gelegt. Gib die Seitenlänge an.
  b) 10000 Quadratmillimeter sind zu einem Quadrat gelegt. Wie lang ist seine Seitenlänge?

16. Berate dich mit anderen und stelle dein Ergebnis dar: Welche Rechtecke sind mit dem angegebenen Flächeninhalt und Umfang möglich, und wie sehen sie aus?
  ① $A = 24$ cm², $u = 22$ cm   ② $A = 48$ cm², $u = 24$ cm   ③ $A = 36$ cm², $u = 26$ cm

17. Die Seitenlänge a eines Rechtecks beträgt 5 cm. Wie groß ist der Flächeninhalt des Rechtecks, wenn Seite b um 1 cm kürzer als die dreifache Länge von a ist?

18. Familie Menz möchte eine neue Einbauküche kaufen. Das Küchenstudio arbeitet einen Vorschlag für die Küchengestaltung aus. 4 mm² in der Zeichnung entsprechen in der Wirklichkeit 1 dm².
  a) Es sollen zwei elektrische Geräte eingebaut werden. Welche Fläche nehmen sie jeweils ein?
  b) In welchem Maßstab ist der Vorschlag für die Küche gezeichnet? Hinweis: Zeichne im Heft einen Quadratdezimeter und in eine Ecke davon ein 4 mm² großes Quadrat.

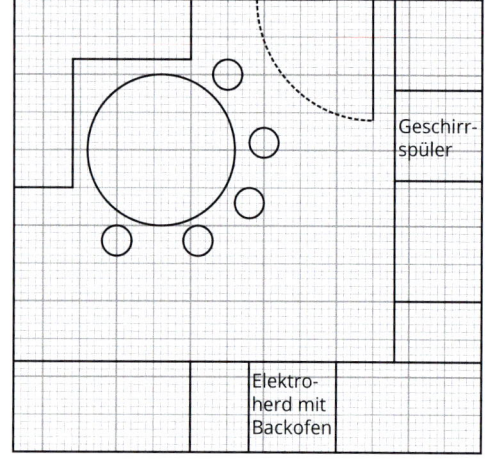

Berechnung einer Rechteckseite

Löst alle Aufgaben in Partnerarbeit.

1. a) Andy probiert: $56 \cdot 30 = 1\,680$
(30 ist zu wenig)
$56 \cdot 40 = 2\,240$
(40 ist zu viel)
$56 \cdot 35 = 1\,960$
(35 ist zu wenig)
Setzt Andys Probieren fort, bis er fertig ist.

> Von einem Rechteck sind der Flächeninhalt und eine Seite bekannt:
> $A = 2\,072\ cm^2$, $a = 56\ cm$
>
> Wie lang ist die Seite b?

b) Alessandra meint: „Ich schaffe das schneller mit einer einzigen Rechnung."
Versteht ihr Alessandra und könnt ihr diese einzige Rechnung nennen und lösen?

2. Berechnet die fehlende Seite des Rechtecks.
a) $A = 70\ cm^2$; $a = 10\ cm$ **b)** $A = 63\ mm^2$; $b = 9\ mm$
c) $A = 120\ dm^2$; $a = 5\ dm$ **d)** $A = 1\,440\ m^2$; $b = 40\ m$

Wenn du den **Flächeninhalt** eines Rechtecks und **eine Seitenlänge** kennst, kannst du die **fehlende Seitenlänge** ausrechnen.
Die **fehlende Seite b** berechnest du so: **b = A : a**

$A = 578\ m^2$ 17 m	$b = 578 : 17$ $b = 34$	Die Seite b des Rechtecks ist 34 m lang.

3. Die Gemeinde beschließt, den Teich einzuzäunen. Es sind noch 50 m Zaun vorhanden. Der Zaun soll 19 m lang werden. Wie breit kann die Umzäunung werden?

Andys Vater probiert: 8 m Breite?
$19\ m + 8\ m + 19\ m + 8\ m = 54\ m$
8 m Breite geht nicht.

Alessandras Vater glaubt, die mögliche Breite direkt ausrechnen zu können, und macht sich die abgebildete Skizze.

Erklärt euch gegenseitig die Skizze von Alessandras Vater und rechnet aus, wie breit die Umzäunung genau werden darf.

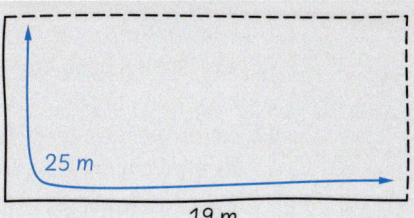

25 m

19 m

Wenn du den **Umfang** eines Rechtecks und **eine Seitenlänge** kennst, kannst du die **fehlende Seitenlänge** ausrechnen.

$u = 214\ cm$ 43 cm	$u = 2a + 2b$ $u : 2 = a + b$ $b = u : 2 - a$	$b = 214\ cm : 2 - 43\ cm$ $\underline{b = 107\ cm - 43\ cm = 64\ cm}$

4. Berechne die Breite des abgebildeten Rechtecks.

5. Berechne die fehlende Seite des Rechtecks.
   a) A = 60 cm²; a = 6 cm   **b)** A = 72 mm²; b = 12 mm
   c) A = 320 m²; a = 8 m   **d)** A = 880 dm²; b = 22 dm

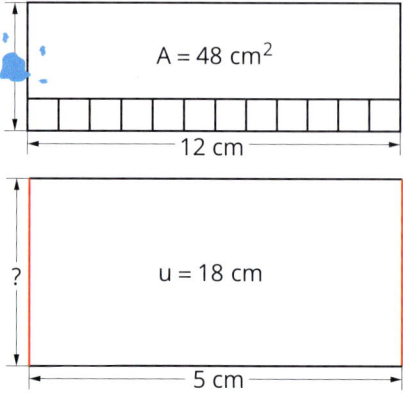

A = 48 cm²

12 cm

6. Berechne die Breite des abgebildeten Rechtecks.

⁺7. Berechne die fehlende Seite des Rechtecks.
   a) u = 90 cm; a = 20 cm   **b)** u = 58 mm; b = 9 mm
   c) u = 36 dm; a = 8 dm   **d)** u = 880 m; b = 130 m

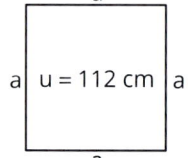

?   u = 18 cm

5 cm

8. Partnerarbeit: Findet einen Rechenweg, mit dem ihr ohne Probieren
die Seitenlänge des abgebildeten Quadrats berechnen könnt.
Stellt euren Rechenweg in der Klasse vor.

a

a   u = 112 cm   a

a

9. Berechne die Seitenlänge und den Flächeninhalt des Quadrats.
   a) u = 36 mm   **b)** u = 60 m   **c)** u = 4 cm   **d)** u = 160 cm   **e)** u = 400 m

10. Gruppenarbeit: Ein Schulgarten soll ein neues Haus
bekommen. Es muss einen Abstand von 3 m oder mehr
bis zum benachbarten Grundstück haben. Passt das Haus?
Und so rechnen drei Personen:

516 m²

24 m

13 m

6 m

Chantal:
2 4 · 1 9
    2 4
  2 1 6
  4 5 6
Das Haus passt.

René
im Kopf:
2 4 · 2 0
  = 4 8 0
Das Haus passt.

Lehrerin:
516 : 24 = 21 R 12
48   also 21,50
36
24
12
Das Haus passt.

   a) Besprecht, was sich die drei bei ihren Rechnungen gedacht haben.
   b) Welche Rechnungen beantworten zuverlässig die Frage „Passt das Haus"?

11. Zeichne zwei Rechtecke mit demselben
Flächeninhalt. Notiere alle Größen in
einer Tabelle.
   a) 12 cm²   **b)** 16 cm²   **c)** 20 cm²   **d)** 24 cm²

Länge	Breite	Umfang	Flächeninhalt
1 cm	12 cm	26 cm	**12 cm²**

12. Berechne jeweils die fehlenden Größen a, b, A, u des Rechtecks.
   a) a = 6 cm, u = 22 cm   **b)** b = 26 cm, A = 1 170 cm²   **c)** b = 35 cm, u = 154 cm
   d) a = 21 cm, A = 1 806 cm²   **e)** a = 23 cm, u = 84 cm   **f)** b = 30 cm, A = 1 170 cm²

13. Der Umfang eines Quadrates beträgt 48 cm. Wie lang ist die Seite a eines Rechtecks mit
gleichem Flächeninhalt wie das Quadrat, wenn die Seite b des Rechtecks 9 cm lang ist?

14. Ulli möchte seinen Zeichenblock mit in die Schule nehmen.
Der Zeichenblock ist 30 cm breit und 42 cm lang.
Passt der Zeichenblock in eine rechteckige Stofftasche
mit den abgebildeten Maßen, ohne oben „rauszugucken"?

12,8
dm²

32 cm

Maßquadrate für große Flächen

Löst alle Aufgaben in Gruppenarbeit.

1. Besorgt euch 4 Stangen, eine lange Schnur, ein 20-m-Maßband und ein großes Geodreieck.

   a) Geht auf den Schulhof und steckt ein Maßquadrat von 10 m Seitenlänge ab. Dieses Maßquadrat ist **1 Ar (1 a)**.

   b) Legt das 1 m² große Maßquadrat aus Packpapier (siehe Seite 171, Aufgabe 1) in eine Ecke des Ar und überlegt gemeinsam, wie viele Quadratmeter in 1 a hineinpassen.

2. Das Straßenviereck um das abgebildete Rote Rathaus von Berlin ist ein 100 m x 100 m großes Quadrat. Der Flächeninhalt heißt ein **Hektar (1 ha)**.

   a) Entdeckt ihr den Rathausturm auf dem Satellitenbild?

   b) Wie lange braucht man bei normaler Schrittgeschwindigkeit, um den Hektar zu umrunden?

   c) Wie viel Ar ist ein Hektar groß? Daniels Antwort: „Das ist einfach. Ein Hektar ist ein Hekto-Ar – also wie beim Hektoliter." Versteht ihr Daniel?

   d) Ina meint: „Der Innenraum eines Fußballplatzes ist ungefähr 1 ha groß." Stimmt das?

3. Erklärt die vier Bilder, die an demselben Ort entstanden sind.

4. Für große Flächen wird auch oft die Einheit Quadratkilometer verwendet.

   a) Wie lang sind die Seiten eines Quadrats mit dem Flächeninhalt 1 Quadratkilometer?

   b) Wie viel Hektar passen in einen Quadratkilometer?

   c) Wie viel Ar passen in einen Quadratkilometer?

   d) Wie viel Quadratmeter passen in einen Hektar?

Das Maßquadrat mit 1 km Seitenlänge heißt **Quadratkilometer (km²).**

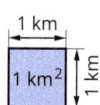

1 km²

Namen von Maßquadraten mit anderen Seitenlängen sind z.B. **Hektar** und **Ar:**

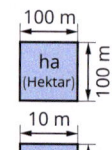

ha (Hektar)

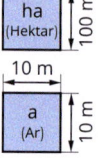

a (Ar)

Es gilt: $1\,km^2 = 100\,ha$ $1\,ha = 100\,a$ $1\,a = 100\,m^2$

Beispiele für die Maßquadrate:

Blausteinsee in Nordrhein-Westfalen

1 km²

Innenraum des Olympia-stadions in Berlin

1 ha

Eine Seite eines Tennisplatzes

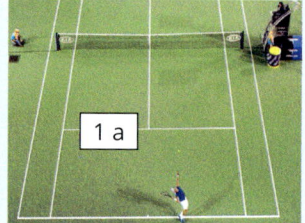

1 a

5. Rechne in die angegebene Einheit um.
   a) $3\,ha = $ ___ a   b) $700\,m^2 = $ ___ a   c) $40\,km^2 = $ ___ ha   d) $6\,000\,m^2 = $ ___ a
   e) $500\,a = $ ___ ha   f) $17\,a = $ ___ m²   g) $3\,000\,a = $ ___ ha   h) $9\,km^2 = $ ___ ha

⁺**6.** a) $3\,a = $ ■ m²   b) $7\,000\,a$ $= $ ■ ha   c) $13\,km^2 = $ ■ ha
   d) $800\,a = $ ■ ha   e) $20\,000\,m^2 = $ ■ a   f) $4\,300\,ha$ $= $ ■ km²

7. Schreibe wie im Beispiel.
   a) $4\,970\,m^2$ b) $909\,m^2$ c) $41\,620\,m^2$ d) $369\,m^2$
   e) $851\,m^2$ f) $7\,143\,m^2$ g) $5\,005\,m^2$ h) $4\,100\,m^2$

$= 4\,680\,m^2$
$= 4\,600\,m^2 + 80\,m^2$
$= 46\,a\,80\,m^2$

8.

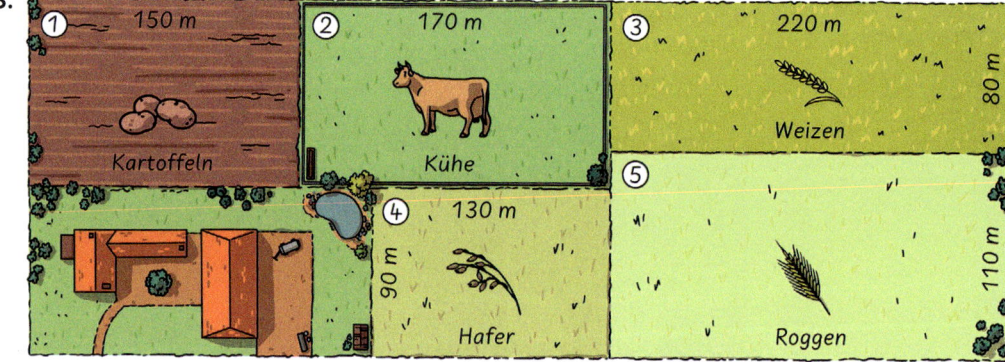

① 150 m Kartoffeln   ② 170 m Kühe   ③ 220 m Weizen 80 m   ④ 130 m Hafer 90 m   ⑤ Roggen 110 m

   a) Berechne die Größe der Felder ① bis ⑤ in m². Gib sie auch in Ar an.
   b) Links unten siehst du den Hof von Bauer Sievers. Zeichne den Hof auf ein DIN-A4-Blatt (1 cm für 10 m) und berechne die Hofgröße in Ar.

9. Köln ist rund $405\,km^2$ groß.
   a) Wie viel Hektar sind das?   b) Wie viel Ar ist Köln groß?

Vermischte Aufgaben

1. Die Villa Farbenfroh hat sechs verschiedene Fenstertypen. Dies sind die Maße für Länge und Breite:

80 cm × 90 cm; 80 cm × 190 cm
160 cm × 90 cm; 40 cm × 100 cm
100 cm × 150 cm; 120 cm × 130 cm

a) Berechne die Glasflächen in Quadratdezimeter und vergleiche die Größen.

b) Berechne den Umfang des Holzrahmens in m für jeden Fenstertyp.

2. Der Balkon hat eine Fläche von 5 m² und misst von der Hauswand bis zum Geländer 2 m. Passt das Pferd mit einer Länge von 2,20 m unter den Balkon?

⁺3. Wandle in die angegebene Einheit um.

a) 2 ha = ▨ a
8 km² = ▨ ha

b) 6 500 m² = ▨ a
7 800 a = ▨ ha

c) 2 ha = ▨ a
9 km² = ▨ ha

d) 650 m² = ▨ a
2 850 ha = ▨ km²

4. Übertrage die Tabelle ins Heft und fülle sie aus.

	a)	b)	c)	d)	e)	f)	g)
km²	3 km²		17 km²				
ha		500 ha			2 500 ha		
a				40 000 a		320 000 a	600 000 a

5. Was sagst du zu Frederiks Überlegungen und Berechnungen? Stimmst du ihm zu?

Um einen Hektar zu umrunden, braucht man bei Schrittgeschwindigkeit ungefähr 6 Minuten.

Dann möchte ich nicht um einen Quadratmeter herumlaufen müssen.

Der ist 100-mal so groß wie ein Hektar. Da wäre man also 600 Minuten unterwegs. Das ist ja ein ganzer Tag von morgens bis abends.

6. Welche Flächen haben den gleichen Flächeninhalt, welche den gleichen Umfang?

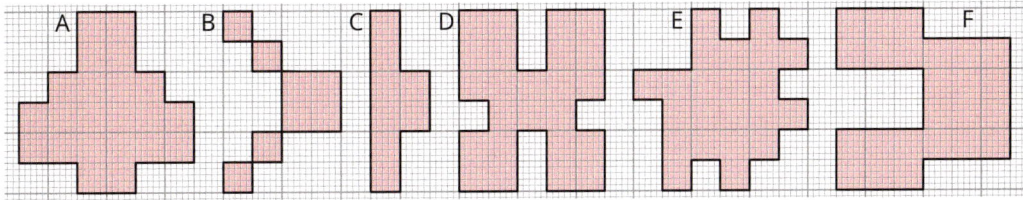

7. Berechne die fehlende Seite und den Umfang vom Rechteck ①.

8. Berechne die fehlende Seite und den Flächeninhalt vom Rechteck ②.

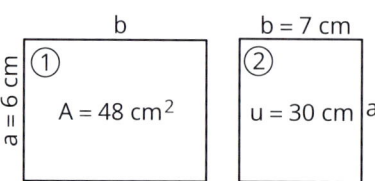

$^+$**9.** Gib den Inhalt der Fläche in Quadratmillimeter und Quadratzentimeter an.

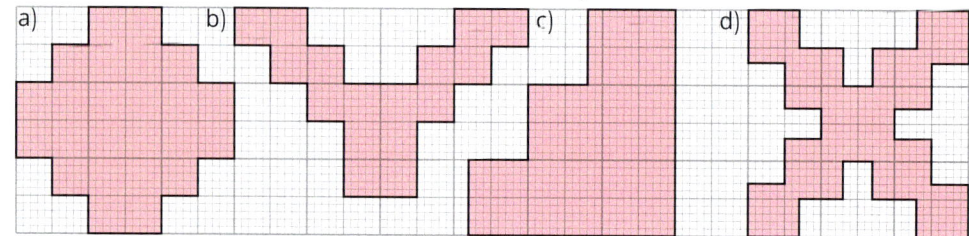

a)   b)   c)   d)

$^+$**10.** Wandle in die angegebene Einheit um.

   a) $1\ cm^2 = \blacksquare\ mm^2$ **b)** $4\ m^2 = \blacksquare\ dm^2$ **c)** $65\,000\ cm^2 = \blacksquare\ dm^2$ **d)** $7\,800\ a = \blacksquare\ ha$

   $15\ cm^2 = \blacksquare\ mm^2$ $69\ m^2 = \blacksquare\ dm^2$ $58\,000\ mm^2 = \blacksquare\ cm^2$ $6\,500\ m^2 = \blacksquare\ a$

11. Frau Lampes Joggingstrecke (rot) ist 2 km lang.

   a) Heute ist sie gerade 400 m gelaufen, da sieht sie einen Hund. Wie weit ist er noch entfernt?

   b) Berechne den Flächeninhalt der Tannen-schonung, die Frau Lampe jeden Morgen umrundet. Gib die Fläche in a und in ha an.

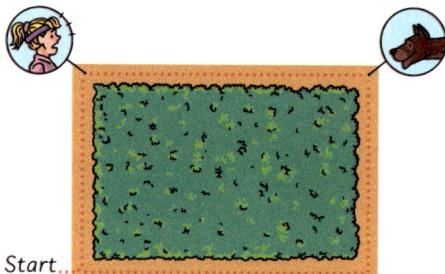

Start…

Eine Tannen-schonung ist ein eingezäuntes Waldstück, auf dem junge Tannenbäume wachsen.

12. Die Rasenfläche in Sinas Garten ist 9 m² groß. Reichen alle Blätter ihres Mathebuches „Sekundo" aus, um die Rasenfläche damit auszulegen? Präsentiere deine Überlegungen und Ergebnisse den anderen.

13. Wandle in die angegebene Einheit um.

   a) $\frac{1}{2}\ cm^2 = \blacksquare\ mm^2$ **b)** $15\frac{1}{2}\ m^2 = \blacksquare\ dm^2$ **c)** $250\ mm^2 = \blacksquare\ cm^2$

   $2\frac{1}{2}\ dm^2 = \blacksquare\ cm^2$ $55\frac{1}{2}\ ha = \blacksquare\ a$ $2\,450\ ha = \blacksquare\ km^2$

$50\ mm^2 = \frac{1}{2}\ cm^2$

14. Wie verändern sich Flächeninhalt und Umfang eines Rechtecks, wenn eine der Seite ver-dreifacht wird? Wie verändern sie sich, wenn beide Seiten verdreifacht werden?

15. a) Das abgebildete Quadrat ist aus Packpapier. Passt es auf den Boden eures Klassenzimmers, wenn alle Tische und Stühle ausgeräumt sind? Begründe deine Antwort.

   b) Partnerarbeit: Messt mit einem Maßband Länge und Brei-te eures Klassenzimmers und gebt den Flächeninhalt in m², dm², cm² und mm² an.

   c) Wie oft passt euer Klassenzimmer in ein Fußballfeld?

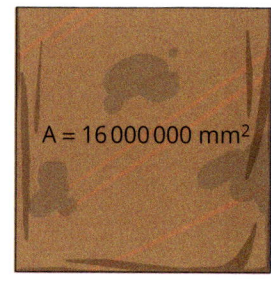

$A = 16\,000\,000\ mm^2$

Die Klasse 5d gestaltet ihren Klassenraum neu

Löst alle Aufgaben in Partnerarbeit.

Die Schülerinnen und Schüler der Klasse 5d möchten mit Hilfe ihrer Eltern und ihrer Klassenlehrerin den Klassenraum renovieren.

1. Die Wände sollen neu gestrichen werden. Dazu muss die Gesamtfläche aller Wände ermittelt werden. Achtung! Die Tür, Fenster und die Tafel werden natürlich nicht angestrichen.
   Eine Tabelle hilft euch, den Überblick zu behalten.

	1. Wand	Tafel	2. Wand	Fenster	3. Wand	Tür	4. Wand
Länge	6 m						
Breite	3 m						
Flächeninhalt							

2. Überlegt nun, welche Flächen addiert und welche subtrahiert werden müssen. Ermittelt dann, wie viel Farbe eingekauft werden muss und wie teuer die Farbe ist.

> **Weiter geht's!**
>   1. Wandfläche – Tafelfläche
> + 2. Wandfläche – 4 · ▢
> + ▢ – ▢ + ▢ = Gesamtfläche

WANDFARBE
5L für 30m²

5 LITER
12,95 €

3. Um dem Klassenraum etwas mehr Farbe zu geben, sollen bunte Leisten an den Deckenkanten angebracht werden. Wie viel Meter Leisten werden gebraucht?

4. Für die geplante Leseecke, die 3 m × 2 m groß werden soll, wollen Julias Eltern einen Teppichrest zur Verfügung stellen.
   Zwei Reste stehen zur Auswahl: ein 7 m² großes rechteckiges Stück (eine Seite 3,50 m) und ein 7,6 m² großes rechteckiges Stück (eine Seite 4 m).
   Welcher Rest ist geeignet?

Tierhaltung

Aus der Gesetzesvorschrift für Hundehalter:

> Ein Zwinger ist ein Käfig für Hunde. Der Zwinger muss eine bestimmte **Grundfläche** haben. Der Hundebesitzer muss dabei beachten, welche Hundeart er hat und wie viele Hunde es sind. Der **Zwinger** muss **mindestens so breit** sein **wie der Hund lang** ist. Ein **mittelgroßer Hund**, der **über 20 kg schwer** ist, braucht mindestens eine **Grundfläche von 6 m²**. Wenn der Hundebesitzer noch mehr Hunde in dem Zwinger hält, muss **jeder weitere Hund nochmal 3 m² Grundfläche** haben.

1. Bevor du die Fragen a) bis d) beantwortest, schreibe in eine Tabelle, was aus der Gesetzesvorschrift wichtig ist. Beantworte dann die Fragen.
   a) Wie breit muss der Zwinger für einen 1 m langen Hund mindestens sein?
   b) Wie viel Quadratmeter Grundfläche muss der Zwinger für einen 25 kg schweren Hund mindestens haben?
   c) Wie viel Quadratmeter Grundfläche muss der Zwinger für zwei Hunde (beide schwerer als 20 kg) mindestens haben?
   d) Wie viel Quadratmeter Grundfläche muss der Zwinger für drei über 20 kg schwere Hunde mindestens haben?

Wichtig für Frage a)	Wichtig für Frage b)	Wichtig für Frage …
Des Zwinger muss mindestens so breit sein wie der Hund lang ist.	Für einen mittelgroßen, …	

2. a) Zeichne zwei Möglichkeiten auf, wie der Zwinger für einen 1 m langen Hund aussehen könnte. (Maßstab 1 : 100, d. h. 1 cm entspricht 1 m).
   b) Zeichne zwei Möglichkeiten auf, wie der Zwinger für drei Hunde aussehen könnte.
   c) Überschlage, wie viel Platz in deinem Klassenzimmer für einen Schüler zur Verfügung steht. Vergleiche zusammen mit einem Partner mit der „Hundezwingerverordnung".

3. Jannik hat ein Kaninchen geschenkt bekommen. Er weiß, dass ein Kaninchen mindestens 20 dm², besser aber 40 dm² Platz im Käfig haben sollte.
   a) Welche der angebotenen Käfige kommen in Frage?
   b) In seinem Zimmer hat Jannik zwischen dem Schreibtisch und dem Schrank genau 65 cm Platz für einen Käfig. Welche Käfige könnte er kaufen?
   c) Für welchen Käfig soll er sich entscheiden? Begründe deine Meinung.

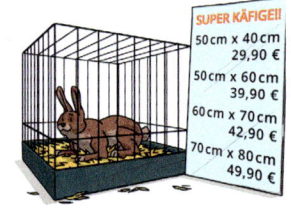

Flächenmaße für kleinere Flächen

1 m² = 100 dm²

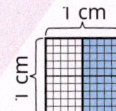

1 dm² = 100 cm²

1 cm² = 100 mm²

1 mm² ▪

Umwandeln von benachbarten Einheiten

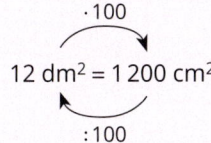

$$12 \text{ dm}^2 = 1\,200 \text{ cm}^2$$

: 100

Der **Flächeninhalt A eines Rechtecks**

A = Länge · Breite   A = a · b

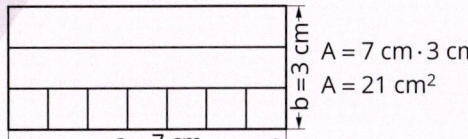

A = 7 cm · 3 cm
A = 21 cm²

Der **Flächeninhalt A eines Quadrates**

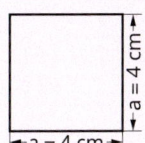

A = a · a
A = 4 cm · 4 cm
A = 16 cm²

Der **Umfang u eines Rechtecks**

u = Summe aller Seitenlängen

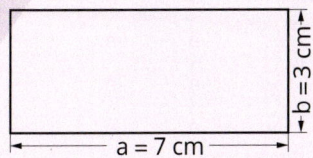

u = a + b + a + b; u = 2a + 2b
u = 7 cm + 3 cm + 7 cm + 3 cm = 20 cm

Flächenmaße für große Flächen

1 km² = 100 ha (Hektar)

1 ha = 100 a (Ar)

1 a = 100 m²

---

1. Nenne Gegenstände, die ungefähr 1 m² groß sind (z. B. Schreibtischplatte).

2. Gib den Inhalt der Fläche in cm² an.

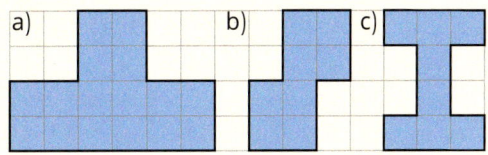

3. Gib die Flächeninhalte in cm² an.

a) 1 dm²	**b)** 300 mm²	**c)** 56 dm²
21 dm²	2 500 mm²	200 mm²
765 dm²	100 mm²	22 dm²

4. Berechne den Flächeninhalt des Rechtecks.

a) Länge 15 cm   **b)** Länge 28 cm

   Breite 12 cm   Breite 56 cm

5. Ein rechteckiger Handspiegel hat die Maße 12 cm und 9 cm. Wie groß ist die Fläche?

6. Berechne die fehlende Seitenlänge des Rechtecks.

a) A = 36 cm²   **b)** A = 135 cm²

   Länge 6 cm   Breite 5 cm

7. Berechne die gesuchte Länge.

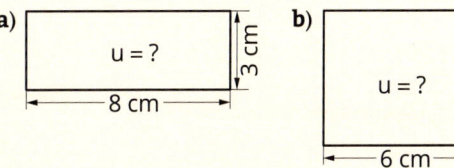

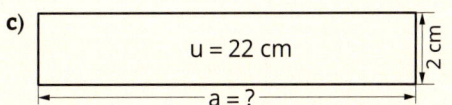

8. a) 9 ha = ▨ a   **b)** 2 900 a = ▨ ha

   37 a = ▨ m²   800 ha = ▨ km²

9. Ein Grundstück ist 30 m lang und 20 m breit. Gib den Flächeninhalt in m² und auch in Ar an.

1. Welche Fläche ist größer als 1 m²?
   a) Garagentor   **b)** Autodach   **c)** Computerbildschirm   **d)** Schreibtischplatte
   e) Englischbuch   **f)** Zeichenblock   **g)** Klassenzimmertür   **h)** Badetuch

2. Ordne den Gegenständen den passenden Flächeninhalt zu:

   | Englischbuch – Sportplatz – Badetuch – Briefmarke – Bauplatz für ein Einfamilienhaus | 6 cm² – 340 cm² – 6 a – 2 m² – 1 ha |

3. Ein Rechteck ist 6 cm lang und 4 cm breit.
   a) Berechne den Flächeninhalt A.   **b)** Berechne den Umfang u.

4. Bestimme den Flächeninhalt der abgebildeten Figur in cm².

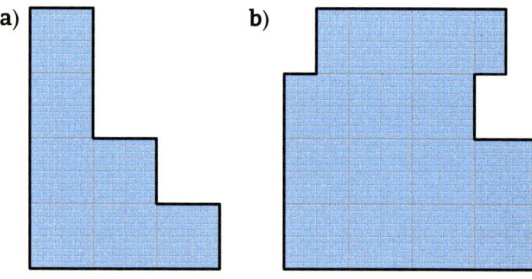

5. Rechne um:
   a) 20 cm² = ▦ mm²   **b)** 1 m² = ▦ dm²
   2 dm² = ▦ cm²   50 dm² = ▦ cm²
   c) 300 m² = ▦ a   **d)** 25 000 ha = ▦ km²
   4 900 ha = ▦ km²   90 a = ▦ m²

6. Asyas Rechteck hat einen Flächeninhalt von A = 35 cm². Die Seite a ist 5 cm lang.
   Berechne die Länge der Seite b.

7. **a)** Zeichne zwei verschiedene Rechtecke, die beide einen Flächeninhalt von 18 cm² haben.
   b) Zeichne zwei verschiedene Rechtecke mit dem Umfang 18 cm.

8. Welche Figuren haben den gleichen Flächeninhalt?

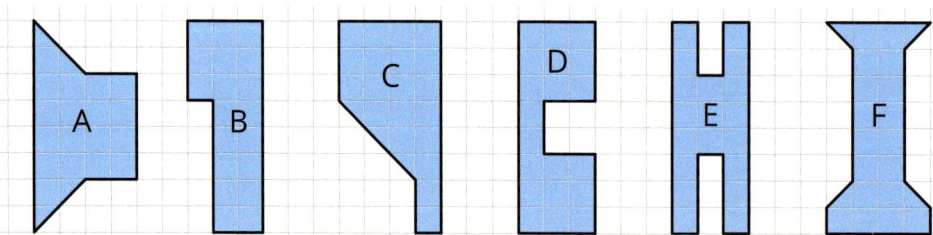

9. Natalie zeichnet ein Quadrat mit einem Umfang von 32 cm. Berechne den Flächeninhalt.

10. Marcos Rechteck ist 5 cm breit und hat einen Umfang von 34 cm. Berechne A.

11. Bauer Lütge verkauft einen Teil seines Ackers als Bauland. Wie viele Grundstücke zu je 900 m² kann er verkaufen, wenn eine Fläche von 3 ha 60 a als Bauland ausgewiesen wird?

12. Sinas Eltern stiften für eine Pinnwand Platten aus Kork. Jede ist 30 cm lang und 25 cm breit. Wie viele Platten werden für eine 1 m hohe und 1,50 m breite Pinnwand gebraucht?

Brüche und Dezimalzahlen

Fruchtbowle für Supersportler

$\frac{1}{4}$ ℓ Ananassaft

$\frac{1}{4}$ ℓ Orangensaft

$\frac{1}{4}$ ℓ Zitronensaft

Zusammen-
schütten, mit
Zucker
abschmecken.
Falls gewünscht,
Kiwischeiben
dazugeben.

Alles kühlen und vor dem Servieren
mit $\frac{3}{4}$ ℓ Ginger Ale auffüllen.
Nicht mehr rühren.

Reicht ein
2-ℓ-Krug für
die Bowle?

Gesucht: Kommazahlen im Alltag!

In 100 mℓ Vollmilch
sind im Durchschnitt
enthalten:

Fett _____ 3,5 g
Eiweiß _____ 3,4 g
Kohlenhydrate _____ 4,8 g
Calcium _____ 120 mg
Phosphor

Handcreme	2,79 €
Zahncreme	3,89 €
Duschgel	2,89 €
Total	9,57 €
Bar:	20,00 €
Rückgeld:	10,43 €

Was bedeuten
die Kommas?

In diesem Kapitel lernst du, ...

... was Stammbrüche, Brüche und Dezimalzahlen sind,

... wie du Bruchteile berechnest,

... wie du Brüche mit gleichem Nenner addierst und subtrahierst,

... wie du Dezimalzahlen ordnest und rundest,

... wie du Dezimalzahlen addierst und subtrahierst.

Löse die folgenden Aufgaben und schätze dich ein.

1. Berechne möglichst im Kopf
   a) 120 : 12   **b)** 96 : 8   **c)** 210 : 7
   d) 160 : 4   **e)** 4700 : 100   **f)** 150 : 25

Ich kann Zahlen im Kopf dividieren.

Das kann ich gut.	Ich bin noch unsicher.
☺	→ S. 244, A 1–4

2. Rechne in die kleinere Einheit um.
   a) 17 cm = ▨ mm   **b)** 6 kg = ▨ g
   c) 15 km = ▨ m   **d)** 3 h = ▨ min
   e) 2,40 € = ▨ ct   **f)** 4,25 m = ▨ cm

Ich kann Größen wie Geld, Zeit, Gewicht und Länge in kleinere Einheiten umwandeln.

Das kann ich gut.	Ich bin noch unsicher.
☺	→ S. 245, A 1–4

3. Schreibe ohne Komma in einer kleineren Einheit.
   a) 24,6 km = ▨   **b)** 1,56 kg = ▨
   c) 12,5 m = ▨   **d)** 7,2 cm = ▨
   e) 2,99 € = ▨   **f)** 0,18 t = ▨

Ich kann Größen aus der Kommaschreibweise in die kleineren Einheiten ohne Komma umwandeln.

Das kann ich gut.	Ich bin noch unsicher.
☺	→ S. 246, A 1–2

4. a) Runde auf Zehner: 38   402   1355
   b) Runde auf Hunderter: 345   1467   9691
   c) Runde auf Tausender: 1300   2978   59500

Ich kenne die Rundungsregeln und kann Zahlen runden.

Das kann ich gut.	Ich bin noch unsicher.
☺	→ S. 246, A 3–4

5. a)

H	Z	E
8	1	6
+	5	2

b)

H	Z	E
9	5	3
− 1	2	7

Ich weiß, wie Zahlen in der Stellenwerttafel addiert und subtrahiert werden.

Das kann ich gut.	Ich bin noch unsicher.
	→ S. 247, A 1–4

Stammbrüche

1. Gruppenarbeit: An die Stelle der Pünktchen in den Sprechblasen gehört jeweils ein Begriff aus dem Feld. Erklärt euch gegenseitig die richtige Einsetzung.

> Dieses ...... von der Pizza schaffe ich.

> ...... von uns sind Mädchen.

> 10 cm sind ...... von 1 m.

> Ich habe noch ...... Cola im Glas.

ein Zehntel

ein Neuntel

ein Zwölftel

ein Viertel

ein Fünftel

ein Sechstel

> Mein Buch hat 216 Seiten, davon habe ich schon 24 Seiten gelesen.

> Dann hast du ...... des Buches geschafft.

> Von der Stunde zwischen 7 Uhr und 8 Uhr ist erst ...... vergangen.

2. Die Begriffe oben im Feld beschreiben Bruchteile. Es ist üblich, sie mit Zahlen als soge- nannte **Stammbrüche** zu schreiben. Sie werden wie die Begriffe aus dem Feld oben gelesen. Übertrage die Stammbrüche ins Heft und ordne die passenden Begriffe zu.

(A) $\frac{1}{10}$ = ▨   (B) $\frac{1}{4}$ = ▨   (C) $\frac{1}{6}$ = ▨

(D) $\frac{1}{12}$ = ▨   (E) $\frac{1}{5}$ = ▨   (F) $\frac{1}{9}$ = ▨

3. Gruppenarbeit: Findet möglichst viele Ausnahmen und erklärt, wo sie von Svens Regel abweichen.

> Das ist ganz einfach, man hängt an das Zahlwort die Silbe „tel" an und erhält den Bruchteil – also Zweitel, Dreitel, Viertel, Achttel, Zehntel, Zwanzigtel usw.

Sven

Herr Petzold

> Schön wär's, aber leider sind von deinen Beispielen nur zwei richtig. Und es gibt viele weitere Aus- nahmen von der Regel.

Brüche wie $\frac{1}{2}$ (ein Halb), $\frac{1}{3}$ (ein Drittel), $\frac{1}{4}$ (ein Viertel), ... heißen **Stammbrüche**.

$\frac{1}{6}$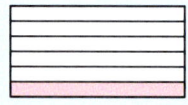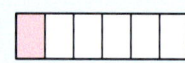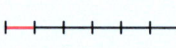

$\frac{1}{6}$ von 30 € = 30 € : 6 = 5 € $\frac{1}{6}$ von 36 h = 36 h : 6 = 6 h $\frac{1}{6}$ von 240 kg = 240 kg : 6 = 40 kg

4. Bekommt jeder ein Viertel Pizza?

5. Zeichne für jede Teilaufgabe zwei Quadrate mit 3 cm Seitenlänge auf
Karopapier und markiere in ihnen auf zwei verschiedene Arten

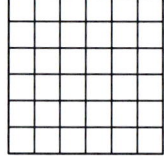

a) den Bruchteil $\frac{1}{2}$,   **b)** den Bruchteil $\frac{1}{4}$,   **c)** den Bruchteil $\frac{1}{3}$,

d) den Bruchteil $\frac{1}{12}$,   **e)** den Bruchteil $\frac{1}{6}$,   **f)** den Bruchteil $\frac{1}{36}$.

6. Welcher Bruchteil ist gefärbt?

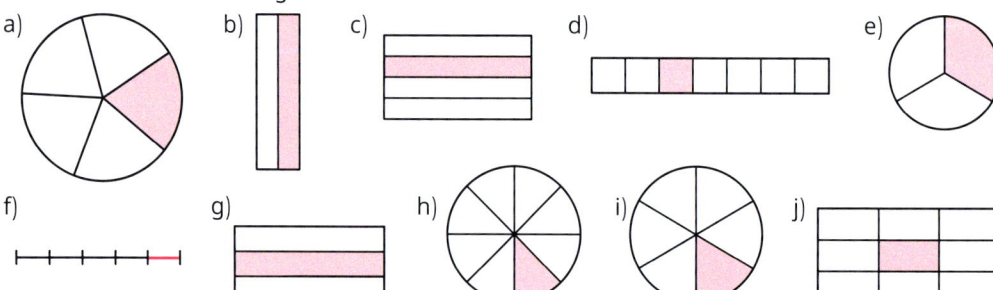

7. In einem Streichelzoo gibt es 150 Tiere.
Davon sind $\frac{1}{3}$ Meerschweinchen, $\frac{1}{5}$ Ziegen
und $\frac{1}{6}$ Esel.
  a) Wie viele Esel, Ziegen und Meerschwein-
    chen sind im Streichelzoo vertreten?
  b) Es gibt außerdem 15 Schafe.
    Welcher Bruchteil ist das?
  c) Die restlichen Tiere sind Hasen.
    Wie viele Hasen hat der Streichelzoo?
    Welcher Bruchteil ist das?

Bruchteile vom Ganzen

1. Welcher Bruchteil des Kreises ist jeweils gefärbt?

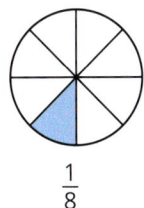 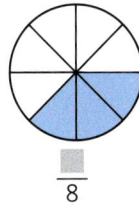 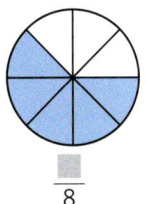 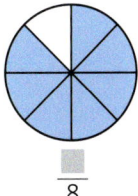

$\frac{1}{8}$ $\frac{\blacksquare}{8}$ $\frac{\blacksquare}{8}$ $\frac{\blacksquare}{8}$

2. Das Rechteck ist das Ganze. Welche Brüche sind dargestellt? Erkläre deinen Rechenweg.

a) 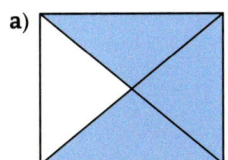 b) 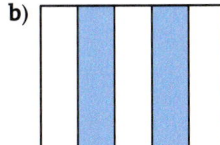 c) 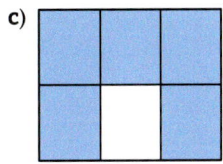 d)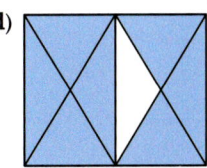

3. Welchen Bruchteil des Kuchens isst das Mädchen im dritten Bild?
Welcher Bruchteil des Kuchens ist im letzten Bild übrig?

4. Sieben Personen haben im Lotto gewonnen:
Frau Heinrich, Herr Kniesche, das Ehepaar
Leue und die Drillinge Ramona, Regina und
Rosi. Der Gewinn wird gerecht verteilt.
Rechne aus.

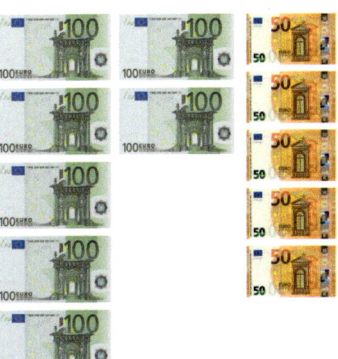

> Frau Heinrich
> Bruchteil:
> Betrag:

> Ehepaar Leue
> Bruchteil:
> Betrag:

> Alle Drillinge zusammen
> Bruchteil:
> Betrag:

5. Reise nach Rimini in Italien:
Am ersten Tag schafft die Familie $\frac{3}{5}$ der Strecke, dann übernachten sie. Wie viel Kilometer muss die Familie am zweiten Tag noch fahren?

Du erhälst den **Bruchteil eines Ganzen** so:
① Zerlege das Ganze in so viele gleiche Teile, wie der **Nenner** angibt.
② Nimm so viele Teile, wie der **Zähler** angibt.

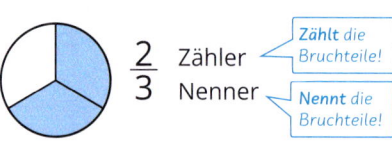

$\dfrac{2}{3}$ Zähler — *Zählt die Bruchteile!*
       Nenner — *Nennt die Bruchteile!*

① **Färbe $\frac{3}{8}$ eines Kreises**

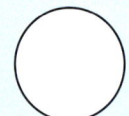 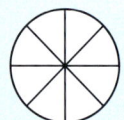 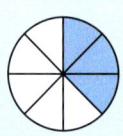

Du zerlegst den Kreis in 8 gleiche Teile und färbst 3 Teile.

② **$\frac{4}{5}$ von 230 m**

① $\frac{1}{5}$ von 230 m = 230 m : 5 = 46 m

② 46 m · 4 = 184 m

$\frac{4}{5}$ von 230 m = 184 m

6. Welcher Bruchteil ist eingefärbt, welcher Bruchteil ist nicht gefärbt?

a) 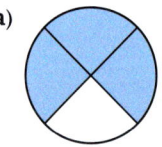 b) 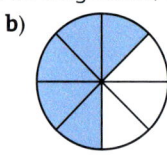 c) 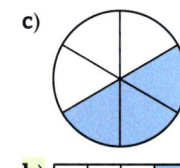 d) 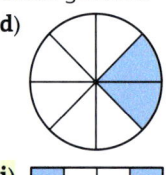 e)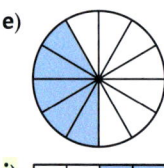

f) 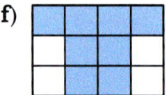 g) 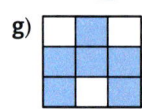 h) 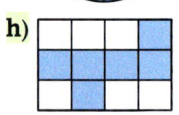 i) 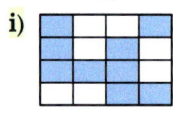 j)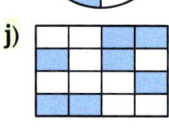

7. Nimm vier Blatt Papier. Falte geeignet und färbe (1) ein Viertel, (2) fünf Achtel, (3) zwei Drittel, (4) fünf Sechstel.

8. Welcher Bruchteil des großen Rechtecks ist es?
a) weiße Fläche ☐   b) grüne Fläche 🟩
c) schraffierte Fläche   d) punktierte Fläche

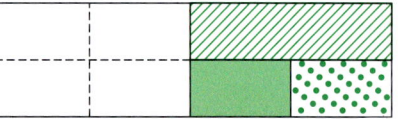

9. Beim Handballspiel der Frauen-Bundesliga waren 2 800 Zuschauer. Bestimme jeweils die Anzahl.

① $\frac{4}{7}$ der Zuschauer waren weiblich.

② $\frac{3}{4}$ aller Zuschauer waren jünger als 30 Jahre.

③ $\frac{1}{10}$ der Zuschauer waren Fans der Gastmannschaft.

④ Vor dem Spiel tippten $\frac{7}{10}$ der Zuschauer auf einen Sieg der Heimmannschaft.

⑤ $\frac{3}{100}$ der Zuschauer spielen selbst Handball.

⁺**10. a)** $\frac{1}{4}$ von 20 Kindern   **b)** $\frac{1}{3}$ von 36 €   **c)** $\frac{2}{5}$ von 100 €   **d)** $\frac{2}{3}$ von 18 Büchern

e) $\frac{5}{6}$ von 24 Tassen   **f)** $\frac{3}{8}$ von 40 km   **g)** $\frac{7}{10}$ von 90 m   **h)** $\frac{6}{7}$ von 14 kg

Vermischte Aufgaben

1. Die Klasse 5a hat 30 Schülerinnen und Schüler.
Berechne jeweils, wie viele Kinder es sind.
a) Die Hälfte sind Mädchen. **b)** $\frac{1}{10}$ der Kinder ist krank. **c)** $\frac{1}{5}$ fährt mit dem Bus.
d) $\frac{1}{3}$ läuft zur Schule. **⁺e)** Ein Sechstel fährt Rad. **⁺f)** Jedes vierte spielt Tennis.

2. Wie viele Minuten sind es?
Denke daran: Eine Stunde dauert 60 Minuten.
a) $\frac{1}{4}$ von einer Stunde **b)** $\frac{1}{12}$ von einer Stunde
c) $\frac{1}{6}$ von einer Stunde **⁺d)** $\frac{1}{10}$ von einer Stunde
⁺e) $\frac{1}{2}$ von einer Stunde **⁺f)** $\frac{1}{15}$ von einer Stunde

> Eine Erhöhung um ein Drittel bedeutet, dass ein Drittel des Preises noch zu dem Preis hinzukommt.

3. Die Kosten für das Wellenbad sind gestiegen. Der Stadtrat berät eine Erhöhung des Eintrittsgeldes.
a) Wie teuer ist der Eintritt bei einer Erhöhung um ein Drittel?
b) Wie teuer ist der Eintritt bei einer Erhöhung um ein Viertel?
c) Was ist mehr: $\frac{1}{4}$ oder $\frac{1}{3}$ von 6 €?

⁺4. a) Was ist mehr: $\frac{1}{5}$ von 100 € oder $\frac{1}{10}$ von 100 €?
b) Was ist mehr: $\frac{1}{5}$ von 100 € oder $\frac{1}{10}$ von 1 000 €?

5. Katrin möchte das Computerspiel kaufen.
Sie hat notiert:
• Preis des Computerspiels: 60 €.
• $\frac{1}{10}$ des Betrages habe ich gespart.
• Meine Eltern geben $\frac{1}{3}$ des Betrages dazu.
• Die Großeltern spendieren $\frac{1}{4}$ des Betrages.
• Tante Eva schenkt mir $\frac{1}{6}$ des Betrages.
a) Wie viel Geld hat Katrin gespart?
b) Stelle weitere Fragen und beantworte sie.

6. Eine Minute hat 60 Sekunden. Wie viele Sekunden sind es?
a) $\frac{1}{2}$ Minute **b)** $\frac{1}{4}$ Minute **c)** $\frac{2}{3}$ Minute **d)** $\frac{3}{4}$ Minute **e)** $\frac{3}{10}$ Minute **f)** $\frac{7}{10}$ Minute

7. Eine Stunde hat 60 Minuten. Welcher Bruchteil einer Stunde ist es?
a) 15 Minuten **b)** 30 Minuten **c)** 10 Minuten **d)** 20 Minuten **e)** 6 Minuten **f)** 24 Minuten

8. Der abgebildete Würfel setzt sich aus vielen kleinen Würfeln zusammen. Wie groß ist der Anteil der kleinen Würfel, die vollständig im Inneren des abgebildeten Würfels liegen? Schreibe als Stammbruch.

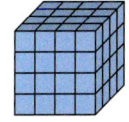

9. Zwei Väter und zwei Söhne teilen sich einen Liter Orangensaft. Jeder bekommt ein Glas, das mit $\frac{1}{3}$ ℓ gefüllt ist. Wie ist das möglich?

⁺10. Die 20-Uhr-Vorstellung am Samstag ist leider ausverkauft. Bei den früheren Vorstellungen waren noch Karten übrig. Wie viele waren es?

a) Bei der 18-Uhr-Vorstellung waren $\frac{5}{6}$ der Karten verkauft.

b) Bei der 16-Uhr-Vorstellung blieben $\frac{5}{12}$ der Karten übrig.

c) Die 14-Uhr-Vorstellung war nur zu $\frac{3}{8}$ besucht.

d) Bei der ersten Vorstellung des Tages blieben $\frac{7}{8}$ der Plätze frei.

2 Karten bitte!

Tut mir leid, alle 480 Karten sind ausverkauft.

⁺11. Zu ihren Urlaubsplänen für die kommenden Ferien wurden 400 Personen befragt.

a) $\frac{3}{10}$ verreisen nicht.   b) $\frac{3}{8}$ machen Ferien im Ausland.   c) $\frac{1}{5}$ wissen es noch nicht.

⁺12. Kai verdient im 1. Lehrjahr 440 €. Ein Fünftel davon gibt er für Wohnen und Essen ab. Wie viel Geld ist das?

⁺13. Das Ehepaar Yildirim hatte an ihrem Obst- und Gemüsestand letzten Samstag folgendes Verkaufsergebnis:

a) Von 200 kg Bohnen wurden $\frac{4}{5}$ verkauft.

b) Die Tomaten verkauften sich noch besser: $\frac{7}{8}$ von 32 kg wurden verkauft.

c) Von 48 kg hellen Paprika blieben $\frac{3}{8}$ übrig.

d) Stelle Fragen zu den Einnahmen des Ehepaars Yildirim.

14. Gib die Masse in Gramm (g) an. Schreibe wie im Beispiel.

a) $\frac{2}{5}$ kg   b) $\frac{3}{10}$ kg   c) $\frac{8}{10}$ kg $\frac{3}{5}$ kg = $\frac{3}{5}$ von 1 000 g = 600 g

d) $\frac{11}{20}$ kg   e) $\frac{19}{100}$ kg   f) $\frac{7}{50}$ kg

15. Gib den Rauminhalt in Liter (ℓ) an. Beachte: 1 hℓ = 100 ℓ.

a) $\frac{3}{4}$ hℓ   b) $\frac{4}{5}$ hℓ   c) $\frac{9}{10}$ hℓ $\frac{1}{4}$ hℓ = $\frac{1}{4}$ von 100 ℓ = 25 ℓ

d) $\frac{3}{25}$ hℓ   e) $\frac{11}{25}$ hℓ   f) $\frac{19}{50}$ hℓ

Ganz wichtig:
1 m = 10 dm
1 m² = 100 dm²
1 m = 100 cm
1 m² = 10 000 cm²

16. Gib in einer kleineren Längen- oder Flächeneinheit an.

a) $\frac{1}{2}$ m   b) $\frac{4}{5}$ m   c) $\frac{7}{10}$ m   d) $\frac{9}{20}$ m

e) $\frac{3}{100}$ km   f) $\frac{7}{50}$ km   g) $\frac{13}{25}$ km   h) $\frac{29}{500}$ km

i) $\frac{1}{4}$ m²   j) $\frac{4}{5}$ m²   k) $\frac{9}{10}$ m²   l) $\frac{17}{20}$ m²

m) $\frac{1}{5}$ m²   n) $\frac{7}{50}$ m²   o) $\frac{9}{1000}$ m²   p) $\frac{31}{500}$ m²

17. Übertrage ins Heft und setze <, > oder = ein.

a) $\frac{1}{2}$ ℓ ▦ $\frac{1}{50}$ hℓ   b) $\frac{3}{1000}$ dm² ▦ $\frac{3}{10}$ cm²   c) $\frac{2}{300}$ h ▦ $\frac{1}{5}$ min

d) $\frac{7}{1000}$ t ▦ 14 kg   e) $\frac{5}{1000}$ m³ ▦ $\frac{1}{4}$ hℓ   f) $\frac{3}{4}$ m ▦ $\frac{3}{4000}$ km

Bruchteile beim Dividieren

Jonas feiert mit seinen sieben Gästen Geburtstag. Die Eltern von Jonas haben zum Abendessen etwas Besonderes im Backofen vorbereitet: Fünf Stück Hessischen Speckkuchen. Alle haben großen Hunger, sodass sich die Frage stellt, wie man die fünf Kuchen gerecht verteilt.

Ameli, Tim, Sarah und Noah machen Vorschläge.

Jonas hat Geburtstag und sein bester Freund ist Lukas. Sie bekommen jeder einen ganzen Kuchen. Wir anderen sechs teilen uns die übrigen drei Kuchen.

Alle fünf Kuchen kommen auf den Tisch. Jeder schneidet sich immer nur kleine Stücke ab. Am Schluss sind wir alle satt.

Der erste Kuchen wird in acht gleich große Stücke eingeteilt und jeder bekommt ein Stück. Dann kommen nacheinander die anderen Kuchen auf den Tisch, die genauso eingeteilt werden.

Immer zwei von uns bekommen einen Kuchen, den sie sich gerecht teilen. Vom fünften Kuchen bekommen nur die noch etwas ab, die wirklich noch Hunger haben.

1. **Partnerarbeit:** Sprecht über die einzelnen Vorschläge und vergleicht sie. Was sind Vorteile? Was sind Nachteile?

2. Nur ein Vorschlag stellt sicher, dass alle Kinder dieselbe Menge erhalten. Welcher Vorschlag ist das? Welchen Bruchteil von einem ganzen Speckkuchen erhält dabei jedes Kind?

Beim Dividieren kann das Ergebnis ein Bruch sein.

- 2 Pizzas, verteilt an 3 Kinder,   jedes Kind bekommt an Pizza $2 : 3 = \frac{1}{3}$ von $2 = \frac{2}{3}$

- $5 : 8 = \frac{5}{8}$ • $4 : 7 = \frac{4}{7}$

3. Übertrage ins Heft und zeichne, wie geteilt wird. Notiere dann die Rechnung wie im Beispielkasten.

a) 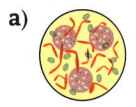 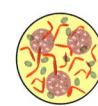 2 Pizzas an 5 Kinder   **b)** 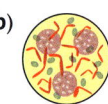   3 Pizzas an 8 Kinder

c)   2 Kuchen an 6 Kinder   **d)**   2 Kuchen an 5 Kinder

4. Es soll gerecht geteilt werden. Schreibe als Divisionsaufgabe und gib den Bruchteil an, den jedes Kind bekommt.

a) 5 Pizzas an 8 Kinder   **b)** 3 Kuchen an 5 Kinder   **c)** 4 Waffeln an 6 Kinder
d) 3 Pfannkuchen an 4 Kinder   **e)** 8 Waffeln an 8 Kinder   **f)** 4 Torten an 12 Kinder

⁺**5.** Zeichne mit Rechtecken, wie die Tafeln Schokolade verteilt werden. Notiere den Bruchteil, den jedes Kind bekommt und kennzeichne ihn in deiner Zeichnung.

a) 2 Tafeln an 3 Kinder   **b)** 3 Tafeln an 4 Kinder   **c)** 4 Tafeln an 6 Kinder

6. a) Wie viele Pizzas werden in der Divisionsaufgabe an wie viele Kinder verteilt? Welchen Bruchteil erhält jedes Kind?

(1) $2 : 5 = \frac{1}{5}$ von $2 = \frac{2}{5}$ (2) $5 : 6 = \frac{1}{6}$ von $5 = \frac{5}{6}$ (3) $3 : 9 = \frac{1}{9}$ von $3 = \frac{3}{9}$

b) Ergänze fehlende Zahlen:

(1) $2 : 5 = \frac{1}{\blacksquare}$ von $\blacksquare = \frac{\blacksquare}{\blacksquare}$ (2) $4 : \blacksquare = \frac{1}{9}$ von $4 = \frac{\blacksquare}{\blacksquare}$ (3) $\blacksquare : 6 = \frac{1}{\blacksquare}$ von $2 = \frac{\blacksquare}{\blacksquare}$

7. Wie viele Pizzas wurden an wie viele Personen verteilt und wie viel erhielt jede Person?

a)      **b)**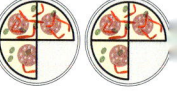

8. Übertrage die quadratischen Gebäckstücke in Originalgröße ins Heft. Sie sind schon in 4 gleiche Teilstücke geschnitten. Sie sollen aber an 8 Kinder gerecht verteilt werden. Nimm eine weitere Unterteilung in 8 Stücke vor und färbe ein, welchen Anteil jedes der 8 Kinder erhält. Schreibe den Anteil auch als Bruch auf.

Brüche größer als ein Ganzes

1. **Partnerarbeit:** Überlegt, wie viele ganze Pizzas und wie viele einzelne Viertel Pizzas zusätzlich im Karton liegen. Berechnet anschließend den Preis, den der Mann bezahlen muss.

2.

Partnerarbeit:
a) Es werden alle elf Gläser gefüllt. Notiert den Bruchteil Apfelsaft, der hierfür insgesamt benötigt wird.
b) Überlegt gemeinsam: Ist der Krug jetzt noch halb voll? Ist mehr oder weniger als die Hälfte ausgeschenkt worden?
c) Bestimmt, welcher Anteil von 5 Liter Apfelsaft nach dem Füllen aller Gläser noch im Krug ist.

3. Übertrage den Zahlenstrahl ins Heft.

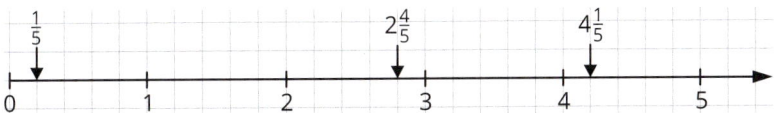

> **Hinweis:**
> $2\frac{4}{5}$ ist eine gemischte Zahl und bedeutet $2+\frac{4}{5}$.

a) Markiere auf dem Zahlenstrahl die Stelle für $\frac{27}{5}$.
b) Schreibe $\frac{27}{5}$ als gemischte Zahl wie $2\frac{4}{5}$ und $4\frac{1}{5}$.
c) Schreibe $2\frac{4}{5}$ und $4\frac{1}{5}$ jeweils als Bruch mit dem Nenner 5.

4. Ordne zu, dann erhältst du ein Lösungswort.

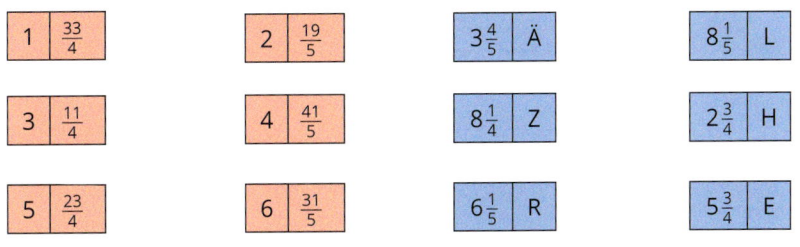

Brüche, die größer als ein Ganzes sind, kannst du als **gemischte Zahl** schreiben. Eine gemischte Zahl besteht aus einer natürlichen Zahl (dem Ganzen) plus einem Bruch.

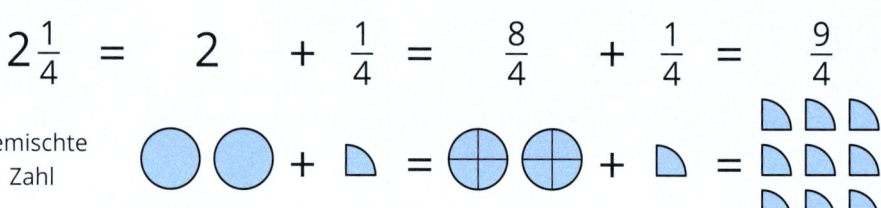

5. Notiere als Bruch und als gemischte Zahl.

a)   **b)**   **c)**

d)   **e)**   **f)**

6. Übertrage die Figuren in dein Heft und färbe den angegebenen Bruch. Gib ihn als gemischte Zahl an.

a) $\frac{5}{4}$ **b)** $\frac{13}{8}$ **c)** $\frac{5}{2}$

7. Schreibe den Bruch als gemischte Zahl.

a) $\frac{3}{2}$ **b)** $\frac{5}{4}$ **c)** $\frac{13}{9}$ **d)** $\frac{8}{5}$ **e)** $\frac{9}{4}$ **⁺f)** $\frac{8}{3}$ **⁺g)** $\frac{17}{10}$ **⁺h)** $\frac{7}{2}$

⁺i) $\frac{11}{6}$ **⁺j)** $\frac{9}{5}$ **k)** $\frac{19}{5}$ **l)** $\frac{15}{7}$ **m)** $\frac{25}{8}$ **n)** $\frac{25}{6}$ **o)** $\frac{29}{10}$ **p)** $\frac{27}{4}$

8. Notiere die gemischte Zahl als Bruch.

a) $2\frac{1}{2}$ **b)** $1\frac{4}{5}$ **c)** $2\frac{1}{3}$ **d)** $1\frac{3}{8}$ **e)** $1\frac{2}{7}$ **⁺f)** $2\frac{2}{3}$ **⁺g)** $2\frac{3}{4}$ **⁺h)** $2\frac{3}{5}$

⁺i) $1\frac{5}{6}$ **⁺j)** $1\frac{5}{9}$ **k)** $7\frac{5}{7}$ **l)** $10\frac{8}{9}$ **m)** $11\frac{2}{5}$ **n)** $8\frac{5}{8}$ **o)** $9\frac{7}{10}$ **p)** $5\frac{5}{6}$

⁺9. Ergänze die Regel. Nutze dabei die Worte „Zähler" und „Nenner".
Ein Bruch ist größer als ein Ganzes, wenn _____.

10. Vier Kinder haben zusammen in einem Wettbewerb gewonnen. Als Preis bekommen sie 7 Beutel mit Stickern. In jedem Beutel sind 60 Tütchen mit jeweils 10 Stickern.

    a) Wie würdest du den Preis verteilen? Erkläre deine Lösung deinen Mitschülern.

    b) Wie viele Beutel müssen zum Verteilen mindestens geöffnet werden?

    c) Wie viel Sticker bekommt jedes Kind?

Addieren und Subtrahieren bei gleichem Nenner

Bearbeitet alle Aufgaben in Partnerarbeit.

1. **a)** Beantwortet die Frage des älteren Mannes in der Abbildung oben.
   b) Welcher Anteil Pizza vom linken Blech wurde verkauft. Welcher Anteil der Pizza vom rechten Blech wurde verkauft? Bestimmt, wie viel Zwölftel insgesamt verkauft wurden.

2. In der Bildfolge ist eine Subtraktionsaufgabe dargestellt. Findet heraus, wie sie lautet, und notiert sie im Heft.

$\dfrac{5}{6}$ $-$ _____ $=$ _____

3. Übertrage die Aufgaben unter dem Bild ins Heft und notiere das Ergebnis.

   a)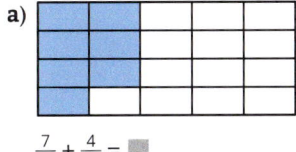

   $\dfrac{7}{20} + \dfrac{4}{20} = \blacksquare$

   b)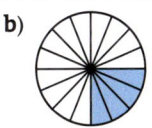

   $\dfrac{9}{16} - \dfrac{4}{16} = \blacksquare$

   c)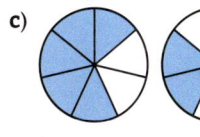

   $\dfrac{5}{7} + \blacksquare = \blacksquare$

4. Übertrage die Abbildung dreimal ins Heft und stelle die folgenden Aufgaben mit Ergebnis jeweils zeichnerisch dar.
   a) 5 Zwölftel + 2 Zwölftel
   b) 5 Sechstel – 3 Sechstel
   c) 3 Viertel – 2 Viertel

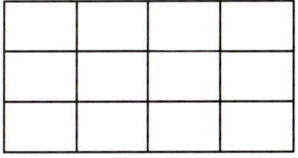

Ich kann Brüche mit gleichem Nenner addieren und subtrahieren und brauche dazu keine Bilder.

Kati

$\dfrac{3}{8} + \dfrac{2}{8} = \blacksquare$

$\dfrac{4}{9} + \dfrac{3}{9} = \blacksquare$

$\dfrac{7}{10} + \dfrac{6}{10} = \blacksquare$

$\dfrac{11}{12} + \dfrac{5}{12} = \blacksquare$

$\dfrac{5}{7} - \dfrac{2}{7} = \blacksquare$

$\dfrac{7}{8} - \dfrac{4}{8} = \blacksquare$

$\dfrac{7}{6} - \dfrac{2}{6} = \blacksquare$

$\dfrac{17}{12} - \dfrac{10}{12} = \blacksquare$

5. Kannst du das auch?

Brüche mit gleichem Nenner werden **addiert**, indem man die **Zähler** addiert und den **Nenner** **unverändert** lässt.

Brüche mit gleichem Nenner werden **subtrahiert**, indem man die **Zähler** subtrahiert und den **Nenner** **unverändert** lässt.

- $\frac{2}{4} + \frac{1}{4} = \frac{2+1}{4} = \frac{3}{4}$
- $\frac{8}{9} + \frac{5}{9} = \frac{8+5}{9} = \frac{13}{9} = 1\frac{4}{9}$

- $\frac{5}{7} - \frac{3}{7} = \frac{5-3}{7} = \frac{2}{7}$
- $1\frac{1}{6} - \frac{5}{6} = \frac{7}{6} - \frac{5}{6} = \frac{7-5}{6} = \frac{2}{6}$

6. a) $\frac{1}{9} + \frac{2}{9}$ **b)** $\frac{2}{7} + \frac{4}{7}$ **c)** $\frac{1}{5} + \frac{3}{5}$ **d)** $\frac{2}{8} + \frac{3}{8}$ **e)** $\frac{2}{10} + \frac{7}{10}$ **f)** $\frac{2}{6} + \frac{3}{6}$

   ⁺g) $\frac{5}{11} + \frac{5}{11}$ **⁺h)** $\frac{2}{9} + \frac{5}{9}$ **⁺i)** $\frac{6}{12} + \frac{5}{12}$ **⁺j)** $\frac{1}{3} + \frac{1}{3}$ **⁺k)** $\frac{4}{11} + \frac{5}{11}$ **⁺l)** $\frac{2}{7} + \frac{3}{7}$

7. a) $\frac{4}{7} - \frac{3}{7}$ **b)** $\frac{6}{9} - \frac{3}{9}$ **c)** $\frac{2}{3} - \frac{1}{3}$ **d)** $\frac{6}{8} - \frac{3}{8}$ **e)** $\frac{4}{5} - \frac{3}{5}$ **f)** $\frac{7}{9} - \frac{5}{9}$

   ⁺g) $\frac{10}{13} - \frac{2}{13}$ **⁺h)** $\frac{7}{8} - \frac{6}{8}$ **⁺i)** $\frac{7}{10} - \frac{4}{10}$ **⁺j)** $\frac{4}{5} - \frac{1}{5}$ **⁺k)** $\frac{7}{12} - \frac{3}{12}$ **⁺l)** $\frac{13}{14} - \frac{10}{14}$

8. Stelle zu jedem Bild eine Frage. Schreibe dann Rechnung und Antwort auf.

A — Ich esse gleich 3 Stück Pizza.

B — Heute gibt es Frikadellen. Hol bitte $\frac{1}{8}$ kg Schweinehackfleisch und $\frac{3}{8}$ kg Rinderhackfleisch.

C — Die Fahrt dauert $\frac{3}{4}$ Stunden. Und wir sind erst $\frac{1}{4}$ Stunde unterwegs.

9. Berechne. Wenn das Ergebnis größer als 1 ist, dann schreibe als gemischte Zahl.

   a) $\frac{2}{5} + \frac{4}{5}$ **b)** $\frac{3}{4} + \frac{3}{4}$ **c)** $\frac{4}{6} + \frac{3}{6}$ **d)** $\frac{7}{8} + \frac{3}{8}$ **e)** $\frac{4}{7} + \frac{5}{7}$ **f)** $\frac{4}{6} + \frac{2}{6}$

⁺10. a) $\frac{1}{6} + \frac{4}{6}$ **b)** $\frac{4}{5} - \frac{2}{5}$ **c)** $\frac{7}{9} - \frac{5}{9}$ **d)** $\frac{5}{7} - \frac{3}{7}$ **e)** $\frac{8}{10} - \frac{5}{10}$ **f)** $\frac{3}{9} + \frac{4}{9}$

   g) $\frac{3}{8} + \frac{4}{8}$ **h)** $\frac{2}{7} + \frac{6}{7}$ **i)** $\frac{6}{6} - \frac{2}{6}$ **j)** $\frac{4}{5} + \frac{4}{5}$ **k)** $\frac{8}{9} + \frac{5}{9}$ **l)** $\frac{7}{10} - \frac{3}{10}$

⁺11. Bei Florians Geburtstagsparty sind eine ganze und zwei Sechstel Pizza übrig geblieben. Florians kleine Schwester isst noch drei Sechstel.
   a) Wie viel Pizza ist jetzt noch übrig?
   b) Nachdem Florians Hund auch noch etwas erwischt hat, liegt noch ein Sechstel Pizza auf dem Teller. Wie viel Pizza hat Florians Hund gegessen?

12. Addiere und subtrahiere. Wenn das Ergebnis größer als 1 ist, dann schreibe als gemischte Zahl.

   a) $\frac{2}{7} + \frac{3}{7} + \frac{5}{7}$ **b)** $\frac{5}{8} + \frac{6}{8} + \frac{7}{8}$ **c)** $\frac{4}{6} + \frac{5}{6} + \frac{2}{6}$ **d)** $\frac{20}{5} - \frac{8}{5} - \frac{3}{5}$ **e)** $\frac{17}{4} - \frac{1}{4} - \frac{5}{4}$ **f)** $\frac{7}{3} - \frac{2}{3} - \frac{2}{3}$

13. Forme die gemischte Zahl zuerst in einen Bruch um und berechne dann.

   a) $1\frac{1}{4} - \frac{2}{4}$ **b)** $1\frac{4}{5} + \frac{3}{5}$ **c)** $2\frac{1}{6} - \frac{4}{6}$ **d)** $1\frac{5}{7} + \frac{4}{7}$ **e)** $1\frac{2}{3} + \frac{2}{3}$ **f)** $1\frac{3}{10} - \frac{6}{10}$

14. a) $2\frac{1}{2} + 3$ **b)** $3\frac{4}{7} + 1$ **c)** $5\frac{1}{4} + 4$ **d)** $6\frac{2}{5} + 3$

   e) $2\frac{1}{6} - 1$ **f)** $4\frac{7}{8} - 3$ **g)** $9\frac{3}{4} - 2$ **h)** $7\frac{2}{5} - 5$

$$2\frac{1}{5} + 4 = 2 + 4 + \frac{1}{5} = 6\frac{1}{5}$$

15. Notiere die Aufgabe und das Ergebnis im Heft (2 „Plus"-Aufgaben, 2 „Minus"-Aufgaben).

a) 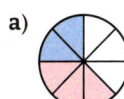   **b)**   **c)**   **d)**

⁺16. Die gefüllte Literflasche wird in die leere $\frac{7}{10}$ ℓ-Flasche umgegossen, bis diese voll ist.
Wie viel Apfelsaft bleibt in der größeren Flasche?

⁺17. a) $1 - \frac{4}{5}$ **b)** $1 - \frac{1}{3}$ **c)** $1 - \frac{3}{8}$ **d)** $1 - \frac{7}{10}$ **e)** $1 - \frac{1}{6}$

18. Nadja besucht ihre Patentante. Sie fährt zunächst $2\frac{3}{4}$ h mit dem Zug und anschließend noch $\frac{3}{4}$ h mit dem Bus. Wie lang ist die gesamte Fahrzeit?

19. Max fährt mit dem Zug zu seiner Tante nach Essen. Genau 4 h dauert die Fahrt nach Plan. Nach $\frac{3}{4}$ h schaut Max ungeduldig auf die Uhr. Wie lange wird die Fahrt noch dauern?

20.

Erst die Ganzen, dann die Brüche.

21. a) $4\frac{2}{10} + 3\frac{6}{10}$ **b)** $2\frac{1}{3} + 3\frac{1}{3}$ **c)** $1\frac{4}{7} + 2\frac{2}{7}$ **d)** $5\frac{3}{10} + 2\frac{4}{10}$

   e) $2\frac{1}{4} + 1\frac{1}{4}$ **f)** $4\frac{1}{5} + 2\frac{3}{5}$ **g)** $5\frac{6}{7} - 2\frac{3}{7}$ **h)** $9\frac{7}{10} - 3\frac{5}{10}$

   i) $5\frac{5}{6} - 4\frac{2}{6}$ **j)** $4\frac{3}{4} - 3\frac{2}{4}$ **k)** $6\frac{5}{8} - 4\frac{3}{8}$ **l)** $9\frac{4}{5} - 6\frac{2}{5}$

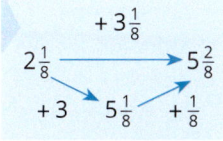

22. a) Wie lang ist der Weg vom Parkplatz aus über den Minigolfplatz zum Wildgehege?
b) Wie weit ist es vom Parkplatz am Hünengrab vorbei zur Grillhütte?
c) Stelle selbst drei weitere Fragen und berechne die Lösungen.

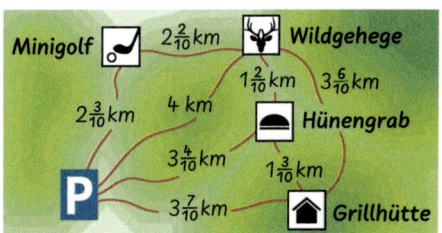

23. Thorsten füllt aus einer $1\frac{1}{2}$-ℓ-Limonadenflasche 3 Gläser mit jeweils $\frac{1}{4}$ ℓ.
Wie viel Liter bleiben in der Flasche?

Die Ergebnisse der Aufgaben 1 bis 7 ergeben zwei Ausflugsziele in Berlin.

1. a) 123
  + 79

b) 12 345
  + 678

c) 1602
  − 789

2. a) 7 cm = ▦ mm   **b)** 16 dm = ▦ cm
  c) 4,5 m = ▦ cm   **d)** 180 cm = ▦ m

3. Bestimme
  a) den Umfang in cm und
  b) den Flächeninhalt des Rechtecks in cm².

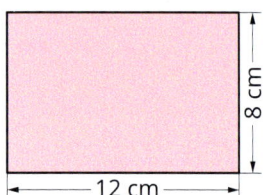

8 cm
12 cm

4. a) 2 cm² = ▦ mm²   **b)** 12 kg = ▦ g
  c) 135 Minuten = ▦ h ▦ min

5. Trage in ein Quadratgitter die Punkte ein und verbinde sie. A (2 | 1), B (3 | 3), C (2 | 5), D (1 | 3).
  Welches Viereck entsteht dabei?
  Rechteck (20), Raute (35), Quadrat (45)

6. Berechne.
  a) 15 258 m : 6 = ▦ m   **b)** 226 kg · 5 = ▦ kg
  c) 112,50 € + 368,25 € = ▦ €
  d) 15,50 € − 12,29 € = ▦ €

7. Den neuen Film sahen 246 Schüler und
  Schülerinnen. Ein Drittel davon war 12 Jahre alt
  oder jünger. Die Hälfte der Zuschauer war weiblich.
  a) Wie viele Jungen sahen den Film?
  b) Wie viele Zuschauer waren 12 Jahre oder
    jünger?
  c) Wie viele waren älter als 12 Jahre?

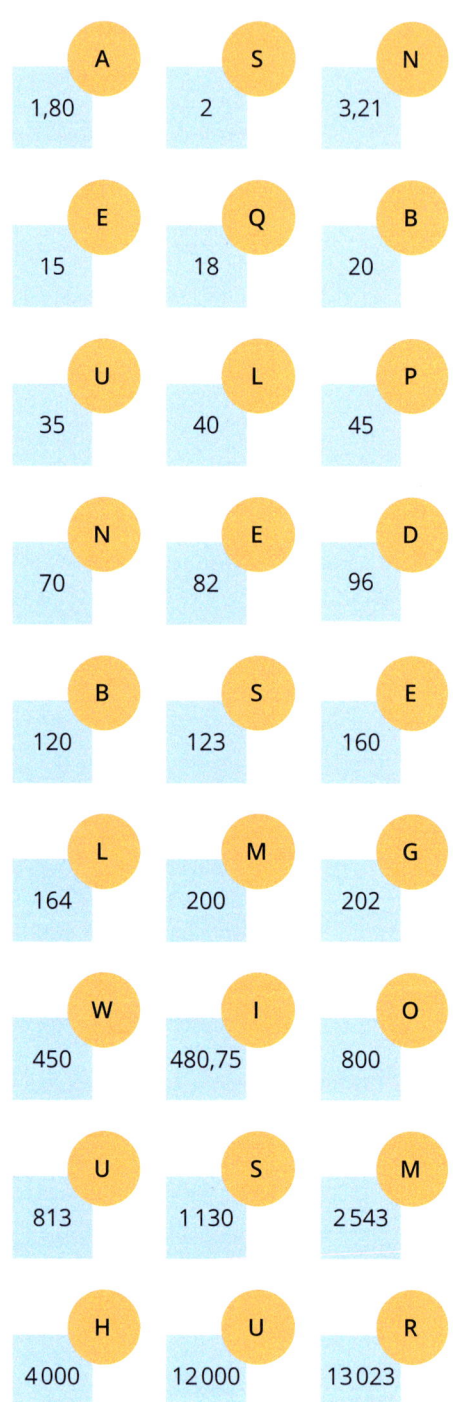

A	S	N
1,80	2	3,21

E	Q	B
15	18	20

U	L	P
35	40	45

N	E	D
70	82	96

B	S	E
120	123	160

L	M	G
164	200	202

W	I	O
450	480,75	800

U	S	M
813	1 130	2 543

H	U	R
4 000	12 000	13 023

Erweiterung der Stellenwerttafel, Dezimalzahlen

ZT	T	H	Z	E
10 000	1 000	100	10	1
6	5	8	0	7

6 ZT + 5 T + 8 H + 0 Z + 7 E = 65 807

1. Die Stellenwerte wachsen nach links immer auf das 10-Fache. Gibt es eine Zahl, von der das 10-Fache 1 ist?

Und kann man die Stellenwerttafel noch weiter nach rechts fortsetzen? Betrachte dazu die beiden Abbildungen rechts. Überlege dir, wie du die Aussagen darunter ergänzen musst.

T	H	Z	E	?	?	?

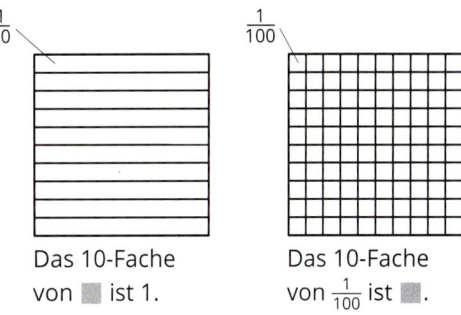

Das 10-Fache von ▦ ist 1.

Das 10-Fache von $\frac{1}{100}$ ist ▦.

2. Partnerarbeit: Übertragt die erweiterte Stellenwerttafel ins Heft und überlegt, was die kleinen Buchstaben z, h und t bedeuten. Teilt eure Überlegung der ganzen Klasse mit.

T	H	Z	E	z	h	t

Wortherkunft Dezimalzahl:
Decimus ist lateinisch und heißt „der Zehnte".

3. Gruppenarbeit: Tragt in die erweiterte Stellenwerttafel a = 5Z + 7E + 6z + 8h ein und überlegt, wie ihr a als <u>Dezimalzahl</u> schreiben könnt.

3 m + 7 dm + 2 cm = 3,72 m
35 € + 74 ct = 35,74 €
3,72 und 35,74 sind *Dezimalzahlen*.

4. Partnerarbeit: Jonas hat fünf Brüche in die erweiterte Stellenwerttafel eingetragen:
$\frac{7}{10}$, $\frac{61}{10}$, $\frac{423}{100}$, $\frac{1365}{100}$, $\frac{29}{1000}$.

a) Einen Bruch hat er falsch eingetragen. Übertragt die Tafel ins Heft ohne den Fehler von Jonas.

b) Schreibt jeden der fünf Brüche als Dezimalzahl und vergleicht euer Ergebnis mit anderen Partnern.

H	Z	E	z	h	t
		0	7		
		6	1		
		4	2	3	
		1	3	6	5
		0	0	2	9

$\frac{7}{10} = $ ▦; $\frac{61}{10} = $ ▦; $\frac{423}{100} = $ ▦; $\frac{1365}{100} = $ ▦; $\frac{29}{1000} = $ ▦

5. Schreibe die Dezimalzahl als Bruch mit dem Nenner 10, 100 oder 1 000.

a) 7,6 b) 0,34 c) 5,147 d) 0,9 e) 14,47
f) 0,614 g) 5,08 h) 0,033 i) 684,5 j) 24,07

Die Stellenwerttafel kann nach rechts um Zehntel (z), Hundertstel (h), Tausendstel (t), Zehntausendstel (zt), ... erweitert werden.

H	Z	E	z	h	t	zt
100	10	1	$\frac{1}{10}$	$\frac{1}{100}$	$\frac{1}{1\,000}$	$\frac{1}{10\,000}$

Brüche mit den Nennern 10, 100, 1000, ... kannst du als **Dezimalzahlen** mit Komma schreiben.

$\frac{7}{10} = 0,7$

$\frac{61}{10} = 6,1$

$\frac{254}{10} = 25,4$

$\frac{47}{100} = 0,47$ — *Lies: Null Komma vier sieben.*

$\frac{2694}{100} = 26,94$ — *Lies: 26 Komma neun vier.*

$\frac{17}{1\,000} = 0,017$

$\frac{843}{1\,000} = 0,843$

$\frac{21\,417}{1\,000} = 21,417$

Weil Dezimalzahlen eine andere Schreibform für Brüche sind, werden sie oft auch als **Dezimalbrüche** *bezeichnet.*

6. Schreibe als Dezimalzahl.

a) $\frac{9}{10}$ **b)** $\frac{7}{1\,000}$ **c)** $\frac{9}{100}$ **d)** $\frac{3}{10}$ **e)** $\frac{45}{1\,000}$ **f)** $\frac{19}{100}$ **g)** $\frac{77}{1\,000}$

7. Schreibe als Bruch.

a) 0,6   **b)** 0,008   **c)** 0,04   **d)** 0,1   **e)** 0,12   **f)** 0,037   **g)** 0,123

⁺8. Schreibe als Dezimalzahl bzw. als Bruch.

a) $\frac{28}{100}$ **b)** 0,63   **c)** $\frac{47}{100}$ **d)** 0,942   **e)** 0,146   **f)** $\frac{237}{1\,000}$ **g)** 0,938

9. Schreibe die Zahl aus der Stellenwerttafel als Dezimalzahl und dann als Bruch.

10. Trage in eine Stellenwerttafel ein und schreibe als Dezimalzahl.

	100	10	1	$\frac{1}{10}$	$\frac{1}{100}$	$\frac{1}{1\,000}$
a)		1	2	2	4	
b)			9	5	7	3
c)		2	7	0	2	4
d)			1	2	0	5
e)	3	4	8	7		
f)		2	3	5	0	4

a) $\frac{7}{100}$ **b)** $\frac{503}{100}$ **c)** $\frac{2\,204}{100}$ **d)** $\frac{42}{10}$ **e)** $\frac{7}{1\,000}$

f) $\frac{234}{10}$ **g)** $\frac{875}{1\,000}$ **h)** $\frac{1\,715}{10}$ **i)** $\frac{23}{1\,000}$ **j)** $\frac{18\,475}{1\,000}$

11. Trage in eine Stellenwerttafel ein. Lass dabei unnötige Nullen weg. Schreibe auch als Bruch.

a) 1,070   **b)** 10,100   **c)** 23,060   **d)** 5,002   **e)** 2,004   **f)** 7,30   **g)** 9,305

12. a) Lies den Wasserverbrauch ab. Schreibe als Dezimalzahl und als Bruch.

b) Wie genau zeigt die Wasseruhr den Verbrauch an?

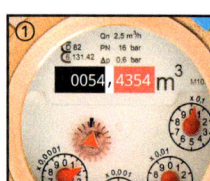 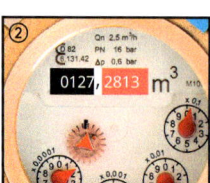 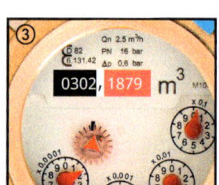 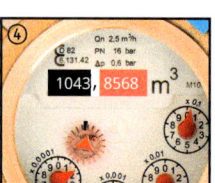

13. Trage in die Stellenwerttafel ein und schreibe dann als Bruch mit kleinem Nenner:

Ⓐ $\frac{30}{100}$ Ⓑ $\frac{800}{1\,000}$ Ⓒ $\frac{70}{1\,000}$ Ⓓ $\frac{160}{100}$

Ordnen von Dezimalzahlen

Weitsprung
Tina: 3,09 m

Weitsprung
Sonja: 3 m

Weitsprung
Lars: 3,11 m

Weitsprung
Leon: 3 m 8 cm

Ich habe gewonnen!

Ich bin Letzte, weil mein Fuß so weh tut.

Ich war Drittbester.

1. Partnerarbeit: Wie heißt der Gewinner? Wer ist Zweiter, Dritter und Vierter?

Ich vergleiche Dezimalzahlen von links nach rechts. Beim ersten Unterschied weiß ich, welche Zahl größer ist.

Kasimir   Kira

Das ist eine gute Idee. Dann ist 17,4 < 8,15. Denn 1 < 8.

H	Z	E	z	h	t
	1	7	4		
		8	1	5	

2. Partnerarbeit: Was meint ihr zu Kiras Überlegung?

Am Zahlenstrahl liegt die kleinere Zahl links von der größeren.

Dezimalzahlen können der Größe nach verglichen werden, indem man ihre Ziffern stellenweise von links nach rechts vergleicht.

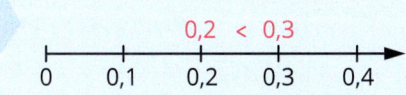

$0,2 < 0,3$

0   0,1   0,2   0,3   0,4

$6,3\overline{4}8$
$6,3\overline{5}2$
$6,348 < 6,352$

Der erste Unterschied entscheidet.

3. In der Reihenfolge der Dezimalzahlen 5,2 8,6 0,9 5,7 11,9 11,2 2,7 10,5 ergeben die zugehörigen Buchstaben ein Lösungswort.

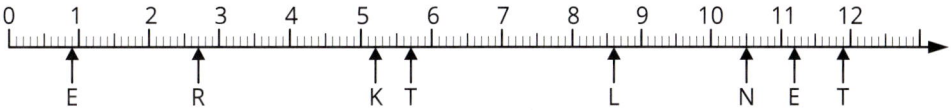

0   1   2   3   4   5   6   7   8   9   10   11   12

E   R   K T   L   N   E   T

4. Übertrage ins Heft und setze das richtige Zeichen ein: <, > oder =.
   a) 1,7 ▨ 1,07   **b)** 2,4 ▨ 2,40   **c)** 0,03 ▨ 0,13   **d)** 4,67 ▨ 4,86
   ⁺e) 2,03 ▨ 2,04   **⁺f)** 1,7 ▨ 1,70   **⁺g)** 6,040 ▨ 6,041   **⁺h)** 7,87 ▨ 78,7

5. Ordne der Größe nach, die kleinste Zahl zuerst.
   a) 7,41; 7,002; 7,86; 7,2   **b)** 2,5; 1,87; 1,9; 2,22   **c)** 0,46; 0,8; 0,255; 0,49

6. Gib drei Dezimalzahlen an, die die vorgegebene Bedingung erfüllen.
   a) 1,2 < ▨ < 1,3   **b)** 0,5 < ▨ < 0,6   **c)** 5,03 < ▨ < 5,04   **d)** 8,07 < ▨ < 8,08
   e) 0,06 < ▨ < 0,07   **f)** 2,43 < ▨ < 2,44   **g)** 0,034 < ▨ < 0,035   **h)** 5,78 < ▨ < 5,79

7. Ordne vom kleinsten zum größten Wert, verwende die Zeichen < und =.
   a) $\frac{7}{10}$; 0,8; $\frac{17}{10}$; $\frac{8}{100}$; 0,17; $\frac{17}{100}$; 1,07   **b)** 0,01; $\frac{11}{10}$; $\frac{11}{100}$; 0,1; $\frac{1}{100}$; $\frac{10}{10}$; 0,11; 1,01

Runden von Dezimalzahlen

Dezimalzahlen rundest du nach derselben Regel wie natürliche Zahlen.

Abrunden (Lass die Ziffer unverändert):   Die Ziffer rechts ist eine 0, 1, 2, 3 oder 4.
Aufrunden (Nimm die nächstgrößere Ziffer): Die Ziffer rechts ist eine 5, 6, 7, 8 oder 9.

- Runde die Zahl auf Zehntel.   **a)** 2,738 ≈ 2,7   **b)** 3,092 ≈ 3,1

- Runde die Zahl auf Hundertstel. **a)** 0,342 ≈ 0,34   **b)** 2,685 ≈ 2,69

1. Partnerarbeit: Schreibt euch abwechselnd Dezimalzahlen mit drei Stellen hinter dem Komma ins Heft und lasst sie anschließend auf Zehntel oder Hundertstel runden.

2. Runde auf Zehntel.

a) 5,64	**b)** 3,75	**c)** 2,94	**d)** 3,172	**⁺e)** 9,352	**⁺f)** 4,6314
6,28	2,35	8,37	4,989	5,2799	6,028

3. Runde auf Hundertstel.

a) 8,475	**b)** 2,367	**c)** 5,4321	**d)** 2,653	**⁺e)** 7,4583	**⁺f)** 3,7942
1,124	3,382	8,3991	4,2895	5,2799	6,998

4. Runde auf Tausendstel.   **a)** 2,3947   **b)** 0,8342   **c)** 7,43893   **d)** 6,51397

5. Runde auf Kilogramm.

a)   **b)**   **c)**   **d)**   **e)**

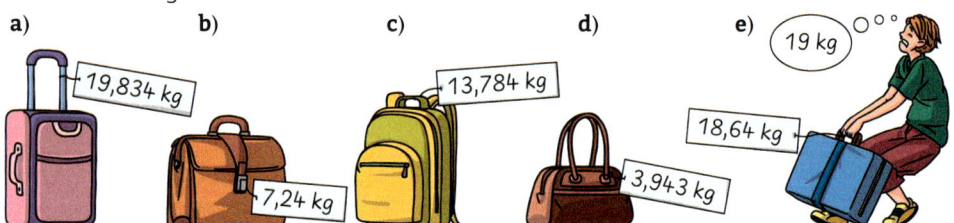

19,834 kg   13,784 kg   19 kg

18,64 kg

7,24 kg   3,943 kg

⁺6. Runde auf Zentimeter.

a) 3,743 m	**b)** 5,639 m	**c)** 6,720 m	**d)** 5,647 m	**e)** 2,384 m	**f)** 9,271 m
9,838 m	4,725 m	9,342 m	4,325 m	8,125 m	8,624 m

7. Durch Runden wurde es eine Stelle weniger. Fertige eine Tabelle an und trage ein.

mindestens	gerundete Zahl	höchstens
1,375	1,38	1,384

a) 3,74   **b)** 2,80   **c)** 5,65
d) 3,04   **e)** 1,253   **f)** 7,549   **g)** 6,356   **h)** 8,130

8. Wie viel könnte es mindestens, wie viel höchstens sein?
  a) Ich fahre rund 1,2 km bis zur Schule.
  b) Den 75-m-Lauf schaffe ich in rund 11,7 s. Die Stoppuhr ist auf hundertstel Sekunden genau.
  c) Meine Waage zeigt ein Gewicht von 38,4 kg an.

Dezimalzahlen addieren und subtrahieren

1. Rechne wie Pia im Kopf.

a) $0,5 + 0,4 =$ ▨

$4,8 + 0,7 =$ ▨

b) $0,9 - 0,6 =$ ▨

$2,7 - 0,5 =$ ▨

c) $0,09 + 0,12 =$ ▨

$0,37 - 0,15 =$ ▨

2.

Rechne wie Cem in der Stellenwerttafel.

a) $1,5 + 0,3 =$ ▨

$7,2 + 0,9 =$ ▨

b) $2,8 - 1,4 =$ ▨

$9,6 - 2,5 =$ ▨

c) $7,06 + 0,32 =$ ▨

$8,45 - 0,25 =$ ▨

3.

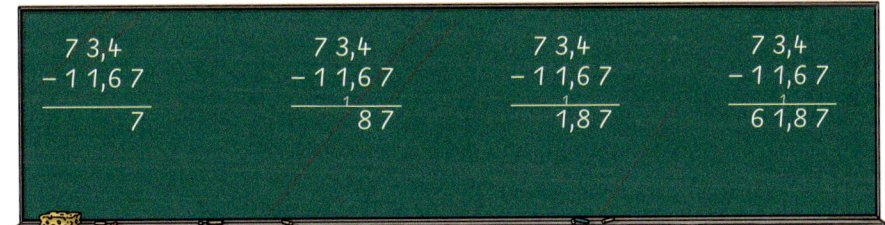

a) Oben siehst du, wie Firut die Aufgabe $73,4 - 11,67$ gelöst hat. Hat er alles richtig gemacht?

b) Rechne zur Probe $61,87 + 11,67$. Welche Zahl müsste das Ergebnis sein?

c) Havva ist eine gute Schülerin und sagt: „Ich rechne die Aufgabe auch schriftlich, aber ergänze bei der ersten Zahl eine Null: $73,40 - 11,67$." Erkläre, warum Havva das macht.

4. Schreibe für deinen Tischnachbarn eine Anleitung für die schriftliche Addition der Dezimalzahlen 12,34 und 143,85 auf.
Dabei kannst du die angegebenen Formulierungen verwenden.

*Einer unter Einer,
gleiche Stellenwerte,
Komma unter Komma,
wie natürliche Zahlen addieren,
am Ende das Komma setzen*

5. Welche Schreibweisen für die Aufgabe $73,6 - 9,842$ sind richtig?

Ⓐ $73,6$
$- 9,842$

Ⓑ $73,6$
$- \ 9,842$

Ⓒ $73,6$
$- 9,842$

Ⓓ $73,600$
$- \ \ 9,842$

Dezimalzahlen werden **schriftlich addiert** oder **subtrahiert**

① als Brüche mit gleichem Nenner

$$2,3 + 0,8 = \frac{23}{10} + \frac{8}{10} = \frac{31}{10} = 3,1 \qquad 9,5 - 0,15 = \frac{950}{100} - \frac{15}{100} = \frac{935}{100} = 9,35$$

oder

② wie natürliche Zahlen, indem man die Dezimalzahlen stellenrichtig untereinander
schreibt und gleiche Stellenwerte addiert oder subtrahiert.

```
    2,3          Einer unter Einer,             9,5 0        Fehler vermeiden,
  – 0,8          Komma unter Komma            – 0,1 5        Nullen ergänzen
  ─────                                       ───────
    3,1                                         9,3 5
```

6. a)   26,36   **b)**   95,72   **c)**   122,94   **d)**   156,8   **e)**   89,83   **f)**   297,942
  $\underline{+\ 89,45}$ $\underline{+\ 29,88}$ $\underline{+\ \ 31,68}$ $\underline{+\ \ 79,7}$ $\underline{+\ 76,52}$ $\underline{+\ \ 58,696}$

7. a)   48,35   **b)**   93,47   **c)**   76,4   **d)**   67,49   **e)**   95,62   **f)**   95,93
  $\underline{-\ 29,64}$ $\underline{-\ 86,93}$ $\underline{-\ 63,9}$ $\underline{-\ 33,72}$ $\underline{-\ 53,99}$ $\underline{-\ 67,29}$

8. Rechne schriftlich wie in Beispiel ②. Achte darauf, immer nur gleiche Stellenwerte zu
addieren bzw. zu subtrahieren. Ergänze gegebenenfalls Nullen, um Fehler zu vermeiden.

   a) 0,42 + 0,03   **b)** 0,2 + 0,23   **c)** 0,34 – 0,02   **d)** 0,78 – 0,4   **e)** 0,64 – 0,03
      0,05 + 1,25   0,37 + 0,4   0,07 – 0,03   0,20 – 0,05   1,45 + 0,4

9. Die Kinder kaufen ein. Überlege dir verschiedene Aufgaben und berechne sie.

Sascha	Sara	Andreas	Dénise
Chips 1,50 €	Bonbons 1,39 €	Eis 1,20 €	Bananen 1,55 €
Cola 0,59 €	Kaugummi 0,60 €	Schokolade 0,78 €	Kekse 1,35 €

10. Beim Skislalom gibt es zwei <u>Wertungsläufe</u>. Die beiden Ergebnisse werden addiert. Der
Läufer mit der besten Gesamtzeit ist Sieger. Berechne für jeden Läufer die Gesamtzeit.
Stelle eine Siegerliste auf.

*Ein Wertungs-
lauf ist z.B. beim
Skislalom eine
Runde. Meistens
gibt es mehrere
Versuche. Die Er-
gebnisse werden
für die Ermitt-
lung des Siegers
verwendet.*

Läufer	1. Lauf	2. Lauf
Spitzer	54,76 s	55,84 s
Mollenhauer	52,95 s	53,47 s
Sperling	53,48 s	54,75 s
Wetzke	55,39 s	53,85 s
Schleef	54,13 s	52,59 s

⁺**11.** Berechne das Gesamtgewicht.

a)  **b)** 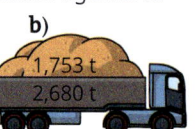 **c)**  **d)**  **e)**

+12. Übertrage die Zahlenpyramide ins Heft. Addiere immer zwei Zahlen, die nebeneinander stehen. Schreibe das Ergebnis in das Feld darüber. Stimmt das oberste Feld?

a)
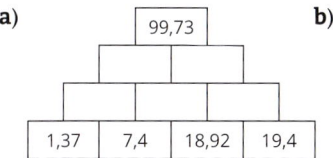

b)
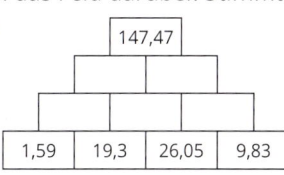

c)
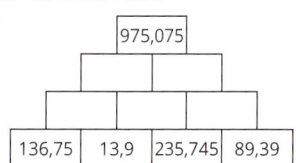

+13. Wie viel Kilogramm wiegt die Verpackung ohne Inhalt?

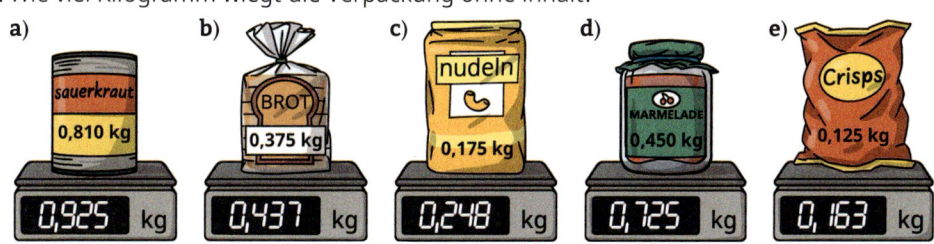

a) sauerkraut 0,810 kg — 0,925 kg
b) BROT 0,375 kg — 0,437 kg
c) nudeln 0,175 kg — 0,248 kg
d) MARMELADE 0,450 kg — 0,725 kg
e) Crisps 0,125 kg — 0,163 kg

14. a) 123,75   b)   35,73   c) 254,942   d)   85,62
   + 245,83   + 126,94   + 82,825   + 181,73
   + 89,04   + 83,61   + 76,437   + 294,34

15. a) 538,74   b) 633,5   c) 482,34   d) 285,76
   − 116,93   − 89,4   − 216,68   − 89,34

561,69   544,1   265,66

246,28   458,62

421,81   196,42   414,204

16. Subtrahiere die kleinere Zahl von der größeren Zahl.
   a) 9,745 und 9,754   b) 145,949 und 145,999   c) 1034,78 und 1043,78
   d) 32,123 und 23,79   e) 8,634 und 8,346   f) 213,886 und 213,868
   g) 1053,62 und 1503,62   h) 52,86 und 52,862   i) 4,619 und 31,47

17. Wie hoch war das alte Guthaben auf dem Sparbuch?

a) altes Guthaben ▨ €	b) altes Guthaben ▨ €	c) altes Guthaben ▨ €
Auszahlung 150,00 €	Auszahlung 153,23 €	Auszahlung 275,80 €
neues Guthaben 375,58 €	neues Guthaben 548,75 €	neues Guthaben 592,53 €

18. a) $12,25 + ▨ = 17,13$ b) $18,75 − ▨ = 16,34$ c) $▨ + 19,43 = 83,75$
   d) $85,22 − ▨ = 49,28$ e) $▨ − 23,43 = 47,58$ f) $62,43 + ▨ = 192,38$
   g) $13,04 + ▨ = 27,5$ h) $▨ + 62,4 = 81,47$ i) $91,7 − ▨ = 36,43$

19. a) $38,57 + 39,54 − 18,75$ b) $195,6 − 79,4 + 28,35$ c) $597,13 + 276,349 − 183,56$
   d) $98,34 + 76,58 − 19,37$ e) $226,48 − 68,5 + 83,9$ f) $813,7 − 219,364 + 56,78$

20. a)   1▨,84   b) 117,83   c) ▨2,347   d) ▨43,26   e) ▨▨▨,▨▨   f) 3748,94
   + 123,▨3   − ▨▨,▨▨   + 43,8▨▨   + 31,▨4   − 404,81   − ▨▨▨▨,26
   ▨▨9,2▨   39,21   86,▨49   + 5▨▨,6▨   144,44   1125,▨▨
                                   741,43

Vermischte Aufgaben

1. Gib den gefärbten Bruchteil an.

a) 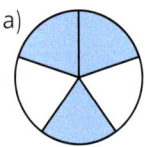   b) 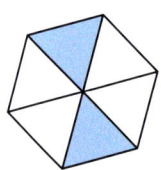   c) 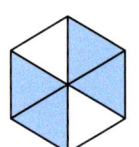   d)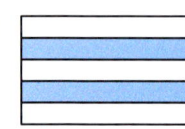

e) 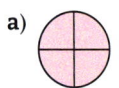   f) 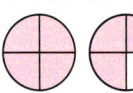   g) 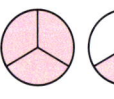   h)

2. Zeichne die angegebene Strecke und markiere den Bruchteil darauf farbig.

a) $\frac{5}{6}$ von 6 cm   b) $\frac{2}{5}$ von 10 cm   c) $\frac{3}{4}$ von 4 cm   d) $\frac{3}{7}$ von 7 cm

e) $\frac{3}{5}$ von 15 cm   f) $\frac{2}{3}$ von 9 cm   g) $\frac{5}{6}$ von 12 cm   h) $\frac{3}{8}$ von 16 cm

$\frac{2}{3}$ von 6 cm

3. Berechne. Ist das Ergebnis größer als 1, schreibe es als gemischte Zahl.

a) $\frac{6}{7}+\frac{4}{7}$ b) $\frac{9}{10}+\frac{9}{10}$ c) $\frac{7}{12}+\frac{5}{12}$ d) $\frac{8}{9}+\frac{5}{9}$ e) $\frac{4}{5}+\frac{3}{5}$ f) $\frac{14}{15}+\frac{2}{15}$

⁺**4.** Berechne.

a) ein halb von 20 €   b) ein Achtel von 72 €   c) ein Fünftel von 40 €

d) ein Viertel von 40 €   e) ein Sechstel von 42 €   f) ein Achtel von 40 €

⁺**5.** a) $\frac{1}{5}$ von 100 kg   b) $\frac{1}{2}$ von 1000 km   c) $\frac{1}{9}$ von 810 kg   d) $\frac{1}{3}$ von 900 ℓ

e) $\frac{1}{7}$ von 140 kg   f) $\frac{1}{5}$ von 500 km   g) $\frac{1}{4}$ von 360 kg   h) $\frac{1}{8}$ von 640 ℓ

⁺**6.** Notiere als Bruch und als gemischte Zahl.

a) 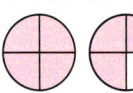   b)    c)

⁺**7.** Schreibe den Bruch als gemischte Zahl.

a) $\frac{4}{3}$ b) $\frac{17}{10}$ c) $\frac{13}{12}$ d) $\frac{21}{6}$ e) $\frac{27}{8}$ f) $\frac{31}{3}$

⁺**8.** a) $\frac{2}{7}+\frac{3}{7}$ b) $\frac{5}{8}+\frac{2}{8}$ c) $\frac{4}{11}+\frac{2}{11}$ d) $\frac{8}{9}-\frac{5}{9}$ e) $\frac{4}{5}-\frac{2}{5}$ f) $\frac{5}{13}-\frac{3}{13}$

9. Gib den Bruchteil in der kleineren Einheit an.

a) $\frac{3}{4}$ kg = ▦ g   b) $\frac{2}{5}$ kg = ▦ g   c) $\frac{5}{8}$ kg = ▦ g   d) $\frac{3}{5}$ t = ▦ kg   e) $\frac{3}{8}$ t = ▦ kg

f) $\frac{3}{4}$ m = ▦ cm   g) $\frac{4}{5}$ m = ▦ cm   h) $\frac{7}{10}$ m = ▦ cm   i) $\frac{3}{8}$ km = ▦ m   j) $\frac{2}{5}$ km = ▦ m

10. Rechne aus.

11. a) $\frac{3}{4}$ von 2 m   b) $\frac{2}{5}$ von 3 m   c) $\frac{7}{10}$ von 4 km   d) $\frac{5}{8}$ von 2 km   e) $\frac{4}{5}$ von 6 m

12. Schreibe die gemischte Zahl zuerst als Bruch und berechne dann.

a) $1\frac{2}{7} - \frac{4}{7}$ **b)** $1\frac{1}{5} - \frac{3}{5}$ **c)** $2\frac{3}{8} + \frac{5}{8}$ **d)** $1\frac{6}{10} + \frac{7}{10}$ **e)** $1\frac{1}{4} - \frac{3}{4}$ **f)** $2\frac{1}{9} + \frac{7}{9}$

⁺**13.** Wie viel Liter entstehen?

a) Esra verdünnt $\frac{3}{8}$ ℓ Himbeersirup mit 1 ℓ Wasser.

b) Amad stellt Apfelschorle aus $1\frac{1}{4}$ ℓ Apfelsaft und $\frac{2}{4}$ ℓ Mineralwasser her.

c) Lara mischt $1\frac{1}{8}$ ℓ Cola mit $\frac{3}{8}$ ℓ Orangenlimonade.

14. Ina und Jan radeln sich entgegen. Bis zum Treffpunkt zwischen ihren Wohnungen radelt Ina $5\frac{3}{4}$ km und Jan radelt $4\frac{1}{4}$ km. Wie weit wohnen die beiden voneinander entfernt?

15. Schreibe als Summe von Brüchen mit dem Nenner 10 und 100.

a) 0,34   **b)** 0,75   **c)** 0,94   **d)** 0,38   **e)** 0,25   **f)** 0,26

⁺**16.** Schreibe als Dezimalzahl.

a) $\frac{3}{10} + \frac{7}{100}$ **b)** $\frac{7}{10} + \frac{3}{100}$ **c)** $\frac{2}{10} + \frac{3}{100}$ **d)** $\frac{6}{10} + \frac{2}{100}$ **e)** $\frac{1}{10} + \frac{3}{100}$ **f)** $\frac{9}{10} + \frac{2}{100}$

17. a) Runde auf Zehntel.   12,34   567,48   3,09   10,45   0,9   7,807

    ⁺**b)** Runde auf Tausendstel.   0,7645   12,0707   31,3964   9,0001   12,2288   0,0001

18. Rechne im Kopf. Achte darauf, immer nur gleiche Stellenwerte zu addieren oder zu subtrahieren.

a) 0,4 + 0,03   **b)** 0,2 + 0,23   **c)** 0,34 – 0,02   **d)** 0,78 – 0,4   **e)** 0,64 – 0,03

    0,05 + 0,2   0,37 + 0,4   0,07 – 0,03   0,20 – 0,05   1,45 + 0,4

⁺**f)** 1,3 + 0,02   ⁺**g)** 1,4 + 0,28   **h)** 1,48 – 0,20   **i)** 0,5 – 0,01   **j)** 0,81 – 0,7

    0,24 + 1,02   0,14 + 1,5   3,08 – 1,06   0,3 – 0,02   1,8 + 0,05

⁺**19.** Schreibe stellengerecht untereinander und rechne schriftlich.

> *Vom Größten zum Kleinsten: ein Tier.*

| 133,78 + 81,42 **O** | 159,73 + 219,81 **R** | 72,34 + 18,93 **I** | 273,9 + 119,2 **K** |

| 132,5 + 63,8 **D** | 256,94 + 37,65 **O** | 42,73 + 192,13 **K** | 23,7 + 58,4 **L** |

20. Runde sinnvoll. Gib jeweils an, auf welche Stelle du gerundet hast.

a)

Der neue TAZDA 237

Verbrauch: nur 7,634 l pro 100 km

b) *Oje! Schon wieder 1,523 kg zugenommen.*

c) *Meine Bestleistung liegt bei 4,4375 m.*

> *Und noch ein Tier.*

21.

| 275,4 – 83,9 **H** | 72,35 – 48,42 **G** | 352,3 – 53,6 **C** | 64,37 – 57,52 **E** |

| 86,93 – 47,69 **A** | 93,54 – 56,96 **N** | 152,86 – 78,49 **L** | 857,21 – 248,10 **S** |

22. a) 46,25 + 53,81 – 29,23   **b)** 348,7 – 96,58 + 52,8   **c)** 942,61 – 116,34 + 18,73

Sportfest

Einnahmen:

	1. Tag	2. Tag
Eintritt	935 €	812 €
Getränkestand	753,50 €	729,50 €
Cafeteria	676,50 €	621,50 €
Würstchenbude	420 €	392 €

1. Wie viele Kinder kamen zum Sportfest?
am 1. Tag: 561 Zuschauer, davon $\frac{1}{3}$ Kinder.

am 2. Tag: 464 Zuschauer, davon $\frac{1}{4}$ Kinder.

2. a) Berechne die Gesamteinnahmen des Sport-
festes durch Eintrittsgelder und Speisen-
und Getränkeverkauf.
  b) Für Pokale, Würstchen und Getränke wurden
vorher 1 386,75 € ausgegeben. Wie viel Geld
bleibt von den Einnahmen übrig?

3. – In der Siegerstaffel über 4 · 100 m lief
die Startläuferin 15,0 s, die zweite Läu-
ferin 15,3 s, die dritte 15,4 s und die
Schlussläuferin 14,8 s. Wie schnell war die
Siegerstaffel?
– Die langsamste Staffel benötigte 61,2 s.
Wie groß war der Unterschied zwischen der
Siegerstaffel und der langsamsten Staffel?

4. Ist die Auswertung für den 50-m-Lauf
schon fertig?

Ergebnisse 50-m-Lauf:	Berg, S.	Wang, D.	Lehn, P.	Helmdach, T.	Hermsmeier, B.	Laufenberg, M.
	7,5 s	7,8 s	7,3 s	8,1 s	8,4 s	8,0 s

Mathe mal anders

5. Der LC Adorf nahm mit der größten Mann-schaft am Sportfest teil. Er stellte beim

– Weitsprung $\frac{1}{5}$ von 15 Teilnehmern,

– Kugelstoßen $\frac{3}{8}$ von 24 Teilnehmern,

– Hochsprung $\frac{2}{9}$ von 18 Teilnehmern,

– 1 000-m-Lauf $\frac{2}{7}$ von 21 Teilnehmern.

Wie viele Teilnehmer wares es jeweils?

6. Eine Kugel für die männliche A-Jugend wiegt 6,25 kg, die Kugel für die weibliche A-Jugend wiegt 4 kg. Wie groß ist der Gewichtsunterschied?

7. Beim Kugelstoßen wird für die Vergabe der Plätze nur der beste Stoß gewertet! Stelle eine Rangliste der Jungen auf. Welcher war ihr bester Wurf?

Ergebnisse Kugelstoßen (männl. Jugend)			
	1. Stoß	2. Stoß	3. Stoß
Uding, S.	8,35 m	8,40 m	8,45 m
Böllhoff, B.	8,23 m	ungültig	8,33 m
Meier, J.	8,51 m	8,56 m	8,24 m
Casiaro, R.	ungültig	8,36 m	8,18 m
Pelz, T.	8,31 m	8,38 m	8,42 m

Ergebnisse Weitsprung (weibl. Jugend)			
	1. Sprung	2. Sprung	3. Sprung
Adrians, J.	3,48 m	3,42 m	ungültig
Handlanger, K.	3,48 m	3,35 m	3,41 m
Moser, A.	ungültig	3,47 m	3,53 m
Seipel, A.	3,43 m	3,52 m	3,36 m
Busch, M.	3,26 m	3,18 m	3,23 m
Özlar, S.	ungültig	3,24 m	3,33 m

8. Auch beim Weitsprung wird für die Vergabe der Plätze nur der beste Sprung gewertet. Welche Plätze belegten die Mädchen?

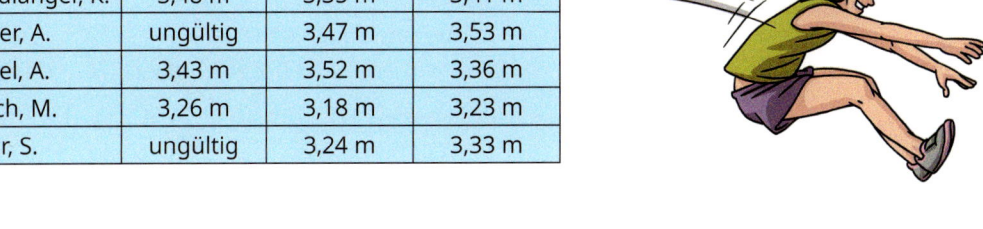

$\frac{1}{2}$ (ein halb), $\frac{1}{3}$ (ein Drittel), $\frac{1}{4}$ (ein Viertel) ...
heißen **Stammbrüche**.

$\frac{1}{6}$ von 18 € = 18 € : 6 = 3 €

1. a) $\frac{1}{2}$ von 40 €   **b)** $\frac{1}{3}$ von 60 €

c) $\frac{1}{8}$ von 56 €   **d)** $\frac{1}{7}$ von 42 €

e) $\frac{1}{5}$ von 300 €   **f)** $\frac{1}{4}$ von 120 €

Du erhältst den **Bruchteil eines Ganzen** so:
① Teile das Ganze durch den Nenner.
② Multipliziere dann mit dem Zähler.

$\frac{4}{5}$ von 30 m = 24 m, denn 30 m : 5 = 6 m,
$\qquad\qquad\qquad$ 6 m · 4 = 24 m

2. a) $\frac{3}{5}$ von 10 m   **b)** $\frac{6}{8}$ von 8 m

c) $\frac{2}{3}$ von 18 m   **d)** $\frac{2}{7}$ von 21 m

e) $\frac{3}{10}$ von 50 m   **f)** $\frac{5}{6}$ von 24 m

Brüche, die größer als ein Ganzes sind,
kannst du als **gemischte Zahl** schreiben.

  $1\frac{1}{4} = 1 + \frac{1}{4} = \frac{4}{4} + \frac{1}{4} = \frac{5}{4}$

3. Schreibe als Bruch.

a) $1\frac{1}{6}$ **b)** $1\frac{2}{5}$ **c)** $1\frac{5}{8}$ **d)** $2\frac{1}{3}$

4. Schreibe als gemischte Zahl.

a) $\frac{5}{3}$ **b)** $\frac{8}{7}$ **c)** $\frac{9}{5}$ **d)** $\frac{7}{4}$

Brüche mit gleichem Nenner **addierst**
(subtrahierst) du, indem du die Zähler
addierst (subtrahierst) und den Nenner
unverändert lässt.

$\frac{1}{5} + \frac{2}{5} = \frac{1+2}{5} = \frac{3}{5}$ $\frac{4}{5} - \frac{2}{5} = \frac{4-2}{5} = \frac{2}{5}$

5. a) $\frac{3}{7} + \frac{2}{7}$ **b)** $\frac{4}{5} - \frac{3}{5}$ **c)** $\frac{5}{12} + \frac{9}{12}$

d) $\frac{9}{10} - \frac{2}{10}$ **e)** $\frac{2}{6} + \frac{5}{6}$ **f)** $\frac{7}{8} - \frac{3}{8}$

6. a) Addiere die Brüche $\frac{5}{17}$ und $\frac{9}{17}$.

b) Subtrahiere $\frac{1}{4}$ von der Zahl 1.

Brüche mit dem Nenner 10, 100, 1 000, ...
kannst du als **Dezimalzahlen** schreiben.

$\frac{1}{10} = 0{,}1$ $\frac{1}{100} = 0{,}01$ $\frac{1}{1\,000} = 0{,}001$

7. a) Schreibe als Dezimalzahl.

(1) $\frac{3}{10}$ (2) $\frac{7}{100}$ (3) $\frac{14}{100}$ (4) $\frac{12}{10}$

b) Schreibe als Bruch.
(1) 0,07   (2) 0,3   (3) 0,009   (4) 0,11

Du **rundest** Dezimalzahlen nach derselben
Rundungsregel wie natürliche Zahlen.

Runden auf Zehntel: 2,74 ≈ 2,7   3,55 ≈ 3,6

8. a) Runde auf Zehntel.
(1) 1,58   (2) 13,75   (3) 9,42   (4) 8,03

b) Runde auf Hundertstel.
(1) 1,347   (2) 2,083   (3) 0,926   (4) 5,426

Dezimalzahlen **addierst (subtrahierst)** du
als Brüche mit gleichem Nenner *oder* wie
natürliche Zahlen in der
Stellenwerttafel.

3,3 + 8,9

$= \frac{33}{10} + \frac{89}{10} = \frac{122}{10} = 12{,}2$

10	1	$\frac{1}{10}$	$\frac{1}{100}$
	3	3	
+ 1	8₁	9	
1	2	2	

9. Rechne im Kopf.
a) 0,3 + 0,4   **b)** 0,6 + 0,2   **c)** 0,8 − 0,4
d) 1,3 + 1,6   **e)** 2,8 − 2,4   **f)** 1,2 + 1,7
g) 1,3 − 0,7   **h)** 2,2 − 0,4   **i)** 2,4 + 0,9

10. a)   5,34   **b)**   13,68   **c)**   15,74
         + 7,15   + 8,25   − 6,51

1. Berechne.   **a)** $\frac{1}{3}$ von einer 30 m langen Schnur   **b)** $\frac{5}{7}$ von 42 km

2. Schreibe den Bruch als gemischte Zahl.   **a)** $\frac{7}{4}$ **b)** $\frac{19}{12}$ **c)** $\frac{11}{5}$ **d)** $\frac{11}{9}$

3. Welche Zahl ist kleiner?
   a) 0,031 oder 0,013   **b)** 17,98 oder 18,79   **c)** 26,4 oder 26,35   **d)** 1,47 oder 1,408

4. **a)** $\frac{4}{9} + \frac{3}{9}$ **b)** $\frac{11}{12} - \frac{5}{12}$ **c)** $\frac{6}{13} + \frac{5}{13}$ **d)** $\frac{19}{21} - \frac{11}{21}$

5. Tim möchte sich einen Bausatz für 49,95 € kaufen. Er hat 24,75 € gespart.
   Wie viel Euro fehlen ihm noch?

6. Onkel Hartmut kommt zum Geburtstag. Er fragt Tobias: „Ich habe 20 € mitgebracht.
   Möchtest du davon lieber $\frac{1}{5}$ oder $\frac{1}{4}$ haben?"

7. Runde die Dezimalzahl 5,6548 auf   **a)** Zehntel,   **b)** Hundertstel,   **c)** Tausendstel.

8. Rechne schriftlich.

a)	**b)**	**c)**	**d)**
14,61	25,84	9,80	59,47
+ 7,14	− 11,63	− 2,56	+ 18,36

9. Ordne die Dezimalzahlen. Beginne mit der kleinsten Dezimalzahl.
   a) 3,6; 3,06; 0,66; 0,307; 0,606   **b)** 0,4; 0,44; 0,41; 0,412; 0,402

10. Berechne. Mache vorher einen Überschlag.
    a) 129,48 + 89,145 + 320,047   **b)** 741,457 − 255,98

11. Eine Schulsekretärin berichtet: „Von unseren 480 Schülern kommen $\frac{5}{12}$ mit dem Bus, $\frac{2}{6}$ fahren mit dem Rad und der Rest kommt zu Fuß." Berechne, wie viele Schüler zu Fuß zur Schule kommen.

12. Auf einem Bauernhof leben 60 Tiere, davon sind $\frac{1}{4}$ Schweine, $\frac{1}{3}$ Kühe, $\frac{1}{6}$ Hasen und $\frac{1}{10}$ Katzen. Sonst gibt es dort noch Hühner und einen Wachhund.
    a) Wie viele Schweine, Kühe, Hasen, Katzen gibt es?
    b) Wie viele Hühner gibt es auf dem Bauernhof?

13. Paula, die in Dortmund lebt, besucht ihre Oma in Berlin. Mit dem Zug fährt sie $3\frac{3}{4}$ Stunden und anschließend noch eine halbe Stunde mit dem Bus. Nach zwei Stunden im Zug schaut Paula auf die Uhr. Berechne ihre restliche Fahrzeit.

14. Bei einem Schulfest sollen von den Einnahmen $\frac{2}{3}$ einem Kinderheim gespendet werden. Der Rest bleibt für die Klassenkassen. Die Klasse 6a hat mit ihrer Tombola 147 € eingenommen, die Klasse 6b mit ihrem Trödelmarkt 258 €, die Klasse 6c mit ihrer Milchbar 453 €. Berechne für jede Klasse die Spende an das Kinderheim. Wie hoch ist der Gesamtbetrag der Spenden?

15. Herr Ludwig kocht Marmelade aus 3,5 kg Johannisbeeren und 1,75 kg Erdbeeren. Dazu gibt er ebenso viel Kilogramm Zucker wie Früchte. Beim Kochen verdunsten 300 g Wasser. Wie viel wiegt die fertige Marmelade?

Mit Strichlisten umgehen

Aufgabe 1
→ *Seite 8*

Eine **Strichliste** gibt an, wie häufig eine Antwort bei einer Befragung gegeben wurde. Eine Strichliste entsteht so:
• Erstelle eine Liste mit allen Antworten
• Zeichne bei jedem Auftreten einer Antwort einen Strich hinter den entsprechenden Eintrag
• Streiche mit jedem fünften Strich die letzten vier Striche durch

Welche Farbe haben deine Augen?

blau	grün	braun
ℍℍ ℍℍ ℍℍ ⦀⦀	ℍℍ ℍℍ ⦀⦀	ℍℍ ℍℍ ℍℍ
18	12	15

Insgesamt sind 24 Früchte auf dem Bild zu sehen.

1. a) Übertrage die Strichliste in dein Heft und vervollständige sie.

Apfel	ℍℍ ⦀⦀⦀	8
Birne		
Erdbeere		

b) Wie viele rote und wie viele grüne Früchte sind abgebildet? Erstelle eine Strichliste.

2. Pinar hat gewürfelt und ihre Ergebnisse in einer Strichliste eingetragen.
Zwei der folgenden Aussagen sind falsch. Finde und korrigiere sie.
Ⓐ Am seltensten fiel die Zwei.
Ⓒ Am häufigsten fiel die Vier.

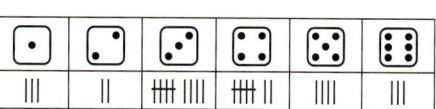

Ⓑ Die Eins fiel genauso häufig wie die Sechs.
Ⓓ Pinar hat 40-mal gewürfelt.

Zahlen in Worten und Ziffern vergleichen

Aufgabe 2
→ *Seite 8*

Zahlen kannst du mit **Ziffern** und als **Zahlwort** schreiben und vergleichen.

Mit Ziffern	Als Zahlwort
3091	dreitausendeinundneunzig
3214	dreitausendzweihundertvierzehn

Der Größenvergleich gelingt am einfachsten, wenn du in der Ziffernschreibweise die beiden Zahlen stellenweise vergleichst.
3214 ist größer als 3091. Kurz: 3214 > 3091
3091 ist kleiner als 3214. Kurz: 3091 < 3214

Bei Zahlworten größer als 12 sprichst du erst die Einer, dann die Zehner.

3. Finde die drei Paare aus Ziffer und zugehörigem Zahlwort und schreibe sie in dein Heft.

3084   3804   dreitausendvierundachtzig   384   405   dreihundertacht

3405   345   dreihundertfünfundvierzig   dreihundertvierundachtzig   348

4. Ordne die Zahlen nach ihrer Größe. Beginne mit der kleinsten Zahl.
Verwende die Zeichen <, > oder =.
a) 108, einhundertundachtzig, 178
b) zweiundfünfzig, 25, einhundertfünfzig
c) dreihundertundzwei, 303, 330
d) 812, achthundertzwanzig, 802
e) 71, siebzehn, 17
f) 355, 305, dreihundertfünfzehn

Einer Stelle auf dem Zahlenstrahl die richtige Zahl zuordnen

Aufgabe 3
→ *Seite 8*

Der **Zahlenstrahl** ist eine gerade Linie, auf der du Zahlen der Größe nach angeordnest. Der Abstand zwischen zwei benachbarten Zahlen ist immer gleich groß.

Der zehnte Strich nach der 50 markiert die Zahl 60. Dann markiert der erste Strich nach der 50 die Zahl 51. Die gesuchte Zahl ist 57.

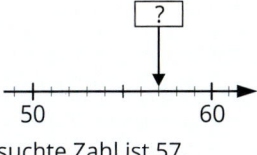

1. Übertrage den Zahlenstrahl in dein Heft und notiere die gesuchten Zahlen.

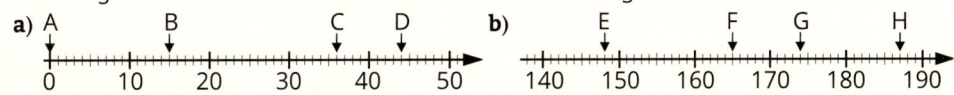

2. Von den zehn Zahlen passen nur sechs.
   Notiere so: A = ▣, B = ▣ usw.

| 490 | 512 | 495 | 488 | 520 | 479 | 519 |
| 503 | 482 | 527 | | | | |

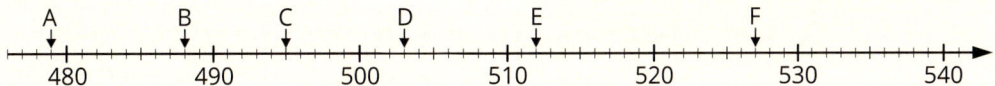

Nachbarzehner und Nachbarhunderter von Zahlen kleiner als 10 000

Aufgabe 4
→ *Seite 8*

Die **Nachbarzehner** einer Zahl sind die beiden **Zehnerzahlen**, die links bzw. rechts neben der Zahl liegen.
Die **Nachbarhunderter** einer Zahl sind die beiden **Hunderterzahlen**, die links bzw. rechts neben der Zahl liegen.

Die Nachbarzehner von 4356 sind 4350 und 4360. Die Nachbarhunderter von 4356 sind 4300 und 4400.

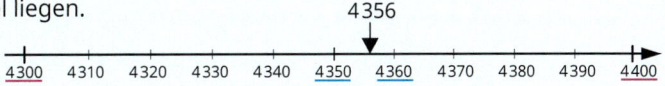

3. Welche Zehnerzahl liegt links und welche Zehnerzahl liegt rechts von der Zahl?

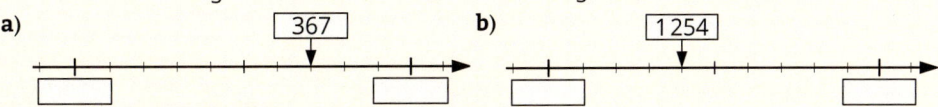

4. Notiere die beiden Nachbarhunderter der Zahl.

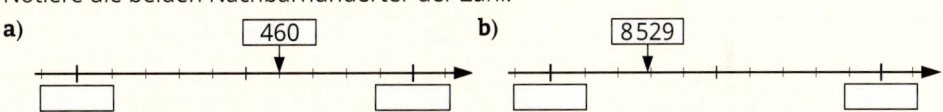

5. Ergänze die Nachbarzehner der fett gedruckten Zahl.
   a) 360 < **364** < ▣
   b) ▣ < **1253** < 1 260
   c) ▣ < **8501** < ▣
   d) ▣ < **718** < ▣
   e) ▣ < **8109** < ▣
   f) ▣ < **3994** < ▣

Zahlen in eine Stellenwerttafel eintragen

Aufgabe 5
→ Seite 8

Zahl

3 459
\\ | / /
Ziffer

Beim Eintragen in die **Stellenwerttafel** schreibst du die Ziffern der Zahl stellenweise von rechts nach links. Erst die Einer, dann die Zehner usw.

T	H	Z	E	Zerlegung
3	4	5	9	3 T + 4 H + 5 Z + 9 E

1. Übertrage die Tabelle in dein Heft und fülle sie aus.

a)

T	H	Z	E	Zerlegung
3	2	0	4	3 T + 2 H + 0 Z + 4 E
8	5	3	7	
	9	7	0	

b)

T	H	Z	E	Zerlegung
1	6	4	8	
				5 T + 3 H + 2 Z + 9 E
				7 T + 8 H + 0 Z + 7 E

2. Zeichne eine Stellenwerttafel in dein Heft und trage die Zahlen ein:
  a) 17, 285, 7 062, 5 631   **b)** 9 099, 3 208, 756, 2 140   **c)** 185, 6 023, 5 402, 3 443

Einfache Additions- und Subtraktionsaufgaben im Kopf lösen

Aufgabe 1
→ Seite 34

Aufgabe 1
→ Seite 170

① **Schrittweises Rechnen**

56 + 13 = ?
56 + 10 sind 66.
66 + 3 sind 69.

27 + 48 = ?
27 + 40 sind 67. Bis zur 70 fehlen noch 3. Dann bleiben von den 8 noch 5 übrig, also sind es 75.

87 − 32 = ?
87 − 30 sind 57.
57 − 2 sind 55.

81 − 56 = ?
81 − 50 sind 31.
31 − 1 sind 30. Dann bleiben von den 6 noch 5 übrig, die ich abziehen muss. Also sind es 25.

② **Hilfsaufgaben nutzen**, wie etwa die Nähe einer Zahl zu einem vollen Zehner.

73 + 19 = ?
73 + 20 sind 93. Das sind aber 1 zu viel. Das Ergebnis ist also 93 − 1 = 92.

27 + 48 = ?
27 + 50 sind 77. Dann habe ich aber 2 zu viel dazugetan. Also muss ich 2 wieder abziehen. Das Ergebnis ist 75.

87 − 32 =
87 − 30 sind 57. Das sind aber 2 zu wenig. Also ist das Ergebnis 57 − 2 = 55

81 − 56 =
81 − 60 sind 21. Dann habe ich aber 4 zu viel abgezogen. Daher muss ich 4 wieder dazutun. Das Ergebnis ist also 25.

3. Addiere schrittweise.
  a) 83 + 16   **b)** 56 + 12   **c)** 48 + 26   **d)** 67 + 36

4. Addiere im Kopf. Nutze auch Hilfsaufgaben.
  a) 43 + 11   **b)** 62 + 35   **c)** 65 + 24   **d)** 47 + 49

5. Subtrahiere schrittweise.
  a) 96 − 53   **b)** 57 − 27   **c)** 87 − 45   **d)** 74 − 65

6. Subtrahiere im Kopf. Nutze auch Hilfsaufgaben.
  a) 68 − 23   **b)** 84 − 13   **c)** 97 − 29   **d)** 76 − 17

Rechenvorteile erkennen und nutzen

Aufgabe 2
→ *Seite 34*

Bei **Rechenvorteilen** geht es darum, eine Aufgabe auf eine möglichst geschickte Weise zu lösen. Rechenvorteile ergeben sich häufig durch

Vertauschen und Zusammenfassen

$12 + 53 + 18 =$ $45 + 12 - 15 =$
$(12 + 18) + 53 =$ $(45 - 15) + 12 =$
$\quad 30 \quad + 53 = 83$ $\quad 30 \quad + 12 = 43$

Zerlegen in einfache Teilaufgaben

$85 + 17 + 26 =$ $783 - 99 =$
$85 + 15 + 2 + 26 =$ $783 - 100 + 1 =$
$\quad 100 \quad + \quad 28 \quad = 128$ $\quad 683 \quad + 1 = 684$

1. Notiere die Rechenschritte in der richtigen Reihenfolge. Die Buchstaben ergeben Tiere.

(1) H	$73 + 14 + 27 =$	N	$100 + 14 =$	L	$(78 - 18) + 23 =$	H	83
(2) E	$78 + 23 - 18 =$	C	$60 + 23 =$	F	155	O	$354 - 200 + 1 =$
(3) W	$354 - 199 =$	D	114	L	$154 + 1 =$	U	$(73 + 27) + 14 =$

2. Fasse geschickt zusammen und addiere dann.

    a) $25 + 35 + 17$ **b)** $23 + 21 + 29$ **c)** $74 + 16 + 22$ **d)** $57 + 19 + 31$

3. Vertausche die Summanden geschickt. Notiere deine Rechnung wie im Kasten oben.

    a) $24 + 17 + 36$ **b)** $21 + 56 + 29$ **c)** $38 + 47 + 22$ **d)** $57 + 19 + 33$

4. Zerlege die Aufgabe zuerst in einfache Teilaufgaben, dann bestimme das Ergebnis.

    a) $83 + 19 + 22$ **b)** $64 + 38 + 15$ **c)** $568 - 199$ **d)** $387 - 205$

Ergebnisse von Rechenaufgaben überschlagen

Aufgabe 3
→ *Seite 34*

Mit einer **Überschlagsrechnung** kannst du ein Ergebnis überprüfen: Zuerst alle Zahlen so runden, dass du im Kopf rechnen kannst, und dann mit den gerundeten Zahlen rechnen.

Aufgabe	Überschlagsrechnung	Ergebniskontrolle
$485 + 273$	runden auf Hunderter: $500 + 300 = 800$	$485 + 273 = 918$ *falsch*
$248 + 549$	runden auf Zehner: $250 + 550 = 800$	$248 + 549 = 844$ *kann stimmen*

$\approx$ bedeutet „ungefähr"

5. Führe eine Überschlagsrechnung durch. Runde auf Zehner.

    a) $93 + 47 \approx 90 + \_\_\_ = \_\_\_$ **b)** $71 - 35$
    c) $78 - 22$ **d)** $84 + 19$

> Beim Runden entscheidet die Ziffer rechts von der Rundungsstelle:
> – Abrunden bei 0, 1, 2, 3 oder 4 (die Ziffer bleibt unverändert)
> – Aufrunden bei 5, 6, 7, 8 oder 9 (die Ziffer wächst um 1)

6. Überschlage. Runde zuvor auf Hunderter.

    a) $811 + 127 \approx 800 + \_\_\_ = \_\_\_$ **b)** $571 - 352$
    c) $677 - 378$ **d)** $419 + 342$

7. Prüfe mit einer Überschlagsrechnung, ob die Rechnung stimmen kann oder eindeutig falsch ist. Runde dabei auf Zehner.

    a) $729 + 233 = 962$ **b)** $645 + 148 = 907$ **c)** $581 - 349 = 322$ **d)** $978 - 459 = 519$

Zwei Zahlen kleiner als 10 000 schriftlich addieren

Aufgabe 4
→ *Seite 34*

Aufgabe 1
→ *Seite 170*

① Schreibe Einer unter Einer, Zehner unter Zehner, Hunderter unter Hunderter usw.
② Addiere die Zahlen von rechts nach links. Beginne bei der Einerstelle.
③ Wenn die Summe der Stellenwerte größer als 9 ist, notierst du die Zehnerzahl klein als **Übertrag** bei dem nächsthöheren Stellenwert.

ZT	T	H	Z	E	
	1	2	8	2	2 + 4 ist 6. Schreibe 6.
+	2	5	7	4	8 + 7 ist 15. Schreibe 5, übertrage 1.
			1		2 + 5 + 1 ist 8. Schreibe 8.
	3	8	5	6	1 + 2 ist 3. Schreibe 3.

1. Addiere schriftlich.

a) $\quad$ 3 7 2
$\quad$ + 4 1 6

b) $\quad$ 8 7 1
$\quad$ + 2 0 6

c) $\quad$ 4 6 8 2
$\quad$ + 2 5 1 4

d) $\quad$ 5 8 9 4
$\quad$ + 2 3 2 7

2. Schreibe die Zahlen stellengerecht untereinander und addiere sie schriftlich.

a) 1 776 + 2 832   b) 3 854 + 1 028   c) 4 314 + 3 658   d) 9 047 + 182

Zwei Zahlen kleiner als 10 000 schriftlich subtrahieren

Aufgabe 5
→ *Seite 34*

Aufgabe 1
→ *Seite 170*

① Schreibe die Zahlen stellenweise untereinander.
② Beginne bei der Einerstelle und subtrahiere, indem du für jede Stelle die Frage beantwortest: Welche Zahl muss zur Ziffer der 2. Zahl ergänzt werden, um die Ziffer der 1. Zahl zu erhalten?
③ Ist an einer Stelle die Ziffer der ersten Zahl kleiner als die Ziffer der 2. Zahl, entsteht ein Übertrag, den du bei der nächsten Stelle zu der Ziffer der 2. Zahl addierst.

ZT	T	H	Z	E	
	7	8	9	6	5 + 1 ist 6. Schreibe 1.
−	1	9	7	5	7 + 2 ist 9. Schreibe 2.
		1			9 + ? ist 8. Geht nicht, also nehme ich einen Hunderter dazu.
	5	9	2	1	9 + 9 ist 18. Schreibe 9. (1 + 1) + 5 ist 7. Schreibe 5.

3. Subtrahiere schriftlich.

a) $\quad$ 8 4 9
$\quad$ − 2 3 4

b) $\quad$ 9 4 7
$\quad$ − 6 3 5

c) $\quad$ 7 5 6 2
$\quad$ − 4 3 5 1

d) $\quad$ 8 2 4 0
$\quad$ − 6 0 2 8

4. Schreibe die Zahlen stellengerecht untereinander und subtrahiere sie schriftlich.

a) 5 228 − 2 154   b) 7 048 − 3 526   c) 9 518 − 7 422   d) 6 381 − 4 572

Quader

Aufgabe 1
→ *Seite 56*

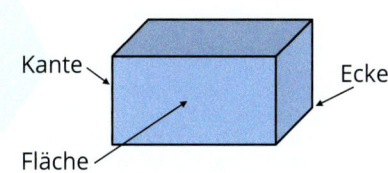

Kante   Ecke
Fläche

Ein **Quader** hat 8 Ecken, 12 Kanten und 6 Flächen. Alle Flächen sind Rechtecke. Gegenüberliegende Flächen sind gleich groß. Ein **Würfel** ist ein besonderer Quader. Alle sechs Flächen sind gleich große Quadrate.

1. Welche Körper sind Quader?

2. Zeichne den Quader auf Karopapier. Ergänze die fehlenden Kanten.

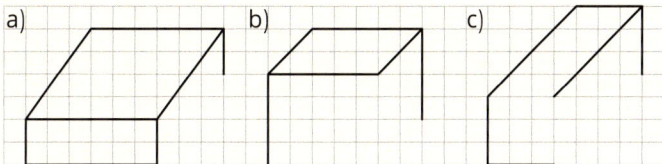

a)   b)   c)

Rechtecke

Aufgabe 2
→ *Seite 56*

Ein **Rechteck** ist ein Viereck mit vier rechten Winkeln. Gegenüberliegende Seiten sind parallel und gleich lang. Ein **Quadrat** ist ein besonderes Rechteck mit vier gleich langen Seiten.

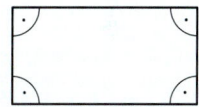

3. Welche Figuren sind Rechtecke?

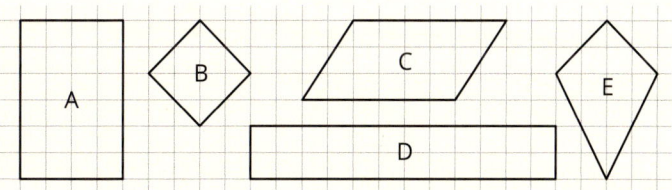

4. Wie viele Rechtecke kannst du finden?

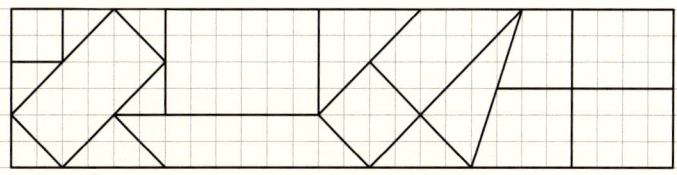

5. Zeichne das Rechteck ins Heft mit gegebener Länge l und Breite b.
   a) l = 7 cm   b = 3 cm   **b)** l = 6,5 cm   b = 4 cm   **c)** l = 1 cm   b = 8,5 cm

Körpernetze

Aufgabe 3
→ Seite 56

Wenn du die Seiten eines Quaders aufklappst, erhälst du ein **Quadernetz**.

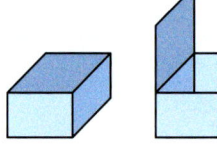 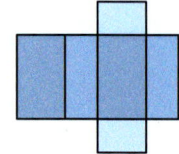

1. Welche Flächenmodelle sind Quader- oder Würfelnetze? Übertrage diese ins Heft und färbe gleich große Flächen mit der gleichen Farbe.

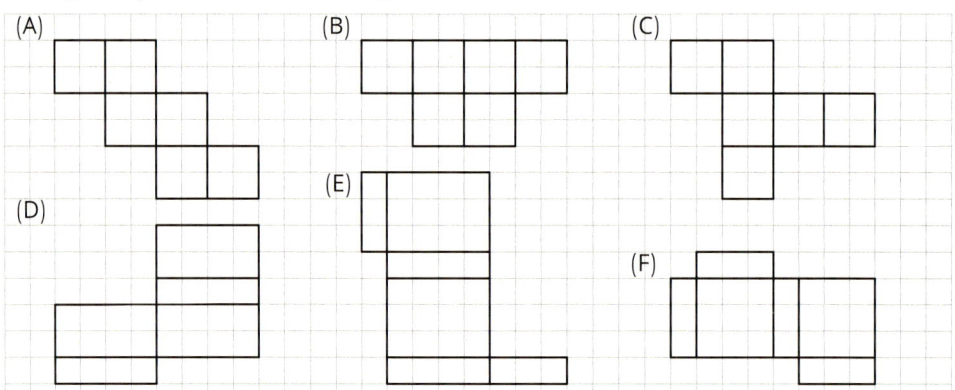

(A)   (B)   (C)

(D)   (E)

(F)

Räumliche Lagebeziehungen

Aufgabe 5
→ Seite 56

2.

Kippe diese Streichholzschachtel in Gedanken, wie es die Abbildung zeigt. Welche Seite liegt am Ende oben? Welche Seite liegt am Ende unten? Kontrolliere, indem du selbst eine Streichholzschachtel kippst.

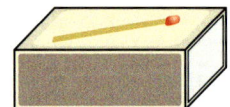 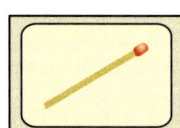 

a)   b)   c)

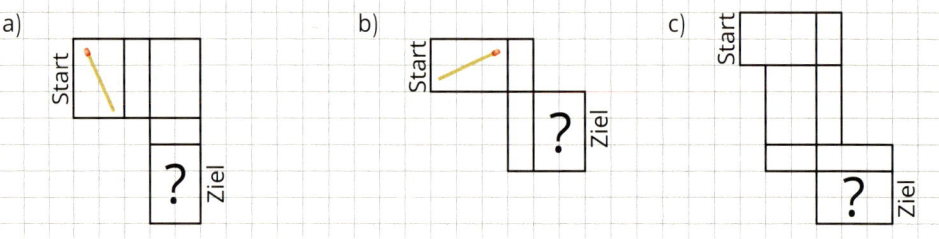

3. Gegenüberliegende Flächen haben die gleiche Farbe. Wie ist das Netz gefärbt?

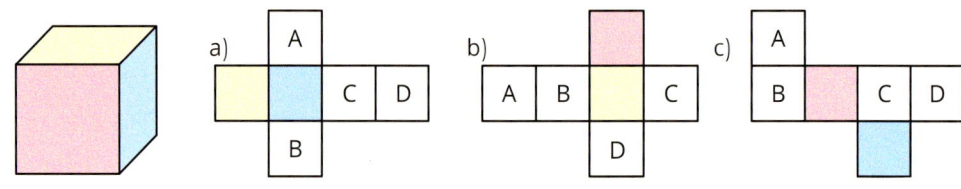

a)   b)   c)

Senkrechte Linien

Aufgabe 4
→ Seite 56

Zwei Geraden sind **senkrecht** zueinander, wenn sie einen **rechten Winkel** bilden. Sie stehen dann so zueinander wie benachbarte Seiten eines Rechtecks.

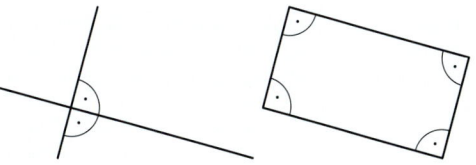

1. Falte aus einem Stück Papier einen rechten Winkel und prüfe mit diesem Faltwinkel, wo rechte Winkel sind.

① 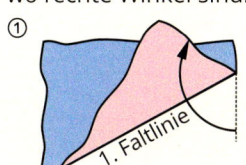 ② 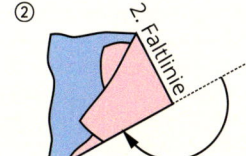 ③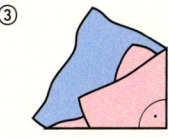

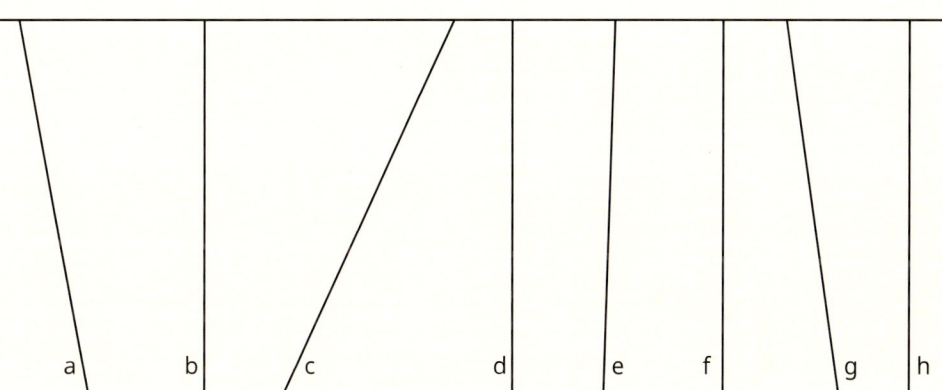

2. Zeichne die Figur in dein Heft und markiere rechte Winkel mit Farbe.

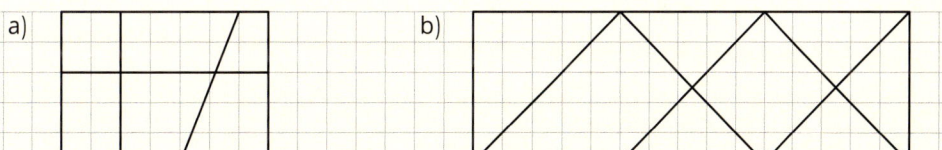

Multiplizieren und dividieren

Aufgabe 1
→ Seite 74

Einmaleinsreihen für 3, 6 und 9
3er-Reihe: 3, 6, 9, 12, 15, 18, 21, 24, 27, 30 $9 \cdot 3 = 27$ $27 : 3 = 9$
6er-Reihe: 6, 12, 18, 24, 30, 36, 42, 48, 54, 60 $4 \cdot 6 = 24$ $24 : 6 = 4$
9er-Reihe: 9, 18, 27, 36, 45, 54, 63, 72, 81, 90 $7 \cdot 9 = 63$ $63 : 9 = 7$

1. Lerne die Einmaleinsreihen für 3, 6 und 9 auswendig. Sprich sie vorwärts und rückwärts.

2. Schreibe die Tabelle ins Heft und fülle sie aus.

·	1	2	4	8	3					
3							27		15	
6						36				42
9									90	

3. Schreibe die Einmaleinsreihen für 2, 4 und 8 auf und lerne sie auswendig.

4. a) $1 \cdot 2$ $3 \cdot 2$ $6 \cdot 2$ $4 \cdot 2$ $2 \cdot 2$ **b)** $18 : 2$ $16 : 2$ $10 : 2$ $20 : 2$ $14 : 2$
   c) $1 \cdot 4$ $3 \cdot 4$ $6 \cdot 4$ $9 \cdot 4$ $2 \cdot 4$ **d)** $16 : 4$ $32 : 4$ $20 : 4$ $40 : 4$ $28 : 4$
   e) $1 \cdot 8$ $3 \cdot 8$ $6 \cdot 8$ $9 \cdot 8$ $2 \cdot 8$ **f)** $32 : 8$ $64 : 8$ $40 : 8$ $80 : 8$ $56 : 8$

5. Schreibe die Einmaleinsreihen für 5 und 7 auf und lerne sie auswendig.

6. a) $1 \cdot 5$ $3 \cdot 5$ $6 \cdot 5$ $9 \cdot 5$ $2 \cdot 5$ **b)** $20 : 5$ $40 : 5$ $25 : 5$ $50 : 5$ $35 : 5$
   c) $1 \cdot 7$ $3 \cdot 7$ $6 \cdot 7$ $9 \cdot 7$ $2 \cdot 7$ **d)** $28 : 7$ $56 : 7$ $35 : 7$ $70 : 7$ $49 : 7$

Mit zweistelligen Zahlen multiplizieren

Aufgabe 2
→ Seite 74

Mit größeren Zahlen multiplizieren: $3 \cdot 18 = 3 \cdot 10 + 3 \cdot 8$ $7 \cdot 12 = 7 \cdot 10 + 7 \cdot 2$
① Zerlege zuerst geschickt. $= 30 + 24$ $= 70 + 14$
② Danach multiplizierst du. $= 54$ $= 84$

7. Schreibe ins Heft und rechne wie im Beispiel.
   a) $3 \cdot 16 = 3 \cdot 10 + 3 \cdot 6$ **b)** $4 \cdot 13 = 4 \cdot 10 + 4 \cdot \Box$ **c)** $9 \cdot 12 = 9 \cdot 10 + 9 \cdot \Box$
      $= \Box + \Box$ $= \Box + \Box$ $= \Box + \Box$

8. Zerlege die Zahlen geschickt und rechne.
   a) $3 \cdot 18$ **b)** $5 \cdot 12$ **c)** $8 \cdot 15$ **d)** $3 \cdot 13$ **e)** $2 \cdot 19$
      $5 \cdot 18$ $3 \cdot 12$ $3 \cdot 15$ $7 \cdot 13$ $4 \cdot 19$

9. a)

·	11	15	18
2			
4			
6			
10			

b)

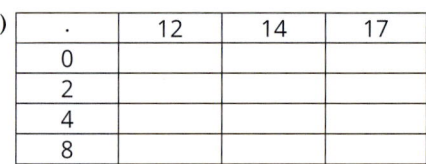

·	12	14	17
0			
2			
4			
8			

Schriftlich dividieren

Aufgabe 3
→ Seite 74

Aufgabe 2
→ Seite 170

Halbschriftlich dividieren:

4932 : 4

$4000 : 4 = 1000$
$800 : 4 = 200$
$120 : 4 = 30$
$12 : 4 = 3$
$4932 : 4 = 1233$

Schriftlich dividieren:

	T	H	Z	E					T	H	Z	E
	4	9	3	2	:	4	=		1	2	3	3
−	4	↓										
	0	9										
−		8	↓									
		1	3									
−		1	2	↓								
			1	2								
−			1	2								
				0								

Bei jedem Schritt: dividieren, multiplizieren und subtrahieren.

1. a) Dividiere halbschriftlich.

① 3969 : 3
$3000 : 3 = \boxed{}$
$900 : 3 = \boxed{}$
$60 : 3 = \boxed{}$
$9 : 3 = \boxed{}$
$3969 : 3 = \boxed{}$

② 6215 : 5
$5000 : 5 = \boxed{}$
$1000 : 5 = \boxed{}$
$200 : 5 = \boxed{}$
$15 : 5 = \boxed{}$
$6215 : 5 = \boxed{}$

③ 8112 : 6
$6000 : 6 = \boxed{}$
$1800 : 6 = \boxed{}$
$300 : 6 = \boxed{}$
$12 : 6 = \boxed{}$
$8112 : 6 = \boxed{}$

④ 9536 : 4
$8000 : 4 = \boxed{}$
$1200 : 4 = \boxed{}$
$320 : 4 = \boxed{}$
$16 : 4 = \boxed{}$
$9536 : 4 = \boxed{}$

b) Dividiere die vier Aufgaben schriftlich und vergleiche mit der halbschriftlichen Division.

2. Vervollständige die Divisionsaufgabe.

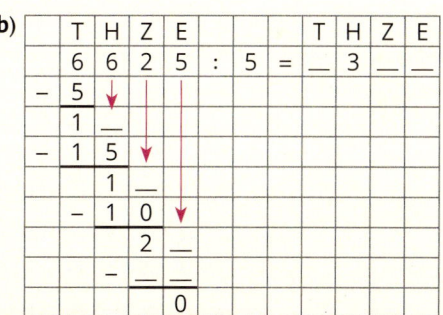

a)

	T	H	Z	E					T	H	Z	E
	3	7	1	1	:	3	=		_	_	_	7
−	3	↓										
	0	7										
−		_	↓									
		_	1									
−		_	_	↓								
			_	1								
−			_	_								
				0								

b)

	T	H	Z	E					T	H	Z	E
	6	6	2	5	:	5	=		_	3	_	_
−	5	↓										
	1	_										
−	1	5	↓									
		1	_									
−		1	0	↓								
			2	_								
−			_	_								
				0								

3. Dividiere schriftlich.

a) 5132 : 2   **b)** 9292 : 4   **c)** 7404 : 6   **d)** 9960 : 8   **e)** 6942 : 3   **f)** 8085 : 7

4. Achtung, im Ergebnis gibt es Nullen.

a) 6159 : 3   **b)** 7250 : 5   **c)** 9378 : 9   **d)** 8328 : 4   **e)** 5740 : 2   **f)** 7248 : 6

Multiplizieren und dividieren mit Zehner- und Hunderterzahlen

Aufgabe 4
→ *Seite 74*

Multiplikation mit 10: eine Null anhängen $400 \cdot 10 = 4\,000$ $600 \cdot 100 = 60\,000$

Multiplikation mit 100: zwei Nullen anhängen $780 \cdot 10 = 7\,800$ $390 \cdot 100 = 39\,000$

1. Rechne im Kopf.

a) $300 \cdot 10$	**b)** $740 \cdot 10$	**c)** $500 \cdot 100$	**d)** $720 \cdot 100$	**e)** $125 \cdot 100$
$800 \cdot 10$	$290 \cdot 10$	$700 \cdot 100$	$390 \cdot 100$	$693 \cdot 100$

Mit Vielfachen von 10 und 100
multiplizieren:
Zerlege die Zehner- oder
Hunderterzahl.

$$17 \cdot 30 = 17 \cdot 3 \ \cdot 10 \qquad 23 \cdot 500 = 23 \cdot 5 \cdot 100$$
$$= \ 51 \quad \cdot 10 \qquad\qquad\quad = 115 \cdot 100$$
$$= \quad 510 \qquad\qquad\qquad = \ 11\,500$$

2. Zerlege geschickt und multipliziere.

a) $13 \cdot 30$	**b)** $12 \cdot 90$	**c)** $18 \cdot 200$	**d)** $13 \cdot 700$	**e)** $22 \cdot 800$
$15 \cdot 40$	$14 \cdot 60$	$16 \cdot 500$	$17 \cdot 300$	$43 \cdot 400$

Sachprobleme mit der richtigen Rechenoperation lösen

Aufgabe 5
→ Seite 74

Zu Textaufgaben gehören eine Frage, eine Rechnung und eine Antwort. Wenn keine Frage im Text steht, dann schreibe selbst eine auf.
Im Text suchst du die wichtigen Zahlen und überlegst, ob du addieren, subtrahieren, multiplizieren oder dividieren musst.

Beispiel:
Familie Zimmer hat zwei Kinder und kauft neue Möbel für das Esszimmer: einen Tisch für 320 € und vier Stühle für je 69 €.
Frage: Wie viel Geld gibt die Familie aus?
Rechnung:

Preis für 4 Stühle: 4 · 69 € = 276 €
Kosten insgesamt: 276 € + 320 € = 596 €
Antwort: Die Familie gibt 596 € aus.

1. Nutze die Hilfen und löse die Aufgaben mit Frage, Rechnung und Antwort im Heft.

a) Sonja geht mit ihrer Mutter einkaufen. Für eine Party kaufen sie Getränke für 58 €, Essen für 45 € und Dekoration für 14 €.	**b)** Maja bekommt zum Geburtstag 220 €. Sie kauft sich ein neues Handy für 160 €.	**c)** Die Klasse 5a fährt in den Zoo. Der Eintritt kostet 12 €. In der Klasse sind 25 Kinder. In der Klassenkasse sind 342 €.
Wie viel Euro hat sie noch übrig?	Wie viel Euro kostet alles zusammen?	Wie viel Euro sind noch in der Klassenkasse?
___ · ___ ___ – ___	___ – ___	___ + ___ + ___
In der Klassenkasse sind …	Alles zusammen …	Maja hat noch …

Senkrechte und parallele Geraden

Aufgabe 1
→ Seite 106

Zwei Geraden stehen **senkrecht** aufeinander, wenn sie einen rechten Winkel bilden.
Zwei Geraden sind **parallel**, wenn sie beide senkrecht zu einer dritten Geraden sind.

senkrechte Geraden   parallele Geraden

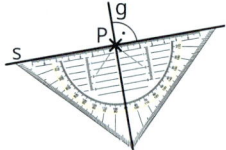

1. Prüfe jeweils mit dem Geodreieck, ob die Geraden senkrecht aufeinander stehen.

a) 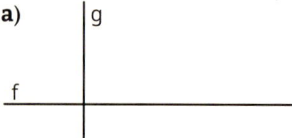   b) 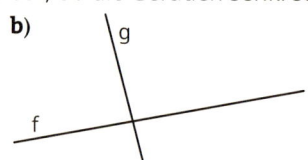   c)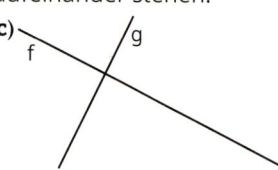

2. Prüfe jeweils mit dem Geodreieck, ob die Geraden parallel sind.

a) 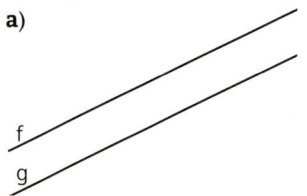   b) 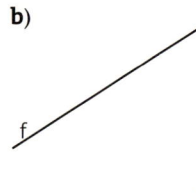   c)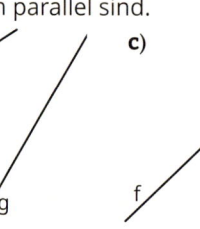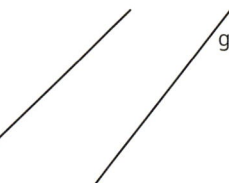

Abstände messen

Aufgabe 2
→ Seite 106

Der **Abstand** zweier Punkte A und B ist die Länge der kürzesten Verbindung von A und B. Abstände misst du mit einem Lineal oder Geodreieck.

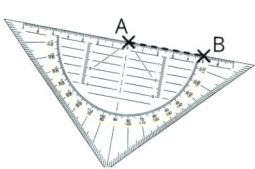

Der Abstand von A und B beträgt 5 cm.

3. Miss nach: Wie weit sind die Punkte A und B voneinander entfernt?

a) 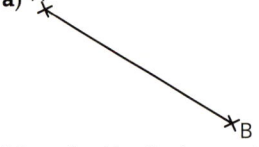   b) 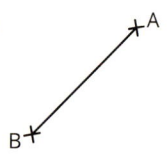   c)

4. Miss alle Abstände von je zwei Punkten.

A×

×B

C
×

D×

Spiegelbilder

Aufgabe 3
→ Seite 106

Wenn du eine Figur oder ein Bild an einer **Spiegelachse** spiegelst, entsteht ein Spiegelbild.
Das Spiegelbild hat die gleiche Form und Größe wie das Original. Der Spiegel vertauscht allerdings rechts und links.

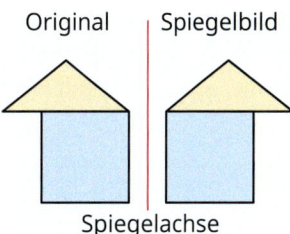

1. Begründe, warum die abgebildeten Figuren keine Spiegelbilder sind.

   a)

   b)

   c)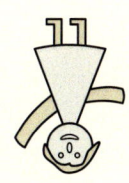

2. Das Dreieck PQR soll das Spiegelbild des Dreiecks ABC sein. Leider ist beim Spiegeln ein Fehler gemacht worden. Welcher Punkt ist falsch gespiegelt worden?

   a)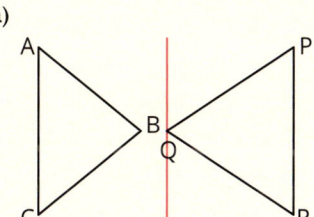

   b)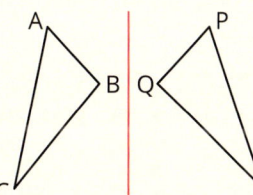

   c)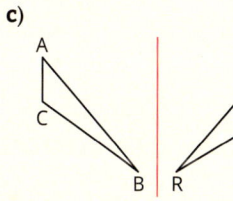

Eigenschaften von Vierecken erkennen

Aufgabe 4
→ Seite 106

Einige Vierecke haben besondere Eigenschaften, zum Beispiel:

- gleichlange Seiten
- parallele Seiten
- senkrechte Seiten

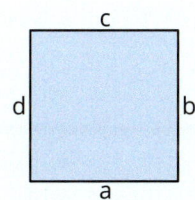

Im abgebildeten **Quadrat** sind
– alle Seiten 2 cm lang.
– die Seiten a und c sowie b und d parallel.
– die Seiten a und d, a und b, c und b sowie c und d senkrecht zueinander.

3. Prüfe, ob es im Viereck parallele oder senkrechte Seiten gibt und benenne sie.

   a)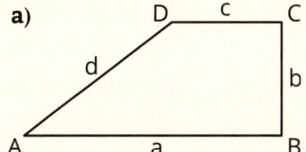

   b)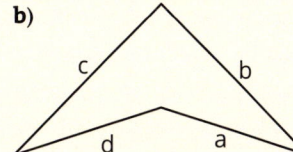

   c)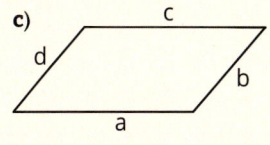

4. Miss nach, ob die Vierecke aus Aufgabe 3 gleichlange Seiten besitzen. Wenn ja, gib an, welche es sind.

Punkte und Figuren im Gitternetz übertragen

Aufgabe 5
→ *Seite 106*

Beim Übertragen von Punkten oder Figuren im Gitternetz gehst du am besten nach folgendem Schema vor:

① Suche dir einen Punkt, mit dem du beginnen möchtest.
② Zeichne diesen Punkt irgendwo in das Gitternetz.
③ Übertrage nun den nächsten Punkt, indem du abzählst, wie viele Kästchen du vom ersten Punkt aus nach oben/unten und rechts/links laufen musst, um den zweiten Punkt zu erreichen.

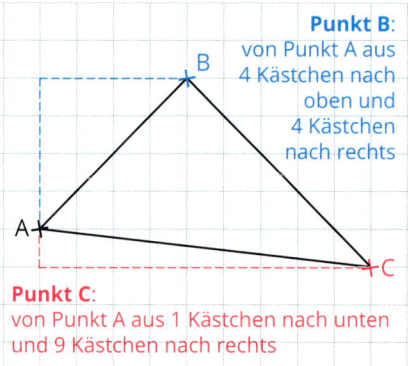

Punkt B:
von Punkt A aus 4 Kästchen nach oben und 4 Kästchen nach rechts

Punkt C:
von Punkt A aus 1 Kästchen nach unten und 9 Kästchen nach rechts

1. Übertrage die Punkte in dein Heft und verbinde sie dem Alphabet nach.

a)

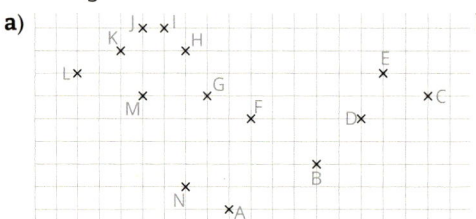

b)

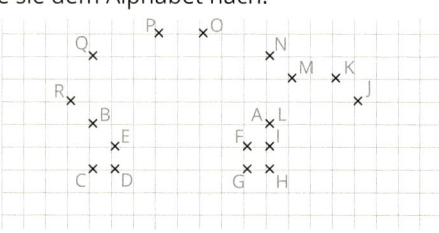

Schreibweisen bei Geldbeträgen

Aufgabe 1
→ *Seite 136*

Geldbeträge kannst du auf unterschiedliche Weisen angeben.

Kommaschreibweise
2,75 €

Links vom Komma steht der Euro-Betrag, rechts der Cent-Betrag.

gemischte Einheitenschreibweise
2 € 75 ct

Euro-Betrag und Cent-Betrag werden einzeln angegeben.

Cent-Angabe
275 ct

Euro werden in Cent umgewandelt.

Bei der Umwandlung hilft die Stellenwerttafel.

Euro		Cent	
Z	E	Z	E
1	4	2	9

Kommaschreibweise: 14,29 €
gemischte Einheitenschreibweise: 14 € 29 ct
Cent-Angabe: 1 429 ct

1. Gib den Geldbetrag jeweils in allen drei Schreibweisen an.

a)
Euro		Cent	
Z	E	Z	E
	1	4	5

b)
Euro		Cent	
Z	E	Z	E
	5	6	3

c)
Euro		Cent	
Z	E	Z	E
1	2	9	9

d)
Euro		Cent	
Z	E	Z	E
2	6	3	5

2. Zwei Geldangaben stehen immer für den gleichen Geldbetrag. Ordne sie einander zu.

| 205 ct | 20 € 5 ct | 20,50 € | 2005 ct | 20 € 50 ct | 2 € 5 ct |

Massen vergleichen

Aufgabe 2
→ *Seite 136*

Die **Masse** eines Gegenstandes kannst du auch mit dem Begriff *Gewicht* bezeichnen. Du kannst die Masse eines Gegenstandes also durch Wiegen bestimmen.

Wenn du die Masse oder das Gewicht zweier verschiedener Gegenstände vergleichen sollst, stelle dir einfach vor, dass du in jeder Hand einen der beiden Gegenstände hältst. Entscheide dann, welcher Gegenstand schwerer ist.

1. Entscheide jeweils: Welcher Gegenstand ist schwerer?
   a) Fußball oder Tennisball
   b) 2 €-Münze oder 20 €-Schein
   c) Hubschrauber oder Fahrrad
   d) Wassertropfen oder Eiswürfel
   e) Büroklammer oder Radiergummi
   f) Hase oder Hamster

2. Je zwei Dinge sind ungefähr gleich schwer. Ordne sie einander zu.

Tafel Schokolade	Waschmaschine	Lokomotive	Blauwal
Panda-Bär	Packung Milch	Meerschweinchen	Hühnerei

3. Ordne die Dinge nach ihrer Masse. Beginne mit dem leichtesten Gegenstand.
   a) Wasserflasche, Elefant, Fernseher, Feder, Motorrad, Glühbirne
   b) Tischtennis-Ball, Wassermelone, Schulbuch, Reißnagel, Schere, Salzkorn

Zeiteinheiten

Aufgabe 3
→ *Seite 136*

Ein Jahr hat 12 Monate. Ein Monat hat ungefähr 4 Wochen.
Es gilt:
1 Jahr = 12 Monate
      1 Monat ≈ 4 Wochen
           1 Woche = 7 Tage
                1 Tag = 24 Stunden
                    1 Stunde = 60 Minuten
                        1 Minute = 60 Sekunden

1. In welcher Zeiteinheit würdest du die folgenden Zeitspannen messen?
   a) Fußballspiel   **b)** 100-Meter-Lauf   **c)** Ferien   **d)** dein Leben
   e) den Sommer   **f)** einen Schultag   **g)** Telefongespräch   **h)** Seifenblasenflug

2. Vergleiche die Zeitangaben und setze in das Kästchen <, > oder = ein.
   a) 8 Tage ▨ 1 Woche   **b)** 47 Sekunden ▨ 1 Minute   **c)** 24 Stunden ▨ 1 Tag
   d) 70 Sekunden ▨ 2 Minuten   **e)** 150 Minuten ▨ 2 Stunden   **f)** 50 Stunden ▨ 2 Tage

3. Wandle in die angegebene Einheit um.
   a) 2 Tage = ▨ Stunden   **b)** 3 Wochen = ▨ Tage
   c) 2 Minuten = ▨ Sekunden   **d)** 5 Stunden = ▨ Minuten
   e) 10 Tage = ▨ Stunden   **f)** 3 Stunden = ▨ Minuten

Zu bekannten Dingen passende Längenmaße angeben

Aufgabe 4
→ Seite 136

Aufgabe 3
→ Seite 170

Wenn du die Länge von bekannten Dingen angeben sollst, vergleichst du diese Dinge am besten mit Gegenständen, deren Länge dir bekannt ist.

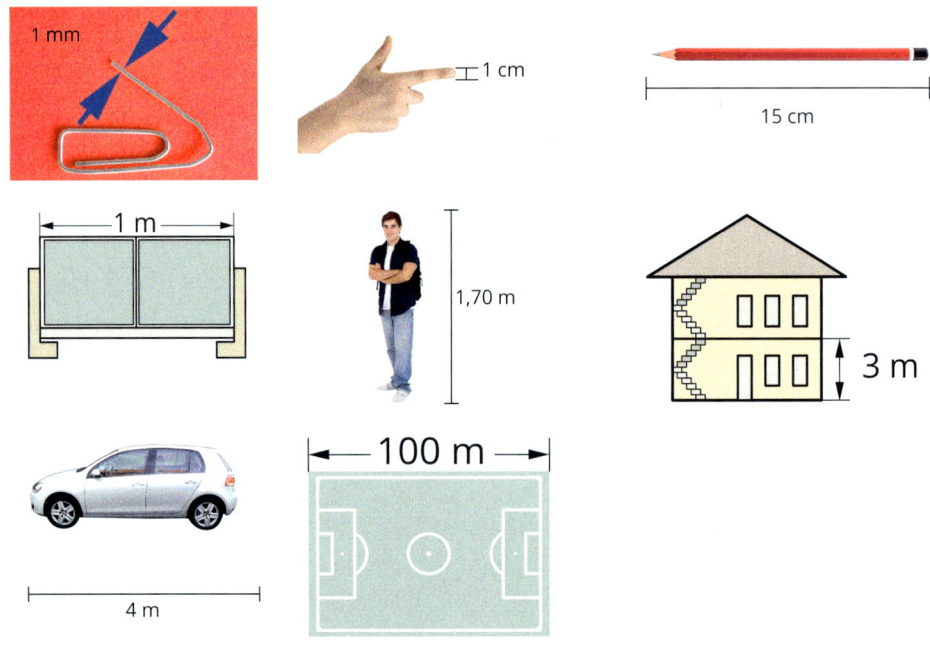

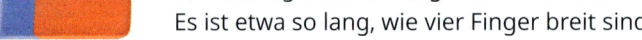

Wie lang etwa ist ein Radiergummi? ☐ 10 mm   ☐ 10 dm   ☒ 4 cm

Ein Radiergummi ist länger als 10 mm und viel kürzer als 10 dm.
Es ist etwa so lang, wie vier Finger breit sind.

1. Schätze, wie lang der Gegenstand ist, indem du ihn mit bekannten Längen vergleichst.

 **a)** der Autotransporter    **b)** der Lkw   **c)** die Leiter

      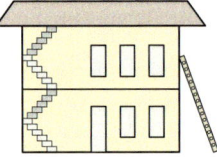

Rechenaufgaben mit Größen lösen

Aufgabe 5
→ Seite 136

Bei Anwendungsaufgaben in der Mathematik rechnest du oft nicht nur mit Zahlen, sondern auch mit Einheiten. Zum Beispiel Meter, Stunde oder Euro. Bevor du anfängst loszurechnen, musst du darauf achten, dass die **Einheiten gleich** sind.

Beim **Addieren** und **Subtrahieren** von Größen addierst oder subtrahierst du die Zahlen. Die Einheit bleibt im Ergebnis gleich.

$$567 \text{ cm} - 301 \text{ cm} = \underline{266 \text{ cm}}$$

	1	1,	2	5	€
+	1	5,	2	0	€
	2	6,	4	5	€

Beim **Multiplizieren** und **Dividieren** von Größen mit Zahlen ohne Einheit multiplizierst oder dividierst du die Zahlen. Das Ergebnis erhält die Einheit der Größe.

$$32 \text{ min} : 4 = \underline{8 \text{ min}}$$

$$125 \text{ m} \cdot 3 = \underline{375 \text{ m}}$$

1. **a)** 5 € + 20 €   **b)** 13 m + 27 m   **c)** 75 s + 43 s =   **d)** 349 cm + 52 cm =
     e) 32 cm – 10 cm   **f)** 69 ct – 14 ct   **g)** 462 h – 236 h =   **h)** 83 mm – 47 mm =

2. **a)** 4 € · 5   **b)** 9 m · 8   **c)** 11 s · 7   **d)** 9 € · 30
     e) 36 cm : 4   **f)** 48 mm : 6   **g)** 125 h : 25   **h)** 60 ct : 12

3. **a)** 32,11 € + 17,55 €   **b)** 132,62 € + 100,50 € **c)** 22,43 € – 10,21 €   **d)** 140,61 € – 30,54 €

Flächeninhalt von Figuren miteinander vergleichen

Aufgabe 4
→ *Seite 170*

Die Größe zweier Flächen kannst du vergleichen
① durch Ausschneiden und Aufeinanderlegen oder Übereinanderzeichnen.

Die gelbe Fläche hat einen größeren
Flächeninhalt als die rote Fläche.

② durch Auslegen oder Rastern mit gleichgroßen Flächen (wie Quadraten).

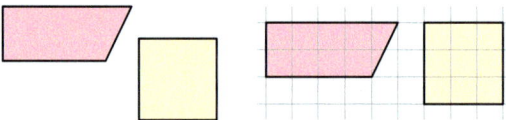

Die gelbe und die rote Fläche lassen sich
in neun gleichgroße Quadrate zerlegen.
Die gelbe und die rote Fläche besitzen
also den gleichen Flächeninhalt.

1. Zeichne die Flächen so übereinander, dass du ihren Flächeninhalt vergleichen kannst.

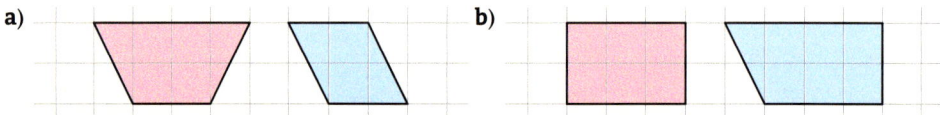

2. Vergleiche die beiden Flächen, indem du die Anzahl der gleich großen Kästchen
bestimmst, die von jedem Viereck bedeckt werden.

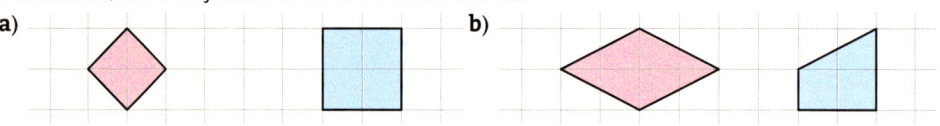

Eigenschaften eines Rechtecks kennen und nutzen

Aufgabe 5
→ Seite 170

Ein **Rechteck** ist ein Viereck mit vier rechten Winkeln. Gegenüberliegende Seiten sind parallel und gleich lang. Die blauen Verbindungsstrecken nicht benachbarter Punkte heißen Diagonalen.

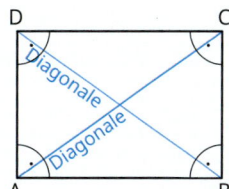

∟ Das Zeichen markiert einen rechten Winkel (90°). Das bedeutet, dass die zwei Strecken zueinander senkrecht sind.

1. Schreibe die Schritte beim Zeichnen eines Rechtecks in der richtigen Reihenfolge in dein Heft. Zeichne anschließend ein Rechteck, das 5 cm lang und 2 cm breit ist.

Ⓐ mit einer parallelen Strecke die Endpunkte der beiden Strecken verbinden

Ⓑ an beiden Endpunkten der Strecke eine senkrechte Strecke mit der Länge 2 cm zeichnen

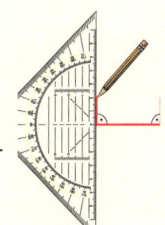

Ⓒ eine 5 cm lange Strecke zeichnen

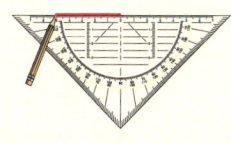

2. **a)** Zeichne ein 4 cm breites und 8 cm langes Rechteck. Benenne die Eckpunkte.
   b) Überprüfe durch Messen folgende Behauptungen: Die Diagonalen des Rechtecks
   Ⓐ sind gleich lang.   Ⓑ stehen senkrecht aufeinander.   Ⓒ halbieren sich gegenseitig.

Zahlen im Kopf dividieren

Aufgabe 1
→ *Seite 194*

Division durch 10: eine Null weg $400:10 = 40$ $6\,000:100 = 60$
Division durch 100: zwei Nullen weg $780:10 = 78$ $9\,100:100 = 91$

Größere Zahlen dividieren:
① Zerlege zuerst geschickt. $52:4 = 40:4 + 12:4$ $207:9 = 180:9 + 27:9$
② Danach dividierst du. $= 10 + 3 = 13$ $= 20 + 3 = 23$

1. a) $300:10$ **b)** $740:10$ **c)** $5\,000:100$ **d)** $7\,200:100$ **e)** $12\,500:100$
   $800:10$ $290:10$ $7\,000:100$ $3\,900:100$ $30\,000:100$

2. Übertrage ins Heft und fülle die Tabelle aus.

a)

:	3	6	30
90			
240			
180			
360			

b)

:	4	8	40
160			
200			
240			
320			

3. Schreibe ins Heft und rechne wie im Beispiel.
   a) $45:3 = 30:3 + 15:3 = $ ▨   **b)** $96:6 = 60:6 + $ ▨ $:6 = $ ▨   **c)** $225:5 = 200:5 + $ ▨ $:5 = $ ▨

4. Zerlege die Zahlen geschickt und rechne.
   a) $48:4$ **b)** $104:8$ **c)** $155:5$ **d)** $154:7$ **e)** $342:6$
   $60:4$ $448:8$ $165:5$ $224:7$ $216:6$

Größen umwandeln

Aufgabe 2
→ *Seite 194*

Geld: 1 € = 100 ct   Längen: 1 km = 1 000 m   Beispiele:

Zeit: 1 h = 60 min   1 m = 10 dm = 100 cm   2,89 € = 2 € + 89 ct = 289 ct

    1 min = 60 s   1 dm = 10 cm   2 h = 2 · 60 min = 120 min

Gewichte: 1 t = 1 000 kg   1 cm = 10 mm   7 kg = 7 · 1 000 g = 7 000 g

        1 kg = 1 000 g $3\frac{1}{2}$ m = 3 m + 50 cm = 350 cm

1. Rechne in die kleinere Einheit um.

   4 €   2 h   3 min   7 t   12 kg   6 km   4 m   3 cm

2. Rechne in die Einheit um, die in der Klammer steht.

   a) 5,88 € (ct)   **b)** 9 min (s)   **c)** 12 kg (g)   **d)** 13 km (m)   **e)** 3,5 kg (g)

   12,98 € (ct) $2\frac{1}{2}$ h (min) $1\frac{1}{2}$ t (kg)   18 m (cm) $5\frac{1}{4}$ h (min)

3. Vergleiche und setze das richtige Zeichen ein: <, > oder =

   a) 2 789 g ▨ 2,345 kg   **b)** 4,8 kg ▨ 4 750 g   **c)** 380 g ▨ $\frac{1}{2}$ kg

   d) 6 730 m ▨ 6,73 km   **e)** 9,02 km ▨ 9 200 m   **f)** 780 m ▨ $\frac{3}{4}$ km

4. Sortiere nach der Größe. Beginne mit dem kleinsten Wert.

   a) 5 h; 20 min; 240 s; 3 min

   b) 80 mm; $1\frac{1}{2}$ m; 400 cm; 3 dm

   c) 6,5 km; 5 600 m; 6 km 400 m; 0,565 km

Größen aus der Kommaschreibweise in die gemischte Schreibweise umwandeln

Aufgabe 3
→ Seite 194

Längen

	1 km	100 m	10 m	1 m	
4,623 km	4	6	2	3	4 km 623 m
1,5 km	1	5	0	0	1 km 500 m

	1 m	10 cm	1 cm	
3,6 m	3	6	0	3 m 60 cm
5,05 m	5	0	5	5 m 5 cm

3,5 km = 3 km 500 m
7,246 km = 7 km 246 m
9,03 km = 9 km 30 m
4,50 m = 4 m 50 cm
2,06 m = 2 m 6 cm
1,6 m = 1 m 60 cm

1. Wandle in die gemischte Schreibweise um.
   a) 2,468 km; 12,500 km; 5,1 km; 8,07 km; 1,84 km
   b) 8,20 m; 1,8 m; 2,02 m; 7,46 m; 7,5 m; 3,09 m
   c) 2,50 €; 6,18 €; 56,56 €; 9,4 €; 3,06 € (Beispiel: 7,85 € = 7 € 85 ct)

Aufgabe 3
→ Seite 194

Gewichte

	1 t	100 kg	10 kg	1 kg	
2,6 t	2	6	0	0	2 t 600 kg
4,05 t	4	0	5	0	4 t 50 kg

	1 kg	100 g	10 g	1 g	
3,631 kg	3	6	3	1	3 kg 631 g
4,05 kg	4	0	5	0	4 kg 50 g

1,525 t = 1 t 525 kg
2,6 t = 2 t 600 kg
7,09 kg = 7 kg 90 g
3,005 kg = 3 kg 5 g

2. Wandle in die gemischte Schreibweise um.
   a) 5,182 kg; 10,400 kg; 2,4 kg; 82,5 kg; 4,02 kg **b)** 1,246 t; 6,300 t; 1,004 t; 72,2 t; 2,5 t; 5,08 t

Zahlen runden

Aufgabe 4
→ Seite 194

Abrunden (lass die Ziffer unverändert):
Bei 0, 1, 2, 3, 4
Aufrunden (nimm die nächstgrößere Ziffer):
Bei 5, 6, 7, 8, 9
So gehst du vor:
① Rundungsstelle suchen
② Die Ziffer rechts von der Rundungsstelle
   zeigt dir, ob auf- oder abgerundet wird.

Runden auf Hunderter:
2 522 ≈ 2 500
   ↑
Rundungsstelle

Rechts von der 5 steht eine 2, deshalb wird abgerundet.

Runden auf Tausender:
2 581 ≈ 3 000;   17 399 ≈ 17 000

3. Runde auf Zehner (Hunderter). (Beispiel: 217 ≈ 220; 217 ≈ 200)
   328; 892; 465; 212; 1 456; 7 920; 5 258; 3 059

4. a) Runde auf Zehntausender.   17 882; 71 546; 90 414; 521 509; 468 528
   b) Runde auf Millionen.   3 456 789; 7 098 098; 98 765 432; 88 200 200

In der Stellenwerttafel addieren und subtrahieren

Aufgabe 5
→ *Seite 34*

Aufgabe 1
→ *Seite 170*

Aufgabe 5
→ *Seite 194*

	H	Z	E
	4	5	2
+	2	8	6
		1	
	7	3	8

① 6 Einer plus 2 Einer sind 8 Einer.
② 8 Zehner plus 5 Zehner sind 13 Zehner; 13 Zehner sind
    1 Hunderter und 3 Zehner (schreibe 3, übertrage 1).
③ 1 Hunderter plus 2 Hunderter plus 4 Hunderter sind
    7 Hunderter.
(oder kurz: $6 + 2 = 8$; $8 + 5 = 13$; $1 + 2 + 4 = 7$)

1. Addiere in der Stellenwerttafel. Die Ergebnisse sind besondere Zahlen.

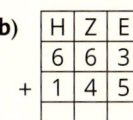 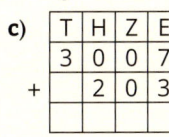 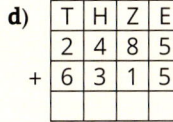 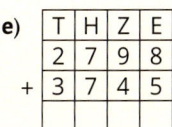

a)
H	Z	E
3	6	1
2	0	6

b)
H	Z	E
6	6	3
1	4	5

c)
T	H	Z	E
3	0	0	7
	2	0	3

d)
T	H	Z	E
2	4	8	5
6	3	1	5

e)
T	H	Z	E
2	7	9	8
3	7	4	5

2. Schreibe in eine Stellenwerttafel und addiere.

    a) $432 + 546$ **b)** $554 + 127$ **c)** $3488 + 277$ **d)** $2496 + 2496$ **e)** $12138 + 6393$

	H	Z	E
	7	4	6
−	2	3	4
	5	1	2

Es gibt zwei Sprechweisen, entweder abziehen oder ergänzen.
Abziehen: $6 − 4 = 2$, $4 − 3 = 1$, $7 − 2 = 5$
Ergänzen: $4 + 2 = 6$, $3 + 1 = 4$, $2 + 5 = 7$

3. Subtrahiere in der Stellenwerttafel. Die Ergebnisse sind besondere Zahlen.

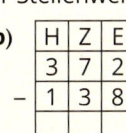 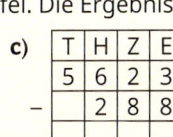

a)
H	Z	E
5	4	7
2	0	2

b)
H	Z	E
3	7	2
1	3	8

c)
T	H	Z	E
5	6	2	3
	2	8	8

d)
T	H	Z	E
8	7	3	0
8	0	2	3

e)
T	H	Z	E
7	1	7	5
5	5	5	9

4. Schreibe in eine Stellenwerttafel und subtrahiere.
    a) $546 − 313$ **b)** $712 − 125$ **c)** $6235 − 716$ **d)** $8649 − 5594$ **e)** $36831 − 9282$

Lösungen zu Kapitel 1

Startklar?
→ *Seite 8*

1. Brötchen: 23   Schokoriegel: 11   Kakao: 10   Banane: 6   Apfel: 3

2. a) dreiundvierzig > 34   **b)** 170 > einhundertundsieben   **c)** sieben < acht
d) 118 < einhundertundachtzig   **e)** 211 > 99   **f)** 399 < vierhundertundeins

3. 1. Zahl = 126, 2. Zahl = 299, 3. Zahl = 478, 4. Zahl = 902

4. a)

NZ<	Zahl	<NZ
30	37	**40**
90	99	**100**
130	135	**140**

b)

NH<	Zahl	<NH
200	244	**300**
1 300	1 398	**1 400**
3 000	3 066	**3 100**

5.

T	H	Z	E
	3	0	5
1	6	5	4
	9	0	0
2	0	0	8

Auf einen Blick!
→ *Seite 31*

1. a) 19 997, 19 998, 19 999, 20 000, 20 001, 20 002, 20 003, 20 004
b) 3 990, 3 991, 3 992, 3 993, 3 994, 3 995, 3 996, 3 997, 3 998, 3 999
c) 335 794, 335 795, 335 796, 335 797, 335 798, 335 799, 335 800
d) 4 444 999, 4 445 000, 4 445 001, 4 445 002, 4 445 003, 4 445 004

2. a) A = 90 000   B = 170 000   C = 370 000   D = 410 000
b) 510 000 < E < 520 000

3. a) 608 < 615   **b)** 852 > 851   **c)** 1000 = 10 · 100   **d)** 100 · 100 < 1 Mio.

4. a) zwölf   dreihundertfünfzehn
b) zwölftausenddreihundert   dreihundertvierundzwanzigtausend
c) neunhundertsiebzigtausend   eine Million zweihunderttausend

5. a) 35 000 000,   35 Mio.   **b)** 10 000 000 000,   10 Mrd.
 7 900 100,   7 Mio. 900 T 100   5 395 000 000,   5 Mrd. 395 Mio.

6. a) 2 000; 13 000; 140 000   **b)** 500; 1 200; 50 000   **c)** 20; 350; 7 900

7. Rhein 1 330 km   Linie: 13,3 cm lang   **8.** –
 Mosel 550 km   Linie: 5,5 cm lang
 Main 520 km   Linie: 5,2 cm lang
 Neckar 370 km   Linie: 3,7 cm lang
 Lahn 250 km   Linie: 2,5 cm lang
 Nagold 90 km   Linie: 0,9 cm lang

9. a) Berlin – Kassel: ≈ 300 km   **b)** Köln – Erfurt: ≈ 280 km   **c)** Hamburg – Lübeck: ≈ 60 km

Alles klar?
→ *Seite 32*

1. a) 220 500   **b)** 7 015 001   **2.** A: 2 200; B: 2 640; C: 2 740; D: 2 870

3. a) 76 563 200   **b)** 76 560 000   **4. a)** 105 010   **b)** 52 042 006

5. 4 560, 5 046, 5 406, 5 460, 5 604, 6 540   **6.** Dieter: 6 Stimmen; Uta: 8 Stimmen; Kerstin: 5 Stimmen

7.

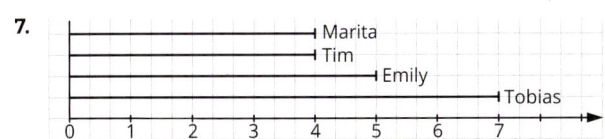

8. **a)** 24, 23, ...
Regel: + 5, – 1, + 5, – 1, ...
b) 60, 90, ...
Regel: – 15, + 30, – 15, + 30, ...

9. **a)** fünfzehn Millionen dreihundertvierundzwanzigtausendeins
b) zweihundertfünfzig Millionen zehntausendsechzig

10. 843 709 260

11. a) 30 950, 31 049   **b)** 270 450, 270 549

12. a) 1 111   **b)** 888 888

13. a) 14; 1 848   **b)** MCMLIX; MMIX

14. 1 010 (10 100 : 10), 1 011 (eintausendelf), 1 089 (99 · 11), 1 091 (MXCI), 1 092 (1 191 – 99), 1 101 (1T1H1E)

15. Runden: 1 800 t Kunststoffe, 1 300 t Metalle, 21 300 t Papier und Pappe, 7 300 t Glas
Ordnen: 21 300; 7 300; 1 800; 1 300

Lösungen zu Kapitel 2

Startklar?
→ *Seite 34*

1. **a)** 15   **b)** 43   **c)** 58   **d)** 83   **e)** 5   **f)** 47   **g)** 4   **h)** 45

2. **a)** 54 + (19 + 11) = 54 + 30 = 84   **b)** 68 – 67 + 44 = 1 + 44 = 45

3. 487 € ~ 500 €; 117 € ~ 100 €; Kira überschlägt den Kaufpreis am besten. (genauer Preis: 604 €)

4. **a)** 588   **b)** 377   **c)** 2 879   **5. a)** 341   **b)** 262   **c)** 1 211

Auf einen Blick!
→ *Seite 53*

1. **a)** 30 + 70 = 100   **2.** **a)** 90 – 50 = 40   **3.** **a)** 31   **4.** **a)** 45
b) 26 + 32 = 58   **b)** 75 – 24 = 51   **b)** 64   **b)** 41
c) 48 + 26 = 74   **c)** 52 – 37 = 15   **c)** 52   **c)** 72
d) 48   **d)** 54

5. __ + 24 = 56; die Zahl ist 32.

6. **a)** 8 – 7 = 1   **b)** 20 – 8 + 10 = 22
14 – 4 = 10   100 – 30 = 70

7. **a)** 13 + 17 + 18 = 30 + 18 = 48   **b)** 23 + 17 + 16 + 4 = 40 + 20 = 60
59 + 41 + 27 = 100 + 27 = 127   97 + 53 + 49 + 31 = 150 + 80 = 230

8. **a)** 23 + (38 + 12) = 73   **b)** (96 + 24) + 88 = 208
69 + (19 + 31) = 119   (187 + 113) + 189 = 489

9. 77 + (36 + 33) = 146

10. a) Ü: 400 + 500 = 900; genau: 823   **b)** Ü: 500 – 200 = 300; genau: 274
c) Ü: 41 000 + 1 000 = 42 000; genau: 42 415   **d)** Ü: 29 000 – 2 000 = 27 000; genau: 27 037
e) Ü: 12 000 + 100 000 = 112 000; genau: 111 928   **f)** Ü: 35 000 – 18 000 = 17 000; genau: 16 852

11. a) 1 230   **b)** 148   **c)** 1 864   **d)** 632

12. a) 40,00 € – 16,38 € = 23,62 €   **b)** 105,40 € + 228,00 € = 333,40 €

Alles klar?
→ *Seite 54*

1. a) 71 **b)** 157 **c)** 576

2. a) 74 **b)** 27 **c)** 51

3. a) Ü: 500 − 100 = 400; genau: 341 **b)** Ü: 1 700 − 400 = 1 300; genau: 1 249
c) Ü: 20 000 − 19 000 = 1 000; genau: 1 377

4. a) Ü: 18 000 + 10 000 = 28 000; genau: 28 002 **b)** Ü: 25 000 + 4 000 = 29 000; genau: 29 581
c) Ü: 800 + 800 = 1 600; genau: 1 578

5. R: 9 780 − 3 720 − 5 812 = 248   A: Der Tankwagen fährt mit 248 Litern zurück.

6. R: 124 + 200 − 65 = 259   A: Insgesamt sind 259 Autos geparkt.

7. R: 18 270 + 350 − 5 880 = 12 740   A: Frau Berg muss noch 12 740 € bezahlen.

8. a) richtig **b)** falsch; richtig: 20 025 − 105 − 9 756 = 10 167

9. a) Summe: 30,75 €; es sind 0,75 € zu wenig.
b) Summe: 438,40 €; es sind 11,60 € zu viel.

10. a) (827 − 384) + 1 206 = 1 649 **b)** 4 321 − (1 042 + 583) = 2 696

11. R: 2 697 − 820 − 640 − 175 − 140 = 922; Frau Rissler hat von ihrem Monatsgehalt noch 922 € zur Verfügung. Das neue Fernsehgerät darf höchstens 922 € kosten.

12. a) 4 197 − (368 + 597) − 2 100 − (685 − 618) = 1 065
b) 21 630 − 8 490 − (4 712 − 3 150) + 9 160 = 20 738

13. a) R: 1 479 − 1 422 = 57   A: Am 2. Tag ist Emily 57 km geradelt.
b) R: 1 565 − 1 357 = 208   A: Die Radtour war insgesamt 208 km lang.

Lösungen zu Kapitel 3

Startklar?
→ *Seite 56*

1. fünf Quader: A, B, F, H, I **2.** fünf Rechtecke: 1, 2, 5, 6, 7

3. Netz 1, 3, 5, 6 **4.** Stange 1, 4

5. a) von vorne **b)** von hinten **c)** von oben **d)** von rechts

Auf einen Blick!
→ *Seite 71*

1.

Körper	Anzahl der		
	Flächen	Kanten	Ecken
Würfel	6	12	8
Quader	6	12	8
Prisma	5	9	6
Pyramide	5	8	5
Zylinder	3	2	0
Kegel	2	1	1
Kugel	1	0	0

2. a) Würfel, Quader, Prisma, Pyramide
b) Pyramide

3. a) Würfelnetz **b)** kein Würfelnetz

4. a) senkrecht zu a: b und c; parallel zu a: d und e
b) senkrecht zu a: b und c; parallel zu a: d und e

5. a) waagerecht: b, x **b)** lotrecht: y, w

6.

7. Es gibt drei verschiedene Seitenflächen (zwei Seitenflächen mit den Seitenlängen 6 cm und 4 cm, zwei mit den Seitenlängen 2 cm und 4 cm und zwei mit den Seitenlängen 6 cm und 2 cm).

Alles klar?
→ *Seite 72*

1. a) Quader   **b)** Kugel   **c)** Kegel   **d)** Zylinder

2. a) 5 Flächen, 9 Kanten   **b)** 5 Flächen, 5 Ecken

3. a) ja   **b)** nein   **c)** ja   **d)** ja

4. c⊥**a**; c⊥**b**; c⊥**d**; c⊥**e**; c∥**f**

5. Lasse deine Zeichnungen von der Lehrerin oder dem Lehrer kontrollieren.

6. a) lotrecht   **b)** waagerecht   **c)** waagerecht   **d)** lotrecht

7. a) Quader, Würfel   **b)** Prisma, Pyramide

8. a) Kegel   **b)** Kugel

9. Rechnung: 4·4 cm + 4·6 cm + 4·8 cm   Ergebnis: 72 cm
Der Draht muss mindestens 72 cm lang sein.

10. Mehrere Möglichkeiten. (Lass deine Zeichnung von der Lehrerin oder dem Lehrer kontrollieren.)

11. 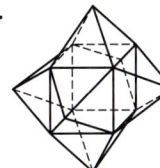 14 Ecken, 36 Kanten, 24 Flächen
(Dies gilt, wenn die Pyramidenseiten so geneigt sind, dass die ursprünglichen Würfelkanten als Kanten erhalten bleiben.)

12. a und **h**; c und **d**; e und **b**; n und **k**.

Lösungen zu Kapitel 4

Startklar?
→ *Seite 74*

1. a) 40   **b)** 21   **c)** 36   **d)** 48   **e)** 5   **f)** 7   **g)** 5   **h)** 9

2. a) 84   **b)** 60   **c)** 78   **d)** 54

3. a) 385   **b)** 8472   **c)** 3178

4. a) 10260   **b)** 263   **c)** 100800

5. R: Es sind 280 Abstände zwischen den 281 Pflanzen. 280·50 cm = 14000 cm = 140 m
A: Die Hecke ist 140 m lang.

Auf einen Blick!
→ *Seite 103*

1. a) 3·15 = 45   **b)** 51:3 = 17   **c)** 5·12 = 60   **d)** 56:8 = 7

2. a) **4**·9 = 36   **b)** **35**:7 = 5   **c)** 8·**5** = 40   **d)** 48:**4** = 12

3. a) 1   **b)** 13   **c)** 0   **d)** 0   **e)** 0   **f)** 0   **g)** 10   **h)** geht nicht

4. a) 1700   **b)** 47   **c)** 1200   **d)** 16500   **e)** 250   **f)** 47

5. a) 40·**100** = 4000   **b)** 3000:**10** = 300   **c)** 200·**10** = 2000   **d)** 50000:**100** = 500

6. 75000 : 10 = 7500

7. a) 96   **b)** 3   **c)** 81   **d)** 140

8. a) 44   **b)** 19   **c)** 33   **d)** 56   **e)** 2   **f)** 16   **g)** 25   **h)** 32

9. a) (25·4)·39 = 3900   **b)** (50·2)·88 = 8800   **c)** (40·5)·118 = 23600   **d)** (4·25)·67 = 6700

10. a) 120   **b)** 63

11. a) 2115   **b)** 4576   **c)** 5775   **d)** 121   **e)** 53   **f)** 594

12. R: $145 \cdot 12 = 1\,740$ A: In einem Jahr sind es $1\,740$ €.

13. R: $3\,834 : 9 = 426$ A: Für jeden kostet der Urlaub 426 €.

Alles klar?
→ Seite 104

1. **a)** 105
   b) 12

2. **a)** 100
   b) 4 000

3. **a)** 2 912
   b) 56 364

4. **a)** 37
   b) 585

5. **a)** R: $120 \cdot 19 = 2\,280$
   A: Die Rechnung beträgt 2 280 €.
   b) R: $483 : 7 = 69$
   A: Ein Anzug kostet 69 €.

6. R: 69 ct $\cdot 16 = 1\,104$ ct $-11,04$ €.
   A: Ein 10-€-Schein reicht nicht.

7. R: $(19 + 14) : 3 = 11$
   A: Jedes Kind zahlt 11 €.

8. R: $135 : 3 + 7 = 52$
   A: Jeder bezahlt 52 €.

9. **a)** $(8 \cdot 125) \cdot 37 = 37\,000$ **b)** $(63 + 37) \cdot 27 = 2\,700$

10. a) Beide Eltern zusammen sind $40 + 42 = 82$ Jahre alt. Die Eltern sind gleich alt, also jeder 41 Jahre.
   A: Der Vater ist 41 Jahre alt.
   b) Suse hat eine Schwester (und zwei Brüder, zusammen sind es 4 Kinder).
   c) Die Brüder (Zwillinge) sind beide 10 Jahre alt. Alle vier Kinder zusammen sind 40 Jahre alt, somit sind Suse und ihre Schwester zusammen 20 Jahre alt. R: __ + (__ − 6) = 20; __ = 13.
   Suse ist 13 Jahre alt, ihre Schwester ist 7 Jahre alt.

11. $684 : 12 = (660 + 24) : 12 = 660 : 12 + 24 : 12 = 55 + 2 = 57$

12. R: $65 \cdot 18 \cdot 3 = 3\,510$ A: Der Aufenthalt kostet 3 510 €.

13. a) Ü: $440 \cdot 10 = 4\,400$; Ergebnis falsch. Richtig: 3 915
   c) Ü: $3\,000 : 50 = 60$; Ergebnis falsch. Richtig: 63
   b) Ü: $300 \cdot 8 = 2\,400$; Ergebnis richtig.
   d) Ü: $2\,800 : 40 = 70$; Ergebnis richtig.

14. a) $(77 \cdot 15) : 21 = 55$ **b)** $(4\,464 + 36) \cdot (4\,464 : 36) = 558\,000$

15. R: 52 Wochen 1 Tag − 15 Wochen 5 Tage = 37 Wochen − 4 Tage; Schultage sind an 5 Tagen pro Woche, also $37 \cdot 5 - 4 = 181$ Tage. An jedem Tag $2 \cdot 13$ km = 26 km Weg, insgesamt $181 \cdot 26$ km = 4 706 km. A: Paul legt insgesamt 4 706 km zurück.

16. a) $17 \cdot 5 + 24 \cdot 8 = 85 + 192 = 277$ **b)** $38 \cdot 4 - 95 : 5 = 152 - 19 = 133$

Lösungen zu Kapitel 5

Startklar?
→ Seite 106

1. **a)** Nein   **b)** Ja
   c) keines von beidem

2. 6,0 cm

3. Der Punkt C wurde falsch gespiegelt.

4. **a)** Die Seiten AB und DC sind parallel und die Seiten AD und BC sind parallel.
   b) Die gegenüberliegenden Seiten sind gleich lang: AB und CD: 3,5 cm; AD und BC: 2 cm.

5. Die Verbindungslinien sind senkrecht zueinander.

Auf einen Blick!
→ Seite 133

1. **a)** $\overline{CD} < \overline{AB} < \overline{BC} < \overline{AC} = \overline{BD} < \overline{AD}$ **b)** −   **c)** −   **d)** D hat 6,1 cm Abstand.

2. **a)** Rechteck   **b)** Parallelogramm

3.

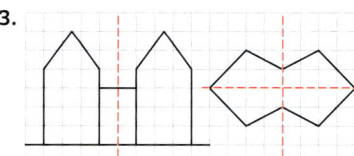

4. −   **5.** −   **6.** −   **7.** −
   Zeichnungen jeweils von Lehrer/Lehrerin kontrollieren lassen.

8. Hier ohne Zeichnung. Es können speziell Rauten, Parallelogramme, Rechtecke oder Quadrate entstehen.

Alles klar?
→ *Seite 134*

1. a) b⊥e, b⊥f, g⊥e, g⊥f, h⊥f
   b) a∥c, b∥g, b∥h, g∥h, d∥i, e∥f

2. – vom Lehrer/von der Lehrerin
       kontrollieren lassen.

3.

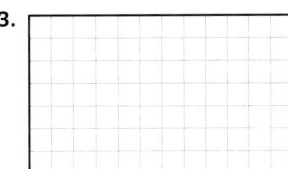

4. a)

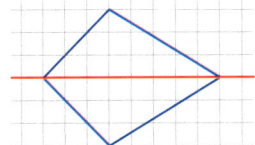

b)

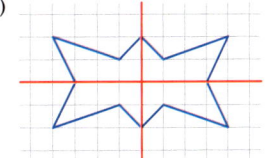

5.

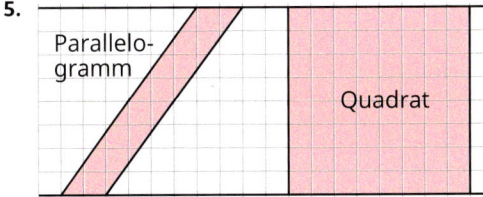

6.

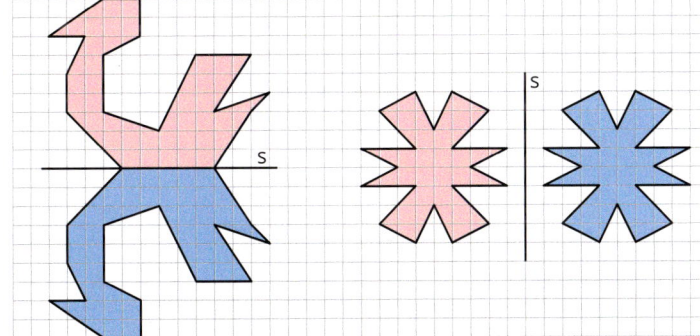

7. a)

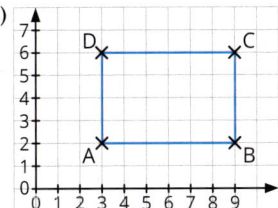

D (3|6)

b)

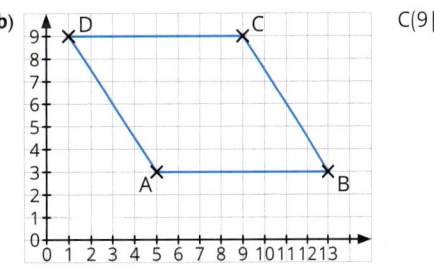

C(9|9)

8. a)

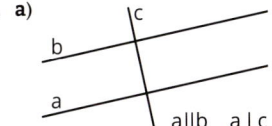

a∥b a⊥c

b)

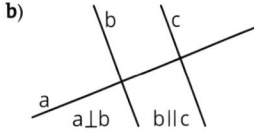

a⊥b b∥c

9.
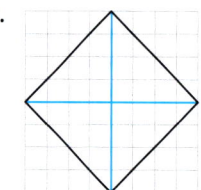

10. Tim hat Recht. Er zeichnet ein Quadrat. Jedes Quadrat ist auch Rechteck, Parallelogramm, Raute, Drachen und Trapez.

11. a) Rechteck   **b)** Raute   **c)** Rechteck

Lösungen zu Kapitel 6

Startklar?
→ *Seite 136*

1. 1 € 8 ct, 108 ct   **2.** Flugzeug, Auto, Fahrrad, Fußball, DVD, 1-Cent-Münze

3. a) 1 Woche = 7 Tage   **b)** 1 Tag = 24 Stunden
   c) 1 Stunde = 60 Minuten   **d)** 1 Minute = 60 Sekunden

4. (A) 1 Zentimeter   (B) 1 Meter   (C) 1 Millimeter   (D) 1 Dezimeter

5. a) 5,73 €   **b)** 372 g   **c)** 729 cm   **d)** 11 s

Auf einen Blick!
→ *Seite 167*

1. a) 73 mm   **b)** 272 cm   **2. a)** 6,4 cm   **b)** 17,5 dm   **c)** 8,7 km
   c) 4 820 m   12,3 cm   23,8 dm   1,14 km

3. a) 42 mm   **b)** 458 cm   **c)** 3 700 m   **4. a)** Es fehlen noch 3,70 m.   **5. a)** 44,40 km
         87 mm   1 070 cm   4 250 m   **b)** 9,20 m   **b)** 1,8 km

6. a) 4 250 g   **7. a)** 3,72 kg   **8. a)** 4 630 g   **9. a)** Der Inhalt wiegt 15,8 kg.
   b) 3 400 kg   **b)** 5,18 kg   **b)** 1 500 g   **b)** 7 Platten wiegen 25,2 kg
   c) 2 050 g   **c)** 12,7 t   **c)** 5 800 kg   **c)** Ein Topf wiegt 180 g.

10. a) 60 Monate   **b)** 102 h   **c)** 120 min   **d)** 195 min   **e)** 240 s   **f)** 165 s

11.

	a)	**b)**	**c)**
Anfang	8:00 Uhr	12:30 Uhr	**18:45 Uhr**
Dauer	90 min	**45 min**	1 h 20 min
Ende	**9:30 Uhr**	13:15 Uhr	20:05 Uhr

12. a) 1 cm = 50 000 cm = 500 m = 0,5 km   **b)** 1 cm = 200 000 cm = 2 000 m = 2 km

Alles klar?
→ *Seite 168*

1. 5,12 €   **2. a)** 3,7 cm   **3. a)** 7 350 g   **4. a)** 240 min
                     b) 1,130 km   **b)** 2 050 kg   **b)** 76 h

5. Es vergehen 4 Stunden und 30 Minuten.   **6. a)** 49,5 kg – 41 kg = 8,5 kg
                                                      b) 310,0 km – 234,5 km = 75,5 km

7. a) Timo verbringt täglich 5 h 25 min in der Schule.
   b) 5 · (5 h 25 min) = 25 h 125 min = 27 h 5 min;   pro Woche sind es 27 h 5 min.
       Er verbringt insgesamt mehr als einen Tag in der Schule.

8. a) 6 · 1,78 € = 10,68 €   **9. a)** 19,3 kg
   b) Man spart 1,14 €. (10,68 € – 9,54 € = 1,14 €)   **b)** 2,056 t

10. Manuel erreicht fast seine Wunschzeit. Er braucht etwa 12,27 min.

11. 50 km   **12.** 1 : 20 000

13. a) 15 · 9,4 km = 141 km;   die Gesamtstrecke ist 141 km lang.
  b) 141 : 35 ≈ 140 : 35 = 4. Peter würde ungefähr 4 Stunden brauchen.

14. Tanja ist an 190 Tagen zur Schule geradelt, an jedem Tag zweimal 1,3 km (hin und zurück). Insgesamt ist sie 190 · 2 · 1,3 km = 494 km geradelt.

Lösungen zu Kapitel 7

Startklar?
→ *Seite 170*

1. a) 25   **b)** 17   **2. a)** 36   **b)** 8
  c) 230   **d)** 154   **c)** 731   **d)** 167

3. (1) 3 m   (2) 350 m   (3) 9 mm   (4) 13 m   (5) 16 cm

4. Verschiedene Lösungen möglich. Das rote Viereck ist größer.
  (rotes Viereck: 30 Kästchen, blaues Viereck: 27 Kästchen)

5. Zeichnung von Lehrerin/Lehrer kontrollieren lassen.

Auf einen Blick!
→ *Seite 191*

1. –   **2. a)** 4 cm^2 **3. a)**   100 cm^2 **b)** 3 cm^2 **c)** 5 600 cm^2
         b) 2 cm^2 2 100 cm^2 25 cm^2 2 cm^2
         c) 2 cm^2 76 500 cm^2 1 cm^2 2 200 cm^2

4. a) 180 cm^2 **5.** 108 cm^2 **6. a)** 6 cm   **7. a)** 22 cm   **b)** 22 cm
  b) 1 568 cm^2 **b)** 27 cm   **c)** 9 cm

8. a) 9 ha = 900 a   37 a = 3 700 m^2 **9.** 600 m^2 = 6 a
  b) 2 900 a = 29 ha   800 ha = 8 km^2

Alles klar?
→ *Seite 192*

1. Garagentor, evtl. Badetuch, Autodach, Klassenzimmertür und evtl. Schreibtischplatte sind größer als 1 m.

2. Englischbuch 340 cm^2, Sportplatz 1 ha, Badetuch 2 m^2, Briefmarke 6 cm^2, Bauplatz 6 a.

3. a) 6 cm · 4 cm = 24 cm^2 **4. a)** 7 cm^2
  b) 6 cm + 4 cm + 6 cm + 4 cm = 20 cm   **b)** 14 cm^2

5. a) 20 cm^2 = **2 000 mm^2**;   2 dm^2 = **200 cm^2**   **b)** 1 m^2 = **100 dm^2**;   50 dm^2 = **5 000 cm^2**
  c) 300 m^2 = **3 a**;   4 900 ha = **49 km^2**   **d)** 25 000 ha = **250 km^2**;   90 a = **9 000 m^2**

6. Die Seite b ist 7 cm lang.

7. Seitenlängen z. B. 1 cm und 18 cm   oder 2 cm und 9 cm   oder 3 cm und 6 cm   oder 4 cm und 4,5 cm

8. A, D und F je 20 Kästchen   B und E je 19 Kästchen $\left(\text{C hat } 21\tfrac{1}{2} \text{ Kästchen}\right)$

9. Seitenlänge a = 8 cm; A = 64 cm^2 **10.** Seiten a = 5 cm; b = 12 cm; A = 60 cm^2

11. Er kann 40 Grundstücke verkaufen.   **12.** Man braucht 20 Korkplatten.

Lösungen zu Kapitel 8

Startklar?
→ Seite 194

1. a) 10   **b)** 12   **c)** 30   **d)** 40   **e)** 47   **f)** 6

2. a) 170 mm   **b)** 6 000 g   **c)** 15 000 m   **d)** 180 min   **e)** 240 ct   **f)** 425 cm

3. a) 24 600 m   **b)** 1 560 g   **c)** 1 250 cm   **d)** 72 mm   **e)** 299 ct   **f)** 180 kg

4. a) 40, 400, 1 360   **b)** 300, 1 500, 9 700   **c)** 1 000, 3 000, 60 000

5. a) 868   **b)** 826

Auf einen Blick!
→ Seite 220

1. a) 20 €   **b)** 20 €   **c)** 7 €   **2. a)** 6 m   **b)** 6 m   **c)** 12 m
   d) 6 €   **e)** 60 €   **f)** 30 €   **d)** 6 m   **e)** 15 m   **f)** 20 m

3. a) $\frac{7}{6}$ **b)** $\frac{7}{5}$ **4. a)** $1\frac{2}{3}$ **b)** $1\frac{1}{7}$
   c) $\frac{13}{8}$ **d)** $\frac{7}{3}$ **c)** $1\frac{4}{5}$ **d)** $1\frac{3}{4}$

5. a) $\frac{5}{7}$ **b)** $\frac{1}{5}$ **c)** $\frac{14}{12} = 1\frac{2}{12}$ **6. a)** $\frac{5}{17} + \frac{9}{17} = \frac{14}{17}$
   d) $\frac{7}{10}$ **e)** $\frac{7}{6} = 1\frac{1}{6}$ **f)** $\frac{4}{8}$ **b)** $1 - \frac{1}{4} = \frac{3}{4}$

7. a) (1) 0,3   (2) 0,07   (3) 0,14   (4) 1,2   **8. a)** (1) 1,6   (2) 13,8   (3) 9,4   (4) 8,0
   b) (1) $\frac{7}{100}$ (2) $\frac{3}{10}$ (3) $\frac{9}{1000}$ (4) $\frac{11}{100}$ **b)** (1) 1,35   (2) 2,08   (3) 0,93   (4) 5,43

9. a) 0,7   **b)** 0,8   **c)** 0,4   **d)** 2,9   **10. a)** 12,49   **b)** 21,93
   e) 0,4   **f)** 2,9   **g)** 0,6   **h)** 1,8   **i)** 3,3   **c)** 9,23

Alles klar?
→ Seite 221

1. a) 10 m Schnur   **2. a)** $1\frac{3}{4}$ **b)** $1\frac{7}{12}$
   b) 30 km   **c)** $2\frac{1}{5}$ **d)** $1\frac{2}{9}$

3. kleinere der beiden Zahlen: **a)** 0,013   **b)** 17,98   **c)** 26,35   **d)** 1,408

4. a) $\frac{7}{9}$ **b)** $\frac{6}{12} = \frac{1}{2}$ **c)** $\frac{11}{13}$ **d)** $\frac{8}{21}$

5. Tim fehlen noch 25,20 €.   **6.** $\frac{1}{5}$ von 20 € = 4 €; $\frac{1}{4}$ von 20 € = 5 €

7. a) 5,7   **b)** 5,65   **8. a)** 21,75   **b)** 14,21
   c) 5,655   **c)** 7,24   **d)** 77,83

9. a) 0,307; 0,606; 0,66; 3,06; 3,6   **10. a)** Ü: 130 + 90 + 320 = 540   Ergebnis: 538,672
   b) 0,4; 0,402; 0,41; 0,412; 0,44   **b)** Ü: 740 − 260 = 480   Ergebnis: 485,477

11. Rechnung: $\frac{5}{12}$ von 480 = 200; $\frac{2}{6}$ von 480 = 160;   480 − 200 − 160 = 120.
Ergebnis: 120 Schüler kommen zu Fuß.

12. a) 15 Schweine, 20 Kühe, 10 Hasen, 6 Katzen   **13.** Die restliche Fahrzeit sind $2\frac{1}{4}$ Stunden.
   b) 8 Hühner

14. Klasse 6a: $\frac{2}{3}$ von 147 € = 98 €   Klasse 6b: $\frac{2}{3}$ von 258 € = 172 €   Klasse 6c: $\frac{2}{3}$ von 453 € = 302 €
Gesamtbetrag: 572 €

15. Die Marmelade wiegt 10,2 kg.

Lösungen „Erinnern und Wiederholen"

→ Seite 222

1. a)

Apfel	ⵜⵜⵜ ꟾꟾꟾ	8
Birne	ⵜⵜⵜ ⵜⵜⵜ ꟾ	11
Erdbeere	ⵜⵜⵜ	5

b)

rote Früchte	ⵜⵜⵜ ⵜⵜⵜ ꟾꟾꟾ	13
grüne Früchte	ⵜⵜⵜ ⵜⵜⵜ ꟾ	11

2. (A) richtig; (B) richtig; (C) falsch, am häufigsten fiel die Drei; (D) falsch, Pinar hat 28-mal gewürfelt.

3. 3084 = dreitausendvierundachtzig
384 = dreihundertvierundachtzig
345 = dreihundertfünfundvierzig

4. a) 108 < 178 < 180   **b)** 25 < 52 < 150
c) 302 < 303 < 330   **d)** 802 < 812 < 820
e) 17 = 17 < 71   **f)** 305 < 315 < 355

→ Seite 223

1. a) A = 0, B = 15, C = 36, D = 44   **2.** A = 479, B = 488, C = 495, D = 503, E = 512, F = 527
b) E = 148, F = 165, G = 174, H = 187

3. a) 360 < 367 < 370   **4. a)** 400 < 460 < 500
b) 1 250 < 1 254 < 1 260   **b)** 8 500 < 8 529 < 8 600

5. a) 360 < 364 < 370   **b)** 1 250 < 1 253 < 1 260   **c)** 8 500 < 8 501 < 8 510
d) 710 < 718 < 720   **e)** 8 100 < 8 109 < 8 110   **f)** 3 990 < 3 994 < 4 000

→ Seite 224

1. a) 3 204 = 3 T + 2 H + 0 Z + 4 E   **b)** 1 648 = 1 T + 6 H + 4 Z + 8 E
8 537 = 8 T + 5 H + 3 Z + 7 E   5 329 = 5 T + 3 H + 2 Z + 9 E
970 = 9 H + 7 Z + 0 E   7 807 = 7 T + 8 E + 0 Z + 7 E

2. a)

Zahl	T H Z E
17	0 0 1 7
285	0 2 8 5
7062	7 0 6 2
5631	5 6 3 1

b)

Zahl	T Z H E
9099	9 0 9 9
3208	3 2 0 8
756	0 7 5 6
2140	2 1 4 0

c)

Zahl	T Z H E
185	0 1 8 5
6023	6 0 2 3
5402	5 4 0 2
3442	3 4 4 2

3. a) 99   **b)** 68   **4. a)** 54   **b)** 97   **5. a)** 43   **b)** 30   **6. a)** 45   **b)** 71
c) 74   **d)** 103   **c)** 89   **d)** 96   **c)** 42   **d)** 9   **c)** 68   **d)** 59

→ Seite 225

1. (1) 73 + 14 + 27 = (73 + 27) + 14 = 100 + 14 = 114   HUND
(2) 78 + 23 − 18 = (78 − 18) + 23 = 60 + 23 = 83   ELCH
(3) 354 − 199 = 354 − 200 + 1 = 154 + 1 = 155   WOLF

2. a) 77   **b)** 73   **3. a)** 77   **b)** 106   **4. a)** 124   **b)** 117
c) 112   **d)** 107   **c)** 107   **d)** 109   **c)** 369   **d)** 182

5. a) 93 + 47 ≈ 90 + 50 = 140   **b)** 71 − 35 ≈ 70 − 40 = 30
c) 78 − 22 ≈ 80 − 20 = 60   **d)** 84 + 19 ≈ 80 + 20 = 100

6. a) 811 + 127 ≈ 800 + 100 = 900   **b)** 571 − 352 ≈ 600 − 400 = 200
c) 677 − 378 ≈ 700 − 400 = 300   **d)** 419 + 342 ≈ 400 + 300 = 700

7. a) Ü: 730 + 230 = 960   Ergebnis 962 kann stimmen.
b) Ü: 650 + 150 = 800   Ergebnis 907 ist falsch.
c) Ü: 580 − 350 = 230   Ergebnis 322 ist falsch.
d) Ü: 980 − 460 = 520   Ergebnis 519 kann stimmen.

→ Seite 226

1. a) 788   **b)** 1 077   **2. a)** 4 608   **b)** 4 882   **3. a)** 615   **b)** 312   **4. a)** 3 074   **b)** 3 522
   c) 7 196   **d)** 8 221   **c)** 7 972   **d)** 9 229   **c)** 3 211   **d)** 2 212   **c)** 2 096   **d)** 1 809

→ Seite 227

1. Quader sind die Körper
A, B, F und G.

2.
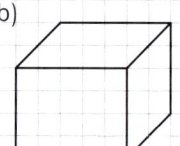 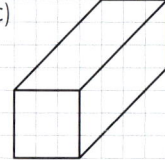

a) b) c)

3. Rechtecke sind A und D.

4. 6 einzelne Rechtecke,
ein Rechteck, das aus zwei
kleinen zusammen gesetzt ist (ganz rechts) und ein Rechteck aus allen Figuren (äußerer Rahmen).

5. Zeichnung von der Lehrerin/dem Lehrer prüfen lassen.

→ Seite 228

1.

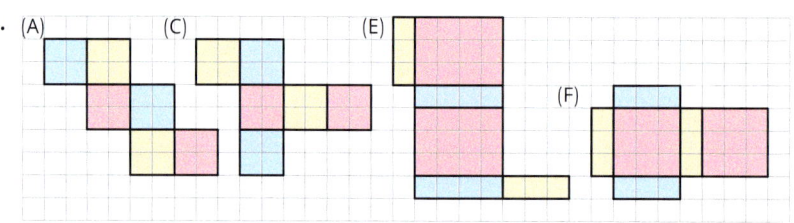

2. sichtbar: **a)** oben   **b)** unten   **c)** unten

3. a) A, B rot; C gelb; D blau   **b)** A gelb, B, C blau; D rot   **c)** A blau; B, C gelb; D rot

→ Seite 229

1. Senkrecht zur oberen Geraden sind die Linien b, d, f und h.

2.

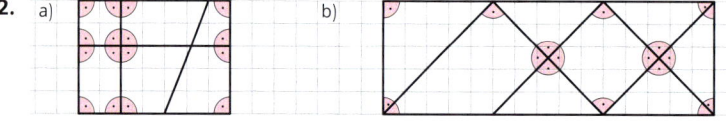

a) b)

→ Seite 230

1. –

2.

·	1	2	4	8	3	6	9	5	10	7
3	3	6	12	24	9	18	27	15	30	21
6	6	12	24	48	18	36	54	30	60	42
9	9	18	36	72	27	54	81	45	90	63

3. 2er-Reihe: 2, 4, 6, 8, 10, 12, 14, 16, 18, 20
4er-Reihe: 4, 8, 12, 16, 20, 24, 28, 32, 36, 40
8er-Reihe: 8, 16, 24, 32, 40, 48, 56, 64, 72, 80

4. a) 2; 6; 12; 8; 4   **b)** 9; 8; 5; 10; 7
   c) 4; 12; 24; 36; 8   **d)** 4; 8; 5; 10; 7
   e) 8; 24; 48; 72; 16   **f)** 4; 8; 5; 10; 7

5. 5er-Reihe: 5, 10, 15, 20, 25, 30, 35, 40, 45, 50
7er-Reihe: 7, 14, 21, 28, 35, 42, 49, 56, 63, 70

6. a) 5; 15; 30; 45; 10   **b)** 4; 8; 5; 10; 7
   c) 7; 21; 42; 63; 14   **d)** 4; 8; 5; 10; 7

7. a) $3 \cdot 16 = 3 \cdot 10 + 3 \cdot 6$ **b)** $4 \cdot 13 = 4 \cdot 10 + 4 \cdot 3$ **c)** $9 \cdot 12 = 9 \cdot 10 + 9 \cdot 2$
   $= 30 + 18$ $= 40 + 12$ $= 90 + 18$
   $= 48$ $= 52$ $= 108$

8. **a)** 54 **b)** 60 **c)** 120 **d)** 39 **e)** 38
   90   30   45   91   76

9. **a)**

·	11	15	18
2	22	30	36
4	44	60	72
6	60	90	108
10	110	150	180

b)

·	12	14	17
0	0	0	0
2	24	28	34
4	48	56	68
8	96	112	136

→ *Seite 231*

1. **a)/b)** (1) 1 323 (2) 1 243 **2.** **a)** 1 237
   (3) 1 352 (4) 2 384   **b)** 1 325

3. **a)** 2 566 **b)** 2 323 **c)** 1 234 **4.** **a)** 2 053 **b)** 1 450 **c)** 1 042
   d) 1 245 **e)** 2 314 **f)** 1 155   **d)** 2 082 **e)** 2 870 **f)** 1 208

→ *Seite 232*

1. **a)** 3 000 **b)** 7 400 **c)** 50 000 **d)** 72 000 **e)** 12 500
   8 000   2 900   70 000   39 000   69 300

2. **a)** 390 **b)** 1 080 **c)** 3 600 **d)** 9 100 **e)** 17 600
   600   840   8 000   5 100   17 200

→ *Seite 233*

1. **a)** Frage: Wie viel kostet alles zusammen? **b)** Frage: Wie viel Euro hat sie noch übrig?
   Rechnung: 58 + 45 + 14 = 117   Rechnung: 220 – 160 = 60
   Antwort: Alles zusammen kostet 117 Euro.   Antwort: Sonja hat noch 60 Euro übrig.

c) Frage: Wie viel Euro sind noch in der Klassenkasse?
   Rechnung: 342 – (25 · 12) = 342 – 300 = 42
   Antwort: In der Klassenkasse sind noch 42 Euro.

→ *Seite 234*

1. senkrecht: a) und c); nicht senkrecht: b)   **2.** parallel: a); nicht parallel: b) und c)

3. **a)** 3 cm **b)** 4 cm   **4.** $\overline{AD}$: 3 cm; $\overline{AC}$: 5 cm; $\overline{AB}$: 10 cm;
   c) 2 cm $\overline{DC}$: 3 cm; $\overline{DB}$: 8 cm; $\overline{CB}$: 5 cm

→ *Seite 235*

1. **a)** Rechts und links wurden nicht vertauscht.
   b) Die rechte Figur hat eine andere Form als die linke, sie ist viel breiter.
   c) Es wurden oben und unten vertauscht, die Figuren sind gedreht.

2. Falsch gespiegelt wurde **a)** Punkt B **b)** Punkt C **c)** Punkt C

3. **a)** a und c sind parallel; a und b sind senkrecht; b und c sind senkrecht.
   b) b und c sind senkrecht.   **c)** a und c sind parallel; b und d sind parallel.

4. **a)** b und c sind 1,8 cm lang.
   b) b und c sind 2,5 cm lang; a und d sind 2,0 cm lang.
   c) b und d sind 1,5 cm lang; a und c sind 2,5 cm lang.

→ *Seite 236*

1. Es entsteht **a)** ein Vogel, **b)** eine Schildkröte.

→ Seite 237

1. a) 1,45 €
1 € 45 ct
145 ct

b) 5,63 €
5 € 63 ct
563 ct

c) 12,99 €
12 € 99 ct
1 299 ct

d) 26,35 €
26 € 35 ct
2 635 ct

2. 205 ct = 2 € 5 ct   20 € 5 ct = 2005 ct   20,50 € = 20 € 50 ct

→ Seite 238

1. a) Fußball
d) Eiswürfel

b) 2 €-Münze
e) Radiergummi

c) Hubschrauber
f) Hase

2. Tafel Schokolade – Hühnerei
Lokomotive – Blauwal

Waschmaschine – Panda-Bär
Packung Milch – Meerschweinchen

3. a) Feder, Glühbirne, Wasserflasche, Fernseher, Motorrad, Elefant
b) Salzkorn, Reißnagel, Tischtennis-Ball, Schulbuch, Wassermelone

→ Seite 239

1. a) Minuten
e) Wochen

b) Sekunden
f) Stunden

c) Wochen
g) Minuten

d) Jahre
h) Sekunden

2. a) 8 Tage > 1 Woche
d) 70 Sekunden < 2 Minuten

b) 47 Sekunden < 1 Minute
e) 150 Minuten > 2 Stunden

c) 24 Stunden = 1 Tag
f) 50 Stunden > 2 Tage

3. a) 2 Tage = 24 Stunden
d) 5 Stunden = 300 Minuten

b) 3 Wochen = 21 Tage
e) 10 Tage = 240 Stunden

c) 2 Minuten = 120 Sekunden
f) 3 Stunden = 180 Minuten

→ Seite 240

1. a) Autotransporter:
ca. 20 m lang

b) Lkw:
ca. 20 cm lang

c) Leiter:
ca. 5 m lang

→ Seite 241

1. a) 25 €   **b)** 40 m   **c)** 118 s   **d)** 401 cm   **e)** 22 cm   **f)** 55 ct   **g)** 226 h   **h)** 36 mm

2. a) 20 €   **b)** 72 m   **c)** 77 s   **d)** 270 €   **e)** 9 cm   **f)** 8 mm   **g)** 5 h   **h)** 5 ct

3. a) 49,66 €   **b)** 143,12 €   **c)** 12,22 €   **d)** 110,07 €

→ Seite 242

1. a) Die rote Fläche ist größer.   **b)** Die blaue Fläche ist größer.

2. a) rote Fläche: 2 Kästchen; blaue Fläche: 4 Kästchen. Die blaue Fläche ist größer.
b) rote Fläche: 6 Kästchen; blaue Fläche: 3 Kästchen. Die rote Fläche ist größer.

→ Seite 243

1. Die richtige Reihenfolge ist (C), (B), (A).

2. a) Zeichnung von der Lehrerin/dem Lehrer kontrollieren lassen.
b) (A) und (C) sind richtig. (B) ist falsch.

→ Seite 244

1. a) 30
80

b) 74
29

c) 50
700

d) 72
39

e) 125
300

2. a)

:	3	6	30
90	30	15	3
240	80	40	8
180	60	30	6
360	120	60	12

b)

:	4	8	40
160	40	20	4
200	50	25	5
240	60	30	6
320	80	40	8

3. a) 15 **b)** 16 **c)** 45

4. a) 12 **b)** 13 **c)** 31 **d)** 22 **e)** 57
   15 56 33 32 36

→ Seite 245

1. 400 ct; 120 min; 180 s; 7 000 kg; 12 000 g; 6 000 m; 400 cm; 30 mm

2. a) 588 ct **b)** 540 s **c)** 12 000 g **d)** 13 000 m **e)** 3 500 kg
   1 298 ct 150 min 1 500 kg 1 800 cm 325 min

3. a) 2 789 g > 2,345 kg **b)** 4,8 kg > 4 750 g **c)** 380 g < $\frac{1}{2}$ kg
   d) 6 730 m = 6,73 km **e)** 9,02 km < 9 200 m **f)** 780 m > $\frac{3}{4}$ km

4. Die kleinste Größe zuerst: **a)** 3 min; 240 s; 20 min; 5 h
   b) 80 mm; 3 dm; 1 $\frac{1}{2}$ m; 400 cm **c)** 0,565 km; 5 600 m; 6 km 400 m; 6,5 km

→ Seite 246

1. a) 2 km 468 m; 12 km 500 m; 5 km 100 m; 8 km 70 m; 1 km 840 m
   b) 8 m 20 cm; 1 m 80 cm; 2 m 2 cm; 7 m 46 cm; 7 m 50 cm; 3 m 9 cm
   c) 2 € 50 ct; 6 € 18 ct; 56 € 56 ct; 9 € 40 ct; 3 € 6 ct

2. a) 5 kg 182 g; 10 kg 400 g; 2 kg 400 g; 82 kg 500 g; 4 kg 20 g
   b) 1 t 246 kg; 6 t 300 kg; 1 t 4 kg, 72 t 200 kg; 2 t 500 kg; 5 t 80 kg

3. 328 ≈ 330; 328 ≈ 300 892 ≈ 890; 892 ≈ 900
   465 ≈ 470; 465 ≈ 500 212 ≈ 210; 212 ≈ 200
   1 456 ≈ 1 460; 1 456 ≈ 1 500 7 920 ≈ 7 920; 7 920 ≈ 7 900
   5 258 ≈ 5 260; 5 258 ≈ 5 300 3 059 ≈ 3 060; 3 059 ≈ 3 000

4. a) 17 882 ≈ 20 000; 71 546 ≈ 70 000; 90 414 ≈ 90 000; 521 509 ≈ 520 000; 468 528 ≈ 470 000
   b) 3 456 789 ≈ 3 000 000; 7 098 098 ≈ 7 000 000; 98 765 432 ≈ 99 000 000; 88 200 200 ≈ 88 000 000

→ Seite 247

1. a) 567 **b)** 808 **c)** 3 210 **2. a)** 978 **b)** 681 **c)** 3 765
   d) 8 800 **e)** 6 543 **d)** 4 992 **e)** 18 531

3. a) 345 **b)** 234 **c)** 5 335 **4. a)** 233 **b)** 587 **c)** 5 519
   d) 707 **e)** 1 616 **d)** 3 055 **e)** 27 549

Bildquellenverzeichnis

|action press, Hamburg: Härter 159.4. |adpic Bildagentur, Köln: R. Rebmann 155.3. |Astrofoto, Sörth: 166.1. |Autorenteam Hannover (ATH), Hannover: 153.2, 240.7. |Berger, Carla, Schwäbisch Hall: 145.1. |Bundesministerium der Finanzen, Berlin: 137.1, 137.2, 137.3, 137.6, 137.7, 137.8, 137.9, 137.10, 137.11, 137.12, 137.13, 137.14, 137.15, 137.16, 137.17, 137.18, 137.19, 139.9, 139.10, 139.11, 139.12, 153.4, 153.5, 197.15, 197.18, 197.21. |Colourbox.com, Odense: Monkey Business Images 15.3. |Deutsche Bahn AG, Berlin: Benedikt Stahl 146.1. |dreamstime.com, Brentwood: Convisum 94.3. |Drescher, Heinrich, Münster: 3.1, 3.2, 3.3, 4.1, 4.2, 4.3, 5.1, 5.2, 6.1, 7.1, 7.2, 9.1, 10.3, 11.1, 11.2, 13.2, 13.3, 15.1, 16.2, 16.3, 16.4, 17.1, 17.2, 17.3, 17.4, 17.5, 17.6, 17.7, 18.1, 18.2, 19.2, 20.1, 20.2, 20.4, 20.5, 21.1, 21.5, 22.3, 22.4, 22.5, 22.6, 22.7, 22.8, 25.1, 25.3, 28.1, 28.2, 28.3, 28.4, 29.18, 30.1, 30.2, 33.1, 35.1, 35.2, 35.3, 35.4, 36.1, 37.1, 37.7, 37.8, 37.9, 38.3, 38.4, 38.5, 39.1, 39.2, 39.3, 39.4, 39.5, 39.6, 41.1, 41.2, 41.10, 43.1, 43.2, 45.3, 45.4, 45.5, 46.1, 46.2, 46.3, 46.4, 46.5, 47.1, 47.2, 47.3, 48.1, 49.1, 49.2, 49.3, 49.4, 49.5, 49.6, 49.7, 49.8, 51.1, 52.1, 52.2, 52.3, 52.4, 52.5, 56.4, 63.5, 65.4, 65.6, 65.7, 65.8, 66.3, 66.5, 66.6, 66.7, 66.8, 67.2, 67.4, 67.5, 67.6, 68.4, 68.5, 69.5, 69.6, 69.7, 69.8, 70.1, 70.2, 70.3, 71.10, 71.11, 73.1, 73.2, 74.1, 74.2, 75.1, 75.2, 76.1, 76.2, 77.1, 78.1, 78.3, 78.5, 79.1, 79.2, 80.1, 80.2, 81.1, 81.2, 82.1, 82.3, 82.4, 83.1, 83.2, 83.3, 83.4, 83.5, 83.6, 85.1, 85.2, 85.3, 85.4, 85.5, 85.6, 85.7, 87.1, 87.2, 88.1, 88.2, 88.3, 88.4, 89.1, 89.2, 89.3, 89.4, 89.5, 89.6, 89.7, 89.8, 89.9, 89.10, 89.11, 89.12, 89.13, 89.14, 89.15, 89.16, 89.17, 89.18, 89.19, 89.20, 89.21, 89.22, 89.23, 91.1, 91.2, 92.1, 92.2, 92.3, 92.4, 93.1, 93.2, 93.3, 93.4, 94.1, 94.2, 95.1, 95.2, 97.1, 97.2, 98.1, 99.1, 99.2, 99.3, 100.1, 100.2, 101.1, 105.1, 107.1, 107.2, 109.1, 109.2, 111.1, 111.2, 111.3, 111.4, 113.1, 113.4, 113.5, 114.2, 114.3, 114.4, 116.1, 117.1, 119.2, 119.3, 121.1, 121.4, 123.3, 123.4, 123.5, 125.2, 126.6, 127.4, 127.6, 135.2, 137.20, 137.21, 138.1, 139.1, 139.2, 139.3, 139.4, 141.2, 142.2, 143.1, 143.2, 143.3, 143.4, 143.5, 144.1, 146.3, 153.1, 154.5, 155.1, 155.6, 156.4, 157.5, 157.6, 157.7, 159.3, 161.6, 161.7, 161.8, 161.9, 163.7, 163.8, 163.9, 165.3, 165.4, 165.5, 168.1, 168.2, 169.1, 171.1, 171.2, 173.1, 174.5, 175.2, 175.4, 175.10, 175.11, 176.8, 177.2, 177.3, 179.1, 179.2, 179.3, 179.5, 179.6, 180.7, 183.1, 183.3, 184.4, 184.5, 185.1, 186.7, 187.1, 187.2, 187.3, 187.4, 188.4, 188.6, 189.1, 189.2, 189.3, 190.1, 190.2, 190.3, 193.1, 193.2, 195.1, 195.2, 195.3, 195.4, 195.5, 196.5, 196.6, 196.8, 197.9, 197.26, 198.20, 199.2, 199.3, 200.1, 200.2, 201.1, 201.3, 201.4, 201.5, 201.6, 203.1, 203.2, 203.3, 204.15, 205.1, 205.2, 205.7, 206.1, 206.2, 206.3, 207.5, 207.6, 207.7, 209.1, 211.1, 211.2, 212.1, 213.1, 213.2, 213.3, 213.4, 213.5, 214.1, 214.2, 215.1, 217.1, 217.2, 217.3, 217.4, 218.1, 218.2, 218.3, 218.4, 219.1, 219.2, 219.3, 222.1. |Druwe & Polastri, Cremlingen/Weddel: 28.5, 57.3, 135.1, 140.2, 154.1, 157.3, 160.1, 160.2, 160.3, 160.4, 160.5, 160.6, 240.2. |Eames Office LLC, Playa Vista: © 2022, 1977 Eames Office LLC (eamesoffice.com). All rights reserved. 185.4, 185.5, 185.6, 185.7, 185.8, 185.9, 185.10, 185.11. |Europäische Zentralbank, Frankfurt am Main: 40.1, 40.2, 45.6, 45.7, 45.8, 45.9, 45.10, 45.11, 45.12, 45.13, 45.14, 45.15, 45.16, 45.17, 52.6, 52.7, 52.8, 52.9, 52.10, 54.1, 54.2, 54.3, 54.4, 54.5, 54.6, 137.4, 137.5, 197.10, 197.11, 197.12, 197.13, 197.14, 197.16, 197.17, 197.19, 197.20, 197.22, 197.23, 197.24, 197.25. |Fabian, Michael, Hannover: 66.1, 66.2. |Feldhaus, Hans-Jürgen, Münster: 174.6, 174.7, 174.8, 174.9, 174.10, 174.11. |fotolia.com, New York: Brauer, Heike 57.7; demerzel21 57.6; domnitsky 240.9; Fotowerner 159.1; gitusik 139.5, 139.7; gradt 57.2, 57.5, 153.3; haveseen 124.7; michaeljung 240.4; pavelkubarkov 102.2; Schuppich, M. 122.7; SG- design 128.4; Sirius125 139.6; sunt 158.1; Tieck, Michael 147.2; TTstudio 102.3. |Getty Images, München: Black Star 149.2. |Helga Lade Fotoagenturen GmbH, Frankfurt/M.: Euroluftbild 186.5. |Imago, Berlin: Baering 19.1; spiegl, sepp 240.10. |Interfoto, München: Stocktrek Images 65.1, 65.2. |iStockphoto.com, Calgary: andresr 102.1; guvendemir 140.1; Hachey, Stephane 147.7; Henrik_L 147.6; Khirman, Vladimir 84.1; petrovv 19.3; Rinelle 57.1; rotofrank 161.2, 161.3, 161.4, 161.5; Seidel, Markus 148.1. |juniors@wildlife Bildagentur GmbH, Hamburg: 124.6; Harms 155.4. |Marckwort, Ulf, Kassel: 155.2, 181.7. |mauritius images GmbH, Mittenwald: Bourrier, Pierre 154.3; Mollenhauer 124.9. |mauritius images GmbH (RF), Mittenwald: ACE 122.6. |Minkus Images Fotodesignagentur, Isernhagen: 154.2, 157.1, 157.2, 157.4. |OKAPIA KG - Michael Grzimek & Co., Frankfurt/M.: imagebroker/Martin, Wilfried 124.1. |PantherMedia GmbH (panthermedia.net), München: Kiefer, Gerald 147.1; Zaidan, Surya 26.6. |Picture-Alliance GmbH, Frankfurt a.M.: abaca/Barket, B. 26.3; augenklick/firo Sportphoto 26.2; CHROMORANGE/Pulsipher Douglas 124.8; dpa/AAP Image/Smith, Julian 186.6; dpa/Haid, Rolf 124.3; dpa/Kumm, Wolfgang 27.7; dpa/PTB_handout 141.1; Elmar Kremser/SVEN SIMON 26.1; HOCH ZWEI/Christians, Malte 146.2; Kostroun, Bill 26.5. |PresseBild von Graefe, Helmstedt: 136.4, 153.6, 156.1, 156.2, 181.2, 181.4, 181.6, 240.11; Helga von Graefe 121.2; Helga von Graefe 136.1, 136.3, 240.1. |Rösner, Martha, Lehrte/Hämelerwald: 141.3, 141.4, 141.5, 141.6, 165.1. |Schmidt, Prof. Günter, Stromberg: 122.8. |Senatsverwaltung für Stadtentwicklung und Wohnen, Berlin: Geoportal Berlin/Digitale farbige Orthophotos 2009 (DOP20RGB) 185.2. |Shutterstock.com, New York: Leonid Andronov 45.2; photo.ua 45.1; photocosmos1 26.4; Tumik, Abel 147.4; vitmark 159.2. |Simper, Manfred, Wennigsen: 210.1, 210.2, 210.3, 210.4. |stock.adobe.com, Dublin: akvafoto2012 Titel; Alekss 57.4; Countrypixel 124.4; damedias 155.5; ebenart 109.3; FornaA 201.2; Fotofreundin 136.2; fotohansel 124.5; Golub, Sjergjej 154.4; k_samurkas 240.3; KB3 109.4; Mabelle Photography 124.2; Mädchen: akvafoto2012/Grafik: striZh 143.6, 143.7, 143.8, 181.3; Mainka, Markus 139.8; Makuba 147.3; Sokolovska, Iuliia 28.6. |Studio Schmidt-Lohmann, Gießen: 20.3, 128.6. |Tönnies, Uwe, Laatzen: 185.3. |Tritthart, Peter, Aachen: 186.4. |vario images, Bonn: RHPL/Merten, Hans-Peter 128.5. |VGem Iphofen, Iphofen: Gemeinde Rödelsee, An den Kirchen 2, 97348 Rödelsee 156.3. |Warmuth, Torsten, Berlin: 181.5. |Wojczak, Michael, Braunschweig: 8.1, 10.1, 10.2, 11.3, 12.1, 12.2, 12.3, 13.1, 14.1, 14.2, 14.3, 14.4, 14.5, 15.2, 16.1, 21.2, 21.3, 21.4, 21.6, 21.7, 21.8, 21.9, 22.1, 22.2, 22.9, 22.10, 22.11, 23.1, 23.2, 23.3, 24.1, 24.2, 24.3, 24.4, 24.5, 24.6, 25.2, 27.4, 27.5, 27.6, 29.1, 29.2, 29.3, 29.4, 29.5, 29.6, 29.7, 29.8, 29.9, 29.10, 29.11, 29.12, 29.13, 29.14, 29.15, 29.16, 29.17, 29.19, 31.1, 31.2, 31.3, 31.4, 31.5, 31.6, 32.1, 32.2, 37.2, 37.3, 37.4, 37.5, 37.6, 38.1, 38.2, 41.3, 41.4, 41.5, 41.6, 41.7, 41.8, 41.9, 42.1, 44.1, 48.2, 55.1, 55.2, 56.1, 56.2, 56.3, 56.5, 56.6, 56.7, 56.8, 56.9, 58.1, 58.2, 58.3, 58.4, 58.5, 58.6, 58.7, 58.8, 58.9, 58.10, 59.1, 59.2, 59.3, 59.4, 59.5, 60.1, 60.2, 60.3, 60.4, 60.5, 60.6, 60.7, 60.8, 60.9, 61.1, 61.2, 61.3, 61.4, 61.5, 62.1, 62.2, 63.1, 64.1, 64.2, 64.3, 64.4, 64.5, 64.6, 64.7, 64.8, 64.9, 64.10, 64.11, 64.12, 64.13, 64.14, 65.5, 66.4, 67.1, 67.3, 67.7, 67.8, 68.1, 68.2, 68.3, 69.1, 69.2, 69.3, 69.4, 69.9, 69.10, 69.11, 69.12, 69.13, 69.14, 69.15, 69.16, 69.17, 70.4, 70.5, 70.6, 70.7, 70.8, 70.9, 70.10, 70.11, 70.12, 71.1, 71.2, 71.3, 71.4, 71.5, 71.6, 71.7, 71.8, 71.9, 71.12, 71.13, 72.1, 72.2, 72.3, 72.4, 72.5, 72.6, 72.7, 72.8, 72.9, 72.10, 72.11, 78.2, 78.4, 82.2, 90.1, 90.2, 90.3, 106.1, 106.2, 106.3, 106.4, 106.5, 107.3, 107.4, 108.1, 108.2, 108.3, 108.4, 108.5, 108.6, 109.5, 109.6, 110.1, 110.2, 110.3, 110.4, 110.5, 110.6, 110.7, 110.8, 110.9, 110.10, 112.1, 112.2, 112.3, 112.4, 112.5, 112.6, 112.7, 112.8, 112.9, 113.2, 113.3, 113.6, 114.1, 114.5, 114.6, 114.7, 119.1, 120.1, 120.2, 120.3, 120.4, 120.5, 120.6, 120.7, 120.8, 120.9, 120.10, 120.11, 120.12, 121.3, 122.1, 122.2, 122.3, 122.4, 122.5, 122.9, 123.1, 123.2, 123.6, 123.7, 125.1, 125.3, 125.4, 125.5, 126.1, 126.2, 126.3, 126.4, 126.5, 126.7, 127.1, 127.2, 127.3, 127.5, 128.1, 128.2, 128.3, 128.7, 128.8, 128.9, 128.10, 128.11, 129.1, 129.2, 129.3, 130.1, 130.2, 130.3, 130.4, 130.5, 130.6, 131.1, 131.2, 131.3, 132.1, 132.2, 132.3, 133.1, 133.2, 133.3, 133.4, 133.5, 133.6, 133.7, 133.8, 133.9, 133.10, 133.11, 133.12, 133.13, 133.14, 134.1, 134.2, 134.3, 134.4, 134.5, 142.1, 145.2, 147.5, 149.1, 152.1, 152.2, 161.1, 163.1, 163.2, 163.3, 163.4, 163.5, 163.6, 164.1, 165.2, 167.1, 170.1, 171.3, 171.4, 172.1, 172.2, 172.3, 172.4, 172.5, 172.6, 173.2, 174.1, 174.2, 174.3, 174.4, 175.1, 175.3, 175.5, 175.6, 175.7, 175.8, 175.9, 176.1, 176.2, 176.3, 176.4, 176.5, 176.6, 176.7, 177.1, 178.1, 179.4, 179.7, 179.8, 180.1, 180.2, 180.3, 180.4, 180.5, 180.6, 181.1, 182.1, 182.2, 182.3, 182.4, 182.5, 183.2, 183.4, 183.5, 184.1, 184.2, 184.3, 186.1, 186.2, 186.3, 187.5, 188.1, 188.2, 188.3, 188.5, 191.1, 191.2, 191.3, 191.4, 191.5, 191.6, 191.7, 191.8, 192.1, 192.2, 192.3, 196.1, 196.2, 196.3, 196.4, 196.6, 196.7, 197.1, 197.2, 197.3, 197.4, 197.5, 197.6, 197.7, 197.8, 198.1, 198.2, 198.3, 198.4, 198.5, 198.6, 198.7, 198.8, 198.9, 198.10, 198.11, 198.12, 198.13, 198.14, 198.15, 198.16, 198.17, 198.18, 198.19, 199.1, 199.4, 201.1, 202.1, 202.2, 202.3, 202.4, 202.5, 202.6, 202.7, 202.8, 202.9, 203.4, 204.1, 204.2, 204.3, 204.4, 204.5, 204.6, 204.7, 204.8, 204.9, 204.10, 204.11, 204.12, 204.13, 204.14, 205.3, 205.4, 205.5, 205.6, 207.1, 207.2, 207.3, 207.4, 208.1, 209.2, 209.3, 211.3, 211.4, 216.1, 216.2, 216.3, 216.4, 216.5, 216.6, 220.1, 222.2, 222.3, 222.4, 222.5, 222.6, 222.7, 223.1, 223.2, 223.3, 223.4, 223.5, 223.6, 223.7, 223.8, 223.9, 227.1, 227.2, 227.3, 227.4, 227.5, 227.6, 228.1, 228.2, 228.3, 228.4, 228.5, 229.1, 229.2, 229.3, 229.4, 229.5, 229.6, 234.1, 234.2, 234.3, 234.4, 234.5, 234.6, 234.7, 234.8, 234.9, 234.10, 234.11, 234.12, 234.13, 235.1, 235.2, 235.3, 235.4, 235.5, 235.6, 235.7, 235.8, 235.9, 235.10, 235.11, 236.1, 236.2, 236.3, 240.5, 240.6, 240.8, 240.12, 242.1, 242.2, 242.3, 242.4, 242.5, 242.6, 243.1, 243.2, 243.3, 243.4, 249.1, 251.1, 252.1, 253.1, 253.2, 253.3, 253.4, 253.5, 253.6, 253.7, 253.8, 253.9, 254.1, 258.1, 258.2, 258.3. |Wynands, Prof. Dr. Alexander, Königswinter: 27.1, 27.2, 27.3.

Maßeinheiten

Länge

Kilometer		Meter		Dezimeter		Zentimeter		Millimeter
1 km	=	1 000 m						
		1 m	=	10 dm	=	100 cm	=	1 000 mm
				1 dm	=	10 cm	=	100 mm
						1 cm	=	10 mm

Flächeninhalt

Quadratkilometer		Hektar		Ar		Quadratmeter
1 km^2	=	100 ha	=	10 000 a		
		1 ha	=	100 a	=	10 000 m^2
				1 a	=	100 m^2

Quadratmeter		Quadratdezimeter		Quadratzentimeter		Quadratmillimeter
1 m^2	=	100 dm^2	=	10 000 cm^2		
		1 dm^2	=	100 cm^2	=	10 000 mm^2
				1 cm^2	=	100 mm^2

Masse

Tonne		Kilogramm		Gramm
1 t	=	1 000 kg		
		1 kg	=	1 000 g

Geld

1 € = 100 Cent

Zeit

Tag		Stunde		Minute		Sekunde
1 d	=	24 h				
		1 h	=	60 min		
				1 min	=	60 s

Jahr		Monat		Tag
1 Jahr	=	12 Monate		
1 Jahr			=	365 Tage
1 Schaltjahr			=	366 Tage

1 Woche = 7 Tage

Stichwortverzeichnis